干支방향성과 宮位발동

간지 방향성과 궁위 발동

사주정석: 氣相命理의 진수

초판인쇄 2020년 05월 06일
초판발행 2020년 05월 15일

지은이 윤훈근
펴낸이 윤훈근

펴낸곳 밝은내일연구소(주)
출판등록 제2017-000017
주소 경남 창원시 진해구 자은로 64번나길 15
전화 055)547-8090
팩스 055)546-9935
이메일 jinyoudosa@naver.com
홈페이지 brightttomorrow. modoo. at

* 잘못된 책은 교환해드리며, 책값은 뒤표지에 있습니다.
* 사전 승인 없는 무단 복제 및 무단 전재를 금합니다.

국립중앙도서관 출판예정도서목록(CIP)

간지방향성과 궁위발동 : 사주정석:기상명리의 진수 / 저자 : 윤훈근. -- [창원] : 밝은내일연구소, 2020 　　　p. ;　 cm ISBN 979-11-961626-7-2 13180 : ₩38000 사주명리학 [四柱命理學] 188.5-KDC6 133.3-DDC23　　　　　　　　　　　　　CIP2020017151

干支방향성과 宮位발동

《사주정석: 氣相命理의 진수》

윤훈근 尹焄根 지음

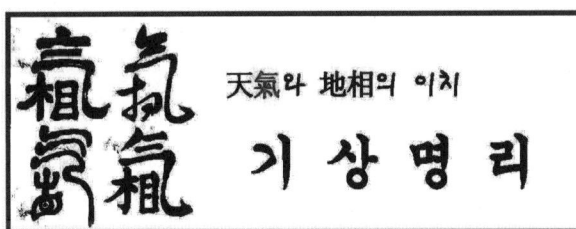

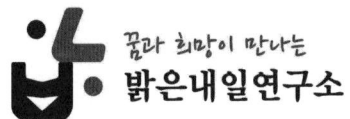

책을 펴내면서...

연도별 출생자 통계를 보면 1964년에 태어난 출생자는 901,300여명이다. 이를 산술적으로 계산하면 같은 사주팔자를 타고난 사람은 약 206명이 된다. 이들은 庚子년 현재 57세다. 같은 사주팔자를 가진 206명 모두가 같은 삶을 살고 있을까. 모두 살아있는지, 건강한지, 부자인지, 노숙자인지, 공무원인지, 전과자인지. 확실한 건 206명의 삶이 같지 않다는 것이다.

혹자는 이렇게 반격을 할 수 있다. 같은 사주라도 어느 환경에서 어떤 사람과 인연을 맺고 살아가느냐에 따라 인생이 달라진다고. 그렇다면 태어난 순간 정해진 사주팔자가 환경·인연에 따라 달리질 수 있는가. 또 한날한시에 태어난 쌍둥이는 같은 부모 밑에서 같은 환경에서 자랐는데 왜 다른 이성을 만나고 다른 삶을 살고 있는 것인가. 그러면서도 우리는 사주를 보고 어떻게 될 것이고 어떻게 하라고 흡사 예언자적 행위를 자행하는 것은 이율배반적 행위이다. 여기서 또 다른 논리를 전개하고 주장한다면 자기논리에 빠진 자가당착일 뿐이다.

사주간명을 어느 하나의 논리로 단정하는 건 자가당착이고, 여러 간법을 이용하는 것은 맞추기 위한 논리에 불과하다. 十神의 관점과 만물의 순행과정으로 전개된 10干12支를 격국에 의한 六親으로 단정하는 것은 사주간법을 극히 제한적으로 보게 만들고, 용신·기신으로 인생 길흉을 단정하는 것은 위험천만한 일이다. 특히 항간에 甲午를 일단 가보자, 乙未를 미적거리다, 丙申을 병신(病身)의 뜻으로, 戊子를 무자(無子)로, 辛巳를 신사(젠틀맨)으로, 己巳를 기사(벼슬)로 보기도 하는데 이는 사주간지 자체를 왜곡하는 어처

구니없는 발상이다.

　최첨단 시대에 살고 있는 우리는 사주가 처음 태동하여 전개된 환경·과정·관점·원리 등을 고찰하고, 사주팔자의 근원을 이해하여 현대적 시각으로 해석할 필요가 있다. 예컨대 요즘 잘나가는 연애인들이 120년 전에 태어났다면 하천한 딴따라에 불과하고, 직업적으로 추앙받는 의사도 천한 신분에 불과했을 것이다. 120년 전이나 지금이나 사주팔자는 같을진대 120년 전에 빈천하다고 했던 사주가 지금에 와서 갑자기 부귀한 사주로 둔갑할 수 없다.

　관(官)과 남성 중심으로 길흉을 따졌던 고대의 관법에서 탈피하여, 재(財)와 여성을 중심으로 행복을 추구하는 현대적 상황으로 읽어야하고, 합·충의 단순한 시대적 논리에서 벗어나 형·파·천의 복잡성을 유용해야한다.

　사주는 좋은 사주 나쁜 사주가 따로 있는 게 아니라 어떻게 살아가느냐에 달려있다. 부귀빈천富貴貧賤 길흉화복吉凶禍福이라 하였다. 富(부)하지만 賤(천)한 사람이 있고 貴(귀)하지만 貧(빈)한 사람이 있으며, 吉(길)함 속에 화(禍)가 있고 凶(흉)한 가운데 복(福)이 들어 있게 마련이다.

　기상명리는 10간12지 22字의 어원에서 60갑자의 의미를 파악하고, 연월일시(근묘화실)의 흐름에서 사주팔자의 방향성과 육친 인연론(궁위)에 근간을 두고 있다. 특히 같은 사주라도 어느 환경에서 어떤 사람과 인연을 맺고 살아가느냐에 따라 인생이 달라진다는 개념을 허무맹랑한 핑계거리가 아니라 '인생 총량제' 관점에서 '궁위'론으로 정립하고자 한다.

　내 사주의 인생 총량(벼슬·명예·인기·재물·부모·배우자·형제·자식·건강·수명 등)에서 어느 하나를 크게 얻으면 다른 하나를 잃을 수밖에 없다는 것이 '인생 총량제'다. 같은 사주라도 재물에 탐욕을 부려 이혼하거나 빨리 죽는 경우도 있고, 부자는 아닐지라도 남과 더불어 건강하게 장수하는 사람도 있다. 내 사주팔자대로 인생 총량을 지키면서 사는 것이 주어진 복록을 오래 유지하는 방법이다. 벼슬·재물은 인간이 살아가는데 필요한 요소이지 벼슬·재물에 인생을 걸 이유가 없다.

한편 육친 인연은 부모-나-자식으로 보는데 배우자와의 인연이 가장 중요하다. 부모는 전생·윤회로 정해진 인연이라면, 배우자는 내가 선택한 인연으로 운명을 돌릴 수 있는 포인트가 되고, 그 선택에 따라 자식 인연이 결정되기 때문이다. 생로병사와 인생흐름으로 보더라도 부모가 떠나고 자식이 출가하면 남는 것은 배우자 밖에 없다.

부부인연에 따라 인생이 달라지고 자식의 향방 또한 결정하니 피 한 방울 섞이지 않은 남남이 인연을 맺어 영원성을 이어가는 단초가 되고 자신뿐 아니라 자식과의 인연은 물론 자식의 인생에도 영향을 미친다. 부부인연을 가벼이 여기고 배우자를 무시하는 처사는 자신의 인생을 망치는 것과 다름이 없음을 알아야한다. 달리 말하면 배우자를 배려하는 마음과 존중하는 행위는 인생 총량의 성공(相)을 밝히는 氣가 될 것이다.

년 驚蟄에 대둔산 精氣를 담아

盡洧 尹君根 쓰다.

차 례

합충형파해 강론을 펼치면서 ················· 5

일러두기1) 음양陰陽의 이해 ················· 12
일러두기2) 氣相命理의 간지속성과 음양본위운행 ····· 15
일러두기3) 지장간의 조화 ················· 18
일러두기4) 천간합의 본질 ················· 21
일러두기5) 천간합의 지지삼합 운행과정 ············· 27
일러두기6) 지지삼합의 방향성-완성 ············· 29
일러두기7) 지지육합의 인식 ················· 32
일러두기8) 合·沖·刑·破·穿의 기본개념 이해하기 ········ 34

제1장. 합·충·형·파·천 방향성 ················· 39

1. 암합暗合의 방향성 ················· 41
   ※ 수화·목금 沖에 의한 천간합·지지삼합의 방향성
2. 우합隅合의 발현 ················· 57
3. 격각膈脚의 기상氣相 흐름 ················· 79
4. 寅巳申亥의 합·충·형·파·천 ················· 93
   1) 寅巳申亥 2字의 방향성 ················· 93
   2) 寅巳申亥 3字의 방향성 ················· 98
   3) 寅巳申亥 생지입묘의 방향성 ················· 100
5. 子卯午酉의 합·충·형·파·천 ················· 119
   1) 子卯午酉 2字의 방향성 ················· 117
   2) 子卯午酉 형·파의 氣相흐름 ················· 130

3) 子卯午酉의 입묘 방향성 ·················· 140
  6. 辰未戌丑의 합·충·형·파·천 ·················· 161
   1) 辰·未·戌·丑의 방향성 ·················· 161
      ※ 만물주도 간지 癸卯·丁酉·癸酉·丁卯
   2) 辰未戌丑 2字의 방향성 ·················· 168
   3) 辰未戌丑 3字의 방향성 ·················· 176
  7. 입묘의 방향성 ·················· 187
   1) 간지입묘 ·················· 187
   2) 지지입묘 ·················· 194
  8. 생·왕·묘의 연합·통관 ·················· 211
  9. 干支의 삼합 운동성 ·················· 230

제2장. 穿(害)의 작용 ·················· 253

1. 합·충에 의한 천穿 ·················· 255
 1) 합·충의 방향성 ·················· 257
 2) 합·충의 인과관계 ·················· 261
 3) 천충지충 ·················· 266
 4) 천합지합 ·················· 271
 5) 천합지충 ·················· 277
2. 12신살에 의한 천穿 ·················· 288
 1) 육해살과 육해(천) ·················· 289
 2) 본질연합(子卯午酉+辰未戌丑) 천 ···· 290
 3) 지지암합의 천 ·················· 296
 4) 子卯午酉 연합의 천 ·················· 299
 5) 입묘의 천 ·················· 303
 6) 辰未戌丑 연합의 천 ·················· 307
 7) 寅巳申亥 연합의 천 ·················· 311
 8) 沖에 의한 천 ·················· 314

제3장. 宮位 발동 ················ 325
1. 궁위의 개념과 흐름 ············ 326
2. 궁위·간지 복음 ··············· 330
   1) 궁위 복음 ················ 332
   2) 간지복음(간여지동) ·········· 330
3. 간지의 투출 ················· 350
   년지의 천간투출/ 월지의 천간투출/ 일지의 천간투출/ 시지의 천간투출/ ※결혼 택일
4. 복음 운세 ·················· 359
5. 궁위·간지의 고충 ············· 376
   우합/ 辰未戌丑/ 子卯午酉/ 壬戌·丙辰/ 水火木金입묘 甲戌·乙未/ 庚辰·辛丑/ 甲·庚-子·午·辰·戌

※ 참고) 『滴天髓』「天干論」 ········· 391

《부록》 天符經 ················ 395
천부경 해석 ·················· 398
   ※ 大三合六의 氣相 명리적 관점
천부경과 水升火降 ············· 425
   ※ 수승화강의 氣相 명리적 관점
천부경 수련 ·················· 436

氣 = 動 = 天 = 神
相 = 靜 = 地 = 命

일러두기1) 음양陰陽의 이해

   음양은 상대적 개념으로 관점에 따라 음이 양이 되기도 양이 음이 되기도 한다. 음양을 어느 관점에서 보든 양은 펼치거나 응집하는 기운(본기)으로, 음은 기운에 의해 생장쇠멸하는 물상(본질)으로 파악할 필요가 있다.
   기상명리의 관점에서 음양을 분별해보자.

구분	양	음
기·상	氣(기운)	相(물상)
오행	水·火	木·金
간지/궁위	천간/연월	지지/일시
천간 음양구분	甲丙戊庚壬	乙丁己辛癸
천간 음양본위	癸乙丙庚戊	己壬甲丁辛
지지 음양구분	寅巳申亥辰戌	子卯午酉未丑
지지 삼합운동	申子辰·寅午戌	亥卯未·巳酉丑
지지 사양·사음	卯辰巳午未申	酉戌亥子丑寅
삶의 목적	官, 명예	財, 재물
삶의 수단	인성·정신→식상·물질	식상·물질→인성·정신
물상적 관점	동물	식물

〈기상명리의 음양분별〉

▶ 양(陽)은 움직임이 빠르고 발현이 빠른 반면에 폭발력은 크지 않다. 양은 음에게 의탁하니 능력에 비해 성취정도가 약하다. 융통성은 있지만 임기응변에 능하지는 않다.
   기본적으로 정신·이상을 추구하는데 현실적으로는 물질적 속성으로 변질되어간다. 남자는 음을 채워야하니 木·金을 기반으로 성취하고, 水·火로 구성되면 힘들게 성취하니 몸·말·입을 이용한 직업성에서 성공한다.

▶ 음(陰)은 움직임이 완만하고 안정돼 보이지만 등락이 있다. 음은 양으로부터 발현되니 활동력에 비해 성취정도는 크다. 융통성 부족하고 고지식한 면이 있지만 의외로 임기응변에는 능하다.

기본적으로는 실질·재물을 추구하는데 현실적으로는 정신적 속성으로 빠져든다. 여자는 양을 채워야하니 水·火를 기반으로 성취하고, 木·金으로 구성되면 힘들게 일하려하지 않으니 정신을 추구한다.

사주 내에 水·火가 많으면 목금을 키워야하니 물상을 찾아 나선다.

기운은 벌·나비가 꽃을 취하듯 물상을 얻어야 가치가 있다.

사주에 水·火가 많은데 목 or 금이 1~2개 있으면 그 모양새가 인생 포인트(도움·계기)가 되지만 손상되기 쉽다. 만약 목 or 금 1개가 약하게 투출되면 성공정도에 따라 해당 궁위·육친의 고충·애환이 뒤따른다.[1]

木·金이 많은 사주에 비해 재관 성취는 더디지만, 목 or 금을 완성하는 환경(방향성)이 일관되면 한 분야에서 성공을 이룬다.

水·火가 많으면 물상을 찾아 나서야하니 적극적이고 활동적인 성향인데, 공격적이고 조급하고 신경질적인 면을 품고 있다. 겉으로 온화하고 인자한 모습이라도 속에 칼을 품고 있음인데, 달리 말하면 내공을 숨기고 있는 실력자다. 폭발력을 잠재하고 있으니 극단성이 있고 대박-쪽박을 넘나들기 쉽다. 재관 성취여부와 상관없이 불안정성을 안고 있다. 한 가지 일을 오래하지 못하거나 이중·복합성이 있다. 끈질기게 물고 늘어지지 않지만 성실한 노력파로 쉽게 포기하지 않는다.

양간·생지가 많아도 유사한 성향이다.

다만 水火로만 구성되면 몸·말·입을 이용한 직업성에서 성공한다.

---

[1] 子午午子 水火가 많은데 약한 庚이 홀로 투출되니 庚午의 재관성취, 인기성, 화려함 등 庚을 가공하는 의지가 돈독하지만 그만큼 庚손상으로 인한 애환을 겪는다.

사주 내에 木·金이 많으면 수화가 있어야 생존하니 기운을 찾게 된다.

물상은 스스로 발현되지 못하니 기운을 끌어들여야 가치를 얻는다.

사주에 木·金이 많은데 수 or 화가 1~2개 있으면 그 모양새가 인생 포인트(도움·계기)가 되지만 손상되기 쉽다. 만약 수 or 화 1개가 약하게 투출되면 성공정도에 따라 해당 궁위·육친의 고충·애환이 뒤따른다.

수·화가 많은 사주에 비해 재관 성취는 수월하지만 불안정하니 노력에 비해 성취도가 낮거나 만족감이 떨어진다. 방향성(인오술 or 신자진)이 일관되지 않으면 힘들게 이루고 쉽게 내어준다.

木·金이 많으면 끌어들이는 욕구가 강한 반면에 현실적 역동성은 약한 편이다. 꽃이 벌·나비를 끌어들이기 위해 활짝 모양새를 펼치지만 직접 벌·나비를 취하지 못하는 것과 같다. 소심하고 방어적인 성향인데, 겉으로 보기에 적극적이고 과단성 있게 보이기도 한다. 겉모양의 화려함과 활동성은 소심·방어적 모습을 숨기기 위한 자구책이라 할 수 있다. 이기심이 강하고 남을 잘 믿지 않는다. 뭔가가 주어지면 끈질긴 면이 있는데, 다른 조건이 주어지면 쉽게 포기하는 경향도 있다.

음간·왕지가 많아도 유사한 성향이다.

木·金으로만 구성되면 힘들게 일하려하지 않으니 정신·자격 등을 추구하는데, 성취가 적거나 삶에 만족감을 얻지 못한다.

일러두기2) 氣相命理의 간지속성과 음양본위운행

양					음				
木(봄)		火(여름)		土		金(가을)		水(겨울)	
直	曲	炎	上	稼	己	從	革	下	潤
시작	발산	확산	성장	중재	조절	결실	수렴	보관	저장
甲	乙	丙	丁	戊	己	庚	辛	壬	癸
비견	겁재	식신	상관	편재	정재	편관	정관	편인	인수
寅	卯	巳	午	辰戌	未丑	申	酉	亥	子

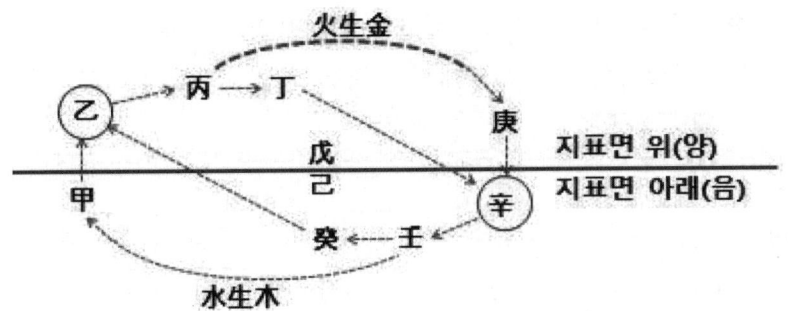

양 본위(지표면 위)			음 본위(지표면 아래)		
癸丙	戊	乙庚	丁壬	己	辛甲
癸乙		丙庚	丁辛		壬甲
卯辰巳		午未申	酉戌亥		子丑寅
亥卯未		寅午戌	巳酉丑		申子辰

양	기운(氣)	천간	양간	수·화	...	화→금	분산→응집
음	물상(相)	지지	음간	목·금	...	수→목	응집→분산

〈기상명리의 음양분별〉

기상명리는 水·火(기운)의 전화과정에 의해 木·金(만물)이 형성-전환-변환(생장쇠멸)하는 과정을 천간-지지의 흐름으로 공식화하였다.

* 기운에 의한 물상 발현원리로 보면, 壬-甲, 癸-乙, 丙-庚, 丁-辛 등이고,
* 천간 인자로 보면 癸丙-(戊)-乙庚, 丁壬-(己)-辛甲 등이고,
* 천간합-지지삼합으로 보면 癸丙-亥卯未, 丁壬-巳酉丑, 乙庚-寅午戌, 辛甲-巳酉丑 등이다.

이러한 기상명리의 氣相논리(수화-목금)는 음양이치에 바탕을 두었고 그 이치를 공식화한 것일 뿐 수학·과학적 법칙으로 적용해서는 안 된다.

가령 음양본위 관점에서 壬-甲 癸-乙 관계를 설정했지만, 壬이 乙을 키우고 癸가 甲을 키우기도 한다. 또 丁壬은 巳酉丑 방향성을 주도하지만, 금이 없으면 목을 키워야하니 亥卯未에서도 작용력을 발휘하게 된다. 이는 삼합운동의 지장간 구성에서도 알 수 있다.

삼합	亥	卯	未	寅	午	戌	巳	酉	丑	申	子	辰
여기	戊	甲	丁	戊	丙	辛	戊	庚	癸	戊	壬	乙
중기	甲		乙	丙	(己)	丁	庚		辛	壬		癸
본기	壬	乙	己	甲	丁	戊	丙	辛	己	庚	癸	戊
천간합	癸丙-丁壬			乙庚-辛甲			丁壬-癸丙			辛甲-乙庚		

〈삼합운동에서의 천간합의 방향성〉

해묘미를 예로 들면, 木 운동은 亥에서 나온 子가 癸丙에 의해 甲→乙이 완성되는 과정인데, 亥·卯·未의 지장간을 보면 壬·丁이 자리한다. 해묘미 과정은 癸·丙이 목을 키우는 흐름이지만, 여의치 않으면 丁壬이 목을 키우게 된다는 것을 알 수 있다. 다시 말해서 丁壬-亥卯未 구성이면 흉하다고 볼 게 아니라, 癸丙이 목을 키우는 것보다 번거로움이 많고 순탄하지 않다고 해석함이 옳다. 나머지도 마찬가지이다.

氣·相의 조화에 의해 천지만물이 영원성을 이어간다는 논리가 氣相命理의 기본적 陰·陽관법이다. 기운에 의해 물상이 성립되니, 사주관법에서도 천간을 먼저 살피고 지지를 구체화해야 한다. 水는 木을 내고 火는 金을 생성하는 것이 순리이지만, 수·화는 기운이기에 목 or 금을 얻어야 가치를 얻게 되고, 목·금은 물상이기에 수 or 화를 있어야 가치를 얻는다.

천간에 木金이 투출되고 지지에 신자진 or 인오술 구성이거나, 천간에 水火가 투출되고 지지에 해묘미 or 사유축 구성이면 간지가 조화를 이룬 격으로 발전지상이다. 그렇지 않으면 삶의 방향성을 찾지 못하거나 발현이 늦거나 허상·허풍이 심하거나 인생 등락을 겪게 된다.

▶ 사주팔자는 물상이 생장쇠멸(근묘화실)하는 과정으로 설명한 논리이다. 수화의 바탕이 중요하지만 목금의 형성에 초점을 맞춰야한다. 즉 사주팔자에서 木 or 金을 어떻게 가공·완성할 것인지를 살펴서 방향성을 정하고 삶의 수단(궁위·육친·인자)으로 삼는다.

가령 癸丙에 辛이 있다면, 癸丙이 乙을 완성하는 방향성에 고집하지 말고, 癸丙을 이용하여 辛을 완성하는 삶의 수단을 삼아야하니 辛은 삶의 목적이 되고 癸는 삶의 수단이 된다. 만약 丙에 집착하면 辛이 허물어지니 丙은 丁으로 전환돼야 辛이 안정되게 완성된다.

일러두기3) 지장간의 조화

사람은 생각(속마음)과 행동(겉마음)이 같아야 귀한 것처럼 사주팔자도 천간과 지지가 같은 구조 즉 천간 기운과 지지 물상의 흐름이 부합해야 귀함을 얻는다. 생각이 행동을 주재하는 것처럼 천간의 기적 흐름이 지지의 물상을 주재한다. 사주에서 천간을 먼저 살펴야하는 이유다.

천간의 기운 변화(흐름)가 지지에서 반응하여 물상으로 전화·변환하는 원리를 담은 것이 三合이다. 삼합은 천지인 상응을 간지에 적용한 원리이고, 천지인(삼합) 상응을 인간의 관점에서 사주팔자(간지)에 직접 부여하여 체계화한 것이 지장간이다.

하늘에서 주어진 햇빛·빗물에 의해 만물이 살아 숨쉬고, 빗물을 머금은 땅이 햇빛에 증발하여 다시 하늘로 올라가 비를 내리게 된다. 이것이 하늘의 기운과 땅의 물상이 만들어내는 조화로움이고 천지가 상응하는 이치이다. 땅의 물상은 하늘의 기운을 거역할 수 없지만, 하늘과 상응하여 살아가는 땅에서 인간의 모습이 바로 지장간의 원리이다.

	음·양/기·상	사주	관상
天	양/氣(기운)	천간	이마·인당·눈썹·눈
人	기·상 조화	지장간	산근
地	음/相(물상)	지지	코·인중·입·턱

〈사주간지의 천지인 의의〉[2]

天地人상응론적 관점에서 지장간은 人에 해당하니 사람이 살아가는 모양새와 역량(경제적 실익)을 담고 있다. 특히 월지 지장간은 그 사람의 모습·성향과 삶의 바탕을 대변한다.

---

2) 天-人-地를 얼굴에 대비하면, 이마·인당·눈썹·눈-산근-코·인중·입·턱 등 삼정(三停)의 의미로 살필 수 있다.

지장간은 삼합원리에 기인한 구성으로, 천간이 지지에서 행하는 작용력 즉 지지에서 행하는 천간의 의도가 지장간이다.

* 여기는 음양·오행의 일반적(十神) 성향을 대변한다.
* 중기는 오행의 숨겨진 기질을 나타낸다.
* 정기는 오행 본래의 모습(본기·본질)이다.

地支	寅	卯	辰	巳	午	未	申	酉	戌	亥	子	丑
餘氣	戊	甲	乙	戊	丙	丁	戊	庚	辛	戊	壬	癸
中氣	丙		癸	庚	(己)	乙	壬		丁	甲		辛
正氣	甲	乙	戊	丙	丁	己	庚	辛	戊	壬	癸	己

〈지장간〉

甲은 亥寅卯에 있으니 신자진에서 발현되는 木 본기(기운)이다.
乙은 卯辰未에 있으니 해묘미에서 완성되는 木 본질(물상)이다.
丙은 寅巳午에 있으니 해묘미에서 작용하는 火 본기(기운)이다.
丁은 午未戌에 있으니 인오술에서 완성되는 火 본질(물상)이다.
庚은 巳申酉에 있으니 인오술에서 형성되는 金 본기(기운)이다.
辛은 酉戌丑에 있으니 사유축에서 완성되는 金 본질(물상)이다.
壬은 申亥子에 있으니 사유축에서 작용되는 水 본기(기운)이다.
癸는 子丑辰에 있으니 신자진에서 작용되는 水 본질(물상)이다.
戊는 분산작용으로 기운·물상을 조절하는 土 본기(기운)이다.
己는 응집작용으로 기운·물상을 통제하는 土 본질(물상)이다.

지장간 구성을 보면,
* 양간은 기운이기에 모습을 드러나는데 시간이 걸리고, 음간은 해당 오행의 물상이기에 양간이 드러나면 곧바로 모습이 발현된다. 가령 甲은 亥에서

장생하여 子丑을 거쳐 寅에서 드러나고, 乙은 甲이 寅에서 드러나면 곧바로 卯에서 모습이 발현된다.

　* 戊는 辰巳·戌亥로 기운이 발현되고, 己는 未申·丑寅으로 물상이 발현된다. 戊는 물상형성의 의도가 확실하지 않지만 분산작용으로 활동범위가 넓으니 이중·복합성이 있고, 己는 물상형성의 의도가 확실하지만 응집작용으로 활동영역이 제한적이니 단일·집약성이 있다.

　지장간(지지에 암장된 천간인자)이 천간에 투출되면 해당 지지(궁위)는 천간기운을 얻는 것이요 천간은 물상으로 가치를 얻음이다.
　　* 년지 투출은 국가조상자격과 관련이 있고 근원적 가치실현이다.
　　* 월지 투출은 삶의 바탕(직업)이요 직업적 성취이다.
　　* 일지 투출은 자기(본위) 가치실현이다.
　　* 시지 투출은 제2의 직업, 하고 싶은 일, 자식의 성취이다.

　운에서 지장간이 천간으로 투출되면 해당 궁위·인자가 기운을 얻은 격이니 발현됨이요, 반대로 천간인자가 지지에 임하면 해당 궁위·인자가 가치를 실현하기 위해 물상을 찾아나서는 힘든 형국으로 기반(변색)되는 경향이 있다.

　▶ 월지가 원하는 바가(궁위·육친·인자) 삶의 수단이 된다.
　▶ 월지가 천간에 투출되면 삶을 살아가는 성향이자 직업성이다.
　寅巳申亥이면 펼치고 앞서가려는 성향이 있고,
　子卯午酉는 속내를 잘 숨기지 못하고 비겁을 끌어들이는 속성이 있고,
　辰未戌丑은 氣·相을 완성·발현해야하니 조절·통제(분산·응집) 등 성향·기질이 확고하지 않다.

일러두기4) 천간합의 본질

사주팔자는 천지만물의 순환이치를 인간사에 적용한 것으로 인간 삶은 자연 순리에 따라 편승될 따름이다. 하늘기운에 의해 만물이 생-장-쇠-멸함을 표현한 것이 천간합이다.3)

甲己 … 乙庚 … 丙辛 … 丁壬 … 戊癸 …
만물바탕(土)…결실맺고(金)…저장하여(水)…생명내고(木)…성장하여(火)…

천간 글자가 5번째에서 합화하는 규칙은 만물의 생장쇠멸을 표현한 원리일진데, 우리는 합화에 집착하는 오류를 범하지 않는지 되돌아볼 필요가 있다. 戊는 土이고 癸는 水인데, 어찌 이 둘이 만나 火가 되겠는가. 천간합은 지지삼합과 마찬가지로 氣·相의 방향성으로 봐야하는 이유이고, 이것이 기상명리의 관점이다.

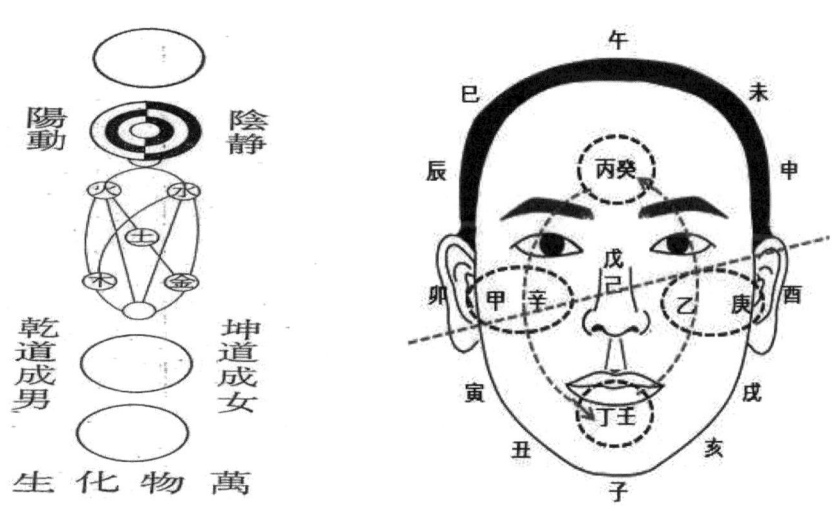

---

3)　　원리에 대해서 본 저자의 『기상명리』에서, 십신에 의한 궁위(근묘화실)의 천간합 방향성으로 오행상생의 흐름을 규명한 바 있다.

천간합의 방향성은 충에 의해 동하는 작용·흐름이다. 甲이 庚을 보면 庚에서→辛을 얻길 원하고, 庚이 甲을 보면 甲에서→乙을 얻길 원하고, 壬이 丙을 만나면 丙에서→丁을 얻길 원하고, 丙이 壬을 만나면 壬에서→癸를 얻길 원한다. 즉 水·火·木·金의 본기(氣)-본질(相)이 전화·변환을 통해 생-장-쇠-멸하는 과정(방향성)이 천간합이다.

만물은 수화(기운)에 의해→ 목금(물상)이 화생(化生)하게 된다. 6양6음 개념에서, 2음4양에서 양이 돌출되고 2양4음에서 음이 돌출된다.

4양·4음에서의 양·음 발현을 지장간으로 보면 양 본위는 전체적으로 癸·丙에 의한 乙→庚 방향성이고, 음 본위는 전체적으로 丁·壬에 의한 辛→甲 방향성임을 알 수 있다.

즉 癸丙-乙庚이 卯辰巳午未申에서 양 본위를 구성하고, 丁壬-辛甲이 酉戌亥子丑寅에서 음 본위를 형성한다.

본위	양 본위						음 본위					
사계	봄			여름			가을			겨울		
지지	卯	辰	巳	午	未	申	酉	戌	亥	子	丑	寅
여기	甲	乙	戊	丙	丁	戊	庚	辛	戊	壬	癸	戊
중기		癸	庚	(己)	乙	壬		丁	甲		辛	丙
본기	乙	戊	丙	丁	己	庚	辛	戊	壬	癸	己	甲
4양4음	4양	5양	6양	1음	2음	3음	4음	5음	6음	1양	2양	3양

〈4양·4음에서 발현되는 천간 방향성과 지지흐름〉

▶ 癸丙은 癸가→ 戊를 바탕으로→ 乙을 완성하기 위해→ 丙을 얻으려한다. 癸·丙이 乙을 키우는 것은 선의라기보다 庚을 얻기 위함이다. 癸丙구조에 목이 없으면 실익이 적고, 목이 없고 금이 있으면 巳酉丑-申子辰으로 역행하니 정체함이 있다. 木·金물상이 없으면 음란지합이 되기 쉽다.

▶ 乙庚은 乙이→ (丙·戊를 기반으로)→ 庚을 펼친다. 乙·丙의 분산·확산작용은 戊를 바탕으로 庚결실을 얻는다. 乙-庚은 개인-단체·기관의 연합이다. 분점·대리점·대행업·하도급 행태, 말·몸·입과 관련된 일, 방송·교육·컴퓨터 등 확산기능, 건축·금융 등 현실직업성이다. 乙庚 구조에 화가 없고 수가 많으면 신자진으로 역행하니 정체됨이 있다.

地支	卯	辰	巳	午	未	申	酉	戌	亥	子	丑	寅
餘氣	甲	乙	戊	丙	丁	戊	庚	辛	戊	壬	癸	戊
中氣		癸	庚	(己)	乙	壬		丁	甲		辛	丙
正氣	乙	戊	丙	丁	己	庚	辛	戊	壬	癸	己	甲

〈지장간으로 보는 음양본위의 천간합〉

▶ 丁壬은 壬이→ 丁을 끌어들여→ 辛을 저장한다. 丁은 庚에서 辛을 분리하여 壬에 저장하니 己에 의해 甲의 씨앗을 품는 모습이다. 水火의 합으로 금이 없으면 실익이 적고, 금이 없고 목이 있으면 亥卯未-寅午戌로 역행하니 정체됨이 있다. 개인적 성향이 강하고 정확성을 요구되기에 혼자 하는 일이나 평가·비평·생명과 관련된 일에서 만족도가 있다. 木·金물상이 없으면 음란지합이 되기 쉽다.

▶ 辛甲합은 壬에 저장되어 있던 辛이→ (癸·己를 기반으로)→ 甲을 발현시킨다. 辛이 癸에 의해 甲으로 재탄생하는 과정이다. 甲은 己바탕으로 발현되고 辛은 甲의 씨앗이니 壬·癸를 불문하고 水가 필요하다. 새롭게 시작해야하니 독립성이 강한 반면에 유약하다. 水가 없고 火가 많으면 인오술로 역행하니 정체됨이 있다.

기상명리에서 말하는 천간합의 방향성은 최고의 길신吉辰으로 꼽는 천을귀인·문창귀인의 간지구성을 보더라도 그 정당성이 입증된다.

십간	甲·庚·戊	壬·癸	乙·己	丙·丁	辛
천을귀인	丑·未	巳·卯	子·申	亥·酉	午·寅
방향성	丑→寅, 未→申	癸丙	乙庚	丁壬	辛甲
물상 발현	우합	천간합, 기운(수화)→물상(목금)			

〈천을귀인의 천간합 방향성과 물상 발현·형성 과정〉

문창귀인	癸卯	丙申	戊申	己酉	丁酉	壬寅
기상 운행	癸乙	丙庚	양 본위	음 본위	丁辛	壬甲

〈문창귀인의 천간운행〉

戊癸·甲己·丙辛은 천간합 방향성(癸丙·乙庚·丁壬·辛甲)이 아니므로 작용력이 묶이는 경향이 있다.

○ 甲己는 己가 甲의 발현처가 되는데 甲이 己에서 나오지 못하거나 나오지 않으려한다. 기존의 터전·틀에서 벗어나야 발달하고, 한번 실패를 겪은 후에 성취한다. 헐값에 팔아치우거나 깨끗이 포기해야 전화위복의 기회를 잡을 수 있다. 甲이 주도(욕심)하면 정체되거나 실패한다.

辛→甲 변환이 순조롭고 甲이 己에서 발현되기 위해서는 水가 필요하다. 甲己가 만나면 서로 끌어안으니 기반되는데, 壬이 동반되면 역량을 발휘한다. 건설.건축·토목·교육·보험 등 木 직업성에서 안정감을 얻는다.

⇒ 음 본위에서 甲己-壬은 己를 바탕으로 壬이 甲을 낸다.
⇒ 양 본위에서 甲己-壬은 해묘미로 甲→乙로 전환된다.
⇒ 양 본위에서 甲午-己는 인오술로 甲→乙→庚으로 발현된다. 여기서 己는 왜곡된 바탕이니 己의 도움·계기 또는 왜곡·희생을 의미한다.

**甲己는 甲(물상)이 바탕(己)을 얻으니 水를 만나야 나올 수 있고,
戊癸는 기운의 합으로 물상(木)을 만나야 가치가 실현된다.**

○ 戊癸는 乙의 무대가 마련되었으니 펼치고 분산하는 작용이 강하다. 財·印(官·比)의 만남으로 누구나 활동할 수 있는 무대 즉 사회성·공공성을 의미한다. 나만의 것이 아니기에 재관 성취가 크지 않다는 의미도 된다. 사회·문화·예능·예술·교육·보험·언론·장식·건축·인테리어 등 乙속성을 발휘하는 것이 좋고 癸희생·계기로 성취한다.
⇒ 戊癸는 戊가 癸분산작용의 바탕이 되지만, 乙을 만나지 못하면 기반될 뿐이다. 庚을 만나면 신자진으로 되돌리니 庚손상이 가중된다.
⇒ 戊가 癸를 만나면 빼앗기는 상이고, 癸가 戊를 만나면 도움·행운이 따르는 상이다.
* 남자 癸일간-戊癸구조는 국가·단체·조직에서 모양새를 갖추지만,
* 여자 癸일간-戊癸구조는 희생·봉사의 상으로 가장노릇을 하거나 남편에게 의탁·구속되는 경향이 있다.

**甲己합은 조건 없이 끌어당기니 유기하지만 작용력이 상실되고,
丙辛합은 자신의 목적을 달성하기 위해 끌어당겼다가 반목한다.**

○ 丙辛 合水의 의미는 火로 金을 가공하여 저장-윤회(수)를 돌린다는 뜻이고, 辛이 甲으로 탄생하기 위해서는 水가 필요하다는 의미다. 화생금 관계이니 서로 끌어들이게 되는데, 막상 취하고보니 辛은 丙의 분산작용에 안정되지 못하고, 丙은 辛의 응집작용에 실망하게 된다.
丙辛은 이상적인 음양의 짝이고 화생금의 운행관계이지만, 氣·相 측면에서 보면 서로 방향성이 맞지 않다. 어느 하나는 희생을 감수해야하고, 火生金 관계이니 丙이 손상되는 경우가 많다. 완전한 辛물상을 얻고 화려함을 추구하지만 윤회로 돌려야하니 현실에서 성취가 크지 않거나 만족하지 못한다.

육친·궁위 인연이 유기하지만 번거로움이 있거나 오래하지 못한다.
  ⇒ 丙庚辛, 丙丁辛 구성은 金물상의 형성-완성이 원활하게 작용한다.
  ⇒ 辛을 가공하여 甲을 얻는 환경에서 성취하기 어렵다.

  ※ 乙庚과 丁壬은 **천간5합**(甲己·乙庚·丙辛·丁壬·戊癸)에 포함되지만, 기상명리의 천간합 방향성(癸丙·乙庚·丁壬·辛甲)을 제시한다. 만약 乙庚이 지지에서 기운을 얻지 못하고 丁壬이 물상을 형성·변환하지 못하면 작용력이 묶인다.

일러두기5) 천간합의 지지삼합 운행과정

* 해묘미는 癸·甲의 운행과정이고, 인오술은 丙·乙의 운행과정이다.
* 사유축은 丁·庚의 운행과정이고, 신자진은 壬·辛의 운행과정이다.
천지운행은 水·火에 의해 木·金이 형성되니 삼합의 운행과정에서도,
甲·庚은 癸·丁에 의해 발현되고, 乙·辛은 丙·壬에 의해 완성되는 논리이다.

* 癸의 해묘미 운동에서 甲은→乙모습으로 완성되고,
* 丙의 인오술 운동에서 乙은→庚으로 형성되고,
* 丁의 사유축 운동에서 庚은→辛모습으로 완성되고,
* 壬의 신자진 운동에서 辛은→甲으로 발현된다.

　　　壬 → 癸 → 丙 → 丁 → 壬 …
　　　甲 → 乙 → 庚 → 辛 → 甲 …

壬·丙은 癸·丁에 의탁하여 작용하고, 甲·庚은 乙·辛에 의탁하여 완성된다.
水·火의 전화과정에서 木·金물상이 전환·변환(생장쇠멸)하게 되는 것이다.

→ 癸 → 乙 → 戊 → 丙 → 庚 → 으로 양 본위 운동을 하고,
↑ ------------------------- ↓
← 甲 ← 壬 ← 己 ← 丁 ← 辛 ← 으로 음 본위 운동을 한다.

지지	卯	辰	巳	午	未	申	酉	戌	亥	子	丑	寅
여기	甲	乙	戊	丙	丁	戊	庚	辛	戊	壬	癸	戊
중기		癸	庚	(己)	乙	壬		丁	甲		辛	丙
본기	乙	戊	丙	丁	己	庚	辛	戊	壬	癸	己	甲

〈지장간에서 水·火에 의한 木↔金변환의 천간합〉

양 본위 운행은 乙-庚(해묘미-인오술) 과정이고 癸-丙-丁으로 운행되고, 음 본위 운행은 辛-甲(사유축-신자진) 과정이고 丁-壬-癸로 운행된다. 한편, 子·午는 기운을 전환하고 물상이 변환·발현되는 연결고리로 氣·相 변환을 주도한다. 즉 乙→庚 변환은 午가 주도하고, 辛→甲 변환은 子가 실질적으로 주도한다.

乙 삼합운동＝ 寅卯辰巳午未申酉戌
庚 삼합운동＝ 　　　巳午未申酉戌亥子丑
辛 삼합운동＝ 辛酉戌亥子丑寅卯辰
甲 삼합운동＝ 　　　亥子丑寅卯辰巳午未

물상의 변환과정을 삼합운동으로 보면,
　＊ 乙→庚 변환은 巳午未에서 주도하고, 午에서 丙-丁이 분산-응집으로 전환되어 丁이 응집작용을 하기에, 未申으로 庚·辛이 형성·완성될 수 있다.
　＊ 辛→甲 변환은 亥子丑에서 주도하고, 子에서 壬-癸가 응집-분산으로 전환되어 癸가 분산작용을 하기에, 丑寅으로 甲·乙이 발현·완성될 수 있다.

일러두기6) 삼합·방국의 방향성-완성

　천간기운이 운행하는 과정이 천갑합의 방향성이요, 천간합의 방향성에 따라 지지에서 변화하는 과정이 지지삼합의 운동성이다. 기상명리에서 천간합-지지삼합의 운동성을 음·양 본위로 구분하고, 다시 봄·여름·가을·겨울 4계절로 분별하여 천간-지지의 방향성을 살핀다.

양 본위(지표면 위)		음 본위(지표면 아래)	
癸丙(癸乙)	乙庚(丙庚)	丁壬(丁辛)	辛甲(壬甲)
亥卯未	寅午戌	巳酉丑	申子辰
木 완성	木→金 변환	金 완성	金→木 변환

〈천간합-지지삼합의 운동성과 물상의 형성·변환 과정〉

　지지에서 해묘미가 구성되면 천간에 乙이 투출하여 木운동성을 발휘해야 해묘미가 가치를 얻는다. 만약 천간에서 木이 무력하면 해묘미 삼합은 무의미하고, 金을 가공하면 정체·방황의 상이 될 수 있다.
　또 해묘미 구성에서 卯午, 子未, 辰未, 未戌 등이 작용하면 未에서 庚을 발현시키려하니 대박을 터뜨리기도 한다. 이것이 천간합-지지삼합에 의한 형·파·천의 작용이다. 형·파·천을 무조건 흉하게 보면 안 된다.

▶ 지지에서 삼합 방향성을 판단할 때 다음과 같은 순서로 살핀다.
⇒ 辰·未·戌·丑을 중심으로 살핀다.(삼합-입묘·입고)
⇒ 우합 발현 여부를 살핀다.(丑寅-辰巳-未申-戌亥)
⇒ 子卯午酉의 형·파 관계를 살핀다.(子卯-卯午-午酉-酉子)
⇒ 암합의 천간 운행을 파악한다.(子巳-卯申-午亥-酉寅)
⇒ 합·충·형·파·천의 관계에서 방향성을 잡는다.

▶ 지지삼합의 운동영역에서 궁위의 개념을 파악한다.
⇒ 년이 부합하지 않으면- 국가·자격·인허가 불미, 복록·애정·성취의 근원 부실, 구설시비가 있다.
⇒ 월이 부합하지 않으면- 직업·가정왜곡, 가상직업, 성취정도만큼 등락
⇒ 일이 부합하지 않으면- 가정·배우자 왜곡 or 의탁, 자존·가치실현 미비
⇒ 시가 부합하지 않으면- 자식·노년활동·건강·복록유지의 왜곡·등락, 불확실한 미래

▶ 지지삼합이 완성되는 궁위를 본다.
⇒ 년에서 완성되면- 크게 먹는다, 국가, 큰 단체, 조상, 인성·자격
⇒ 월에서 완성되면- 직업성취, 부모발달, 사회·조직·처가·시댁, 행운
⇒ 일에서 완성되면- 내 것으로 만든다, 알차다, 배우자의 도움·혜택
⇒ 시에서 완성되면- 노년 활동, 취미·이중직업성, 복록 향유, 자식성취

▶ 삼합(방국)은 지지구성을 지배하기에 기질·성향·직업 등 인생 방향성을 제시하는데, 그 경향성은 오행·십신의 의미에서 살핀다.

申子辰	亥卯未	寅午戌	巳酉丑
수·인성(비겁)	목·비겁(식상)	화·식상(재성)	금·재관(인성)
亥子丑	寅卯辰	巳午未	申酉戌

* 신자진 or 해자축 구성은 정신·학문 등 인성이 삶의 경향성이고 비겁이 동하니 재관성취가 약하다.
* 해묘미 or 인묘진 구성은 기술·재능 등 타인 or 식상(몸)을 이용한 자아실현과 재관성취이다.
* 인오술 or 사오미 구성은 식상(기술)으로 기획·실행을 통한 조직·단체에서 성취를 이룬다.

* 사유축 or 신유술 구성은 재물·명예에 대한 성취욕구가 강한데 인성(식상)이 갖춰져야 완성된다.

※ 사주원국에 삼합 or 방국이 완성된 사주는 과단성을 안고 있다.
　삼합·방국이 완성된 구성은 사주흐름이 일관되면 발달하는데, 사주팔자는 운에 따라 변하기 마련이니 정체·왜곡을 겪기 쉽다. 근원적 문제를 해결해야 하는 일들이 주어지고 자존심(본의)이 손상되거나 구설시비에 휘말린다.
　삼합·방국의 궁위·육친이 모두 채워져야 발달·안정되는데, 해당 궁위·육친에 얽매이는 경향이 있다. 해당 궁위·육친의 도움·고충이 동반되는 것이다.
　관상으로 보면 천창이나 콧방울에 실핏줄이 드러나는 현상이다.

만약 삼합·방국의 왕지를 충하면 성취 여부와 상관없이 고충·애환이 현실화된다. 亥卯未 or 寅卯辰에 酉가, 寅午戌 or 巳午未에 子가, 巳酉丑 or 申酉戌에 卯가, 申子辰 or 亥子丑에 午가 올 경우이다. 방국이 삼합보다 경향성이 더 두드러진다.

* 해자축은 정보수집- 계산능력(부가이익)- 창고에 넣으려한다.
→ 목이 있어야 덕성이 있고 금이 있어야 안정감을 얻는다.
* 인묘진은 힘들게 시작- 능력을 발휘- 성과가 늦게 나타난다.
→ 수·화가 있어야 대기만성하고 보상을 받는다.
* 사오미는 초년 번영- 조절력이 좋은데- 만족도가 떨어진다.
→ 금이 있어야 할 일이 생기고 목이 있어야 안정감을 얻는다.
* 신유술은 고충·애환- 완성- 빼앗기지 않으려한다.
→ 수·화가 있어야 완성되고 현실적 가치가 있다.

일러두기7) 지지육합의 인식

기상명리는 지지육합을 통상적인 合의미로 보지 않고 합화(合化)의 논리를 다루지 않는다. 지지육합에 대한 명리적 근원이 부족하고 논리적으로도 맞지 않기 때문이다.

육합	亥寅	巳申	午未	子丑	卯戌	酉辰
작용	水→木	火→金	氣·相 조절·통제		木·金 완성(입묘)	

〈지지육합의 관계〉

육합의 관계성을 살펴보면 생지는 수생목(수→목), 화생금(화→금)의 기상운행을 말함이고, 水·火 왕지는 子丑·午未로 연합하여 조절·통제로 木·金을 내려는 의도를 표현함이고, 木·金 왕지는 물상을 완성(입묘)하는 과정에서 물상이 변환·발현(목↔금)됨을 의미한다. 생지에서 물상을 키우고, 水·火왕지에서 조절하여 물상 변환을 도모하고, 木·金왕지에서 물상 변환을 실현함으로써, 천지만물의 영원성을 표현하고 있음이다.

지지육합의 합화개념을 만물의 순행과정으로 보면 천간합의 방향성과 유사하다.

子丑	亥寅	卯戌	午未	酉辰	巳申
(己)	木	火	(己)	金	水
삶의 바탕	시작·발생	확산·성장	삶의 바탕	결실·수렴	저장·보관

〈지지육합의 만물순행 방향성〉

이처럼 지지육합은 합화가 아니라 만물 순행의 흐름(목→화→금→수…)을 밝히고 있다. 『淵海子平』에서 子丑과 午未를 합화로 다루지 않은 이유를 여기서 이해할 수 있다.

* 亥寅은 목이 왕하면 亥손상이 가중되는 천이 발동한다.
* 巳申은 금이 왕하면 巳손상이 가중되는 천이 발동한다.
* 卯戌은 水·火가 왕하면 卯가 상실되는 천이 발동한다.
* 酉辰은 水·火가 왕하면 酉가 상실되는 천이 발동한다.

* 子丑은 사유축으로 금을 완성하든지, 신자진으로 목이 발현돼야 가치가 있다. 그렇지 않으면 子丑에서 子가 분산작용을 조절당하니 子未천(子손상)이 발동하는 원인이 된다.
* 午未는 해묘미로 목을 완성하든지, 인오술로 금을 형성해야 가치가 있다. 그렇지 않으면 午未에서 午가 응집작용을 조절당하니 午丑천(午순상)이 발동하는 원인이 된다.

일러두기8) 合·沖·刑·破·穿의 기본개념 이해하기

　천간(하늘)은 일정하고 능동적으로 움직이니 動하는 인자이고, 지지(땅)는 하늘기운에 의해 물상이 변화하기에 靜하는 인자다.4)

　천간은 홀로 물상을 만들어내지 못하고, 지지는 스스로 기운을 만들어내지 못한다. 甲乙丙丁戊己庚辛壬癸…의 기운흐름에 따라 子丑寅卯辰巳午未申酉戌亥…로 운행하는데 물상의 변화는 동일하게 일어나지 않는다. 같은 지역·환경에 있는 나무라도 생장쇠멸이 다르고, 같은 부모 밑에 자란 형제라도 성격이 다르고 삶의 모습이 다른 것과 같다.

　사주팔자는 10개의 천간기운이 운행함에 따라 12개의 지지물상이 사계(12개월)로 생장쇠멸(근묘화실)하는 과정을 표상한다. 十干十二支는 고유한 성질이 있는데, 서로 맞물리면서 성질이 變하고 化하게 된다. 지지에서 만물의 생장쇠멸 과정이 변화무쌍한 것처럼 인생사도 복잡다단하게 흘러가고 그 상관관계에 의해 부귀빈천과 길흉화복이 달라진다.

　지지의 복잡·미묘한 상호관계를 밝힌 것이 합·충·형·파·천 관계이기에, 합·충·형·파·천의 작용관계와 발동조건의 관점이야말로 사주해석의 묘미라 할 수 있다.

합·충	형	파	천
형·파·천의 동기부여	오행의 왕·쇠	합의 혼재	합·충의 혼재

〈합·충·형·파·천의 성립관계〉

　천간은 기운(名)이고 지지는 물상(實)이다.
　천간合은 기운·물상의 방향성을 제시하고,
　지지三合은 천간기운에 의한 물상의 변화과정(방향성)이다.
　천간沖은 기운의 전환이고, 지지沖은 형·파·천의 동기부여·발동조건이다.

---

4) "　　動하고, 지지는 靜한다", 『자평진전』.

합·충의 본질은 生·剋원리에 있다. 천간에서 丙壬, 丁癸, 甲庚, 乙辛 등 본기 or 본질끼리 충으로 동하여 丁壬, 癸丙, 乙庚, 辛甲 등 합으로 방향성을 찾으려한다. 이것이 천간沖에 의한 천간合의 방향성이고, 그 흐름에서 생성되는 관계가 형·파·천의 작용이다.

충에 의한 氣·相이 동하게 되는데 지지에서 운행하는 영역이 삼합이다. 삼합은 충과 더불어 형·파·천을 만들어내고 합·충·형·파·천은 인간사에서 변화를 촉발시키는 요소는 되지만, 길흉을 단정함이 아니라 간지의 관계성을 표현한 것뿐이다. 천간에 형·파·천이 없는 것은 실질·구체적 물상 변화(전화·변환, 길흉화복)는 지지에서 일어나기 때문이다.5)

현대 명리는 합·충·형·파·천 등에 대한 관계만 언급할 뿐 구체적 논거와 활용방법이 체계화되지 않았다. '합은 충을 해소하고, 충은 합을 깨뜨리고, 辰未戌丑은 충·형으로 열어준다'고 논하지만 모호하고, 형살·파살·천살 등 표현으로 흉하게 해석하는가 하면, 합·충·생극·입고·원진·귀문 등에 포함되기에 신살 정도로 여기거나 무시하는 경향도 있다.

지지는 정하니 合·沖에 의해 동하여 방향성을 찾게 되는데, 合·沖에 의해 복합하고 미묘한 관계(刑·破·穿)가 성립되니 복잡다단하고 고충·번거로움을 겪을 수밖에 없다. 그래서 형·파·천을 흉하게 보는데, 어느 사주를 막론하고 충·형·파·천 어느 하나에 걸리지 않는 사주는 없다. 만약 충·형·파·천의 작용을 흉하게 본다면 온전하게 살아갈 사람이 몇이나 되겠는가.

기상명리에서 合·沖·刑·破·穿 작용은 '성립요건'과 '동기부여'가 충족된 경우에 발동하고, 음양 본위와 간지의 방향성에 따라 길흉이 결정된다고 밝힌다. 합·충·형·파·천은 역동성이자 삶의 기회다. 실수·실패냐, 전화위복이냐, 성공이냐는 천간-지지의 방향성에 부합하느냐에 달려있다.

---

5) "   본래 정하는데 합·충으로 동하게 된다"고 하였고, "진술축미를 개고하는 것은 형·충이다"고 하였다. 즉 합·충은 생·극 및 형·파·천의 발동조건(동기부여)이 되지만, 형·파·천은 합·충의 발동조건(동기부여)이 되지 못한다.

刑·破·穿은 공통적으로 새롭게(다시) 시작한다는 작용적 의미가 있고, 설익은 상태에서 크게 이루려는 속성이 내포되어 있다. 전환·변환의 시기이고, 심기일전하는 계기, 전화위복의 기회다.

형은 이전의 모습·환경에서 탈피하여 새롭게 재정비·변화·조정하여 시작해야하고, 파는 어느 하나는 깨뜨리고 다른 하나로 시작해야하고, 천은 모든 것을 뒤엎고 다시 시작해야한다는 의미가 있다.

刑은 본질이 바뀌지 않고 하던 일을 재구성하는 것이라면, 파는 기존의 일과 새로운 일 중 어느 하나를 결정해야하고, 천은 하던 일을 갈아엎고 다른 모습으로 새롭게 시작하는 것이다.

고추 심던 밭에 감자 농사로 바꾸는 것이 刑이라면, 밭농사를 약용·화훼농사로 바꾸는 것이 破요, 농사짓던 땅에 건물을 짓거나 농사꾼이 상인으로 탈바꿈하는 게 穿이다.

형·파·천의 기본속성은 기존의 생각·방식에서 탈피한 새로운 삶의 방향성을 제시한다. 새로운 시작에 대한 기대·희망과 불안감이 뒤섞인다. 모두 뻥튀기된 부풀어진 모습으로 모방, 가상현실, 컴퓨터, 온라인게임, 투기, 사행성, 도박, 사채·계, 빵(제과) 등 벼락치기 성향을 갖게 된다.

형·파·천은 자신을 다듬고 가공해야하니 과장·거품이 있고, 기대감에 부풀어진 만큼 위험(대박-쪽박)이 도사리고 있다. 터전·본질을 바꿔야하니 망설이기도 하지만 능동성이 있고 얼떨결에 한 일이 대박을 치기도 한다. 감자를 심을까 장미를 심을까 고심하다가 시기를 놓쳐 아무것도 못하는 경우도 있고, 어쩔 수 없이 장사에 뛰어들어 대박을 치기도하는 것이다.

환경에 부합하지 않으면 구속·구금·입원 등 갇히는 상이 된다. 계획했든 일이 묶이고 실행에 차질이 생기고 이러지도 저러지도 못하는 상황이 벌어진다. 이럴 때는 공부하거나 남의 일을 대신해주는 일이 좋고, 숙박업·경비·창고·연구·개발 등 갇혀서 일하는 직업이 이롭다.

인생사에서 겪을 수밖에 없는 등락을 사주팔자에서 合·沖·刑·破·穿 등으로 표현하였고, 인간은 번거롭고 힘든 과정 즉 合·沖·刑·破·穿 발동·작용을 거치면서 발전을 도모하게 된다는 인생여정을 말해주고 있다. 얼굴에서 삼관·사애에 비유되니, 합·충·형·파·천 등은 삶의 수단과 재관을 완전하게 하는 방법은 덕행에 있음을 제시함이다.[6]

삼관(三關)	사애(四隘)
3번의 관문	4번의 장애
3번의 기회	4번의 중간정산
음덕	덕행
인생의 전환점. 새롭게 변화할 수 있는 선택점. 전화위복의 기회.	
상학의 삼관·사애를 사주에 대비하면	
合·沖	刑·破·穿

〈충형파해의 삼관·사애론적 의미〉

형·파·천은 어떤 경우든 과욕을 부리면 실수·실패한다.

형·파·천이 발동하는 운세에 크게 먹으려하거나 탐욕을 부리면 사업부도, 명예퇴직, 애정문제, 무리한 투자로 인한 손실, 현실도피, 유산·불임, 이혼·사별, 비정상적 행위, 정신문제 등 답답하고 묶이는 현상이 벌어진다.

---

6) 삼관은 '발제'-'중정'-'눈'을 지칭하고 인생에서 주어진 3번의 기회이자 중대한 시발점이다. 사애는 '산근'-'인중'-'승장'-'턱'을 지칭하고 3번의 기회(음덕)에 대한 중간정산을 의미하는바 삶에서 정체·장애로 받아들여진다. 합·충은 인생에서 주어진 움직임이자 방향성이라면, 刑·破·穿은 인생 길(방향성)에 맞닥뜨린 장애이자 정산(精算) 시기이다. 인생 기회(삼관)를 잡기 위해서는 준비되어 있어야하고, 기회를 성공으로 빛나게 해준 주위의 도움·음덕을 덕행으로 되돌려주는 마음씀씀이가 성취를 안정되게 만든다. 기타 "삼관·사애"에 대한 자세한 내용은 본 저자의 『얼굴지도로 인생을 여행하다』를 참조하시기 바란다.

인생살이는 공짜가 없다. 받은 만큼 되돌려주어야 하는 것이 인생이다. 형·파·천이 발동하면 폭발적으로 넘치는 복록을 취할 수 있는데, 이는 일시적으로 취하는 것뿐이니 되돌려야 하는 숙명이 부여된다. 덕을 베푸는데 인색하고 스스로 덕을 행하지 않으면 하늘이 정산·평가를 하게 되니, 성공 후에 인생 등락·왜곡을 겪게 되는 것이다.

제 1 장
합·충·형파천 방향성

암합暗合
우합隅合
격각膈脚
寅巳申亥
子卯午酉
辰未戌丑
입묘入墓
간지삼합

합·충·형·파·천 방향성

　기상명리의 관점인 氣-相 방향성은 천간에서 기운(癸丙·丁壬)에 의한 물상(乙庚·辛甲)의 생성원리를 합으로 표현하고, 이를 지지에서 삼합의 운동성(亥卯未-寅午戌-巳酉丑-申子辰)으로 구체화하였고, 천간합-지지삼합의 방향성에 의해 변화하는 작용관계가 합·충·형·파·천 등이다.

사계	겨울(수)	봄(목)	여름(화)	가을(금)
천간합	辛甲	癸丙	乙庚	丁壬
천간운행	壬甲	癸乙	丙庚	丁辛
주도인자	辛·壬	癸·甲	乙·丙	丁·庚
지지삼합	申子辰	亥卯未	寅午戌	巳酉丑
방국	亥子丑	寅卯辰	巳午未	申酉戌
간지조합	壬寅 癸酉 辛亥 壬辰 甲子 庚辰	癸卯 癸巳 乙未 癸未 丙寅 丙辰	丙申 丁卯 乙巳 丙戌 庚午 甲戌	丁酉 丁亥 丁丑 壬申 壬戌 辛丑
암합	酉寅	子巳	卯申	午亥
우합	丑寅	辰巳	未申	戌亥
왕지 형·파	酉子	子卯	卯午	午酉
묘지 형·파	丑辰	辰未	未戌	戌丑
생지 합·천	亥寅	寅巳	巳申	申亥
왕지 연합	子丑	卯辰	午未	酉戌
생지 입묘	亥辰	寅未	巳戌	申丑
왕지 입묘	酉辰	子未	卯戌	午丑

〈천간-지지의 관계와 방향성〉

합·충은 간지를 動하게 하는 요건이고, 형·파·천은 합·충에 의해 발동하고, 고치고 다듬고 가공하여 변화를 도모하는 과정이다.

형·파·천으로 구성된 사주는 보기 좋게 가공하는 재주가 있고 인기·도화의 인자로 화려함을 추구하고 가시적인 성과를 빨리 내는 능력이 있다. 형·파·천에서는 변혁-시작해야하는 고충·아픔이 있고 그 변화 방향성에 따라 대박 or 쪽박의 상이 된다.

1. 암합暗合의 방향성

천간기운의 운행에 따라 지지물상이 생장쇠멸하기에 지지(相)는 천간(氣)에 상응해야한다. 무릇 땅에서의 변화는 하늘기운에 따라 형성되는 것이 만물의 이치인데, 干支가 상합하거나 地支가 암합하면 땅이 하늘을 업신여기는 꼴이다.

지지 암합(暗合)[7]은 동하는 천간을 붙드는 꼴이고 천간의 방향성을 지지에서 암암리에 행하려는 의도이다. 인간이 천기(天氣)를 거스르고 神(하늘)의 기운·방향성을 탈취하여 자신의 것으로 만들려는 오만·방종·탐욕이 발동한다. 하늘이 모르게 숨기고 암암리에 행한다는 의미도 있다. 일순간 성취할지라도 재관손상, 사건·사고 등 인생 굴곡·왜곡을 초래한다.

지지암합은 천간흐름을 인지하지 못하니 방향성을 찾지 못하거나 도화·음란성이 발동한다. 애정문제, 육친고충이 동반되고 딜레마·번거로움이 발생한다. 특히 午亥와 子巳는 은밀·음란·도화·위법성이 강하다.

개인 or 단체와의 암합, 뒷거래, 이지, 커미션 등을 의미하고, 남의 치부를 들춰내거나 밝혀내는 일에도 적합하다. 교육·보험·증권, 은행·사채, 방송·언론·기자, 에이전트, 중개·중재 등이다.

---

[7] (暗合)은 남몰래 만나 합한다는 뜻인데, 우합(偶合= 짝:우, 합할:합)과 같이 우연히 뜻하지 않게 만난다는 의미도 있다.

천간합의 방향성은 氣에 의한 相의 전환·변환 과정이다.

　기상명리는 기운(양, 천간)에 의해 물상(음, 지지)이 생-장-쇠-멸하는 원리를 표명하고 있다. 기운은 본기(양)→본질(음)으로 전환되고, 그 과정에서 물상이 본기(양)→본질(음)으로 전환되고 木↔金이 변환된다. 氣·相의 전환·변환을 주도하는 구체적 환경요소가 음양본위이고, 음양 본위에서 만물의 운행은 氣·相의 방향성에 기인한다.

천간 방향성	癸丙	乙庚	丁壬	辛甲
암합 방향성	子巳	卯申	午亥	酉寅
氣·相 순행	해묘미	인오술	사유축	신자진
氣·相 역행	사유축	신자진	해묘미	인오술

〈지지암합 본위의 순행-역행 방향성〉

　지지암합은 천간의 의도를 지지에서 직접 행하려하니 불안·불미함이 있지만, 천간합 방향성 즉 음양(氣·相) 본위에 순행하면 발전적으로 사용한다. 子巳-亥卯未, 卯申-寅午戌, 午亥-巳酉丑, 酉寅-申子辰 등 구성이다.
　반면에 암합이 역행 방향성으로 향하면 불리하다. 子巳-巳酉丑, 卯申-申子辰, 午亥-亥卯未, 酉寅-寅午戌 등 구성이다. 힘들게 성취하거나 등락 속에 발달하는데, 인내·끈기로 대기만성하면 성공이 견고하다. 발달이 더딘데 더디게 이룬 만큼 복록도 더디게 오래 누린다.

　▷ 癸丙과 丁壬은 기운을 전환하여 물상(木·金)을 내는 것이 목적이다.
　癸丙은 사유축, 丁壬은 해묘미 환경에서 살아남을 수 있지만, 癸乙은 사유축, 丁辛은 해묘미 환경에서 실패하는 경우가 많다.
　癸丙과 丁壬은 子午·子巳와 같이 물상을 취해야하니 해묘미 or 사유축에서 방향성을 찾지만, 癸乙은 癸가 乙을 키우는 환경이 성립되었기에 사유축에서 불리하고, 丁辛은 丁인 辛을 완성하는 환경이 성립되었기에 해묘미에서 불리하다.

▷ **乙庚과 辛甲은 기운을 취하여 물상 완성 or 목↔금 변환이 목적이다.**
乙庚은 木을 완성하여→金을 형성하는 방향성인데, 여의치 않으면 庚에서 乙을 내기에 신자진에서도 작용력을 발휘하지만, 丙庚은 丙이 庚을 키우는 환경에 있으니 신자진에서 실패할 여지가 많다.

辛甲도 金을 완성하여→木을 내는 방향성인데, 여의치 않으면 甲에서 辛을 내기에 인오술에서도 작용력을 발휘하지만, 壬甲은 壬이 甲을 내는 환경에 있으니 해묘미에서 실패할 여지가 많다.

이것이 천간합의 방향성(癸丙, 丁壬, 乙庚, 辛甲)과 천간합의 운행인자(癸乙, 丁辛, 壬甲, 丙庚)의 차이점이고 기상명리의 진정한 氣-相 방향성이다.

암합暗合의 발로는 우합偶合이다.

지지암합은 천간합과 달리 방향성을 제시하지 못하기에 합으로 묶이는 경향이 있다. 암합으로 氣·相을 형성하여 발현되는 돌파구가 우합이다.
암합-우합이 동반되면 발현처(우합)를 통해 목표성(방향성)을 확실하게 잡는다. 子辰巳, 卯未申, 午戌亥, 酉丑寅 등이다.

암합	子巳	卯申	午亥	酉寅
우합 발현	신자진→辰巳	해묘미→未申	인오술→戌亥	사유축→丑寅
氣·相순행	해묘미(子→巳)	인오술(卯→申)	사유축(午→亥)	신자진(酉→寅)
氣·相역행	사유축(巳→子)	신자진(申→卯)	해묘미(亥→午)	인오술(寅→酉)
선행	인오술(丙庚)	사유축(丁辛)	신자진(壬甲)	해묘미(癸乙)

〈지지암합의 운행 관계〉

▷ 子巳-申子辰, 卯申-亥卯未, 午亥-寅午戌, 酉寅-巳酉丑 등 지지암합의 본위운동 방향성에 후행하면 정체함이 있다. 巳·申·亥·寅의 불미함이 동반되고, 대인기피, 현실도피, 무력감 등 삶에 대한 의지가 상실되는 경우도 있다.

다만 乙-申子辰 흐름에서 子辰巳로 구성되면 해묘미로 발현되니 안정성을 얻는다. 庚-해묘미에서 卯未申, 辛-인오술에서 午戌亥, 甲-사유축에서 酉丑寅 등도 그러하다.

▷ 子巳-寅午戌, 卯申-巳酉丑, 午亥-申子辰, 酉寅-亥卯未 등 지지암합의 본위운동 방향성에 선행하면 子·卯·午·酉의 불미함이 있고, 성취하더라도 쉽게 잃는다. 마치 봄에 열매를 키우려하고 겨울에 싹을 내려하니 일이 순탄하게 진행되지 않는다. 이상은 높지만 실익이 적고, 성취 정도가 크면 그만큼 잃는 것이 많다.

子巳·午亥는 목·금이 필요하고, 卯申·酉寅은 수·화가 필요하다.

子巳는 子寅卯辰巳로 乙을 키우는 흐름이지만, 사유축 환경에서 巳午未申酉戌亥子로 금을 완성한다. 午亥는 午未申酉戌亥로 금을 가공하는 흐름이지만, 해묘미 환경이면 亥子丑寅卯辰巳午로 목을 완성한다.

卯申은 卯辰巳午未申으로 乙→庚 환경이지만, 신자진 환경에서 申酉戌亥子丑寅卯로 辛→甲乙을 형성한다. 酉寅은 申酉戌亥子丑寅으로 辛→甲 환경이지만, 인오술 환경에서 寅卯辰巳午未申酉로 乙→庚辛을 형성한다.

암합	子巳	卯申	午亥	酉寅
氣·相순행	해묘미	인오술	사유축	신자진
	子寅(卯)巳	卯巳(午)申	午申(酉)亥	酉亥(子)寅
氣·相역행	사유축	신자진	해묘미	인오술
	巳申(酉)子	申亥(子)卯	亥寅(卯)午	寅巳(午)酉

〈지지암합 본위운동의 순행-역행〉

① 子巳= 해묘미 방향성에 있지만, 사유축에서 돌파구를 모색한다.

子巳는 癸丙의 방향성으로 물상이 요구되니 해묘미(수→목)로 木을 내는 것이 이상적이지만, 여의치 않으면 사유축(화→금)으로 금을 완성해야한다. 子巳-亥卯未(木)에서 발달이 빠르다면, 子巳-巳酉丑(金)에서 발달은 더딜지라도 대기만성 격이다.

* 子巳가 신자진으로 子를 고집하면 巳의 불미함이 있고 고충·등락을 겪기 쉽다. 다만 子辰巳로 구성되면 巳의 도움·계기(해묘미)로 안정성을 얻고 발달한다.

* 子巳가 인오술로 巳 중 庚을 형성하려면 子의 불미함이 있고 고충·등락을 겪기 쉽다. 다만 亥·申·酉 등이 동반되면 그 도움·계기(사유축)로 발전성을 도모한다.

* 巳申子 巳酉子는 巳→子로 방향을 돌리니 사유축 흐름에서 더디고 힘들지라도 인내하면 성취를 이룰 수 있다.

* 亥子巳는 亥→巳로 변환을 거부하니 해묘미에서 정체됨이 있고, 사유축에서 크게 먹으려하니 대박-쪽박의 상이 되고 巳손상이 동반된다.

* 子寅巳 子卯巳는 子卯(辰巳) 구조로 子→巳 변환을 도우니 해묘미 환경에서 흉이 해소되거나 발달한다.

* 子巳午는 巳→子로 변환을 거부하니 사유축에서 정체됨이 있고, 해묘미에서 크게 먹으려하니 대박-쪽박의 상이 되고 子손상이 동반된다.

* 子巳戌은 辰巳戌과 마찬가지로 巳가 발현되자마자 입묘한다. 巳희생으로 丁활동력이 발휘되니 丁·辛·壬-戌子(巳酉丑)에서 가치가 실현된다.

② 卯申 = 인오술 방향성에 있지만, 신자진에서 돌파구를 모색한다.

卯申은 乙庚 방향성으로 기운이 요구되니 인오술(목→금)로 목을 키워 庚을 형성하는 것이 이상적이지만, 여의치 않으면 신자진(금→목)으로 乙을 형성해야한다. 卯申-寅午戌(火)에서 발달이 빠르다면, 卯申-申子辰(水)에서 발달은 더딜지라도 대기만성 격이다.

* 卯申이 해묘미로 乙을 고집하면 申의 불미함이 있고 고충·등락을 겪기 쉽다. 다만 卯未申으로 구성되면 申의 도움·계기(인오술)로 안정성을 얻고 발달한다.

* 卯申이 사유축으로 辛을 완성하려하면 卯의 불미함이 있고 고충·등락을 겪기 쉽다. 다만 亥·子·寅 등이 동반되면 그 도움·계기(신자진)로 발전성을 도모한다.

* 申亥卯 申子卯는 申→卯로 방향을 돌리니 신자진 환경에서 더디고 힘들지라도 인내하면 대기만성할 수 있다.

* 寅卯申은 寅→申으로 변환을 거부하니 인오술에서 정체됨이 있고, 신자진에서 크게 먹으려하니 대박-쪽박의 상이 되고 申손상이 동반된다.

* 卯巳申 卯午申은 卯午(未申) 구조로 卯→申 변환을 도우니 인오술 환경에서 흉이 해소되거나 발달한다.

* 卯申酉는 申→卯로 변환을 거부하니 신자진에서 정체됨이 있고, 인오술에서 크게 먹으려하니 대박-쪽박의 상이 되고 卯손상이 동반된다.

* 卯申丑는 未申丑와 마찬가지로 申이 발현되자마자 입묘한다. 申희생으로 辛활동력이 발휘되니 辛·壬·甲-丑卯(申子辰)에서 가치가 실현된다.

③ 午亥= 사유축 방향성에 있지만, 해묘미에서 돌파구를 모색한다.

午亥는 丁壬 방향성으로 물상이 요구되니 사유축(화→금)으로 금을 완성하는 것이 이상적이지만, 여의치 않으면 해묘미(수→목)로 木을 내야한다. 午亥-巳酉丑(金)에서 발달이 빠르다면, 午亥-亥卯未(木)에서 발달은 더딜지라도 대기만성 격이다.

* 午亥가 인오술로 午를 고집하면 亥의 불미함이 있고 고충·등락을 겪기 쉽다. 다만 午戌亥로 구성되면 亥의 도움·계기(사유축)로 안정성을 얻고 발달한다.

* 午亥가 신자진으로 亥 中 甲을 내려고 하면 午의 불미함이 있고 고충·등락을 겪기 쉽다. 다만 寅·卯·巳 등이 동반되면 그 도움·계기(해묘미)로 발전성을 도모한다.

* 亥寅午 亥卯午는 亥→午로 방향을 돌리니 해묘미 흐름에서 더디고 힘들지라도 인내하면 성취를 이룰 수 있다.

* 巳午亥는 巳→亥로 변환을 거부하니 사유축에서 정체됨이 있고, 해묘미에서 크게 먹으려하니 대박-쪽박의 상이 되고 亥손상이 동반된다.

* 午申亥 午酉亥는 午酉(戌亥) 구조로 午→亥 변환을 도우니 사유축 환경에서 흉이 해소되거나 발달한다.

* 午亥子는 亥→午로 변환을 거부하니 해묘미에서 정체됨이 있고, 사유축에서 크게 먹으려하니 대박-쪽박의 상이 되고 午손상이 동반된다.

* 午亥辰는 戌亥辰과 마찬가지로 亥가 발현되자마자 입묘한다. 亥희생으로 癸활동력이 발휘되니 癸·乙·丙-辰午(亥卯未)에서 가치가 실현된다.

④ 酉寅= 신자진 방향성에 있지만, 인오술에서 돌파구를 모색한다.

酉寅은 辛甲 방향성으로 기운이 요구되니 신자진(酉→寅)으로 甲을 내는 것이 이상적이지만, 여의치 않으면 인오술(寅→酉)로 목을 키워 辛을 완성해야한다. 酉寅-申子辰(水)에서 발달이 빠르다면, 酉寅-寅午戌(火)에서 발달은 더딜지라도 대기만성 격이다.

* 酉寅이 사유축으로 辛을 고집하면 寅의 불미함이 있고 고충·등락을 겪기 쉽다. 다만 酉丑寅으로 구성되면 寅의 도움·계기(신자진)로 안정성을 얻고 발달한다.

* 酉寅이 해묘미로 乙을 완성하려하면 酉의 불미함이 있고 고충·등락을 겪기 쉽다. 다만 巳·午·申 등이 동반되면 그 도움·계기(인오술)로 발전성을 도모한다.

* 寅巳酉 寅午酉는 寅→酉로 방향을 돌리니 인오술 환경에서 더디고 힘들지라도 인내하면 대기만성할 수 있다.

* 申酉寅은 申→寅으로 변환을 거부하니 신자진에서 정체됨이 있고, 인오술에서 크게 먹으려하니 대박-쪽박의 상이 되고 寅손상이 동반된다.

* 酉亥寅 酉子寅은 酉子(丑寅) 구조로 酉→寅 변환을 도우니 신자진 환경에서 흉이 해소되거나 발달한다.

* 酉寅卯는 寅→酉로 변환을 거부하니 인오술에서 정체됨이 있고, 신자진에서 크게 먹으려하니 대박-쪽박의 상이 되고 酉손상이 동반된다.

* 酉寅未는 丑寅未와 마찬가지로 寅이 발현되자마자 입묘한다. 寅희생으로 乙활동력이 발휘되니 乙·丙·庚-未酉(寅午戌)에서 가치가 실현된다.

※ 여기서, 沖에 의한 천간-지지에서의 合 방향성을 궁구해보자.

沖은 동기부여로 合의 방향성을 재촉(발동)한다.
水·火 or 木·金의 沖은 동기부여로 천간합의 순행 방향성을 재촉하는데, 여의치 않으면 역행 방향성으로 되돌린다. 水·火의 충(or 혼재)은 물상(해묘미, 사유축)을 취해야 가치가 실현되고, 木·金의 충(or 혼재)은 기운(신자진, 인오술)을 얻어야 완성되기 때문이다.

충에 의해 발동하는 천간에서의 합은 천간합이고, 지지에서의 합은 삼합, 암합, 우합, 입묘 등이다. 천간합의 방향성에 기인한 지지합은 삼합이 대표적이고, 암합은 자체로 천간합 구조이고, 우합은 생지가 발현되기에 천간합의 의도이고, 입묘는 천간합의 완성지이다.
특히 지지암합은 천간합의 방향성이 지지에서 펼치는 작용으로 水·火, 木·金의 沖에 의해 순행하는 방향성에서 발달하거나 역행하는 방향성에서 돌파구를 찾게 된다.
충으로 천간합의 방향성에 순행하면 순리에 따르는 흐름으로 발달이 순조롭다. 반면에 충으로 천간합의 방향성이 역행하면 힘들게 성취하는데 대박을 노리니 엉뚱한 짓으로 실패하는 경우가 많다. 설령 沖이 아니라도 水·火 or 木·金이 혼재해도 마찬가지이다.

► 丁癸丙 or 癸丙壬은 癸丙(해묘미) or 丙癸(사유축)을 가동한다.
* 丁癸丙은 해묘미, 癸丙壬은 사유축을 가동한다.
* 午子巳는 해묘미, 子巳亥는 사유축을 가동한다.

► 癸丁壬 or 丁壬丙은 丁壬(사유축) or 壬丁(해묘미)를 가동한다.
* 癸丁壬은 사유축, 丁壬丙은 해묘미를 가동한다.
* 子午亥는 사유축, 午亥巳는 해묘미를 가동한다.

► 辛乙庚 or 乙庚甲은 乙庚(인오술) or 庚乙(신자진)을 가동한다.
* 辛乙庚은 인오술, 乙庚甲은 신자진을 가동한다.
* 酉卯申은 인오술, 卯申寅은 신자진을 가동한다.

► 乙辛甲 or 辛甲庚은 辛甲(신자진) or 甲辛(인오술)을 가동한다.
* 乙辛甲은 신자진, 辛甲庚은 인오술을 가동한다.
* 卯酉寅은 신자진, 酉寅申은 인오술을 가동한다.

한편 우합은 진행 방향성에 있고, 입묘는 水·火·木·金의 완성지다. 우합이 충을 만나면 우합의 순행 방향성을 고집하고, 우합이 입묘지를 만나면 우합의 선행 방향성에서 완성하게 된다. 즉,

* 丑寅申은 신자진, 丑寅未는 해묘미(乙) 방향성에 있다.
* 辰巳亥은 해묘미, 辰巳戌은 인오술(乙) 방향성에 있다.
* 未申寅은 인오술, 未申丑은 사유축(辛) 방향성에 있다.
* 戌亥巳은 사유축, 戌亥辰은 신자진(辛) 방향성에 있다.

여기에 대해서는 '우합의 방향성'에서 다시 살피기로 한다.

丁癸庚丙　坤　癸甲乙丙丁戊己3
巳巳子寅　　巳午未申酉戌亥

子가 癸로 발현되니 자기가치를 실현하는 구조이다. 子월에 화가 필요하니 丙년간 또는 巳일지를 원하는데, 子에서 寅을 내야하고 巳는 지지에 복음이니 巳보다 丙을 쓰는 것이 이롭다. 천간에서 丁癸丙으로 동하여 癸丙을 촉발시키고, 지지에서 子巳가 寅을 만나니 해묘미 방향성이다. 丁庚으로 금을 완성하는 것보다 癸丙으로 寅에서 卯를 완성하는 것이 좋다.

丙寅은 寅巳형을 가동하여 庚을 형성하려는 욕구가 동하는데, 庚이 완성되면 곧바로 신자진으로 변색되니 庚의 왜곡·등락을 겪는다. 巳를 키워 巳 중 庚을 탐해도 마찬가지다. 부모 음덕을 바라거나 재관에 집착하지 않아야하고, 부모인연 or 직업이 불안정하다는 의미도 있다. 신자진에서 목이 발현되는 환경이면 庚손상·계기로 성취는 하겠지만 부모·직업의 불안정을 완전히 벗어날 수는 없다. 부모 음덕을 누리는 만큼 자신의 직업성취가 약화될 수 있고, 자신의 직업성취가 커지는 만큼 부모·가정(삶의 바탕)의 손상을 초래할 수도 있다.

일·시가 수·화로 구성되었으니 어느 환경(木·金)에서도 역량을 발휘할 준비가 되어 있다. 연·월에 庚·寅 물상이 있고 子巳는 목을 키우는 흐름에서 작용력이 강화된다. 庚에서 甲을 내려고 하지 말고, 목을 키우는데 조력해야한다. 열심히 寅을 키우면 乙이 되고 乙이 성장하면 자연히 庚을 얻어진다. 그러면 庚子에서 庚손상을 약화시키고, 子巳로 寅-卯를 키워 庚을 볼 수 있는 것이다. 庚子는 삶의 뿌리이자 가치상실의 원인이 되기도 한다. 기본에 충실해야 丙寅이 庚을 탐하지 않고, 직업적 성취를 크게 하지 않아야 부모 or 직업의 안정성을 도모할 수 있다. 탐욕을 삼가고 절제·통제하는 마음자세가 필요하다.

巳일지가 丙·庚으로 연·월에 투간되었으니 부부애정이 불안한 형국이다. 丙寅(년주)의 직업성과 子巳의 암합·복합성을 이용해야 직업성취와 가정안정을 도모하는 단초가 된다. 자격·인허가 등을 이용한 영업·제조·가공, 남의 일을 대신해주거나 봉사하는 일, 대리점·군납·관납 등 官(국가·조직)을 이용한 유통업, 예쁘게 고치고 다듬는 일, 부풀려 크게 보이거나 과장된 모습, 계산하는 일, 다른 사람을 이용하거나 중재하거나 암암리에 행하는 일 등인데, 한 가지보다 여러 가지를 다루는 일이나 이중성 직업이 좋다.

이 여명은 개인회사 사무실에 근무하니 丁巳의 직업성이고 경리업무를 맡고 있으니 庚子모습이고, 남편이 한국전기연구소에 근무(丙寅모습)하고 있으니 직업성으로 巳일지의 불안을 해소하고 있다. 다만 그 모습을 평생 유지할 수 없기에 子巳의 암합성과 巳의 이중·복합성이 발동할 여지가 있다. 여기에 巳가 일·시에서 복음이고 시간에 丁겁재가 투간되고 癸巳-子巳로 간지 상합하니 자식을 얻고 부부애정이 어긋나거나 부모운세가 어긋날 수 있다. 庚子에서 庚은 아버지·남편, 子는 어머니의 모습이기도 하다.

壬癸丙丙 乾　癸壬辛庚己戊丁1
戌丑申寅　　卯寅丑子亥戌酉
위 여명(丙寅생)의 남편이다.
申월에 필요한 화가 丙申으로 동반되니 庚을 완성하려는 의도가 있고, 丙壬으로 癸丙을 촉발시키고 癸가 壬을 끌어들이니 辛을 완성하는 방향성에 작용할 수 있다. 丙寅년주에서 寅申으로 촉발하니 丑寅으로 甲이 발현되니 申丑寅으로 丙寅에서 甲乙을 형성하는 흐름이다. 결국 癸丙이 乙을 완성하는 환경을 주도한다. 壬은 戌에 앉았으나 壬癸로 전환되니 癸일간은 壬행운처를 얻은 격이고, 丙申월주로 직업성취가 있고, 丑일지에 申을 담으니 처의 도움이 있고 부모·처가의 도움·혜택이 있는데 丑에 집착하면 정체되고 甲이 묶이는 고충·애환을 겪을 수 있다.

사주궁위를 보면, 연월은 寅巳형 구조에 丙庚(인오술) 환경이고, 일시는 戌丑형 구조에 辛壬(사유축) 환경이다. 寅巳-戌丑 구성에서 화가 왕하고 금이 약하니 왕한 화가 金·木을 모두 가공하는 것이 좋다. 寅申을 가공해야하니 국가에 충성하고 부모에 효도하고 직업성취에 힘을 쏟는 삶이 인생을 순조롭게 하는 방법이 된다. 丙申월주에 壬戌-申丑으로 사유축 환경인 듯하지만 寅申이 申丑寅으로 발현을 재촉하니 丙寅(년주)이 삶의 목적이 된다. 寅이 寅巳형에 손상되지 않기 위해서도 寅을 발판으로 삼아야 하는데, 만약 寅을 크게 성취(乙)하려하면 壬戌·癸丑(일·시)의 희생을 강요하는 상이니 처자식 인연·애정이 불미해진다.

삶을 안정되게 하려면 丙申-壬戌·癸丑으로 辛을 가공하여 丑에 담아 丑寅으로 寅을 얻으면 된다. 寅에 집착하지 않아도 丙寅으로 乙이 완성되고 癸가 가치를 얻게 된다. 처자식을 얻고 안정과 행운을 얻는 구조이고, 한국전기연구소 연구원으로 일하고 있으니 벼슬을 크게 구하는 직능이 아니라는 점에서 안정성이 있다.

癸丑일주에 丑일지의 壬겁재가 투출되어 戌(辛)과 동주하고 申丑으로 申겁재를 끌어들이고 申戌丑으로 丑일지의 겁재가 연합하는 형국이다. 거기에 丑寅으로 발현되니 처의 불안정성으로 부부애정이 약화되는 요인이 된다. 만약 사유축(辛)을 완성하려면 처자식의 도움을 얻겠지만 결국 癸의 본의가 상실되고 丑일지의 고충이 심각해진다. 반면에 丙寅을 사용하면 丑의 돌파구가 되고 癸의 가치가 실현되지만, 탐욕을 부리면 도리어 癸丑을 깨뜨리고 丑寅이 선행하여 처가 나가는 꼴이 된다. 癸일간 입장에서도 丑寅으로 돌파구를 찾는데 丙寅을 탐하면 다른 곳에서 가치를 얻는 꼴이니 일지 불안을 부추긴다. 처자식을 사랑하되 집착하지 말고 직업성취(년주)에 열정을 두되 탐욕을 부리면 안 된다.
丑일지가 불안한 구성이지만 丑은 화가 필요하고 寅으로 발현을 원하기에 丙寅년주를 직업성으로 삼고 있기에 부부애정이 안정될 수 있다. 다만 丑일지 입장에서 丙寅모습이 보잘 것 없으면 다른 寅을 찾게 된다. 이런 구조는 년주(국가·단체·조상)를 사용할 때는 아무 문제가 없다가 정년퇴직을 하면 갑자기 부인이 불만을 갖거나 부인자리가 불안해지는 경우가 많다. 부부가 같은 직업·직능에 종사하면서 각자의 일에 전념하면 순탄하다. 정년퇴직 후에 부부가 함께 하는 일을 찾는 게 좋고, 종교·철학적 직업성으로 전환하는 것도 하나의 방법이 된다.
51세 壬寅대운부터 목을 키우는 환경이고, 그 시기는 자식이 성장을 주도하기에 가정과 직업에 두루 발전지상의 운세다. 그만큼 욕심을 부리고 가치를 실현하려는 욕구가 발동하기에 안정성을 깨뜨릴 여지도 있다. 어떤 경우든 가정을 지키고 丙寅을 적절하게 이용하면 직업성취와 가정평안을 도모할 수 있다.

위 부부는 공히 丙寅년주에 삶의 목적이 있고, 庚·申월주의 도움·고충·애환이 있다는 점에서 유사하다. 庚子와 申丑은 직업적 성취이고 부모·처가의 도움·혜택이자 고충·손상이기도 하다.
부인의 巳子寅에서 巳는 木을 완성하는데 도움을 주고, 남편의 丑申寅에서 丑은 金을 담는 그릇이자 목의 발현처이다. 부부 모두 배우자를 얻고 발달·안정되는 구조인데, 부인은 巳복음이고 남편은 丑寅구성이니 부부애정의 불안정성을 안고 있다.
丙寅을 취하는 방향성은 같지만, 부인은 巳 중 庚子에서 甲乙을 얻고, 남편은 丑寅에서 甲乙을 얻는다. 남편의 모양새에 따라 부부애정의 안정성이 확보되고, 남편보다 부인의 인생 관념과 삶의 수단이 부부인연에 영향을 더 미친다.

癸丙丙己　坤　癸壬辛庚己戊丁1
巳子子未　　　未午巳辰卯寅丑

사주 간지가 水火로 구성되어 적극성이 있고 행동반경이 넓다. 몸(물상)을 이용하거나 활동적인 일에서 성취가 있고 어느 환경에서도 살아남는 적응력과 능력이 있다. 水火가 주도하는 구성에서는 木·金이 약하게 투출되는 것보다 운에서 물상을 얻는 게 안전하다. 癸丙丙-巳子子로 사주 전체가 癸丙 구조이고 未에서 乙을 완성하는 의도가 확고하다. 대운도 양 본위 흐름이고, 己未년주에서 완성하니 창고가 완비되었다.

丙일간이 子월에 앉았지만 子未천이 동하고 子未에서 丁이 乙을 가공한다. 子월에 丙子월주에 丙子일주이니 자수성가의 상이고, 丙子월주는 삶의 바탕으로 직업 성취 or 부모 음덕을 의미하는데, 월·일에서 복음이니 삶의 바탕(직업·가정·육친)이 불안정하다. 子子未로 년에서 완성하니 시댁의 경제적 도움으로 성취는 크지만, 시댁의 간섭과 남편의 무기·무관심에 괴리감이 많고, 여명이 자수성가 상이니 현실적으로 가장노릇을 하고 있다.

시댁의 뒷받침으로 해산물을 건조하여 포장·판매하는 사업에서 돈을 많이 벌었다. 庚辰대운 乙未년에 상표를 등록하고 프랜차이즈 사업을 시작하여 3~4개 체인점을 두고 있다. 특별한 것도 아닌 아이템을 발전시켜 확장하고 있는 것은 癸丙의 방향성이 일관되기 때문이다. 水火의 진취성이 발현된 것이요 子巳 암합이 암암리에 펼쳐지는 까닭도 있다. 이 여명이 능력을 과시하고 성취할 수 있었던 것은 시댁에서 경제적 도움이 있었고 남편의 지지가 있었기에 가능했지만 복음·암합·입묘 등으로 인한 고충·애환을 겪고 있는 것이다. 인생사 길흉화복(吉凶禍福)이라는 말이 새삼 되새겨지는 여명이다.

庚辰대운은 庚이 변색·손상되는데 辰巳未로 乙을 완성하는 운세이다. 이 사주에서 庚손상은 乙이 뿌리를 얻은 격이고 운에서 온 庚이니 고충보다 성취의 발판이 되었다. 庚辰대운 말미인 戊戌년에 시댁의 추천(건물에)으로 커피숍을 개업하여 운영에 어려움을 겪고 2가지 사업을 유지하기 어려워지자, 辛巳대운 己亥년에 건어물 사업의 본점을 처분하였다. 사업이 망하지는 않았지만 고충·왜곡을 겪고 있다. 庚辰대운에 발전이 가속화되니 경거망동하여 사업을 확장한 탓이고, 몸으로 하는(癸丙·子巳) 일에서 벗어나 편하게 돈을 벌고자 한 탓이고, 辛巳대운으로 바뀐 탓도 있다. 庚辰에서 크게 취하면 庚손상이 동반되는데, 운에서 온 庚이기에 궁위가 아닌 운이 다함으로 인한 고충·왜곡을 겪는 것이다. 어쨌든 庚의 고충·애환을 확인시켜 준 사례라 할 수 있다.

子일지가 복음에 癸시간으로 투출되고 未에 입묘되고 子巳·癸巳·丙子 등 암합·간지합이 혼재하고 未에 午겁재가 임하니 부부애정이 어긋나기 쉬운 구조다. 辛巳대운이 오자 시댁의 테두리에서 벗어나고 싶고, 자신만 아등바등하는 처량한 신세를 자책하게 되는데, 남편이 집을 나가 들어오지 않는 날들이 많아진다. 辛巳대운에 丙일간이 동하여 기반되고 子巳-丙辛으로 묶이고, 巳子未에서 암암리에 丁겁재가 동하여 子를 공격하기 때문이다. 丙일간이 丙辛으로 묶이고 巳에 기반되기에 참고 견딜 수 있다.

辛巳대운에 辛을 취하려는 엉뚱함이 발동하지만, 辛환경이 아니기에 시간이 지나면서 안정될 수 있다. 壬午대운에서는 丙壬-巳午未로 丙일간이 동요하고 子를 극하는 과단성이 발동하니 변화·변동이 필요하다. 辛巳대운에 커피를 볶고 갈고 뽑는 일이 乙의 발판으로 볼 수도 있지만, 癸丙의 모습 즉 종전에 하던 프랜차이즈 사업을 위주로 하는 게 좋다. 사주원국이 흩어지지 않으니 힘들더라도 현실에 적응하고 제 자리를 찾아갈 것이다.

2. 우합隅合의 발현

우합(隅合)은 팔괘에 비유하여 합화오행으로 표현한다.[8] 사주간법에서 우합의 논리를 적용하는 예가 드물고, 간혹 合化의 개념으로 활용하는 경우는 있다. 우합은 건乾·곤坤·간艮·손巽 등 팔괘의 괘상일 뿐 합화오행으로 삼을 수 없고, 사주간법으로 활용한다면 辰·未·戌·丑의 본의와 작용적 측면에서 방향성을 살펴야한다. 즉 辰·未·戌·丑이 기운·물상(계절)을 완성·마감하고 寅·巳·申·亥 생지의 발현처가 된다. 丑寅·辰巳·未申·戌亥 등이다.

辰은 巳가, 未는 申이, 戌은 亥가, 丑은 寅이 있어야 방향성을 잡는다. 辰·未·戌·丑에 묶여 있는(조절·통제) 상황에서 돌파구를 찾고 모퉁이에서 방향을 잃지 않도록 방향성을 제시하는 것이 우합이다.

지지에서 방향성을 잃지 않고 영원성을 이어주는 연결점이 우합이다.

천간기운에 의해 지지물상이 생장쇠멸하는 것이 천지만물의 이치이지만, 인간사는 육친관계, 먹고 사는 문제, 사랑·애정, 감정·이성, 도덕·윤리 등 하늘기운과 상관없이 일어나는 일들이 다반사다. 천간 방향성과 별개로 현실에서 벌어지는 삶을 이어갈 수밖에 없는 방향성이 우합이다.

우합은 기운·물상의 발현점이고, 사계절의 전환점이며, 영원성을 이어가는 연결점이다. 음덕을→덕행으로, 전생에서→현생으로 돌리는 윤회와 같다. 지지에서 천간합의 방향성을 연결하는 것이 우합이라 할 수 있다.

사주간지에 우합이 있으면 타인의 것을 탈취하여 자기 것으로 만드는 재주가 있고, 재관에 탐욕을 부리면 말라는 의미도 있다. 타인을 통한 자기발현이요, 모방에서 창조하는 모양새이고, 조상과 관련되는 일, 유업을 이어받거나, 대여·임대성 직업에서 안정성을 얻는다.

---

8) (巽)=木, 未申(坤)=土(양), 戌亥(乾)=金, 丑寅(艮)=土(음)

우합은 土에서 나오니 土의 본성을 파악할 필요가 있다. 기본적으로 土는 水-木-火-金의 운행을 돕는 氣的(조절·통제) 요소이다. 土는 땅도 아니고 흙도 아니다. 보이지 않는 조절·통제의 작용으로 만물이 영원성을 이어가는 바탕이 되니 땅(터전)에 비유할 뿐이다.

천간에서 戊는 양 본위활동을 조절하고 己는 음 본위활동을 통제하지만, 戊·己는 오행 운행(만물 순환)의 작용에서 음양 본위에 얽매이지 않는다. 戊는 수·화 기운으로 목·금 물상을 형성·완성하는데 조력하고, 己는 목↔금 물상을 변환 즉 새로운 물상을 내는데 조력한다.

지지에서 辰·戌은 巳·亥기운을 내고, 丑·未는 寅·申물상을 낸다. 辰·戌(戊)은 물상을 펼치는(분산) 바탕이고, 丑·未(己)는 물상을 내는(응집) 터전이다. 辰 중 戊는 양(목)을 펼치는 바탕이고, 戌 중 戊는 음(금)을 펼치는 바탕이며, 丑 중 己는 금→목을 내는 터전이고, 未 중 己는 목→금을 내는 터전이다.9)

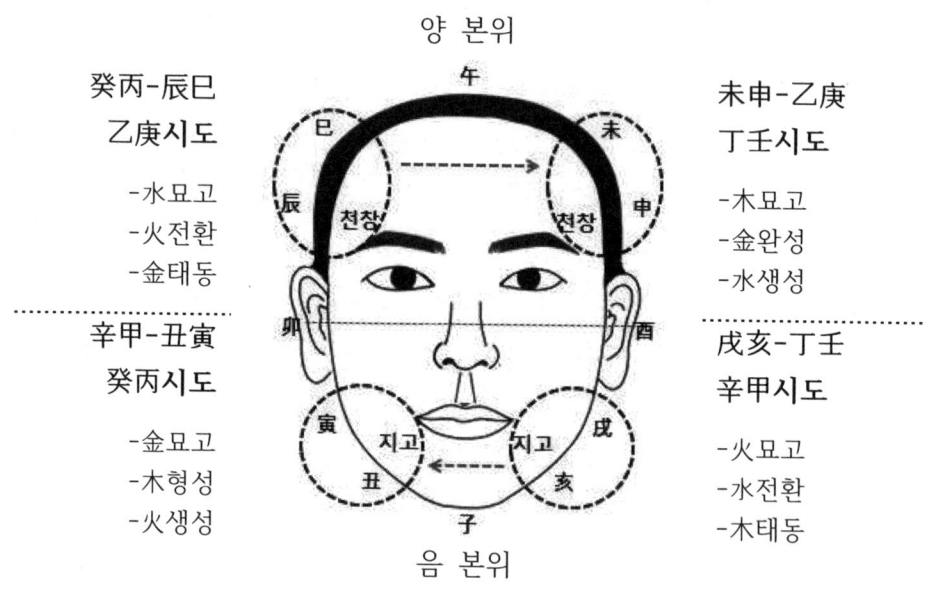

---

9) 천간-지지 방향성은 얼굴 방위에서 살필 수 있다. 얼굴에서 辰巳·未申은 천창(天倉)에 해당하고, 丑寅·戌亥는 지고(地庫)에 해당한다. 천창·지고는 삶의 수단인 재록을 담는 창고이자 선천-후천 즉 윤회를 주관하는 자리이다.

위 얼굴의 천창·지고 개념에서 우합의 방향성을 이해해보자.
* 양 본위(지표면 위)는 乙이 발현처가 되어 辰巳에서 癸丙을 완성하여 乙庚을 시도하고, 未申에서 乙庚을 완성하여 음 본위로 향한다.
* 음 본위(지표면 아래)는 辛이 발현처가 되어 乙庚에서 辛을 축출하여 丁壬으로 辛을 완성하여 丑寅을 시도하고, 丑寅에서 辛甲을 완성하여 甲을 내놓음으로써 양 본위로 전달된다.

丑寅·辰巳·未申·戌亥 우합은 丑·辰·未·戌에서 오행의 본기(氣·相)가 발현되기에 역동성(능력)이 발휘되고, 튀어나가려는 속성이 있으니 도화·음란·역마성이 발동한다. 만약 우합의 발현이 본위 운동성에 어긋나면 현실성이 모호해지고 도화·음란·역마성이 변질될 소지가 있다. 丑寅·未申이 辰巳·戌亥보다 도화·역마성이 강하고, 丑寅(辛甲)의 도화·역마성은 남자가 강하고, 未申(乙庚)의 도화·역마성은 여자가 강하다.
한편 巳·申·亥·寅 입장에서는 辰·未·戌·丑에서 발현되니 해당 궁위·인자에 애착을 갖고, 설령 해당 궁위·인자가 불미해도 놓지(벗어나지) 못한다.

戌亥, 辰巳는 발현이 늦은 반면에 성취를 이루면 가치는 크다.
丑寅, 未申은 발현이 빠른 반면에 성취 후에 등락이 있다.
丑→寅, 未→申을 만나지 못하면 酉子파, 卯午파가 발동한다.

辰巳·戌亥는 기운에서 물상을 내야하니 未申·丑寅에 비해 현실가치가 떨어지지만 인내하면 결과적 가치는 크고, 未申·丑寅은 물상이 발현되기에 출산의 고통이 있는 반면에 그만큼 현실가치는 큰데, 모습이 드러나기에 손상되거나 잃기 쉽다.[10] 특히 丑寅은 생명(木)을 내야하니 고통·번거로움이 많은 만큼 가치도 있다.

---

10) 60 未申과 丑寅은 공망이 없는데 戌亥와 辰巳는 공망이 있다. 戌亥·辰巳는 현실가치가 크지 않음을 의미하는데, 이는 가시적 가치를 의미할 뿐이다.

사계	봄			여름			가을			겨울		
지지흐름	卯	辰	巳	午	未	申	酉	戌	亥	子	丑	寅
지장간	甲	乙	戊	丙	丁	戊	庚	辛	戊	壬	癸	戊
		癸	庚		乙	壬		丁	甲		辛	丙
	乙	戊	丙	丁	己	庚	辛	戊	壬	癸	己	甲
천간방향	癸丙(癸乙)			乙庚(丙庚)			丁壬(丁辛)			辛甲(壬甲)		
천간합 기상흐름	癸丙 완성 乙庚 시도			乙庚 완성 丁壬 시도			丁壬 완성 辛甲 시도			辛甲 완성 癸丙 시도		
지지삼합	해묘미→인오술			인오술→사유축			사유축→신자진			신자진→해묘미		

〈辰巳·未申·戌亥·丑寅 지장간의 천간-지지 방향성〉

위 지장간 구성을 보면,

丑寅은 辛甲-癸丙으로 연결되고, 未申은 乙庚-丁壬으로 연결된다. 丑寅과 未申은 자신이 속한 음·양 본위 환경을 벗어나 선행하려는 의도가 있다.

辰巳는 癸丙-乙庚으로 연결되고, 戌亥는 丁壬-辛甲으로 연결된다. 辰巳와 戌亥는 자신이 속한 음·양 본위 환경 안에서 급조하려는 의도가 있다.

◎ 우합의 발현은 천간합 방향성에 기인한 발현처이다.

▶ 丑寅은 辛甲(신자진)을 통해→ 寅 중 丙으로 乙을 완성하려한다.

丑寅의 지장간을 보면 辛甲이 癸(丙)에 의해 발현되는 구성이다. 丑→寅의 발현은 辛-癸-甲으로 木을 내야하니 생명을 내는 고통이 있고, 甲→乙로 전환되니 甲의 상실감이 있다. 현실에서 번뇌·고충·번거로움으로 나타나는데, 辛甲 방향성이면 삶의 돌파구가 되고 성공의 계기가 된다.

丑寅은 戊癸(火)-丙辛(水)-甲己(土) 등 기운의 합으로 戊癸의 분산작용으로 辛이 모양새를 잃는데 甲이 묶여 나오지 못하니 未申·戌亥·辰巳에 비해 丑은 寅으로 발현이 절실하다.

丑에서 辛·癸를 조절하여 辛→甲을 내놓는 자리이고, 丑寅은 겨울을 주관하고 봄을 여는 구간이다. 丑寅으로 발현되면 丑은 寅 中 丙을 통해 사유축을 꿈꾸고, 寅은 丑 中 癸로→ 乙을 얻으려는(해묘미) 의도가 있다.

丑寅의 목적과 방향성은 水로→木을 내는데 있으니 신자진에서 순조롭고, 인오술(목→금) 환경이면 방향성이 왜곡되거나 힘들게 성취한다. 火로→木을 키우는 환경이면(해묘미) 대박을 꿈꾸게 되고, 사유축에서는 寅이 중요한 포인트이지만 집착하면 실패·등락을 겪기 쉽다.

* 巳酉丑에서 丑→寅은 寅으로 인한 고충·애환이 따른다.
* 申子辰에서 丑→寅은 甲이 발현처를 얻으니 발달한다.
* 亥卯未에서 丑→寅은 癸丙으로 乙을 크게 펼치려한다.
* 寅午戌에서 丑→寅은 왜곡되거나 힘들게 성취한다.(寅午戌丑)

▶ 未申은 乙庚(인오술)을 통해→ 申 中 壬으로 辛을 완성하려한다.

未申의 지장간을 보면 乙庚이 丁(壬)에 의해 발현되는 구성이다. 未→申의 발현은 乙-丁-庚으로 金을 가공·완성해야하는 고충이 있고, 庚→辛으로 전환되니 庚의 상실감이 있다. 乙庚 방향성이면 성공 or 전화위복의 발판·기회가 된다. 그렇지 않으면 방황·방랑의 상이 된다.

未申은 乙에서→庚이 형성되자마자 庚이→辛으로 상실·변색되는데, 丁壬이 辛을 급조하니 庚손상이 가중되고, 乙이 제 모습을 찾으려하니 성공하더라도 등락·왜곡이 따른다.

未에서 乙·丁을 조절하여 乙→庚을 내놓는 자리이고, 未申은 여름을 주관하고 가을을 여는 구간이다. 未申으로 발현되면 未는 申 中 壬을 통해 해묘미를 꿈꾸고, 申은 未 中 丁으로→ 辛을 얻으려는(사유축) 의도가 있다.

未申의 목적과 방향성은 火로→金물상을 완성하는데 있으니 인오술에서 순조롭고, 신자진(금→목) 환경이면 힘들게 성취하거나 왜곡된다. 水로→金을 가공하는 환경(사유축)이면 대박을 꿈꾸게 되고, 해묘미에서는 申이 중요한 포인트이지만 집착하면 실패·등락을 겪기 쉽다.

* 亥卯未에서 未→申은 申으로 인한 고충·애환이 따른다.
* 寅午戌에서 未→申은 庚이 발현처를 얻으니 발달한다.
* 巳酉丑에서 未→申은 丁壬으로 辛을 크게 펼치려한다.
* 申子辰에서 未→申은 왜곡되거나 힘들게 성취한다.(申子辰未)

▶ **辰巳는 癸丙(해묘미)을 통해→ 巳 中 庚을 완성하려한다.**

辰巳의 지장간은 癸丙-乙庚 합으로 양 본위에서 급조하려한다.

辰巳는 巳가 辰 中 乙을 키우거나 巳 中 庚을 내는 방향성이니 丑寅·未申과 달리 같은 양 본위에서 급조하려한다. 현실적 성취가 더디고 답답하게 느낄 수 있는데 해묘미에서 안정적으로 성취한다. 설령 辰이 巳를 보지 못해도 丑寅·未申에 비해 묶이는 작용은 덜하다.

辰에서 癸·乙을 조절하여 癸→丙을 내놓는 자리이고, 辰巳는 봄을 주관하고 여름을 여는 구간이다. 辰巳로 발현되면 辰은 巳 中 庚을 통해 申子辰을 꿈꾸고, 巳는 辰 中 乙에서→ 庚辛을 형성하려는(인오술) 의도가 있다.

辰巳의 목적과 방향성은 火로→木물상을 키우는데 있으니 해묘미에서 순조롭고, 금을 완성하는 환경(사유축)이면 힘들게 성취하거나 왜곡된다. 火로→金을 형성하는 환경(인오술)이면 대박을 꿈꾸게 되고, 신자진에서는 巳가 중요한 포인트이지만 집착하면 실패·등락을 겪기 쉽다.

* 申子辰에서 辰→巳는 巳로 인한 고충·애환이 따른다.
* 亥卯未에서 辰→巳는 乙이 주도하여 발달을 도모한다.
* 寅午戌에서 辰→巳는 乙庚으로 庚을 크게 펼치려한다.
* 巳酉丑에서 辰→巳는 왜곡되거나 힘들게 성취한다.(巳酉丑辰)

▶ 戌亥는 丁壬(사유축)을 통해→ 亥 중 甲을 완성하려한다.

戌亥의 지장간은 丁壬-辛甲 합으로 음 본위에서 급조하려한다.

戌亥는 亥가 戌 중 辛을 완성하거나 亥 중 甲을 내는 방향성이니 丑寅·未申과 달리 같은 음 본위에서 급조하려한다. 辰巳와 마찬가지로 더디고 답답할 수 있지만 사유축에서 인내하면 성취정도가 크다. 설령 戌이 亥를 보지 못해도 상대적으로 묶이는 작용이 덜하다.

戌에서 辛·丁을 조절하여 丁→壬을 내놓는 자리이고, 戌亥는 가을을 주관하고 겨울을 여는 구간이다. 戌亥로 발현되면 戌은 亥 중 甲을 통해 인오술을 꿈꾸고, 亥는 戌 중 辛에서→ 甲乙을 형성하려는(신자진) 의도가 있다.

戌亥의 목적과 방향성은 水로→金물상을 가공하는데 있으니 사유축에서 순조롭고, 목을 키우는 환경(해묘미)이면 힘들게 성취하거나 왜곡된다. 水로→木을 발현시키는 환경(신자진)이면 대박을 꿈꾸게 되고, 인오술에서는 亥가 중요한 포인트이지만 집착하면 실패·등락을 겪기 쉽다.

* 寅午戌에서 戌→亥는 亥로 인한 고충·애환이 따른다.
* 巳酉丑에서 戌→亥는 辛이 주도하여 발달을 도모한다.
* 申子辰에서 戌→亥는 辛甲으로 甲을 크게 펼치려한다.
* 亥卯未에서 戌→亥는 왜곡되거나 힘들게 성취한다.(亥卯未戌)

丑寅= 申子辰〈甲乙〉,　亥卯未〈乙〉,　巳酉丑〈辛〉

未申= 寅午戌〈庚辛〉,　巳酉丑〈辛〉,　亥卯未〈乙〉

辰巳= 亥卯未〈乙〉,　寅午戌〈乙庚辛〉,　申子辰〈辛甲〉

戌亥= 巳酉丑〈辛〉,　申子辰〈辛甲乙〉,　寅午戌〈乙庚〉

◎ '우합+생지연합'의 만남은 破작용으로 방향성이 급변한다.

　丑寅巳, 辰巳申, 未申亥, 戌亥寅 등 우합에서 생지가 연합하면 파 발동으로 선행·급조를 재촉하고 그로 인한 문제가 발생한다.

　우합+생지연합의 파 발동은 우합의 반대 영역에서 폭발력으로 대박을 터뜨리기도 하지만 대체로 득보다 실이 많다. 생지가 손상·상실되는 아픔이 있고, 우합 발현처(辰·未·戌·丑)에 의탁해야하는 불안·고충이 있다.

　다만 破의 원인인자를 사용하지 않으면 안정될 수 있다. 가령 丑寅巳는 乙에 목적성이 있는데 巳 중 庚이 寅午戌로 급조하니 그로 인한 寅손상과 丑불미함은 巳가 원인이기에 巳에 집착하지 않으면 안정되고, 인오술은 기운이 주재하니 양일간이면 번거로움 속에서 발전을 도모할 수 있다.

　丑寅巳= 신자진→해묘미(乙), 巳집착-왜곡, 寅午戌-양일간
　未申亥= 인오술→사유축(辛), 亥집착-왜곡, 申子辰-양일간
　辰巳申= 해묘미→인오술(乙), 申집착-왜곡, 巳酉丑-음일간
　戌亥寅= 사유축→신자진(辛), 寅집착-왜곡, 亥卯未-음일간

　▷ 丑寅巳은 신자진-해묘미로 목을 키우는 흐름이다.
　* 丑寅은 신자진이 본위인데 巳를 만나면 甲에서 乙을 성취하려는 욕구가 발동하고 巳가 乙완성(해묘미)을 도우니 성취가 있다.
　* 丑寅巳가 금을 완성하는 丁辛壬(사유축) 환경이면 정체되고 寅의 불미함이 있지만 巳도움·손상으로 발달한다.
　* 丑寅巳가 寅午戌로 巳 중 庚을 급조하면 丑에 입묘되고 丑寅이 무의미하다. 巳(궁위·육친)에 대한 불만·불미·고충이 있고, 丑에서 庚을 완성하니 丑(궁위·육친)을 놓지 못하고 寅손상의 고충이 있다. 양일간이면 안정된다.
　* 丑寅巳 구성은 巳를 사용(집착)하지 않으면 안정될 수 있고, 丑에 의탁하면 등락·고충이 있을지라도 성취가 있다.

401P (추시50)	우리의 죽음	402P (추시52)	┌
403P (추시56)	天極則而生陰	404P (추시59)	┐
405P (추시62)	극	406P (추시64)	┘
407P (추시66)	上者和其三陽則一 下者主讀則弱一 陽非多有者故作用則三陽		
408P (추시69)	극조체등의	409P (추시71)	—
410P (추시75)	도	10슈(數)두	412P (추시76)	학
413P (추시77)	질교가	414P (추시79)	天爾主生中
415P (추시81)	人天之滅日隂陰陽	418P (추시82)	수
419P (추시83)	心生則種種生	420P (추시84)	대정등
421P (추시85)	旺	422P (추시86)	三才陰陽之生
423P (추시88)	중지	424P (추시89)	환웅
426P (추시90)	天件氣	427P (추시92)	居喬謂氣重相喬謂
428P (추시94)	그림	429P (추시98)	岳奉
430P (추시100)	파	431P(추시103)	그림
435P(추시104)	그림	21P (추시102)	

403p 그림〈태극-음양의 분화〉, '양', '음'.부음 수정

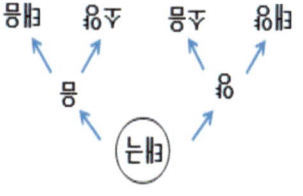

자세 지장하신드디 고칭 장님이 미나님이여 찬송합니다.
필요한 사람이 있으면 말씀해 연락주세요. 010-8014-3876 윤동근

본서 인쇄 과정에서 누자 및 단락이 누락되었습니다.
'초서' 및 단락 및 누자의 글자(기호)를 상용해주세요.

페이지(초시)	상용할 글자	페이지(초시)	상용할 글자
13P (초시1)	无草生王	18P (초시2)	天
21P (초시3)	장강일	34P (초시4)	장긍운
35P (초시5)	지지두	37P (초시6)	일공에서
41P (초시7)	인형	57P (초시8)	圧日
58P (초시9)	수울이	59P (초시10)	60갈지에서
79P (초시11)	균장가		
82P (초시12)	중등	83P (초시12)	필동이이
93P (초시13)	子卵수国	109P (초시14)	돈
128P (초시15)	수·회	156P (초시16)	葵王菜?
161P (초시17)	耳	170P (초시18)	别
195P (초시19)	인리	196P (초시20)	永氏
200P (초시22)	丁思	202P (초시23)	말난는
204P (초시24)	사두사장	217P (초시25)	名国無面
222P (초시26)	于	226P (초시27)	수
232P (초시28)	車轉	241P (초시29)	축에수暴
261P (초시30)	巨豪濩之轉	271P (초시31)	님
288P (초시32)	〉	291P (초시33)	수
292P (초시34)	수卵수国는	302P (초시35)	수卵
347P (초시36)	논	358P (초시37)	충
368P (초시38)	⅃	379P (초시39)	E
380P (초시40)	고강에는	382P (초시41)	일巨
383P (초시42)	일편	396P (초시43)	신고독정공등
397P (초시43)	사가	398P (초시45)	활동이
399P (초시45)	방영사이연영지편	400P (초시49)	拂日一幅悟無流化

▷ **未申亥은 인오술-사유축으로 금을 완성하는 흐름이다.**

* 未申은 인오술이 본위인데 亥를 만나면 庚에서 辛을 완성하려는 성취욕구가 발동하고 亥가 辛완성(사유축)을 도우니 성취가 있다.

* 未申亥에 목을 완성하는 癸乙丙(해묘미) 환경이면 정체되고 申의 불미함이 있지만 亥도움·손상으로 발달한다.

* 未申亥가 신자진으로 亥 중 甲을 급조하면 未에 입묘되고 未申이 무의미하다. 亥(궁위·육친)에 대한 불만·불미·고충이 있고, 未에서 甲을 완성하니 未(궁위·육친)를 놓지 못하고 申손상의 고충이 있다. 양일간이면 안정된다.

* 未申亥 구성은 亥를 사용(집착)하지 않으면 안정될 수 있고, 未에 의탁하면 등락·고충이 있을지라도 성취가 있다.

▷ **辰巳申은 해묘미-인오술로 乙→庚의 흐름이다.**

* 辰巳는 해묘미가 본위인데 申을 만나면 乙이 庚으로 변환을 도모한다. 辰巳申은 인오술에서 성취욕구(역동성)가 강하고 申발현이 순조롭다.

* 辰巳申에 수가 동반되거나 금-목을 가공하면(신자진) 정체되고 巳의 불미함이 있지만 申도움·손상으로 발달한다.

* 辰巳申이 사유축으로 庚에서 辛을 급조하면 辰에 입묘되고 辰巳가 무의미하다. 申(궁위·육친)에 대한 불만·불미·고충이 있고, 辰에서 辛을 완성하니 辰(궁위·육친)을 놓지 못하고 巳손상의 고충이 있다. 음일간이면 안정된다.

* 辰巳申 구성은 申을 사용(집착)하지 않으면 안정될 수 있고, 辰에 의탁하면 등락·고충이 있을지라도 성취가 있다.

▷ **戌亥寅은 사유축-신자진으로 辛→甲의 흐름이다.**

* 戌亥는 사유축이 본위인데 寅을 만나면 辛이 甲으로 변환을 도모한다. 戌亥寅은 신자진에서 성취욕구(역동성)가 강하고 寅발현이 순조롭다.

* 戌亥寅에 화가 동반되거나 목-금을 가공하면(인오술) 정체되고 亥의 불미함이 있지만 寅도움·손상으로 발달한다.

* 戌亥寅이 亥卯未로 甲에서 乙을 급조하면 戌에 입묘되고 戌亥가 무의미하다. 寅(궁위·육친)에 대한 불만·불미·고충이 있고, 戌에서 乙을 완성하니 戌(궁위·육친)을 놓지 못하고 亥손상의 고충이 있다. 음일간이면 안정된다.
* 戌亥寅 구성은 寅을 사용(집착)하지 않으면 안정될 수 있고, 戌에 의탁하면 등락·고충이 있을지라도 성취가 있다.

◎ 우합에서 생지가 沖을 만나면 우합 or 입묘 방향성에 임한다.

丑寅申, 辰巳亥, 未申寅, 戌亥巳 등 우합과 생지沖이 만나면 합·충의 혼재로 천작용이 발동한다. 우합에서 寅·巳·申·亥가 충하면 우합이 발동하여 우합의 본위방향성에서 발달이 촉진된다. 丑寅申을 예로 들면, 寅申으로 丑寅이 발동하여 申子辰을 촉진시키니 甲을 내는 환경에서 발달한다.

丑寅申= 寅申충- 丑寅(申子辰-甲乙), 申丑(巳酉丑-辛)
未申寅= 寅申충- 未申(寅午戌-庚辛), 寅未(亥卯未-乙)
辰巳亥= 巳亥충- 辰巳(亥卯未-乙), 亥辰(申子辰-甲·辛)
戌亥巳= 巳亥충- 戌亥(巳酉丑-辛), 巳戌(寅午戌-庚·乙)

▶ 丑寅申
* 寅申으로 丑寅이 발동하면 申도움으로 申子辰(甲-乙)에서 발달한다.
* 寅申으로 동한 申이 丑에서 완성하면(사유축) 寅도움·계기로 庚辛을 완성한다. 결국은 丑寅으로 발현되는데 이 때는 丑에서 辛을 완성함으로써 寅을 얻는 것뿐이니 寅에 집착하면 등락을 겪는다.

▶ 未申寅
* 寅申으로 未申이 발동하면 寅도움으로 寅午戌(辛)에서 발달한다.
* 寅申으로 동한 寅이 未에서 완성하면(해묘미) 申도움·계기로 甲乙을 완성한다. 결국 未申으로 발현되는데 이 때는 乙을 완성함으로써 庚을 얻는

것뿐이니 申에 집착하면 등락을 겪는다.

▶ 辰巳亥
* 巳亥로 辰巳가 발동하면 亥도움으로 亥卯未(乙)에서 발달한다.
* 巳亥로 동한 亥가 辰에서 완성하면(신자진) 巳도움·계기로 辛 or 甲을 완성한다. 결국 辰巳로 발현되기에(乙庚) 巳에 집착하면 등락을 겪는다.

▶ 戌亥巳
* 巳亥로 戌亥가 발동하면 巳도움으로 巳酉丑(辛)에서 발달한다.
* 巳亥로 동한 巳가 戌에서 완성하면(인오술) 亥도움·계기로 乙 or 庚을 완성한다. 결국 戌亥로 발현되기에(辛甲) 亥에 집착하면 등락을 겪는다.

◎ '우합+생지입묘'는 土沖으로 생지입묘 방향성이 발동한다.

丑寅未, 辰巳戌, 戌亥辰, 未申丑 등 우합+생지입묘가 동반하면 생지가 발현되자마자 입묘되는 관계다. 생지(본기)가 작용력을 상실(입묘)하지만, 본질(卯·午·酉·子)로 가치를 실현한다.

寅·巳·申·亥 궁위·육친의 상실로 인한 고충이 있지만 도움·발판이 되기도 한다. 천간에 입묘 인자의 본질(卯·午·酉·子)이 투출되면 그 인자·궁위가 삶의 수단·형태가 되고 입묘의 삼합 방향성에 있으면 발달이 순조롭다.

丑寅未를 예로 들면, 寅이 丑에서 발현되자마자 未에 입묘하니 寅궁위·육친의 변색·고충이 동반되고 도움·발판으로 성취한다. 乙이 투출되면 乙궁위·인자가 삶의 수단이 되고 乙모습에서 발전지상이 된다.

丑寅未= 寅입묘(도움·고충), 亥卯未, 癸·乙·丙에서 가치실현
辰巳戌= 巳입묘(도움·고충), 寅午戌, 丁·庚·辛에서 가치실현
未申丑= 申입묘(도움·고충), 巳酉丑, 丁·辛·壬에서 가치실현
戌亥辰= 亥입묘(도움·고충), 申子辰, 癸·甲·乙에서 가치실현

▷ 丑寅未는 寅이 입묘(완성)되니 乙(癸丙)으로 성취를 도모한다.

　丑寅으로 발현된 甲이 未에 입묘되니 정체되는데, 丑·未가 동하여 해묘미를 가동하니 乙을 통해 가치를 얻는다. 寅이 손상·변색되지만 寅도움·발판으로 乙에서 가치를 얻는 것이다.

　* 癸·乙·丙이 있으면 순탄한데, 庚이 투출하면 방황의 상이 된다.
　* 丑寅未에 申이 오면 寅손상·계기로 乙성취가 있다.

▷ 未申丑은 申이 입묘(완성)되니 辛(丁壬)으로 성취를 도모한다.

　未申으로 발현된 庚이 丑에 입묘되니 정체되는데, 未·丑이 동하여 사유축을 가동하니 辛을 통해 가치를 얻는다. 申이 손상·변색되지만 申도움·발판으로 辛에서 가치를 얻는 것이다.

　* 丁·辛·壬이 있으면 순탄한데, 甲이 투출하면 방황의 상이 된다.
　* 未申丑에 寅이 오면 申손상·계기로 辛성취가 있다.

▷ 辰巳戌은 巳가 입묘(완성)되니 丁(庚辛)으로 성취를 도모한다.

　辰巳로 발현된 丙이 戌에 입묘되니 정체되는데, 辰·戌로 동하여 인오술을 가동하니 午를 통해 가치를 실현한다. 巳이 손상·변색되지만 巳도움·발판으로 乙 or 庚에서 가치를 얻는다.

　* 丁·庚·辛이 있으면 순탄한데, 辛을 완성하려하면 빼앗기는 상이 된다.
　* 辰巳戌에 亥가 오면 巳손상·계기로 庚辛(乙)성취가 있다.

▷ 戌亥辰은 亥가 입묘(완성)되니 癸(甲乙)로 성취를 도모한다.

　戌亥로 발현된 해가 辰에 입묘되니 정체되는데, 戌·辰이 동하여 신자진을 가동하니 癸를 통해 가치를 실현한다. 亥이 손상·변색되지만 亥도움·발판으로 辛 or 甲에서 가치를 얻는다.

　* 癸·甲·乙이 있으면 순탄한데, 乙을 키우려하면 빼앗기는 상이 된다.
　* 戌亥辰에 巳가 오면 亥손상·계기로 甲乙(辛)성취가 있다.

⇒ 申丑은 申(金물상, 재관)을 丑에 담는다는 측면에서 亥辰·巳戌·寅未에 비해 성취가 크다.
⇒ 寅未도 寅물상이 저장되는 관계이지만 木은 살아있는 생명체이기에 申丑과 달리 갇히고 답답한 상황이 될 수도 있다.

◎ 水火, 木金의 우합 중첩(辰巳戌亥, 丑寅未申)은 沖·合의 穿이다.

辰巳戌亥 or 丑寅未申 구성은 水·火 or 木·金의 우합이 중첩된 구성으로 충·합(穿)이 혼재되어 혼란스럽다.
예컨대, 辰巳·戌亥가 만나면 辰戌이 신자진 or 인오술로 목↔금 물상변환을 주도하려하고, 巳亥는 해묘미 or 사유축으로 목·금 물상을 완성하려한다. 목적성이 상반되는 관계에서 얽히고설키니 방향성을 잡기 어렵다. 완성지는 辰·戌에 있으니 좌충우돌 끝에 목(신자진) or 금(인오술)을 형성하는 환경에서 안정된다.
辰巳戌亥은 辰戌·巳亥의 충으로 辰巳戌(乙·庚) 방향성에 임하거나 戌亥辰(辛·甲) 방향성에 임한다. 丑寅未申은 丑未·寅申의 沖작용으로 丑寅未(乙) or 未申丑(辛)이 동한다.

▶ 辰巳戌亥은 木·金 물상을 내려한다.
戌亥를 기반으로 亥 중 甲을 내든지, 辰巳를 기반으로 巳 중 庚을 내야한다. 戌亥辰에서 巳가, 辰巳戌에서 亥가 불미하지만 도움도 있다.

* 乙을 완성하는 환경(亥辰巳)에서 성취가 큰데 戌에 집착하면 불안하다.
* 辛을 완성하는 환경(巳戌亥)에서 발달하는데 辰에 집착하면 불안하다.
* 寅午戌(辰巳戌)에서 巳(丙庚)를 통해 戌에서 庚辛을 완성하고 亥가 辛성취를 돕는다. 巳고충이 동반되고, 亥에 집착하면 실패하기 쉽다. 巳도움·계기로 丁(庚·辛)에서 가치가 실현된다.

＊ 申子辰(戌亥辰)에서 亥(壬甲)를 통해 辰에서 甲乙을 완성하고 巳가 乙성취를 돕는다. 亥고충이 동반되고 巳에 집착하면 등락을 겪는다. 亥도움·계기로 癸(甲·乙)에서 가치가 실현된다.

　辰巳戌亥는 발현이 늦은 반면에 성취정도는 크다.
　丑寅未申은 발현이 빠른 반면에 등락이 있다.

▶ 丑寅未申은 水·火 기운이 요구되고 木·金 물상을 완성한다.
　未申을 기반으로 申 中 壬으로 辛을 완성하든지, 丑寅을 기반으로 寅 中 丙으로 乙을 완성한다. 未申丑에서 寅이, 丑寅未에서 申이 불미하지만 도움도 있다.

　＊ 庚을 완성하는 환경(寅未申)에서 성취가 큰데 丑에 집착하면 불안하다.
　＊ 甲을 완성하는 환경(申丑寅)에서 발달하는데 未에 집착하면 불안하다.
　＊ 亥卯未(丑寅未)에서 寅(丙)을 통해 未에서 乙을 성취하고 庚을 얻는다. 寅고충이 동반되고 申에 집착하면 실패하기 쉽다. 寅도움·계기로 乙(癸·丙)에서 가치가 실현된다.
　＊ 巳酉丑(未申丑)에서 申(壬)을 통해 丑에서 辛을 성취하고 甲을 얻는다. 申고충이 동반되고 寅에 집착하면 등락을 겪는다. 申도움·계기로 辛(丁·壬)에서 가치가 실현된다.

◎ 연속된 우합의 중첩은 생지 격각 구조이고 순행 방향성이다.

　우합이 생지 격각을 동반하여 중첩되면 생지 격각의 방향성에 순행하는 운동성에 있다. 우합 중첩구조 중에서 완성도가 높지만 겁재를 끌어들이기 때문에 복록이 불안해지는 경향이 있다. 타인을 통해 가치를 실현하거나 타인을 이용한 일에서 성취가 있다.

▷ 丑寅辰巳= 丑寅에서 발현된 甲이 辰巳에서 乙완성(해묘미) 방향성

　丑寅이 辰을 만나 신자진을 완성하고, 寅辰은 寅卯辰으로 卯를 끌어들여 亥卯未를 가동하니, 辰에서 巳가 발현되어 乙을 키우는 흐름이다. 戌亥의 巳酉丑-申子辰 방향성을 寅辰가 격각으로 乙겁재를 끌어들이니 辰巳로 乙을 완성하는 환경에서 발달한다.

▷ 未申戌亥= 未申에서 형성된 庚이 戌亥에서 辛완성(사유축) 방향성

　未申이 戌을 만나 인오술을 완성하고, 申戌은 申酉戌로 酉를 끌어들여 사유축을 가동하니, 戌에서 亥가 발현되어 辛을 완성하는 흐름이다. 辰巳의 해묘미-인오술 방향성을 申戌이 격각으로 辛겁재를 끌어들이니 戌亥로 辛을 완성하는 환경에서 발달한다.

▷ 辰巳未申= 辰巳에서 키워진 乙이 未申에서 庚형성(인오술) 방향성

　辰巳가 未를 만나 해묘미를 완성하고, 巳未는 巳午未로 午를 끌어들여 인오술을 가동하니, 未에서 申이 발현되는 흐름이다. 辰巳의 해묘미-인오술 방향성을 巳未가 격각으로 午겁재를 끌어들이니 未申으로 庚辛을 얻는 환경에서 발달한다.

▷ 戌亥丑寅= 戌亥에서 완성된 辛이 丑寅에서 甲발현(신자진) 방향성

　戌亥가 丑을 만나 사유축을 완성하고, 亥丑은 해자축으로 子를 끌어들여 신자진을 가동하니, 丑에서 寅이 발현되는 흐름이다. 戌亥의 사유축-신자진 방향성을 亥丑이 격각으로 子겁재를 끌어들이니 丑寅으로 甲乙을 얻는 환경에서 발달한다.

丁辛癸庚　坤　丙丁戊己庚辛壬7
酉丑未申　　　子丑寅卯辰巳午

辛일간이 未월에 앉았고 초년 대운이 불미하므로 성취가 적다고 단정하면 안 된다. 특히 여명은 사주환경이 불미하면 현모양처로 가정에 의탁하여 행복을 누리거나 공주같이 사는 경우도 있다. 未월 환경이 마땅치 않지만 丑未로 기운을 돌리고, 癸未월주에서 필요한 수기를 취하니 직업적 성취가 있거나 삶의 바탕이 견고하다. 여기에 未申으로 발현되어 庚申년주에서 모습을 갖추어 丑일지에 담으니 선천복록을 자신이 차지하는 형상이다. 타인을 통한 성취, 자기 것으로 만드는 재주가 있고, 알차게 취한다, 배우자의 도움·혜택이 있다는 의미도 있다.

未申丑에서 申은 酉로 전환되니 丁·辛·壬이 있으면 가치가 실현되는데 丁·辛·癸 구성으로 천간 조건이 완성되어 있다. 金이 많고 水가 약하지만 未월에 水가 많을 필요는 없고 丁癸로 기운을 돌려 辛을 가공·완성하는 구성이다. 丁辛으로 丁이 辛을 가공하고 酉丑으로 금을 조절하여 재물을 담을 그릇이 된다. 그래도 수부족으로 많은 금을 다스리는데 제약이 있다. 남명이라면 癸未를 적극적으로 이용해야 하기에 癸손상을 현실적으로 겪을 수 있고, 여명이라도 직업 성취가 있는 만큼 癸손상은 비례하고 삶의 바탕이 불안한 형국이다.

丑은 寅으로 발현돼야 하지만, 巳酉丑 구성에서는 목을 보지 않는 게 오히려 안전하다. 사유축 환경에 목이 투출되지 않았지만, 많은 금을 丑에 담고 癸가 목을 원하니 丑은 터지기 일보직전이다. 丑 중 辛·癸가 모두 투간되고 년에서 庚申으로 동주하고 申酉丑으로 겁재를 끌어들이니 부부인연을 오래 유지하지 못했다. 辛일간이 酉시지를 얻었으니 몸(식상)을 잘 사용하거나 도화·음란성으로 발현되기 쉽다. 여기에 未 중 丁의 발현되니 성욕이 발동하는 구조이고, 庚辰-己卯-戊寅 대운은 木이 발현되는 운세로 丑일지가 丑寅으로 발동하는 운이다.

이혼하고 재혼 후에 남편 덕으로 부유하게 살고 있다. 일지가 투간·연합 등으로 배우자 인연이 왜곡되지만, 연·월 환경조건이 구비되었기에 행운이 따른 것이다. 丑 중 癸남편은 未에 희생되고 庚을 완성하는데 이용될 뿐이고, 丑 중 辛남편의 겁재인 庚은 庚申에서 丑에 담으니 현실가치를 충족시켜주는 존재이다. 庚申이 癸와 동주하여 庚癸에서 辛으로 변색되기에 丑에 담기 수월해진다. 첫 번째보다 두 번째 결혼에서, 남편보다 다른 남자의 인연에서 복록을 담는 모습이다.

재혼하면 庚申 or 酉를 취하는 것이니 丑일지에 담을 수는 있다. 또 다시 丑이 터져 나올지라도 즉 이혼·재혼을 거듭하더라도 재물을 누릴 수 있는 사주구성이라 할 수 있다. 좋다고 해야 할지, 나쁘다고 해야 할지, 난감할 따름이다. 못난 남편을 만나 어렵게 살림을 꾸려나가거나 재혼했는데 전 남편보다 못한 남편을 만나 고생하는 여명 입장에서 보면 한숨밖에 안 나오고 요즘 회자되는 '재수 없는 년'에 속한다. '재수 없는 년'을 달리 말하면 '부러운 님'이다.

사주가 음양본위 구성 특히 연월 구성이 완비되면 행운이 따르니 부부인연이 약하더라도 다시 결혼하여 부귀를 누릴 수 있고 실패하더라도 재기하여 성공할 수 있다. 반대로 연월 구성이 불미하면 결혼상대 or 직업을 찾지 못하고 방황하거나 어렵게 결혼하여 쉽게 헤어지고 어렵게 성공하여 쉽게 잃는다. 잘살고 못사는 것이 노력·의지·능력과 상관없이 일어난다는 사실을 인정할 필요가 있고, 행복은 단지 재물·물질적 풍요에만 국한되지 않음을 자각할 필요가 있다.

인생사에서 '권선징악' '대기만성' '사필귀정' '새옹지마'라는 말이 무색한 경우를 심심찮게 본다. 사주팔자도 열심히 노력해도 안 되는 사주가 있는가하면, 노력하지 않아도 선천복록을 타고난 사주도 있다. 인생복록의 총량은 나 혼자만으로 결정되는 게 아니라, 조상·부모의 음덕과 전생에서 베풀었던 덕행의 값으로 이어지기 때문이다.

비록 노력해도 성과가 없을지라도 현생의 값어치는 무의미한 것만은 아니다. 해도 해도 안 되고 어렵고 힘들게 사시는 분들에게 위로가 될지 모르겠지만, 열심히 노력하면 다음 생에서 복록을 누리거나 자식이 복록을 누리게 될 것이다.

甲己庚丁　坤　丁丙乙甲癸壬辛10
子亥戌巳　　　巳辰卯寅丑子亥

己일간에 戌월에 앉았고 대운이 받쳐주니 재관성취에 대한 욕구가 있다. 戌월에 필요한 화기를 丁巳년주에서 채우고 庚戌로 금을 가공하는 환경이니 선천복록을 갖춘 셈이다. 丁庚-巳戌亥로 巳酉丑을 완성하는 흐름이고, 己일간이 甲己로 품어 甲子시주에서 신자진을 가동하여 甲을 내려한다. 중년 이후에 크게 성취하려는 욕구가 발동하고, 궁위로는 자식이 성장하면 욕구가 발동하고, 甲寅·乙卯 대운에서 이를 부추긴다.

亥 중 甲이 시간에 투간되었으니 자신이 甲子모습인 학교 선생님이다. 남편은 일반 회사원으로 큰 변화가 없는 직업성이니 자신이 이중·복합성을 띠게 된다. 甲己로 끌어당기고 亥子로 연합하니 밖으로 펼쳐 다시 끌어들여 창출하는 모습이다. 남편의 내조가 있고 자식 인연도 유기한 모습이다. 巳亥로 戌亥가 동하여 戌발현처를 얻으니, 삶의 바탕과 직업 성취(丁巳-庚戌)를 자기 것으로 만드는 능력이 있다. 결국 甲子 모습은 巳戌亥에서 발현되니 戌월

에 丁巳를 취하니 제자를 가르치는 선생(甲子)보다 단체에서 성취(丁庚)를 꿈꾸는 정치적 성향을 보인다.

甲寅대운에 亥 중 甲이 투출되고 甲己-亥寅으로 일주가 동하니 장학사 출마를 생각하고 주위에서도 부추긴다. 자신을 돋보이려 하고 타인도 돋보이는 존재로 여겨진다. 己亥년은 일주복음으로 동하니 꿈(욕구)에 부풀게 되지만 성과를 얻기 어려운 운세이다. 己亥년에 상담하면서 庚子년에 장학사 출마를 타진함은 운세의 흐름에 편승한 것이니 그 자체로 당선 가능성이 높다.

이 사주는 甲寅대운에 甲子로 발달할 것인지, 寅午戌로 庚-辛으로 발달을 도모할 것인지를 판단할 필요가 있다. 己일간이 亥일지를 만나 甲己로 甲을 내려는 의도가 있는데, 戌월에 巳戌亥로 丁이 辛을 완성하는 흐름이다. 甲子로 甲을 낸다면 학생을 가르치는 선생님의 모습이고, 庚을 가공하여 辛을 완성한다면 장학사의 모습이다. 자식을 키우듯 제자를 양성하는 선생님으로 존경받는 행위는 甲子라면, 조직·단체를 통한 자신의 성취 or 일선 선생님들의 성취를 돕는 장학사라면 丁-庚戌이다.

일반적으로 己亥일주가 甲子를 쓰면 정년퇴직하는 선생님 모양새인데, 장학사를 목표로 삼는다면 戌亥子(신자진)로 자연스레 甲을 내는 게 좋다. 甲子에 집착하지 말고, 辛을 완성하여 亥에 담으니 자연스레 나온 甲을 취한다면 발달과 안정을 도모할 수 있다. 장학사는 甲子 즉 선생님들의 교육방식을 조율하면서 학생·학부모의 권익을 보호하고 합리적 교육정책을 제도화하는 주체이다. 통제·조절을 통해 甲이 창출되는 근간을 세우는 일이 합리적이다. 다음 대운인 乙卯대운의 방향성을 보더라도 庚-辛을 완성하는 것이 이롭다. 乙卯대운은 甲에서 乙을 완성하는 운세이니 자칫 방향성이 왜곡될 소지가 있기 때문이다.

甲寅대운에 甲이 발동하지만 己에 묶이고, 己입장에서는 많은 甲

을 내야하니 甲子보다 丁巳에서 寅巳형으로 庚-辛을 다듬으면 甲寅이 경거망동하지 않고 己가 취할 수 있다. 庚子년은 庚월간이 동하고 戊子로 동하여 庚→辛이 전환되기 수월하다. 庚子년에 직업궁이 동하니 변화를 통해 발전·안정을 도모하는 것이 순리인데, 만약 甲子-庚子로 甲을 내려하면 庚(부모·직업)의 고충·애환을 겪을 수 있다. 庚의 전환·손상은 직업변동이고, 庚-辛의 완성은 장학사 당선으로 해석할 수 있겠다.

한편 甲寅대운에서 己亥일주가 파가 발동하고 亥 중 甲이 투출되니 자기발현과 인기·사회성이 발현된 것인데, 만약 변화·변동을 도모하지 않으면 이성으로 인한 문제, 부부애정의 왜곡, 가정 or 직업이 불안하게 된다. 움직일 때 움직이고 멈출 때 멈출 줄 아는 것이 복잡한 인생사에서 안정을 구하는 삶의 지혜다.

己壬丁庚 坤　庚辛壬癸甲乙丙3
酉寅亥戌　　辰巳午未申酉戌

亥가 壬으로 투출되어 자수성가의 상이고, 丁亥월주로 삶의 환경이 갖춰졌으니 직업 성취가 있고, 丁亥-庚戌로 金을 완성하는 환경이 조성되니 살면서 행운이 따른다. 직업성취를 통해 가치를 실현해야하니, 여명은 육친 연연이 불미하거나 삶이 고달플 수 있다. 사회생활을 통해 식상을 발휘하거나 자기역량을 강화하면 안정을 도모할 수 있다.

壬寅은 壬이 만물의 생명(甲)을 주관하는 위치에 있다. 壬寅·癸卯·丙申·丁酉 등은 氣·相적 측면에서 완전한 간지로 완벽성을 추구하고 자존·자만심이 강하다. 예전에는 천을·문창귀인이라 칭하여 부귀하게 여겼지만, 현대에서는 완벽·고고함이 도리어 발달을 저해한다. 종교·철학적 사유가 있고 도문성으로 빠지기 쉽다. 교육·상담 등 타인을 통해 가치를 실현하는 것이 좋다.

천간은 丁壬-己에 庚을 동반하니 庚에서 辛을 완성하는 구성이고, 연월은 亥가 丁을 얻어 庚戌에서 庚→辛으로 전환·완성하기 수월하다. 壬이 辛을 완성하는 사유축 환경인데, 壬寅이 목을 재촉하고 己酉를 풀어헤치고 戌亥寅으로 甲-乙을 급조하려한다. 戌亥는 사유축이 본위이지만 寅을 만나 甲을 내는 게 나쁘지 않은데, 丁壬이 庚戌에서 辛을 완성하는 상황에서 甲을 내려하니 급조로 인한 왜곡이 동반된다. 寅만 없으면 壬은 辛을 완성하여 己酉에 담아 복록을 채울 수 있다.

丁壬이 丁亥로 간지합하고 丁壬-亥寅으로 일주가 파하니 묶이는 정도가 심하고 발달이 저해되고 부부애정이 불안하다. 여기에 亥월을 주재하는 丁이 寅과 더불어 寅午戌을 동요하기에 寅은 제 모습을 갖추기 어렵고 丁겁재를 끌어들이니 형국이다. 戌亥寅에서 甲-乙을 급조·완성하려하니 寅의 불미·고충이 있고, 寅일지는 甲을 재촉하기에 삶에 등락을 겪거나 부부 인연을 깨뜨리게 된다. 寅일지에 집착하지 않으면 戌亥에서 甲을 취할 수 있는데, 재혼하면 寅에 집착하지 않음이니 전화위복이 될 수 있다.

壬이 酉寅-亥寅으로 寅(甲)을 완성하기 좋은 게 아니라, 도리어 寅이 삶의 방향성을 흐트러뜨리고 욕구·불만을 가중시킨다. 여기서 寅은 壬이 직접 취하거나 가공할 수 없는 인자가 아니라 辛을 가공하면 얻게 되는 불로소득쯤으로 생각해야한다. 그러면 두 마리 토끼를 모두 잡을 수 있고, 양 손에 떡을 쥐고 내 것으로 만드는 격이다. 국가·조상(庚戌)을 기반으로 성취를 완성한다는(己酉) 의미이다. 인성(공부·스승)을 발판으로 삼아 식상(능력발휘)으로 실질적 가치를 실현하는 것이요, 사주상담을 수단으로 삼아 직업성취를 이루는 직업성에 부합한다.

戌亥는 戌발현처를 놓지 못하는 고충·애환이 동반되지만 戌을 놓지 않고 지키고 살면 전화위복이 되거나 발달한다. 庚戌년주이니

우합隅합의 발현

국가보다 조상, 현실보다 비현실, 정상보다 비정상적 직업성에서 발달한다. 戌에 앉은 庚애환은 氣(神)로 발현되어 종교·사주에 관심을 갖게 되고, 戌亥로 辛을 풀어 寅으로 발현되니 사주를 풀어 해석하는 능력이 있다. 한편 酉는 육해살이니 壬寅의 완벽·아집에 빠지지 말고, 庚戌·己酉에 의탁하여 辛을 가공하다보면 저절로 甲을 성취할 수 있다.

같은 사주팔자라도 어떤 방향성으로 살아가느냐에 따라 삶이 달라진다는 게 기상명리의 관점이다. 방향성은 직업성에 의한 삶의 수단이 중요하지만, 본인을 통한 성취냐 타인을 이용한 성취냐의 삶의 방법도 중요하고, 무엇보다 사주팔자에서 제시하는 삶의 수단·방법을 이행하는 志(마음)가 중요하다.
이 여명이 어떤 삶을 살아야 좋은가는 관념의 차이에 있다.
첫째, 壬이 甲을 얻는 게 최종 목적이지만, 사주 흐름은 酉를 완성하여 甲을 얻는 방향성이니, 庚戌·己酉을 삶의 수단·방법으로 삼으면 부귀하지 않을지라도 삶의 품격(행복)은 높을 것이다.
둘째, 壬자신의 본의(寅)에 집착하는 삶이라면 연하 or 무능한 남편을 만나 가장노릇을 하는 상이요, 남 보기에 좋아보여도 고충·애환을 안고 살아갈 것이다.
셋째, 庚戌·己酉을 삶의 수단·방법으로 삼더라도 삶(직업)의 관점을 재물에 둔다면 富할지라도 천한 相일 것이다.
넷째, 寅일지를 이용한다면 寅午戌로 辛을 완성하여 壬이 완성하는 격이니 남편 일찍 보내고 복록을 누리거나 박복할지라도 자식 복은 있을 것이다.

3. 격각膈脚과 기상氣相 흐름

사주에서 격각(膈脚)은 寅辰, 巳未, 申戌, 亥丑 등 지지 구성에서 한 글자를 건너뛰어 만나는 관계를 말한다. 사주통변에서 격각은 불안하고 위축된 상태로 자기역량(능력)을 발휘하지 못하고 일에 대한 성취가 없다는 등 흉하게 보는 경향이 있다. 징검다리에 돌이 빠진 형국이니 육친인연이 약하고, 인생에서 믿을 구석이 없으니 자수성가의 상이다.[11]

격각은 한 단계를 뛰어넘는 상이고, 氣-相 관점에서 기운(양)을 건너뛰어 물상(음)을 바로 취하는 격이다. 격각은 어떤 구성이든 불안정성이 동반되고, 대박을 치기도 하지만 경거망동으로 실패·등락을 겪기 쉽다. 선행·급조하게 되니 경거망동(위법·편법)하기 쉽고, 도화·음란성이 발동하는데 종교·철학·도문성으로 빠져들기도 한다.

사주팔자가 격각으로 구성된 사람은 머리가 똑똑하고 성실함과 독특함이 있다. 성실한 노력파로 불안정성과 위법·편법성은 독특함으로 발현되고, 도화·음란성을 인기·사회성으로 발달을 가속화하니, 등락 속에 발달하는 상다. 해당 궁위·육친의 비상함·독특함·불안정성·위법·편법·종교·철학성 등으로 해석할 수 있는데, 한번 맺은 육친인연을 깨뜨리지 않으려한다.

① 子寅, 卯巳, 午申, 酉亥 등 '왕지·생지의 격각'은 氣相순행 관계다.

子寅, 卯巳, 午申, 酉亥 등 왕지·생지의 격각 구성으로 水·火에 의해 木·金 물상이 실질적 가치를 실현하는 관계이다. 천간으로 癸甲, 乙丙, 丁庚, 辛壬 등이고, 간지로 甲子, 乙巳, 庚午, 辛亥 등이다. 甲은 子에서 발현되고, 庚은

---

11) 사주에서 공통된 용어로는 '육해(六害)'와 '격각(膈脚)'이 있다. 관상에서 육해는 흉한 눈썹을 말하고, 격각은 이마 좌우가 다를 형상을 말한다. 모두 부모·형제 인연이 약하고 부부애정이 순탄하지 않은 상이다. 즉 사주팔자가 천 or 격각으로 구성되면 육친인연이 불미하니 자수성가의 상이 된다.

午에서 형성되며, 乙은 巳에서 완성되고, 辛이 亥에서 완성된다. 다만 겉으로 좋아보일지라도 변색(甲·庚) or 변환(乙·辛)돼야하는 상실감이 있다.

氣-相의 발현·성장 과정이 성립된 관계로 스스로 물상을 완성하는 본위(모양새)에 임했으니 성취욕구가 강한 반면에, 寅·巳·申·亥 중기가 발현을 꿈꾸기에 선행·급조로 안정되지 못하고 고집·자만으로 발달이 저해되거나 경거망동으로 실패·등락을 겪는다는 단점이 있다. 완벽한 구성이니 자칫 세상을 하찮게 보거나 염세적으로 빠지기 쉽고 삶에 회의(종교·철학성)를 느끼거나 육체적 도화·음란성으로 변질되기도 한다.

* 子寅= 癸甲, 甲子- 신자진에서 안정, 해묘미에서 역동·폭발성
* 卯巳= 乙丙, 乙巳- 해묘미에서 안정, 인오술에서 역동·폭발성
* 午申= 丁庚, 庚午- 인오술에서 안정, 사유축에서 역동·폭발성
* 酉亥= 辛壬, 辛亥- 사유축에서 안정, 신자진에서 역동·폭발성

酉亥를 예로 들면,

酉는 戌에서 조절 당하는데 亥를 만나면 완성(저장)된다. 한편으로 酉모양새가 풀어지니 酉는 亥가 좋으면서도 부담스럽다. 亥는 酉가 원하는 인자(기운)이지만 막상 酉가 亥를 만나면 선행·급조로 모양새가 손상되고 불안해지는 것이다. 酉亥는 사유축에서 酉가 亥에서 완성되어 가치를 얻거나, 亥가 申子辰을 가동하여 酉에서 亥 중 甲을 내려한다.

② **丑卯, 未酉, 辰午, 戌子 등 우합의 격각은 우합 방향성을 급조한다.**

만물은 丑寅, 辰巳, 未申, 戌亥로 발현되는데, 丑卯, 辰午, 未酉, 戌子 등은 오행의 발현처에서 곧바로 본질로 드러나니 급조·선행으로 인한 등락·왜곡을 초래한다.

丑卯를 예로 들면,

丑에서→寅이 발현돼야 하는데, 丑卯는 寅을 거치지 않고 곧바로 卯를 취하는 형국이다. 丑寅은 신자진에서 甲이 발현되는데, 丑卯는 乙을 급조하니 대박-쪽박의 상이 된다. 丑寅에서 乙은 땅에 뿌리를 두고 있는 甲에 의탁한 木물상이라면, 丑卯에서 乙은 甲근원이 없이 허상의 꽃병에 의지하여 화려하게 장식된 화초인 셈이다.

丑卯에서 卯는 불안·불미한 상태이니 丑에 의탁할 수밖에 없고, 믿을 구석이 없으니 인내·끈기가 있고 한번 맺은 육친 인연은 등한시하지 않는다.

* 戌子= 子의 불안·불미, 戌에 의탁, 木동반-신자진 급조·완성
* 丑卯= 卯의 불안·불미, 丑에 의탁, 火동반-해묘미 급조·완성
* 辰午= 午의 불안·불미, 辰에 의탁, 金동반-인오술 급조·완성
* 未酉= 酉의 불안·불미, 未에 의탁, 水동반-사유축 급조·완성

사주간지에 우합의 격각이 자리하면 선행·급조로 인해 해당 궁위·육친의 불안정성이 있다. 본기(寅·巳·申·亥)가 받쳐주지 않으니 성취가 빠르더라도 쉽게 잃거나 결과가 좋지 않다. 한순간 크게 성취할지라도 모래성이 되기 쉽고 등락·왜곡을 겪는다.

우합 격각은 우합과 유사한 성향·직업성인데 돌발성이 강하기에 경거망동하지 않고 기본에 충실해야 성공을 지킬 수 있다. 선행·급조로 인한 등락·왜곡을 초래하니 덕을 베풀어야 해당 궁위·육친의 불안정성을 해소할 수 있고, 자의(자신)보다 타의(타인)을 우선시해야 복록을 유지할 수 있다.

子·卯·午·酉는 丑·辰·未·戌이 바탕이니 해당 궁위·육친에 애착을 갖게 되고, 설령 해당 궁위·육친이 불미해도 놓지(벗어나지) 못한다. 丑·辰·未·戌에 의탁하거나 회귀본능이 있다.

간지로 보면 乙丑과 辛未이고, 丙辰과 壬戌도 유사하다.

* 乙丑은 丑 中 癸가 辛을 풀어 乙을 급조하는 구성이다. 乙과 丑 中 癸가 분산작용을 강화하기에 도화·역마성이 있고, 격각 구성으로 급조로 인한 불안정성이 있다. 丑에서 乙이 미성숙한 상태에서 발현되어 모양새를 오래하지 못하는 단점이 있다. 화를 만나지 못하면 종교·철학성으로 발현되거나 염세적으로 빠지기도 한다.

* 辛未는 未 中 丁이 乙을 가공하여 辛을 급조하는 구성이다. 辛과 未 中 丁이 응집작용을 강화하기에 도화·역마성이 발동하고, 격각 구성으로 급조로 인한 불안정성이 있다. 未에서 辛이 급조되기에 모양새를 오래하지 못하는 단점이 있다. 水를 만나지 못하면 종교·철학성으로 발현되거나 염세적으로 빠지기도 한다.

▶ '우합 격각' + '왕지·생지 격각'의 만남은 삼합의 충·극이 가중된다.

* 戌子寅은 신자진으로 辛→甲을 완성하는데, 丁·午가 동하면 인오술로 子손상이 현실화된다.
* 丑卯巳는 해묘미로 癸→乙을 완성하는데, 辛·酉가 동하면 사유축으로 卯손상이 현실화된다.
* 辰午申은 인오술로 乙→庚을 완성하는데, 癸·子가 동하면 신자진으로 午손상이 현실화된다.
* 未酉亥는 사유축으로 丁→辛을 완성하는데, 乙·卯가 동하면 해묘미로 酉손상이 현실화된다.

辰午申을 예로 들면,
午가 辰 中 乙을 가공하여 庚을 형성하는 흐름인데, 만약 癸·子가 오면 申子辰을 가동하니 午(궁위·육친)의 손상이 현실화된다. 즉 삼합이 완성될 때 삼합 반대의 왕지가 홀로 충을 만나면 손상이 극심해진다.[12]

---

12) 합·형·파·해 등의 동기부여로 간지의 작용·방향성을 제시한다. 충으로 동하는 인자는 삼합-방합 다음으로 형·파·해 등이다. 삼합·방합의 왕지가 충을 만나면

③ 寅辰, 巳未, 申戌, 亥丑 등 방국의 격각은 겁재를 불러들인다.

寅辰는 인묘진 목국, 巳未는 사오미 화국, 申戌은 신유술 금국, 亥丑은 해자축 수국을 완성하려한다. 寅·巳·申·亥 본기가 辰·未·戌·丑에 조절되어 子·卯·午·酉 본질로 전환되니 겁재를 끌어들이는 형국이다.

* 寅辰- 인묘진으로 卯를 끌어들이니 해묘미로 동한다.
* 巳未- 사오미으로 午를 끌어들이니 인오술로 동한다.
* 申戌- 신유술으로 酉를 끌어들이니 사유축으로 동한다.
* 亥丑- 해자축으로 子를 끌어들이니 신자진으로 동한다.

사주원국에 寅辰, 巳未, 申戌, 亥丑이 동주하면 겁재를 끌어들이거나 빼앗기는 형국이 된다. 해당 궁위·육친이 불미하고 재관 손상·손해를 초래한다. 과단·극단·돌발성이 내재되어 삶이 불안정하고 엉뚱한 짓을 하게 된다.

타인을 끌어들이는 상이므로 타인을 이용하거나 타인을 위한 일에 종사하면 흉이 해소되거나 발달한다. 만약 스스로 가치를 높이려하거나 재관에 탐욕을 부리면 도리어 손해를 초래하고 해당 육친·궁위의 인연·혜택이 손상되거나 왜곡된다.

간지로 보면 甲辰, 庚戌이고, 丁未, 癸丑도 유사하다.

▶ 격각 구조 간지는 불안정성(도화·음란성-종교·철학성)을 안고 있다.

* 甲辰, 庚戌, 乙丑, 辛未
겁재가 동주하고 음양 본위가 불편한 관계로 도문성이 강한 간지다.
* 丙辰, 壬戌, 丁未, 癸丑
원하는 바가 상반되는 간지구성으로 벗어나지 못하는 숙명이 있다.
* 甲子, 乙巳, 庚午, 辛亥
겉으로 완전해보이지만 물상이 변색 or 변환돼야하는 상실감이 있다.

생극 작용이 극왕해지니 변화·변동으로 손상·상실·고충이 따른다.

癸癸癸己 坤 辛庚己戊丁丙乙甲4
亥丑酉亥　　巳辰卯寅丑子亥戌

癸일간이 酉월에 임하고 중년까지 음 대운이 펼쳐지니 官을 위주로 가치를 실현해야한다. 酉월에 癸酉이니 직업 성취가 있고 癸己亥로 辛을 완성하거나 甲을 내는 방향성이니 癸의 본위환경이 아님에도 자신이 삶을 주도하게 된다. 천간이 癸癸癸로 水가 왕하여 酉가 손상되고 목을 내지 않는다는 논리에 얽매이지 말고 천간의 의도가 癸에 있음을 인지하자. 즉 癸는 金을 풀어 木을 내는 게 본의이니 酉丑을 가공하여 亥 중 甲을 내려하고 癸가 甲을 내는 것은 乙을 얻기 위함이다. 己亥에서 癸酉월에 필요한 수기와 바탕을 취하고 辛·甲을 품고 있으니 공직계통에서 일했다. 남편이 己亥를 사용하지 않으면 가장역할을 하게 된다.

丑 중 癸가 난립하여 투간되고 己亥년주에 연·시에 亥겁재가 동주하니 부부인연을 깨뜨리는 구조이다. 일시에서 亥丑이 子겁재를 끌어들이는데, 癸癸癸가 하나 되어 癸자신이 해자축을 완성한다는 의미도 있다. 亥시지가 丑 중 癸癸癸를 모두 끌어들이니 자식이 성장할수록 부부인연이 안정되어가고, 많은 水에 酉가 물러지는데 丑일지에서 酉를 담으니 남편의 도움이 있다. 설령 남편이 엉뚱한 짓을 하더라도 남편을 쉽게 버리지 못한다. 水방국을 형성하니 목이 드러나지 않고 亥(甲)가 있는 게 안정성을 준다. 亥 중 甲을 얻어야 숨통이 트이니 정신을 추구하고 자식에게 의탁하거나 자식을 품고 살아간다.

癸癸癸는 하나밖에 생각하지 못한다는 의미가 있고 순수하고 단순한 면이 있다. 亥子丑의 과단성은 육친에 애착이 갖게 되고 한번 마음먹으면 결정이 빠르고, 일단 결정이 되면 진행과정에서 생각이 많을지라도 일관성을 갖는다. 이 사주에서 이중·복합성은 癸癸癸가 아니라 己亥·癸亥에 있다. 일에 일관성은 있지만 그 속에서 여러 가지 일을 해나가거나 이것저것 다루게 되는데 이는 亥의 속성이기도 하다. 己亥 or 癸亥의 사용 수단·가치에 따라 인생방향이 달라질 수 있는데 이 사주에서 己亥·癸亥의 방향성(甲·乙)이 유사하기에 복음의 번뇌·고충은 크지 않다.

근묘화실 흐름에서, 처음엔 己亥를 사용하고 중년 이후에 癸亥를 사용하게 된다. 癸亥는 60갑자의 마지막 간지로 윤회를 주관하기에 종교·철학적 사유가 있고 癸亥가 시주에 임하면 중년 이후에 종교·철학에 빠져드는 경향이 있다. 己卯대운 己亥년에 사주공부를 시작한 것은 己亥년주가 동하고 癸亥시주가 동한 까닭이다. 사주를 가르치는 선생이 癸卯일주 癸亥시주다. 癸卯는 이 여명이 추구하는 궁극적 방향성이고, 癸亥는 선생의 시주와 같다. 인연론적 관점에서 인연이 깊고, 癸亥는 동반적 관계이고, 癸卯는 木을 발현시켜줄 선도자(水·火)와 같은 존재다.

亥子丑에서 목이 발현되기 어렵고 亥에서 甲이 나오기까지 시간이 걸린다. 장기적 안목에서 바라보는 지혜가 필요하고, 인내·끈기로 완성한다는 자세가 요구된다. 한편 亥시지가 복음이니 자식의 발달이 더디거나 성취욕구가 강하지 않거나 종교·철학적 관념이 있는 자식이다. 30대 후반 자녀 2명을 두고 있는데 己亥년 현재 결혼에 뜻이 없고, 특히 아들은 한의사로 癸亥의 직업성이니 엄마와 전생 인연이 연결된 자식이라 할 수 있다.

癸己乙壬 乾 癸壬辛庚己戊丁丙1
酉未巳戌   丑子亥戌酉申未午
위 여명(己亥생)의 아들이다.
己일간이 巳월에 앉았지만 巳월에 필요한 수기를 壬년간에서 취하고 乙巳월주에서 乙을 키우는 환경이 조성되었다. 연·월에서 조후하고 할 일이 있으니 직업성취가 있고 삶에 행운이 따르는 구성이다. 巳월에 壬·癸가 투출되어 이중·복합성이 있고, 천간은 해묘미 구성에 지지는 酉를 가공하는 구성이니 이중·복합성이 부가되고 폭발성(등락)이 내재된다. 乙을 완성하느냐 酉를 성취하느냐에 달려있는데, 戌년지에 의탁하면 乙과 酉를 모두 취할 수 있다. 직업이 한의사로 壬戌을 바탕으로 삼는 직업성이다.

壬戌에서 壬은 戌년지를 벗어나지 못하니 酉(癸酉)를 바탕으로 삼게 된다. 진맥(診脈)을 통한 침술(손재주)을 위주로 약재를 사용하는 것이 좋고, 한 가지 일보다 이중·복합성이 유리하다. 일반 한의원보다 한방병원 형태가 좋고, 조그맣게 혼자서 인건비 건지는 형태보다 크고 다양하게 운영하는 게 이로운데, 癸酉가 수시로 辛을 가공하니 등락을 겪을 수 있다. 침술에 바탕을 두되 침술에 얽매이지 않아야 함이고, 육친으로 보면 자식을 얻어야 안정되지만 자식에 집착하지 말아야 함이다. 자식이 건강하게 성장하도록 뒷바라지하는 것처럼, 돈벌이에 욕심을 내지 말고 환자를 건강하게 진료한다는 마음가짐이 이중·복합성으로 인한 등락·왜곡을 해소하는 방법이 된다.

己未일주에 未 중 乙이 투간되고 未 중 丁이 巳·戌에 겁재로 동주하고 未일지가 未戌형을 가동하기에 일지의 불안정성을 부추기고 여기에 巳未-未酉로 일지 격각이니 결혼하길 꺼린다. 巳未는 겁재를 끌어들이고 未巳戌이 화왕의 형을 가동하지만 戌에 의탁하는 직업성(한의사)이고 戌에서 乙·巳·酉를 조절하고 午(巳戌)에서 가치를 얻으니 부부인연이 흉한 것만은 아니다. 未酉도 일지(가정·재관)의 불안을 부추기는데 직업이 종교철학성이고 엄마(癸亥시주)가 사주를 습득하여 직업적으로 사용하려하니 흉을 해소하는 의도에 있다. 다만 酉未巳는 가정의 불안과 재물(乙·酉) 손상·등락을 겪을 수밖에 없다. 덕을 베풀고(癸酉) 근원을 지키면(壬戌) 변동·변화 가운데 발달·행복을 취할 수 있다.

己酉대운에 직업 성취가 있으니 金운이 좋다고 보면 안 된다. 壬戌(공인자격)을 바탕으로 壬-乙巳로 생명(木)을 살리는 직업에 임했기에 乙을 戌에 완성하고 酉을 거둘 수 있었고, 단지 未巳戌이 酉운을 만나 할 일이 생기고 보기 좋게 완성하는데 일조했다고 봐야한다. 인오술은 무조건 火운동 or 金완성의 삼합운동으로 정의하지 말고 乙의 완성지라는 氣·相 인식이 필요하다. 즉 12운성에서 음·양 운동(양생음사·음생양사)을 분별하는 이유이다.
己酉대운 己亥년 말미에 기존에 하던 한의원을 매각하고 庚子년에 다른 장소로 이전 개업하기 위해 준비하고 있다. 己일간이 복음으로 동하고 酉가 동요하고 壬이 기반되는 운이니 기존에서 벗어나 새롭게 시작하는 것은 나쁘지 않고, 庚子년은 壬戌·癸酉가 발현되니 성취할 수 있는 운이다. 중요한 것은 壬戌모습을 잃지 않는 것이요, 다양성·복합성을 갖추는 것이다.

위 母子의 공통점은 壬·亥 년주를 취하고, 癸가 시간에 투출되어 이중·복합성을 동반한다. 엄마는 목을 내기 위해 노력하는 흐름이고, 아들은 목을 키워 완성하는 흐름이니, 엄마의 노력으로 형성된 목을 아들이 완성하기에 엄마의 유업을 이어가는 모습이고, 엄마의 월일시가 癸癸癸로 연결된다.
일지에서 엄마는 亥丑, 아들은 巳未 격각이다. 격각은 종교·철학·도문성이 있고 과단성·돌발성이 내재되고 겁재를 끌어들이니 해당 궁위·육친이 불미하고 재관 손상·손해를 초래하고 엉뚱한 짓을 하거나 삶이 불안정한 특징이 있는데, 타인을 돕고 타인을 위한 일에서 흉이 해소되거나 발달한다. 엄마는 공직으로 아들은 의료 행위로 타인을 돕고 살리는 직업성이다. 만약 자신이 가치를 높이려하거나 재관성취에 탐욕을 부리면 도리어 손해를 보거나 육친 인연·혜택이 왜곡된다.

壬乙乙甲　坤　戊己庚辛壬癸甲6
午酉亥午　　　辰巳午未申酉戌

乙일간이 亥월에 앉았지만 대운 흐름이 양호하고, 연·월에 甲乙이 동주하지만 乙일간 입장에서 甲은 비겁이 아니라 비견 작용을 한다. 타인(국가·조상·윗사람)을 통한 성취이고 삶에 행운이 따른다는 의미이다. 亥월에 午를 취하는데 午가 년·시에서 복음이다. 午년지를 취하여 甲午로 亥 中 甲을 내면 甲-乙-乙로 乙일간이 차지하는데, 壬午시주에서 壬乙로 급조하려는 의도가 발동한다. 午복음으로 자칫 이러지도 저러지도 못하는 상황에 봉착하여 신음지상이 될 수 있다.

甲午를 사용하면 亥 中 甲을 사용하여 乙이 성취하니 행운이 따르고 안정될 것이요, 壬午를 사용하면 午酉亥로 酉를 가공해야하니 酉손상으로 인한 등락이 있을 것이다. 이런 사주구조는 여명이 남명보다 불리하게 작용할 수 있다. 남명은 가장(家長)의 지위에 있으니 년·월을 사용하는 경향이 있고, 여명은 가정살림을 책임지는 위치에 있으니 일·시를 사용하기 때문이다. 또 남명은 부인의 내조·희생에 의탁할 수 있지만, 여명은 남편의 외조·희생을 기대하기 어려운 점도 있다. 비록 사주팔자는 정해져 있지만 어떻게 살아가느냐에 따라 운명이 달라지니, 여명은 사회활동을 통해 능력을 발휘해야 안정된다.

酉일지는 甲의 씨앗이고, 甲이 발현되면 乙로 전환되니 乙의 뿌리를 얻은 격이다. 午酉·午亥는 사유축으로 酉를 완성하는 환경이니 壬-甲-乙을 형성하는데 걸림돌이 되는데, 乙酉(卯酉)가 기운을 돌리고 酉亥가 역동성을 발휘하니 甲을 촉발되는 동기부여가 되고, 한편으로 午酉에서 乙 or 辛을 완성하는 戌창고 역할을 한다. 甲午를 역동적으로 사용할 수 있음이니, 여성임에도 불구하고 70년대에 초등학교 교사의 길을 택하여 교장을 역임하고 정년퇴직

하였다.

酉일지가 乙발달에 도움·계기가 되면서도 삶의 왜곡·등락을 촉발하는 요인이 되는데, 酉에 집착하지 않고 甲午를 취했기에 午·酉의 불안정을 도리어 戌창고로 만들 수 있었다. 육체보다 정신, 식상보다 인성, 재물보다 명예·관록, 사업보다 조직·단체에 있는 것이 이롭다. 만약 이 여명이 가정주부로 살았다면 午酉가 발동하여 남편·자식에 집착하게 되고 그만큼 남편·자식에 대한 불만·염증 등으로 삶이 불안했을 것이다.

午는 화를 가공하는 것이 본의이고 午복음은 불미함이 있는데, 천간-연월이 壬乙 구성으로 乙을 완성하는 의도가 확실하기에 甲午·壬午는 乙을 키우는데 조력하였다. 壬乙은 위법·편법성이 있는데 甲乙로 전환되고 甲午년주와 가상의 모습(선생님)을 갖추었으니 직업 성취 등 자기가치를 실현할 수 있었다. 甲-乙-乙(년-월-일)로 이어지니 행운이 따르고 복록을 취할 수 있었다.

한편 亥는 이중·도화성을 품고 있는데 午를 만나면 조절력을 갖는다. 연월에서 亥午의 동주는 午가 亥를 조절하여 亥 중 甲을 내어 乙을 완성하는데 작용하였다. 만약 亥午가 甲년간을 보지 못했다면 壬午시주에서 동하여 酉를 가공하게 되니 결국 酉가 손상되고 乙가치가 상실되니 위법·편법성이 동하여 등락을 겪었을 것이다. 달리 말하면 甲午가 壬·亥를 얻었기에 甲午에서 壬-甲-午-乙로 乙을 완성할 수 있었다.

癸癸辛庚　乾　戊丁丙乙甲癸壬 2
丑卯巳申　　　子亥戌酉申未午

癸일간이 巳월에 임하고 巳월에 필요한 수기를 담당하니 자수성가의 상이다. 癸일간은 巳를 얻어 乙(묘)을 키우려는데, 巳는 연·월에서 화생금으로 庚辛을 완성해야한다. 巳가 많은 금을 가공하느라 버거우니 卯를 살필 여력이 없고, 금을 가공하여 목을 내더라도 巳酉丑으로 卯모습을 갖추기 어렵다. 金의 근원은 木이니 卯에 집착하게 되고, 庚辛을 탐하는 만큼 卯손상이 가중된다.

巳가 庚申에서 辛을 가공하여 癸丑에서 완성하니 활동범위가 넓은 무역업을 하고 있다. 사유축 환경에서 卯를 취하기 어렵고 丑卯巳에서 酉를 끌어들이니 卯일지의 불안정성이 가중된다. 丑卯巳는 해묘미에서 乙을 완성하는 흐름인데, 辛·酉가 발동하면 사유축으로 卯손상이 현실화된다. 금이 왕하고 사유축을 조장하니 卯가 위험한 상황인데, 직업이 무역업으로 庚辛을 가공하여 丑에서 완성되니 卯가 온전하기 어렵다. 乙酉대운에 卯일지가 투간되고, 卯酉충에 辛이 동하여 사유축을 가동하는 운세에서 丁酉년에 다시 酉가 동하여 卯가 꺾이니 이혼하였다.

庚辛癸癸로 癸가 辛→甲을 내는 방향성에 있으니 癸丑卯로 목을 완성한다면, 丑에서 많은 금을 조절하여 丑창고에 담고 癸癸가 丑을 가공하니 卯를 취할 수 있고, 卯가 급조되어 불안할지라도 丑卯巳로 卯를 키울 수 있다. 丑시지에서 완성되고 癸癸가 복음이니, 불안정성이 있지만 길게 이어간다는 의미도 있다. 금을 丑에 채우는데 급급하면 즉 탐욕을 부리고 베풀지 않으면 卯일지(자신의 뿌리) 손상으로 인한 인생 왜곡을 겪을 수밖에 없다.

이 남명은 나름 열심히 살았는데 왜 배우자 인연이 좋지 않은지 의문이 들 수 있다. 잘 살기 위해서 선택한 삶의 수단이 도리어 卯일지를 훼손하는 줄 모르기 때문이다. 어느 하나를 성취하면 어느 하나는 잃을 수밖에 없는 것이 인생사이고, 이 사주는 그 경향성이 뚜렷하기에 인생 총량제에 매어있다. 금이 풍족하고 巳丑으로 금을 담을 수 있으니 癸가 庚辛을 가공하여 丑에 담기는 수월하지만 卯를 온전히 취하기 어렵다. 미래보다 현재에 충실하고 불확실한 것보다 확실한 것부터 실천하고 당장 해야 할 일에 전념하다보면 어느 듯 卯가 함께 있음을 알 것이다.

丙庚丁辛 坤　甲癸壬辛庚己戊6
戌子酉酉　　辰卯寅丑子亥戌

천간에서 丙丁으로 庚-辛을 완성하는 흐름인데, 庚子일주가 戌子酉로 신자진을 추구한다. 酉월에 水가 필요하니 子일지가 많은 금을 가공해야하고 목을 내기 어려운 불안한 형국이다. 庚일간은 丙丁에 의해 제련·완성되어 辛년간에 빼앗기고, 子일지는 戌子-子酉로 격각-파를 가동한다. 인오술-사유축으로 庚-辛을 완성하더라도 庚은 모습을 유지하기 어렵고, 신자진으로 급조되면 庚손상 가중될 뿐 아니라 子일지도 상실된다. 가정 불안과 부부인연의 왜곡을 의미한다.

子일지는 홀로 많은 금을 다듬어야하니 힘겨운데, 申酉戌 구조에 목이 발현되기 어려우니 답답하다. 庚辛酉戌은 子에 의지할 수밖에 없으니 남편이 생수관련 일을 하고 있다. 남편의 모습(직업성)이 조후작용을 하니 부족한 기운을 충족하지만, 庚일간은 子작용력이 강화되는 만큼 손상되어간다. 사탕(庚)이 수기가 절실하여 子를 취하여 목을 축였더니 자신의 몸이 없어지는 꼴이다. 子남편에 집착·애착을 갖는데 그 곳에 들어가면 庚자신은 손상되는 것이다. 참으로 얄궂은 게 사주팔자이고 인생사다.

子는 戌에 근원처를 두니 결혼이 빠르고 자식 셋을 두고 있다. 子남편에 대한 목마름과 戌子의 불안함은 다산으로 이어졌다. 戌

시지는 丙·丁을 끌어들이고 금을 강화하니 子일지는 더욱 고달프고 庚은 庚대로 딜레마·상실감이 커진다. 여기에 戌子가 목적성이 없이 신자진을 부추기니 자기번뇌에 멘탈이 무너질 수 있다. 산후 우울증으로 정신과 치료를 받고 있으면서 셋째를 낳은 건 丙戌시주밖에 믿을 게 없다고 생각한 까닭이다. 庚입장에서는 자식을 많이 두면 丙戌로 庚-辛을 가공하니 戌子보다 이롭고, 庚-辛이 戌에 완성되면 子가 辛을 저장하면 된다. 이렇게 되면 庚에게 子는 번뇌·고충이 아니라 희망·돌파구가 된다. 子에 집착하지 말고 戌에 의탁해야 함인데, 戌을 얻기 위해서는 子일지를 끌어들여야 하니 모든 걸 주지 않는 게 사주팔자다.

丙戌에서 금을 완성하면 좋은데, 酉월에 수가 필요하니 子일지에 매달리게 된다. 子가 없으면 丙丁을 대용하여 辛을 완성(직업성취)할 것인데, 子가 있으니 역동성이 떨어지고 庚은 딜레마에 시달리고, 많은 금에 丁·子가 동주하니 번뇌에 휩싸인 꼴이다. 이름에서도 水·火가 상충하기에 조심스레 개명을 제안했지만 흔쾌히 응하지 않았다. 辛丑대운 己亥년(39세)의 상담이었다. 子가 주도하기에 庚辛이 풀어질 뿐 목을 내지 못하는 답답함이 지속되는 운세이니 개명 제의에 마음이 동하지 않는 것이다.

壬寅대운은 庚이 손상·변색될지라도 목이 투출되니 돌파구를 찾는 운세다. 庚이→甲으로 변환되기에 庚은 자신이 처한 환경을 인지하고 적응할 수 있으니 우울증도 치유될 수 있다.

庚子일주는 庚손상을 피할 수 없으니 욕심을 버려야한다. 남들과 차별화된 특별함과 독특함에서 돌파구를 찾고, 종교·철학 or 가상·허상·비현실·비정상적 직업성에서 발전을 도모해야한다. 그렇지 않으면 염세적으로 빠지거나 이 여명처럼 정신적 문제로 나타날 수 있다.

4. 寅巳申亥의 합·충·형·파·천

寅巳申亥는 생지로 또 다른 본기를 품고 있기에 氣·相을 완성하는 의지가 확고하지 않고 방향성이 모호하다. 寅巳申亥가 서로 만나면 더욱 그러하다. 간지가 만나면 합·충·형·파·천 관계가 성립되고 좌충우돌하면서 방향성을 찾게 되는데 寅巳申亥 조합들은 방향성이 불확실하고 子卯午酉 or 辰未戌丑에 의해 방향성이 결정되는 유동성이 있다.13)

1) 寅巳申亥 2字의 방향성

寅·巳·申·亥는 木·火·金·水 오행의 본기로 기운을 펼치려는 속성이 있다. 반대편의 2字가 만나면 기운·물상을 내기 위해 조정하게 되고, 연속되는 2字가 만나면 기운·물상을 급조하려한다. 어떤 경우든 인사신해가 만나면 기운·물상을 함께 돌리기에 역동성을 발휘하지만, 그 과정에서 자신의 욕구를 채우려하니 과장·허풍이 있고 부풀리는 성향이 있다.

寅申= 인오술(火) or 신자진(水) 방향성에서 역동성 갖는다.
巳亥= 해묘미(木) or 사유축(金) 방향성에서 역동성 갖는다.

① **寅申은 木·金이니 水·火 기운이 필요하다.**
寅申이 만나면 수·화를 얻어야 물상이 가치를 얻는다. 인오술 or 신자진 방향으로 합의점을 찾게 된다. 寅에서→申을 완성하는 환경이면 인오술로 목→화→금을 형성하고, 申에서→寅을 완성하는 환경이면 신자진으로 금→수→목을 형성한다.

---

13) 　　구성조합도 辰未戌丑가 개입돼야 방향성을 잡는다는 점에서 인사신해와 유사하지만, 子卯午酉는 본질이 변색되는 걸 싫어하는데 辰未戌丑이 개입되어야 변화한다는 점에서 인사신해와 다르다.

寅申 관계에서 寅(甲)은 庚을 재촉하여 辛을 요구하고, 申(庚)은 寅을 재촉하여 乙을 요구한다. 인오술로 甲→庚을 형성하려면 甲이 乙로 바뀌어야하고, 신자진으로 庚→甲을 내려면 庚이 辛으로 바뀌어야한다.

② 巳亥는 水·火이니 木·金 물상이 요구된다.

巳亥가 만나면 목·금을 얻어야 가치가 실현된다. 해묘미 or 사유축 방향으로 진행하여 물상을 완성하려한다. 巳에서→亥로 향하는 방향성이면 화→금→수(사유축)로 辛을 완성하고, 亥에서→巳로 향하는 방향성이면 수→목→화(해묘미)로 乙을 완성한다.

巳亥 관계에서 巳(丙)는 壬을 재촉하여 癸를 요구하고, 亥(壬)는 丙을 재촉하여 丁을 요구한다. 해묘미로 乙을 키우려면 亥가 癸로 바뀌어야하고, 사유축으로 辛을 완성하려면 巳가 丁으로 바뀌어야한다.

다만 巳亥는 寅申과 달리 해묘미 or 사유축 중 어느 하나를 고집·집착하는 경향이 있다. 寅申에 비해 어느 하나를 없애야하는 아픔이 크고 그만큼 욕구도 강하다.

寅·巳·申·亥 본기는 卯·午·酉·子 본질을 내야하고, 본질을 내기도 전에 이미 다음 단계의 본기를 내려한다. 생지(본기)는 본질을 발현시키면서 다음 단계의 본기를 통해 자신의 가치를 실현하려하니 복잡하게 진행되고 방향성이 왜곡되기 쉽다.

연속되는 생지 2字가 만나면 급속하게 기운·물상을 내려하기에 상생이 잘 되지 않는다. 생지(본기)가 본질로 전환되고 다음 단계의 본기가 나오면 급속히 자신의 기운이 상실되기 때문이다. 생지 2字의 만남은 대체로 앞 글자의 손상이 동반된다.

연속되는 생지 2字에 다른 생지가 개입되어 3字가 되면 기운·물상이 통관(상생)되는 작용력이 있다. 기본적으로 생지 3字의 연합은 합·형·파·천 등 혼재로 번거로움이 있을지라도 새로운 가치를 실현하는 기회가 된다.

寅巳와 申亥는 다음 단계의 기운이 발현되니 穿(刑)이라 하고,
亥寅과 巳申은 원하는 물상이 형성되니 破(合)라 한다.

③ 寅巳= 해묘미 흐름인데 인오술(木-火-金)로 선행 의도가 있다.

寅巳는 巳가 寅에서 卯를 키우는 관계인데, 암암리에 寅 중 丙이 巳 중 庚을 형성하려한다. 乙을 키운다는 점에서 같지만, 乙에서→庚을 완성하려는 욕구가 발동하고 성과를 빨리 내려는 조급함이 있다. 寅은 손상되고 巳는 본의를 갖추는 관계로 경거망동하면 寅손상이 가중된다.

寅巳는 간지로 丙寅, 甲午, 甲丙 등이다.

▶ 寅巳에 丙·丁·巳·午 火가 왕하면 화왕의 형이 발동하여 寅손상이 가중되니 금이 제 모습을 갖추기 어렵다. 乙庚에 寅巳巳, 寅午午 등 구성이면 발달할지라도 寅손상이 가중된다.

▶ 寅巳에 亥가 오면 亥는 寅에게 기운을 빼앗기고 寅의 배신으로 巳에게 극을 당한다. 巳亥충→亥寅합으로 亥가 손상되는 천이 발동한다.

亥-寅巳은 寅에서→卯를 급조하기에(해묘미) 등락을 겪기도 하지만, 乙을 완성하는 환경에서 발달한다.

▶ 寅巳에 申이 오면 寅-巳-申으로 인오술 환경이 조성되는데, 寅巳천-巳申합으로 寅이 손상되는 천이 발동한다.

만약 庚·辛이 투출되거나 금이 왕하면(巳申금왕형) 寅손상이 가중된다.

④ 申亥= 사유축 환경인데 신자진(金-水-木)으로 선행 의도가 있다.

申亥는 亥가 申에서 酉를 가공하는 관계인데, 암암리에 申 중 壬이 亥 중 甲을 내려한다. 金을 완성한다는 점에서 같지만, 辛에서→甲을 내려는 욕구가 발동하고 성과를 빨리 내려는 조급함이 있다. 申은 손상되고 亥는 본의를 갖추는 관계로 경거망동하면 申손상이 가중된다.

申亥는 간지로 壬申, 庚子, 庚壬 등이다.

▶ 申亥에 壬·癸·亥·子 水가 왕하면 수왕의 형이 발동하여 申손상이 가중되니 木이 제 모습을 갖추기 어렵다. 辛甲에 申亥亥, 申亥子 등 구성이면 발달할지라도 申손상이 가중된다.

▶ 申亥에 巳가 오면 巳는 申에게 기운을 빼앗기고 申의 배신으로 亥에게 극을 당한다. 巳亥충→巳申합으로 巳가 손상되는 천이 발동한다.

巳-申亥은 申에서→酉를 급조(사유축)하기에 등락을 겪기도 하지만, 辛을 완성하는 환경에서 발달한다.

▶ 申亥에 寅이 오면 申-亥-寅으로 신자진 환경이 조성되는데, 申亥천-亥寅합으로 申이 손상되는 천이 발동한다.

만약 甲·乙이 투출되거나 목이 왕하면(亥寅목왕형) 申손상이 가중된다.

寅巳= 해묘미, 亥寅巳-해묘미-亥손상, 寅巳申-인오술-寅손상
申亥= 사유축, 巳申亥-사유축-巳손상, 申亥寅-신자진-申손상
巳申= 인오술, 寅巳申-인오술-寅손상, 巳申亥-사유축-巳손상
亥寅= 신자진, 申亥寅-신자진-申손상, 亥寅巳-해묘미-亥손상

⑤ 巳申= 인오술 환경인데 사유축(음본위)으로 선행 의도가 있다.

巳申은 巳가 申을 형성하는 관계인데, 암암리에 申 중 壬이 사유축을 가동하여 辛을 급조하려한다. 金을 가공한다는 점에서 같지만, 辛을 완성하려는 욕구가 앞서고 성과를 빨리 내려는 조급함이 있다. 巳가 손상되고 申은 본의를 갖추는 관계로 경거망동하면 巳손상이 가중된다.

巳申은 간지로 丙申, 丁酉, 丙庚 등이다.

▶ 庚·辛·申·酉 金이 왕하면 금왕의 형이 발동하여 巳손상이 가중되니 辛이 제 모습을 갖추기 어렵다. 丁壬에 巳申酉, 巳酉丑 등 구성이면 辛이 완성될지라도 巳손상이 가중된다. 금→목 변환을 거부하니 목을 키우는 환경에서 불리하다.

▶ 巳申에 寅이 오면 寅에서 발현된 巳가 寅을 배신하여 申으로 향한다. 寅申충-巳申합으로 寅이 손상되는 천이 발동한다.

寅-巳申은 寅에서→申으로 변환되기에(인오술) 寅손상으로 등락을 겪기도 하지만, 庚을 형성하는 환경에서 발달한다.

▶ 巳申에 亥가 오면 巳-申-亥로 사유축 환경이 조성되는데, 巳亥충으로 申亥천이 발동하여 巳손상으로 인한 고충이 있다.

만약 壬·癸가 투출되거나 水가 왕하면(申亥수왕형) 巳손상이 가중된다.

⑥ 亥寅= 신자진 환경인데 해묘미(양본위)으로 선행 의도가 있다.

亥寅은 亥가 寅을 발현시키는 관계인데, 암암리에 寅 중 丙이 해묘미를 가동하여 乙을 급조하려한다. 木을 가공한다는 점에서 같지만, 木을 완성하려는 욕구가 앞서고 성과를 빨리 내려는 조급함이 있다. 亥가 손상되고 寅은 본의를 갖추는 관계로 경거망동하면 亥손상이 가중된다.

亥寅은 간지로 壬寅, 乙亥, 壬甲 등이다.

▶ 亥寅에 甲·乙·寅·卯 木이 왕하면 목왕의 형이 발동하여 亥손상이 가중되니 乙이 제 모습을 갖추기 어렵다. 癸丙에 亥寅卯, 亥卯卯 등 구성이면 乙이 완성될지라도 亥손상이 가중된다. 목→금 변환을 거부하니 금을 형성하는 환경에서 불리하다.

▶ 亥寅에 申이 오면 申에서 발현된 亥가 申을 배신하여 寅으로 향한다. 寅申충-亥寅합으로 申이 손상되는 천이 발동한다.

申-亥寅은 申에서→寅으로 변환되기에(신자진) 申손상으로 등락을 겪기도 하지만, 甲이 발현되는 환경에서 발달한다.

▶ 亥寅에 巳가 오면 亥-寅-巳로 해묘미 환경이 조성되는데, 巳亥충으로 寅巳천이 발동하여 亥손상으로 인한 고충이 있다.

만약 丙·丁이 투출되거나 火가 왕하면(寅巳화왕형) 亥손상이 가중된다.

2) 寅巳申亥 3字의 방향성

연속되는 생지 3字가 만나면 합·충·형·파·천 등이 얽히고설키는 복잡하고 번거로운 관계가 성립되지만 기운·물상의 통관(상생) 작용으로 새로운 가치를 실현하는 기회가 된다. 변화·변동으로 발전을 도모할 필요가 있다.

생지 2字의 연합에서 어긋나고 힘들었다면 생지 3字가 통관될 때 해결되거나 좋아진다. 반대로 생지 2字의 연합에서 좋았다면 생지 3字 관계에서 힘들어지기도 한다. 그 가치(길흉)는 氣·相의 방향성에 있는 것이지 삼형(三刑)의 작용이 아니다.

亥寅巳와 巳申亥는 巳亥(水火)가 발동하여 목·금 물상이 완성되는 과정이고, 寅巳申과 申亥寅은 寅申(木金)이 발동하여 水火에 의해 목↔금 물상이 변환되는 과정이다.

亥寅巳= 巳亥충으로 해묘미-乙주도, 사유축-寅불미
巳申亥= 巳亥충으로 사유축-辛주도, 해묘미-申불미

▶ 亥寅巳는 巳亥충으로 寅巳가 발동하여 甲에서→乙을 완성한다.(해묘미) 亥寅의 희생·계기와 巳의 도움으로 乙을 완성하는 관계이다.
 * 壬甲 환경(신자진)이면 巳로 인한 甲의 손상·불미함이 있다.
 * 癸乙 환경(해묘미)이면 발달이 원만하지만 寅의 손상 or 배신이 있다.
 * 巳 中 庚을 탐하면(인오술) 亥·寅의 손상·고충이 있다.
 * 亥寅巳에서 巳亥충으로 辛(사유축)을 완성하려면 발달하기 어렵고 성취할지라도 실패를 초래한다. 위법·편법이 동한다.
 * 木이 왕하면 목왕의 亥寅형이 발동하여 亥손상이 가중되고 乙완성에도 지장이 있다.
 * 火가 왕하면 화왕의 寅巳형이 발동하여 乙성장이 불미하다.

▶ 巳申亥는 巳亥충으로 巳申이 발동하여 庚에서→辛을 완성한다.(사유축) 巳申의 희생·계기와 亥의 도움으로 辛을 완성하는 관계이다.

* 丙庚 환경(인오술)이면 亥로 인한 庚의 손상·불미함이 있다.
* 丁辛 환경(사유축)이면 발달이 원만하지만 申의 손상 or 배신이 있다.
* 亥 중 甲을 탐하면(신자진) 巳·申의 손상·고충이 있다.
* 巳申亥에서 巳亥로 乙(해묘미)을 완성하려면 발달하기 어렵고 성취할지라도 실패를 초래한다. 위법·편법이 동한다.
* 金이 왕하면 금왕의 巳申형이 발동하여 巳손상이 가중되고 辛완성에도 지장이 있다.
* 水가 왕하면 수왕의 申亥형이 발동하여 辛완성이 불미하다.

寅巳申= 寅申충으로 甲→(丙)→庚변환(인오술), 신자진-巳불미
申亥寅= 寅申충으로 庚→(壬)→甲변환(신자진), 인오술-亥불미

▶ 寅巳申은 寅申충으로 巳申합이 발동하여 丁주도로 甲이→庚으로 변환된다.(인오술) 寅巳의 희생·도움으로 庚을 완성하는 관계이다.

* 癸丙(해묘미) 환경에서 申궁위·육친에 집착하면 실패를 초래한다.
* 乙에서→庚을 완성하는 환경(인오술)에서 발달이 원만하지만 巳의 손상 or 배신이 있다.
* 申 중 壬으로 辛을 완성하려면(사유축) 寅손상이 가중된다.
* 申에서→寅을 내려하면(신자진) 발달하기 어렵고 성취할지라도 실패를 초래한다. 위법·편법이 동한다.
* 火가 왕하면 화왕의 寅巳형이 발동하여 寅이 손상되고 申이 제 모습을 갖추지 못한다.
* 金이 왕하면 금왕의 巳申형이 발동하여 庚→辛이 완성되지 못한다.

▶ 申亥寅은 寅申충으로 申亥합이 발동하여 癸주도로 申이→甲으로 변환된다.(신자진) 申亥의 희생·도움으로 甲을 완성하는 관계이다.

* 丁壬(사유축) 환경에서 寅궁위·육친에 집착하면 실패를 초래한다.
* 辛에서→甲을 완성하는 환경(신자진)에서 발달이 원만하지만 亥의 손상 or 배신이 있다.
* 寅 中 丙으로 乙을 완성하면(해묘미) 申손상이 가중된다.
* 寅에서→申을 내려하면(인오술) 발달하기 어렵고 성취할지라도 실패를 초래한다. 위법·편법이 동한다.
* 水가 왕하면 수왕의 申亥형이 발동하여 申이 손상되고 寅이 발현되지 못한다.
* 木이 왕하면 목왕의 亥寅형이 발동하여 甲→乙이 완성되지 못한다.

3) 寅巳申亥 생지 입묘의 방향성

寅未, 巳戌, 申丑, 亥辰 등 寅·巳·申·亥 생지의 입묘는 원진·귀문 등으로 표현한다.
寅未를 예로 들면, 寅의 본질인 乙이 未에서 庚으로 변환되는 단계이다. 寅巳申亥 본기의 입묘 관계는 생지가 자신을 희생하여 다음 단계의 기운·물상을 낸다는 의미가 있다.
寅未는 庚을, 申丑은 甲을, 亥辰은 丙(乙)을, 巳戌은 亥(辛)를 형성하는 방향성에서 성취가 있다. 寅巳申亥 입묘가 발전지상이 되기 위한 요소는 '우합으로의 발현'과 '土의 형·파'이다.
예컨대 寅未에 申이 오면 未申우합으로 庚이 촉발되고, 戌이 오면 未戌로 乙이 완전히 작용력을 잃고 庚이 완성된다. 未申우합-未戌형·파가 庚을 완성하는 촉매제가 되는 것이다.

亥辰, 寅未, 巳戌, 申丑 등 생지입묘에서 寅·巳·申·亥는
본질(子·卯·午·酉)로 가치 얻고,
'우합'과 '土형·파'에서 돌파구 찾는다.

① 亥辰은 辛·壬이 입묘하니 甲-乙을 완성하거나 辛으로 가치를 얻는다.

辰에서 亥가 상실되지만 辰은 수기를 얻어 木을 내는 환경이다. 辰에서 癸·乙을 조절하여 수생목으로 火에 의탁하니 亥손상이 가중된다.

辰에 辛이 입묘되니 辛을 완성하거나, 辰에 壬이 작용력을 상실하니 癸를 사용하여→甲을 얻는 환경에서 가치를 얻는다. 甲에서 乙을 얻는 환경에서 돌파구를 찾기도 한다.

辛→…壬→甲→癸→乙…→丙으로 발현되는 것이 亥辰의 방향성이다.
亥辰은 신자진 구조에서 안정적이고 亥도움이 있다.
申亥辰, 酉亥辰으로 금→목을 내는 흐름(신자진)이면 순탄하다.
다만 壬일간이면 癸겁재를 끌어들이니 배신을 당하거나 등락이 있다.
만약 亥辰에서 甲을 얻지 못한다면 辛완성으로 가치를 얻는다.

* 戌亥辰은 亥고충·계기로 신자진에서 발달하는데, 만약 인오술로 향하면 힘들고 불안하게 성취하는데 양일간이면 안정성이 있다.
* 亥丑辰은 수왕의 형이 성립하니 신자진에서 辛→子→甲 발현이 순조롭지 않다. 수왕의 형이 발동하면 辛·甲이 투출되지 않는 게 이롭다.
* 亥辰巳는 巳亥충으로 辰巳가 발동하여 乙을 완성하거나, 巳亥충으로 亥辰이 동하여 辛 or 甲乙을 완성하는 방향성이다.
* 亥辰未는 辰未가 亥卯未를 가동하니 甲→乙을 완성하는 방향성이다.

② 巳戌은 乙·丙이 입묘하니 庚-辛을 완성하거나 乙로 가치를 얻는다.

戌에서 巳가 상실되지만 戌은 화기를 얻어 金을 완성하는 환경이다. 戌에서 丁·辛을 조절하여 화생금으로 水에 의탁하니 巳손상이 가중된다.

戌에 乙이 입묘하니 乙을 완성하거나, 戌에 丙이 작용력을 상실하니 丁를 사용하여→庚을 얻는 환경에서 가치를 얻는다. 庚에서 辛을 얻는 환경에서 돌파구를 찾기도 한다.

乙→…丙→庚→丁→辛…→壬으로 발현되는 것이 巳戌의 방향성이다.
巳戌은 인오술 구조에서 안정적이고 巳도움이 있다.
寅巳戌, 卯巳戌로 목→금을 형성하는 흐름(인오술)이면 순탄하다.
다만 丙일간이면 丁겁재를 끌어들이니 배신을 당하거나 등락이 있다.
만약 巳戌에서 庚을 얻지 못한다면 乙완성으로 가치를 얻는다.

* 辰巳戌은 巳고충·계기로 인오술에서 발달하는데, 만약 신자진으로 향하면 힘들고 불안하게 성취하는데 양일간이면 안정성이 있다.
* 巳戌未는 화왕형이 성립하니 인오술에서 乙→丁→庚 발현이 순조롭지 않다. 화왕의 형이 발동하면 乙·庚이 투출되지 않는 게 이롭다.
* 巳戌亥는 巳亥충으로 戌亥가 발동하여 辛을 완성하거나, 巳亥충으로 巳戌이 동하여 乙 or 庚辛을 완성하는 방향성이다.
* 巳戌丑은 戌丑이 巳酉丑을 가동하니 庚→辛을 완성하는 방향성이다.

* 亥辰= 申子辰(申亥辰·酉亥辰)→ 亥卯未(亥辰巳·亥辰未)= 癸·甲·乙 사용
* 巳戌= 寅午戌(寅巳戌·卯巳戌)→ 巳酉丑(巳戌亥·巳戌丑)= 丁·乙·庚 사용
* 寅未= 亥卯未(亥寅未·子寅未)→ 寅午戌(寅未申·寅未戌)= 乙·丙·庚 사용
* 申丑= 巳酉丑(巳申丑·午申丑)→ 申子辰(申丑寅·申丑辰)= 辛·壬·甲 사용

③ 寅未는 甲·癸가 입묘하니 乙을 완성하거나 庚으로 발현돼야한다.

寅이 未를 보면 乙모습으로 전환해야하고, 未는 申으로 발현돼야하니 寅→申으로 변환하는 방향성이다.

未에 癸가 입묘하니 乙·庚을 완성해야 가치를 얻고, 未에 甲본기가 활동력을 상실되니 乙·庚으로 가치를 실현한다. 寅 中 丙은 乙을 키우는 것이 목적이고 未는 申을 통하여 돌파구를 찾는 것이다.

壬→⋯甲→癸→乙→丙⋯→庚으로 발현되는 것이 寅未의 방향성이다.
寅未은 해묘미 구조에서 안정적이고 寅도움이 있다.
亥寅未 子寅未(해묘미)로 乙을 키우면 순탄하다.
다만 甲일간이면 乙겁재를 끌어들이니 배신을 당하거나 등락이 있다.
만약 寅未에서 乙을 완성하지 못한다면 庚으로 발현돼야한다.

* 丑寅未는 寅고충·계기로 해묘미에서 발달하는데, 만약 사유축으로 향하면 힘들고 불안하게 성취하는데 음일간이면 안정성이 있다.
* 寅未辰은 목왕의 형이 성립하니 화가 없으면 해묘미에서 乙발현이 순조롭지 않다.
* 寅未申은 寅申충으로 未申이 발동하여 庚을 얻거나, 寅申충으로 寅未가 동하여 乙 or 庚을 얻는 방향성이다.
* 寅未戌은 未戌이 寅午戌을 가동하니 乙 or 庚을 얻는 방향성이다.

④ 申丑은 庚·丁이 입묘하니 辛을 완성하거나 甲으로 발현돼야한다.

申이 丑을 보면 辛모습으로 전환해야하고, 丑은 寅으로 발현돼야하니 申→寅으로 변환하는 방향성이다.

丑에 丁이 입묘하니 辛·甲을 완성해야 가치를 얻고, 丑에 申본기가 활동력을 상실되니 辛·甲으로 가치를 실현한다. 申 中 壬은 辛을 저장하는 것이 목적이고 丑은 寅을 통하여 돌파구를 찾는 것이다.

丙→…庚→丁→辛→壬…→甲으로 발현되는 것이 申丑의 방향성이다.

申丑은 사유축 구조에서 안정적이고 申도움이 있다. 특히 申丑은 亥辰·巳戌·寅未에 비해 申(재물)을 담는다는 의미가 크다.

巳申丑, 午申丑(사유축)으로 辛을 완성하면 순탄하다.

다만 庚일간이면 辛겁재를 끌어들이니 배신을 당하거나 등락이 있다.

만약 申丑에서 辛을 완성하지 못한다면 甲으로 발현돼야한다.

* 未申丑은 申고충·계기로 사유축에서 발달하는데, 만약 해묘미로 향하면 힘들고 불안하게 성취하는데 음일간이면 안정성이 있다.
* 申丑戌은 금왕형이 성립하니 水가 없으면 사유축에서 辛발현이 순조롭지 않다.
* 申丑寅은 寅申충으로 丑寅이 발동하여 甲을 얻거나, 寅申충으로 申丑이 동하여 辛 or 甲을 얻는 방향성이다.
* 申丑辰은 丑辰이 申子辰을 가동하니 辛 or 甲을 얻는 방향성이다.

생지-입묘-우합은 근원처로 궁위·육친의 도움·손상이 동반된다.

생지 입묘는 寅·巳·申·亥가 未·戌·丑·辰에서 본기를 마감·상실하니 본질이 완성되고 활동력이 조절된다. 未·戌·丑·辰 입장에서는 寅·巳·申·亥 본기를 통해 乙·丁·辛·癸 본질을 완성하지만, 寅·巳·申·亥 입장에서는 未·戌·丑·辰이 희생을 강요하는 대상자이자 자신이 의탁할 완성지가 된다.

입묘는 완성·마무리하는 터전이자 또 다른 생명을 내는 발현처이다. 입묘는 우합으로 발현이 전제되기에 입묘-우합은 만물이 영원성을 이어가는 근원처가 된다. 기상명리에서 입묘·우합을 강조하는 이유다.

기상명리에서 입묘와 우합은 合 작용으로 본다. 입묘-우합이 만나면 합다로 인한 파·천이 발동한다. 파·천은 직업재물 성취정도에 불문하고 육친 인연의 불미함을 겪는다.

생지입묘-우합 구성은 寅未申, 巳戌亥, 申丑寅, 亥辰巳 등이다.

申丑을 예로 들면,

申입장에서는 희생을 감내해야하고, 丑입장에서는 申도움·계기로 성취·완성하는 격이다. 申은 丑에 의탁하는데 丑은 寅으로 발현을 꿈꾸니 申의 도움을 알아주지 않는다. 甲·寅을 보지 못하면 申은 손상된 만큼 가치를 얻지 못하는 토사구팽 꼴이 된다.

亥辰·巳戌·寅未 등도 申丑과 같은 원리로 살핀다.

○辛○○
寅丑申○

丑일지에 申월지이면 부모·시댁·처가의 도움으로 성취를 이루거나 귀인의 도움 or 행운이 따른다. 자기 자리에서 창고를 얻었으니 가치 실현이 수월하고 배우자를 얻고 성공·복록을 누린다. 상대적으로 부모·시댁·처가의 손상이 동반되고, 시간이 지나면서 일지(배우자)가 발현돼야하는 문제가 발생할 소지가 있다.

丑이 寅으로 발현되면 신자진 환경에서 복록이 안정되는데, 丑일지가 밖으로 뛰쳐나가는 상이 된다. 부부애정이 어긋나기 쉽고, 재관 성취가 크면 경향성이 뚜렷해진다.

만약 寅이 없으면 사유축에서 辛丑을 완성할지라도 시간이 지나면서 丑궁위의 인연이 변질될 수 있다. 丑일지에 의탁하니 부부애정이 좋은 편인데 어느 순간 흐트러지는 경우가 많다. 여명은 가장 노릇을 하거나 공주같이 사는 경향이 있다.

辛丑일주에 申비겁을 丑일지에 끌어들이니 자신 or 배우자가 외정할 수 있는데, 辛일간은 丑에서 완성되니 배우자를 놓지 못한다. 申일지면 경향성이 뚜렷하다.

생지연합에서 설기되는 인자가 입묘지를 만나면 손상이 가중된다.

생지연합으로 설기되는 인자가 입묘지를 만나면 힘을 잃은 상태에서 입묘되니 작용력을 완전히 상실한다. 설기되는 인자의 오장육부(건강)의 기능상실, 해당 궁위육친의 손상 or 궁위의 기능상실, 운에서 오면 사건·사고·횡액 등을 겪을 수 있다.

* 寅巳未= 寅손상가중, 丁주도로 乙 or 庚에서 가치를 얻는다.
* 申亥丑= 申손상가중, 癸주도로 辛 or 甲에서 가치를 얻는다.
* 巳申戌= 巳손상가중, 丁주도로 乙 or 庚·辛에서 가치를 얻는다.
* 亥寅辰= 亥손상가중, 癸주도로 辛 or 甲·乙에서 가치를 얻는다.

寅·申생지입묘는 완성이라면, 巳·亥생지입묘는 전환이다.

寅·申은 물상이기에 未·丑을 만나면 乙·辛모습으로 완성된다. 반면에 巳·亥는 기운이기에 戌·辰을 만나면 癸·丁모습으로 전환되지만 물상이 완성되는 건 아니다. 木·金 입묘는 물상을 완성한다는 의미가 있으니 수·화 입묘보다 현실적 가치가 큰 편이다. 이러한 경향성은 子·卯·午·酉 왕지의 입묘도 유사하다.

乙壬癸己 乾 乙丙丁戊己庚辛壬3
巳寅酉亥　　丑寅卯辰巳午未申

壬일간이 酉월 환경을 득했으니 자신이 능력을 발휘하려한다. 酉월에 壬일간은 자수성가의 상이고, 癸酉월주니 직업성취가 있고, 己亥년주에서 亥가 壬으로 발현되었으니 국가·조상의 기운이 발현된 셈이다. 지지에 土가 없고 수기를 취해야하니 己亥를 삶의 수단·터전으로 삼는다. 壬일간이 亥년지에서 발현되고 己를 바탕으로 삼으니 조상을 모셔야하는 숙명이 있고 酉子파를 가공하니 석공을 직업으로 삼았다.

壬癸 구성은 壬이 癸에 의탁하여 癸酉로 가공하여 壬寅으로 돌려받는 흐름으로 돈 빌려주고 이자를 받는 격이다. 癸겁재(타인)를 통한 가치실현이니 처음에 힘들더라도 행운을 차지하게 된다. 寅은 己亥-癸酉의 결과물이고 酉亥寅으로 壬寅에서 최종 목적물을 얻으니 알차게 성취한다. 寅일지는 12신살로 망신살로 행운을 불러들이고 해묘미의 본기이니 처를 얻고 발복하고 내조·혜택이 있다. 己亥-癸酉를 통해 亥 중 甲을 내고 寅부인에 의탁하고 자식을 얻으면 자연히 乙을 취하게 된다.

壬癸乙-酉亥寅巳로 목을 키우는 흐름이고, 庚이 투출되지 않고 寅巳형이 발동하지 않으니 壬寅乙로 목을 취하기 수월하다. 亥寅巳는 乙이 주도하니 寅이 변색(변심)되고 亥손상이 가중되는데, 亥-壬癸로 수기가 적절하니 壬손상-寅변색이 심각하지 않다. 다만 천간은 해묘미 구성이고 지지는 酉-亥-寅으로 신자진 흐름이다. 壬일간이니 신자진에서 乙을 얻으면 안정될 것이요, 해묘미로 乙을 키우려면 등락을 겪을 수 있다. 즉 己亥-癸酉의 발현은 丑寅으로 寅에 의탁하여 乙을 완성하면 되는데, 壬이 직접 壬乙로 乙을 완성하려하면 성취하는 만큼 왜곡을 초래할 수 있다.

壬乙은 크게 먹으려는 위법·편법성이 있고 재능을 빨리 잘 써먹는 재주가 있다. 壬乙이 巳亥를 두었으니 도화성이 강하다. 도화성은 인기를 위주로 하거나 비현실적·비정상적 직업성에서 발달하거나 흉이 해소된다. 직업적으로 사용하더라도 壬乙의 돌발·편법·도화성은 乙을 부풀리는 가속력으로 화무십일홍이 될 수 있는데, 이를 부추기는 건 乙巳시주다. 乙이 木을 완성하지만 寅巳형을 가공하고 壬乙 도화성을 부추기니 성취를 크게 하기도 왜곡시키기도 한다. 壬乙을 자식이 사용해야 안정될 수 있으니 유업을 이어받는 자식이 있으면 발달안정을 도모할 수 있다.

庚午·己巳·丁卯·丙寅 대운에 寅巳형이 발동하지만 壬·癸와 酉·亥가 다스리고 刑을 직업적으로 사용하니 피흉추길할 수 있다. 다만 직업성이 약화될수록 刑발동이 강화되니 중년이후인 丁卯·丙寅대운은 조심해야한다. 丁卯대운 癸酉월주가 충으로 동하고 乙巳시주에서 寅巳형이 발동한다. 乙이 동하니 직업 성취만큼 고충·변동이 따르게 된다. 자식의 정체·고충 or 자신의 노년 활동력에 제동이 걸린다. 己亥년에 壬일간이 기반되고 년주 복음이 겹쳐 큰 사고를 당했으나 다행히 크게 다치지 않았고, 위암 판정을 받았지만 초기에 발견되어 불행 중 다행이었다.

己亥년주를 직업성으로 사용하니 己亥년에 복음으로 묶이는 현상이 현실화되었고, 丁卯대운에 이미 寅巳형이 발동했으니 몸이 상하는 일이 발생했다. 다만 乙자식(딸)의 정체·변화가 있었으니 자신의 활동력 손상·제약이 크지 않았고, 乙자식은 卯에 기반되니 정체함이 있는데 亥년에 巳亥로 동하여 己를 끌어들여 해묘미를 구성하고 壬乙로 발현되어 나가니 결혼하였다.

63세 丙寅대운은 직접 寅巳형을 발동하고 巳 中 丙이 투출되니 길흉이 다단한 운세다. 세운도 辛丑-壬寅-癸卯-甲辰-乙巳-丙午-丁未-戊申-己酉-庚戌년으로 乙이 동하는 흐름에 편승되니 경거망동으로 시비구설·낭패를 당할 수 있다. 73세 乙丑대운은 사유축에서 丑寅으로 乙을 취하니 성취가 가장 크고 안정된 운세다. 나이를 감안하면 자식을 통한 성취가 이롭다. 노년의 발현은 인생 고비가 될 수 있으니 자식에게 유업을 전해야 흉이 해소된다.

戊癸庚丙　坤　癸甲乙丙丁戊己3
午卯寅午　　　未申酉戌亥子丑
위 남명(己亥생)의 부인이다.14)
남편의 목적성은 壬寅-乙에 있고, 부인은 癸-寅卯로 乙을 완성한다. 남편은 巳 중 庚을 탐하면 왜곡될 수 있고, 부인은 庚寅월주에서 庚을 탐하면 많은 火에 庚손상으로 등락을 겪을 수 있다. 부부 모두 庚은 유혹이고 乙을 완성해야한다.
남편은 寅일지에 의탁하여 乙을 얻고, 부인은 寅월지→卯일지에 乙이 임한다. 남편이 寅을 성취하면 부인은 寅을 바탕으로 卯를 완성하니 남편이 만들고 부인이 부풀리는 격이다. 丙년간이 寅월지에 임하니 종교성이 있고 철학관을 운영하고 있다.

㉮ 丙甲甲辛　乾　　　　㉯ 癸甲乙丙　乾
　　寅寅午未　　　　　　　酉戌未子

위 부부의 두 아들이다.
앞에서 살펴본 바, 부친(己亥생)은 유업을 잇는 자식이 있어야 안정되고, 두 아들은 부모의 유업을 이어받는 사주 구성이다.
㉮아들은 甲甲으로 부모와의 연결고리이고 辛未에 뿌리를 두니 국가·조상을 취하거나 부모 유업을 이어받으면 좋다. 甲·寅이 과다하니 辛을 이용함이 부담스럽고 午未는 甲을 완성하니 이롭다. 未를 제쳐두고 辛을 취하니 부사관이다.

---
14) 저자의 『합충형파해 강론』·「60갑자-卯」편, 참조.

㉴아들은 甲戌에서 甲은 乙모습으로 가치를 얻는데, 甲乙로 부모 자리에 의탁하는 연결고리가 되고, 부친의 직업성인 癸酉는 자신이 가공해야 할 삶의 수단이다. 즉 癸酉는 부친이 다듬고 가공한 직업성이고, 아들은 부친이 일군 직업성을 자신의 결실로 만드는 관계다. 하고 싶은 일이 많은 젊은이니 유업보다 자신이 원하는 일을 찾고 있다. 사주 구성으로 보면 이 아들이 부모의 유업 인연이 더 깊다.

알고도 지나치고 알아도 하지 못하는 게 인생사고, 마음대로 할 수 없는 게 자식이다. 본인의 사주팔자가 월주와 연관되고 부모의 모양새가 반영되었다하여 반드시 유업을 이어받아야 하는 것은 아니지만, 육친은 자신의 '인생 총량제'에 직접적으로 영향을 미치기에 어떤 형태로든 삶을 공유하는 것이 좋다. 앎을 통해 삶의 지혜(수단·방법)를 찾아가는 게 사주가 아니겠는가.

癸己庚癸 坤　丁丙乙甲癸壬辛2
酉酉申卯　　卯寅丑子亥戌酉

庚申월에 화가 없는 상황에서 癸가 임하여 卯에 앉았다. 화가 없으니 많은 금을 제련할 수 없고, 癸가 庚申을 풀어 乙을 키우려한다. 庚은 火에 완성해도 辛으로 전환되는 상실감이 있는데 癸가 동주하니 상실감이 더 커진다. 庚申월주는 직업 성취능력이 있는 반면에 부모 인연이 순탄하지 않거나 삶의 바탕(직업)이 불안정하다는 의미도 있다. 아버지가 빨리 돌아가시고 열심히 노력하는 타입이다. 관상으로 보면 법령에 점이 있는 형상이다.

土가 없으니 많은 금이 목을 내지 않으려하고, 어렵게 卯가 발현되더라도 불안할 수밖에 없다. 노력에 비해 성취 정도가 낮고, 성취해도 만족하지 못하고 행복지수가 낮아진다. 庚申월주에서 금을 완성하는 의도가 확실한데 가공할 火가 없으니 노력하는 장점은 있지만, 많은 金을 水로 대용해야하니 불안감과 방어적 성향을 보이고, 믿었던 癸가 도리어 庚손상을 가중시키니 타인은 물론 자신도 믿지 못하게 된다. 癸에 의탁할 수밖에 없으니 庚申이 손상(가공)돼야 목적(卯)을 완성할 수 있다. 부모·직업의 불안정·고충·번뇌 등 인생 딜레마 속에서 성취하는 구조다.

庚申은 癸에 의탁하는 불안·불편한 상황에서, 癸가 癸卯·癸酉 복음으로 이중·복합성이니 하나로 집약하기 어렵다. 가만히 있으면 불안하고 여러 가지 일을 하거나 이것저것 손대게 된다. 하나에 집착하지 말고 생각을 분산하고 여러 가지 일을 하는 것은 좋은데, 취하고자하는 방향성은 확실하게 설정해야한다. 癸酉든 癸卯든 庚申의 애환을 품고 살아야하니 癸酉보다 癸卯에 집착하게 된다. 발달이 더디고, 성취가 빠르면 실패·손상이 뒤따르고, 자격·인성에 매달리고 규범·규칙에 매달려 힘들어하는 성향이다.

12신살로 보면, 申은 겁살이고 酉는 재살이다. 겁살·재살은 삼합운동을 벗어난 영역으로 재관을 성취하면 겁탈당하거나 사건·사고·질병·횡액에 노출되는 경향이 있다. 본위 환경이 아니니 눈치가 빠르고 열성적이지만, 주위를 돌아볼 여유가 없이 두 주먹 불끈 쥐고 이 악물고 살아가는 타입이다. 성취여부에 불문하고 삶이 불안하고 인생사 회의를 느끼고 딜레마에 빠지게 된다.

己일간은 물상을 조절·통제하여 가공·완성하고 발현시키는 게 본질이다. 癸酉를 취하여 금을 가공하는 것보다 癸卯를 취하여 목을 내는 게 가치 있게 여겨진다. 癸의 본질이기도 하니 酉에서 卯를 얻으려한다. 癸卯에 집착하니 사주에도 관심이 많고 취득한 자격증도 숱하게 많단다. 이런 구조는 무작정 공부·자격증에 매달리기에 자격증을 따더라도 써먹지 못하는 경우가 많다.

많은 금을 다듬기 어려우니 금이 목으로 변환되길 거부하고 반발한다. 癸酉를 천천히 가공하여 자연스레 卯를 얻어야 하는데, 곧

바로 癸卯를 취하려하면 뻔히 눈에 보일지라도 내 것으로 만들 수 없다. 크게 성취하면 모래성이 되기 쉽고, 공부·규율에 매달리면 발달하지 못한다. 財(식상)로 官(명예)을 얻어야 함이다.
인성·자격·공부보다 실력이 중요하고, 머리로 계산하는 것보다 몸으로 부딪혀서 해결해야하고, 규칙을 정하고 실행하는 것보다 실행하면서 완성해나가는 것이 좋다. 완벽하게 한 후에 실행하려하지 말고 실행해가면서 완벽을 추구한다는 자세가 사주의 짐 즉 많은 金을 덜어내는 방법이 된다.

丙丙壬壬 乾　己戊丁丙乙甲癸5
申寅寅申　　酉申未午巳辰卯
위 여명(癸卯생)의 아들이다.
丙壬-寅申 구조다. 丙壬은 寅·申을 찾고, 寅申은 丙·壬을 원한다. 寅월에 壬寅월주가 壬→甲을 내려하고, 丙寅일주는 寅巳형을 가동하여 丙→庚을 완성하려한다. 천간-지지에서 수화-목금이 충동하면 역동성은 있고 어느 환경에서든 살아남을 수 있는 기질·역량이 있지만, 어느 하나를 확실하게 잡지 못하는 방황의 상이 되기 쉽다. 일반·정상적인 직업군에서 안정되지 못하고, 변화·변동이 많고 이중·복합·불특정한 직업군에서 발달한다.
천간에서 丙이 주도하느냐 壬이 주도하느냐가 삶의 방향성을 제시하게 된다. 丙·壬이 癸丙으로 동하느냐 丁壬으로 동하느냐다. 丙일간이 寅월에 앉았고 寅월에 필요한 壬이 연·월에서 壬申·壬寅으로 금을 가공하여 목을 내는 구성이다. 丙일간이 신자진 환경을 만난 격이니 丁에게 의탁하거나 타인이 주도하는 환경에서 자신의 역량·능력을 발휘하여 성취를 얻는다. 사업보다 직장생활이 좋고 자신을 낮추는 겸허가 요구된다. 경기일보 기자로 일하니 壬申-壬寅의 직업성이고 타인을 가공하여 자신의 능력을 밝히는 특수

(비정상적) 직업성에 속한다.

丙이 丁으로 전환하여 申-壬-寅 흐름은 기자에 어울리는 직업성이다. 결혼하면 寅을 성취하는 셈인데 申시지를 탐하게 되므로 寅巳형이 발동하니 申은 얻을지언정 인생방향이 왜곡·급변할 소지가 있다. 결혼을 꺼리게 되는데, 寅 중 丙이 일·시에 투간되니 같은 직종에 있는 친구 같은 부인이면 무난하다. 丙은 申-壬-寅에서 취한 寅→卯로 키워야지 申을 완성하려하면 왜곡된다. 乙을 완성함으로써 결과적으로 庚을 취하는 것이다. 사업적 성취, 개인적인 욕망, 고집을 내세우거나, 가부장적 타입이거나, 자식에게 집착하면 인생 방향성을 잃기 쉽다. 자식에게 선양(사전 증여)하고 빨리 출가·분가시키는 게 좋다.

사주간지가 양(陽) 구성으로 시작·촉발하는 기운이 왕성하고 프로페셔널하다. 순간 판단(촉·눈치)이 빠르고 직감능력·적응능력이 뛰어나지만 인내심이 부족하거나 마무리·결실이 약한 편이다. 지지는 지살(申)·역마살(寅)이 지세한 형국이고, 土(조절·통제)가 없으니 덕행을 창고로 삼아야한다. 이런 구조는 부모·형제·가정을 존중하고 순리에 따르는 타입이 되거나, 불평·불만이 많고 따지길 잘하지만 특별히 잘하는 게 없고 집적거리는 타입이 된다. 덕을 베풀 줄 알면 전자의 타입으로 성공할 것이요, 옹색하고 자기 밖에 모르면 후자의 타입으로 인생패배자가 될 것이다.

일·시에서 寅巳형은 寅申이 동반되니 寅巳申으로 형작용이 완화된다. 乙巳대운에 寅巳가 동하여 壬乙丙으로 乙을 완성하는 운세이다. 申을 탐하면 방향을 잃고 헤매거나 대박을 노리다 실패할 수 있다. 壬申을 취하고 있으면 申亥寅巳로 乙을 취하게 되니 뜻한 바를 이룰 수 있다. 乙巳대운은 丙이 기반되고 乙이 투간되어 寅巳형이 조절되지만, 丙午대운은 寅巳형이 발동하고 丙이 주도하여 금을 키우려한다. 乙巳대운에 가정을 이루는 게 좋고, 壬申

의 직업성을 벗어나면 안정되지 못한다.

丙午대운은 그동안의 경험(申壬寅)을 바탕으로 자신이 주도하는 일(寅丙申)을 찾으려한다. 일반 기자에서 평론가·해설가·아나운서 등 직업성으로 바꾸거나 그런 직업을 가진 부인을 얻는 것이다. 壬申의 바탕·도움으로 丙이 寅에서 乙을 발현시켜야 함이다. 미리 변동·변화에 대비하고 적정성을 발휘하면 성취하겠지만, 현실에 안주하거나 경거망동하면 얻고 잃음이 교차할 것이다.

위 母子는 공히 庚(申)의 고충·애환을 안고 있다. 엄마는 庚申월주가 癸에 의해 변색되니 삶의 바탕 자체가 고충·애환을 안고 살아갈 수밖에 없다. 아들은 삶의 근원인 壬申년주에서 申이 변색되니 오래하지 못하는 고충이 있고, 삶의 결실인 丙申시주에서 申은 취하고 싶은 유혹과 같으니 조심스럽다.

엄마는 庚申, 아들은 申申 복음이고, 庚申·申申을 기반으로 木을 내야한다는 점에서도 유사하다. 母子는 庚의 고충·애환과 목을 내야하는 아픔을 공유하니 인생에 대한 이해·공감대가 형성된다. 더불어 엄마는 癸酉시주를 삶의 목적으로 삼아야하고, 아들은 寅월지(엄마)가 역마살에 壬壬 복음으로 힘겹게 살아가는 엄마의 모습과 닮았다. 엄마의 시주(癸酉)가 아들의 연월(壬申寅)로 이어주니 윤회를 거쳐 맺어진 인연이라 할 수 있다.

甲壬丙甲　坤　己庚辛壬癸甲乙5
辰辰寅寅　　　未申酉戌亥子丑

壬일간이 寅월을 득하고 寅월에 필요한 수기를 壬일간이 주재하니 자신이 직접 가치를 실현하려는 의지가 강하다. 甲·寅본기가 다왕하니 뚫고 나오는 기질이 있고, 丙·壬이 투출되어 寅巳형 구조이니 낭비·과장·허풍이 심하다. 壬辰일주가 사주전체 기운을 통괄(조후)-완성하니 자신이 최고이고 자기 위주의 이기심이 있다. 자신감이 있으니 어떤 일이든 해낼 수 있는 역량이 있지만, 자만심으로 변질될 여지가 있으니 큰 실패를 초래할 수 있다.

일지가 발현되지는 않았지만 辰 중 癸·乙의 겁재(壬·甲)가 모두 천간으로 투출되고 년·시에 동주하여 복음으로 구성되었다. 부부 애정이 불안한 형국인데, 남편이 12살 연상이고, 자신은 壬甲모습인 어린이집을 운영해왔고, 주말부부 형태로 살았으니 흉함을 해소할 수 있었다. 壬辰일주에서 壬일간은 자기 하고 싶은 건 해야하고, 辰일지는 壬에 의탁하니 부인을 떠받치고 사는 타입이다. 12신살에서 辰은 월살로 주고받는 관계인데, 壬이 辰을 주도하니 남편에게 요구하고 辰남편은 壬일간(부인)이 원하는 것이면 응원하고 들어주는 편이다.

寅辰은 卯겁재를 불러들인다. 겁재는 돈(재물)을 겁탈하는 인자로 재물 손상이 있다거나 돈이 안 된다는 의미로 사용되는데, 돈을 잘 빌리고 겁재(친구·형제)를 잘 이용한다는 의미도 있다. 辰辰寅寅卯 구성이고 卯겁재는 壬辰의 최종 목적이니 남편·지인 등 주위 사람을 잘 활용하고 도움도 잘 얻는다. 또 겁재의 재물 손실은 낭비성향으로도 나타나고, 격각은 비상하고 임기응변에 능하고 성실하고 독특함이 있다. 자신은 물론 남편과 딸이 똑똑하다.

辰월살은 삼합 본기의 근원처로 丙월간의 근원이다. 삶의 바탕(직업성취)은 辰일지에 근원을 두었음이다. 辰은 壬·甲의 유동성을 완성하는 바탕이고, 丙은 많은 甲을 가공하여 乙을 완성하는 기운으로, 辰巳는 성취의 돌파구가 된다. 사주간지가 양(陽) 구성으로 시작을 잘하고 과단성이 있고, 한번 맘먹으면 못 먹어도 go하는 무모함이 있다. 이런 사람이 사업을 시작하면 아무리 힘들어도 중간에 그만 두지 못하고 완전히 털어먹어야 손을 놓는다.

중소형규모의 어린이집을 운영하다가 辛酉대운이 시작되는 己亥

년 丙寅월에 대형규모의 어린이집을 인수했다. 辛酉대운은 壬일간이 甲의 근원(씨앗)을 얻은 격이고, 酉辰으로 창고를 채우고 甲寅이 발현되는 조건이다. 己亥년은 甲己-亥寅으로 년주가 파로 동하여 크게 바탕을 뒤흔들고, 甲辰시주도 甲己-亥辰으로 파로 동하여 기존 바탕이 동요한다. 사주원국의 폼생폼사 기질과 과장·허풍을 운에서 부추겼다. 년·시가 복음-파로 이중·복합성에 변화·변동으로 발전을 도모하는 운세인데, 크게 자신이 주도하거나 탐욕을 부리면 일이 뜻대로 풀리지 않는다.

己亥년의 甲己는 甲이 합으로 묶이는 게 아니라 甲이 발현되면서 일어나는 고충·불편함이 동반된다. 년주 파는 근원적 문제(변화)의 고충을 겪으면서 나아가게 되고 한 번에 이루기 어렵고 자신이 주도(경거망동)하면 뒤탈이 있다. 己亥년에 년주·시주의 복음-파 운세에 부응하여 변화·변동을 감행한 것은 발전의 토대를 삼는 것인데, 자신을 과신하고 감당할 수 없는 큰 판을 벌인 탓에 자금 압박에 시달리고 있다.

庚子년은 申子辰으로 甲의 바탕-발현을 구축한다. 초반에는 甲庚으로 己亥의 복잡함에 번거로움을 더하겠지만 서서히 甲이 안정을 찾을 것이다. 庚子년까지 잘 버틴다면 과장·허풍과 무모한 기질은 인내·끈기가 되어 도리어 결실(甲-乙)을 안겨줄 수 있다. 사주든 성격이든 좋고 나쁨이 정해진 게 아니라 상황에 따라 가치가 결정될 뿐이다. 다만 양 손에 떡을 쥐고 욕심을 부리거나 근원적 문제를 해결하지 않고 임시방편으로 땜질하거나 고집·과욕(乙)에 사로잡히면 원하는 바를 얻지 못할 것이고, 辛丑년에 모든 걸 잃고 그 피해는 庚戌년까지 이어질 수 있다.

5. 子卯午酉의 합·충·형·파·천

1) 子卯午酉 2字의 방향성

子·卯·午·酉는 水·木·火·金의 본질로 자신의 본질을 지키려는 속성이 있다. 子午 卯酉 등 반대편에 있는 2字가 만나면 서로 자신의 본위를 지키려고 안간힘을 쓰고, 子卯 卯午 午酉 酉子 등 연속되는 2字가 만나면 본질을 잃지 않으려고 상생작용을 하지 않는다. 어떤 경우든 자신의 본질을 지키려는 역동성이 발휘되고 이는 성실·고집, 과장·허풍 등 성향으로 나타난다.

子午= 해묘미(양본위) or 사유축(음본위)에서 역동성 갖는다.
卯酉= 인오술(양본위) or 신자진(음본위)에서 역동성 갖는다.

① 子午= 木·金 물상이 필요하다.

子는 木을, 午는 金을 완성하는 기운이다. 子午가 만나면, 子(癸)는 丙을 원하니 해묘미로 乙을 완성하려하고, 午(丁)는 壬을 원하니 사유축으로 금을 완성하려한다. 해묘미로 목을 키우려면 子가 午로 전환해야하고, 사유축으로 금을 완성하려면 午가 子로 전환해야한다.
  * 子午未는 양 본위에서 子→午 즉 해묘미(수→목→화) 방향성이다.
  * 子午丑은 음 본위에서 午→子 즉 사유축(화→금→수) 방향성이다.

② 卯酉= 水·火 기운이 필요하다.

卯는 火에 의해, 酉는 水에 의해 완성된다. 卯酉가 만나면, 卯(乙)는 酉 중 庚을 원하니 인오술(화)로 성취하려하고, 酉(辛)는 卯 중 甲을 원하니 신자진(수)으로 성취하려한다.
인오술에서 화에 의해 목→금을 완성하면 卯가 庚辛모습으로 바뀌고, 신자진에서 수에 의해 금→목을 내면 酉가 甲乙모습으로 변환된다.

* 卯酉戌은 양 본위에서 卯→酉 즉 인오술(목→화→금) 방향성이다.
* 卯酉辰은 음 본위에서 酉→卯 즉 신자진(금→수→목) 방향성이다.

寅·巳·申·亥는 丑·辰·未·戌에서 발현되어 子·卯·午·酉에서 형상화되고, 子·卯·午·酉는 寅·巳·申·亥에서 나와 丑·辰·未·戌에서 조절·가공된다.

천간흐름을 주도하는 인자는 癸·乙·丁·辛이고, 지지에서는 子·卯·午·酉가 운동방향성을 주도한다. 癸·丁(子·午)은 진양·진음으로 수승화강(水升火降)을 주도하여 乙·辛(卯·酉)을 형성하는 삶의 방향성을 제시하는데, 이것이 천간합에 의한 子卯午酉의 형·파 작용으로 선행-후행 관계다.

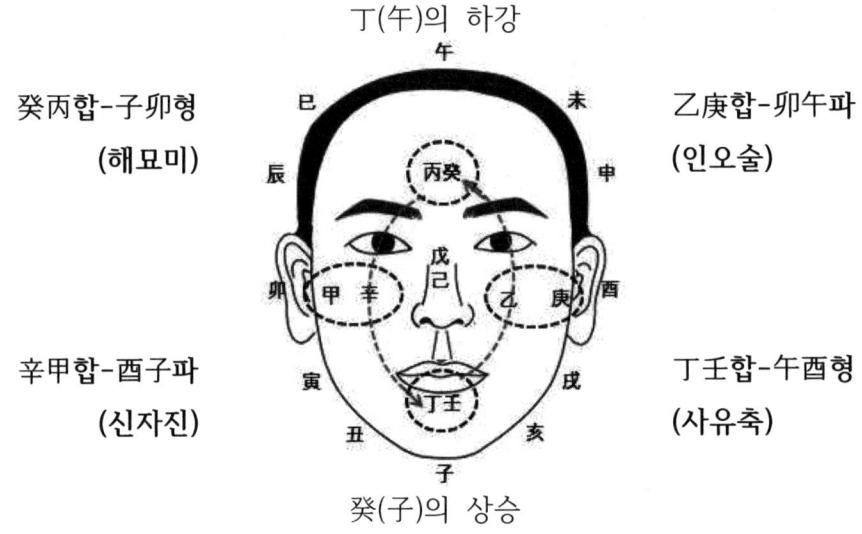

子卯午酉 형·파는 生관계임에도 生할 의지가 약하니 기운·물상을 형성함에 지장을 초래한다. 子卯와 午酉는 기운이→물상발현을 돕지 않으니 刑이라하고, 卯午와 酉子는 목↔금 변환을 거부하니 破라 한다.

子·午는 乙·辛을 가공·완성해야하니 刑이고, 乙·辛은 子·午에 의해 기존의 틀을 깨고 나와야하니 破다.

子卯午酉의 형·파는 寅巳申亥에 비하여 방향성은 단순하지만, 어느 하나가 손상되고 어느 하나는 발현되는 폭발성이 강하다. 破가 刑보다 작용력이 강한 만큼 등락도 심하다. 자묘오유 형·파의 폭발성-등락은 삼합흐름의 방향성에 의해 결정된다.

기상명리에서 子卯, 卯午, 午酉, 酉子 등을 천간합-지지삼합의 방향성으로 취용하는 이유는 천간합의 방향성을 열어주는 천간인자(癸·乙·丁·辛)이기 때문이다. 자묘오유 형·파도 지지암합과 마찬가지로 천간의 의도를 지지에서 행하기에 천간합의 방향성에 부합하지 않으면 왜곡·등락을 겪게 된다. 다만 형·파는 지지에서 행하는 일이기에 순리(수-목-화-금-수-목)에 따르면 힘들지라도 성취할 수 있다.

③ 子卯 = 신자진-해묘미 방향성(甲乙)에 있다.

子는 子丑寅을 거쳐 나온 卯를 키우는데, 子卯는 싹눈(甲)을 틔우자마자 갑자기 지엽이 발현되는 모양새다. 子에서 나온 癸가 寅卯에서 甲-乙을 가공하여 辰巳에서 丙과 더불어 乙을 키우는 과정이 癸丙합-子卯형이다.

癸乙은 천간의 기운-물상의 발현 방향성에 부합하지만, 子卯는 수생목의 현실적인 번거로움과 子의 손상 or 卯의 미성숙 문제가 발생한다.

子卯는 간지로 癸卯 乙亥 甲子 등이고 천간으로 癸乙이다.

癸乙은 辰에 임하니 화려함을 추구하고 이중·복합성이 있다. 완벽한 상으로 혼탁한 걸 싫어하고 자기 잘난 맛에 살기에 의외로 성취가 약하다.

* 亥卯未(乙)에서 유리하지만, 사유축(辛) 환경에서 불리하다.
* 子卯는 辰의 속성으로 수기가 부족하거나 수가 강하면 乙이 작용력을 상실하는 子卯형이 발동한다.
* 子卯 구조가 辰巳로 발현되지 않으면 자체로 子卯형이 발동한다.

子손상-卯조절을 해소하는 인자는 수·화의 조절이기에 子卯에 수기가 채워지고 화가 있으면 子卯의 활동력이 살아난다.

* 子卯는 子수기로 乙을 키우니 신자진 환경도 나쁘지 않지만 火가 없으면 성취가 크지 않다. 乙(해묘미)은 화가 필요하니 丙(巳)이 없으면 丁·午라도 있어야 안정감이 있다.

* 子卯辰에 화가 없으면 乙이 辰에 갇히는 상이 된다.(刑-合)

* 子卯未는 子가 卯를 키우고 未에서 마감하는 해묘미 흐름으로 火가 없으면 乙이 완성되지 못하니 정체된다. 다만 申을 보면 신자진에서 乙을 내어 未에서 완성하니 늦더라도 성취는 알차다.

* 子卯巳, 子卯午는 乙을 완성하는 방향성이다. 子손상·도움으로 성취를 이루는데, 만약 화가 강하면 子손상이 가중되어 卯가 성장하지 못한다. 子卯午는 통관으로 상생되고, 子卯巳는 辰巳로 발현되는 구성이지만 화왕의 형이 발동할 여지가 있다.

* 子卯에 목이 강하면 子불미로 목 가치가 실현되지 않는다.

* 子卯에 금이 동반되면 금생수-수생목으로 甲의 뿌리를 얻어 甲-乙을 내니 정체가 있을지라도 고생 끝에 낙이 오고 전화위복이 된다. 신자진으로 회귀하여 辛→甲을 얻으니 발현이 늦다.

* 申子卯, 酉子卯 구성은 목이 근을 얻고 수기를 채우니 신자진에서 甲-乙로 안정성을 얻는다. 만약 금이 왕하면 금생수(사유축)에 의지하여 목을 내지 않으니 卯를 기반으로 삼되 만약 집착하면 크게 실패한다.

* 丑子卯은 子丑이 연합하기에 화가 없으면 卯가 성장하기 어렵다.

* 亥子卯 구성은 壬→癸→乙로 乙발현이 순조로운데, 수가 강하면 子가 卯를 재촉하여 丙을 빨리 보려고 하니 수생목이 불미해진다. 이 때는 수극목이 되어 도리어 乙이 발현되지 못한다.

* 子寅卯 구성은 癸→甲→乙로 순조롭지만 子가 손상될 수 있는데, 만약 목이 강하면 子손상이 가중된다.

* 戌子卯는 戌 중 辛이 子에 의해 甲乙을 형성(신자진)하거나, 卯가 戌에 입묘하니 인오술(辰戌)에서 庚辛을 형성한다. 甲을 고집하면 未에서 변색되고 乙을 고집하면 戌에서 상실되니 불안정성이 있다. 卯戌로 금을 형성하는

과정에서 午가 오면 子손상·도움으로 성취한다.

  * 癸丑에 子가 오면 子丑으로 癸가 기반되는데, 癸卯에 子가 오면 子卯형이 발동하니 癸가 기반되지는 않는다.
  * 子卯에 癸 or 丙·丁이 투출하면 형 발동이 강화된다. 변화·변동을 가하지 않으면 번거로움이 많아진다. 등락 속에 발달한다는 의미도 있다. 癸卯-子, 丙子-卯 등이다.

④ 卯午= 해묘미-인오술 방향성(乙 or 庚)에 있다.

卯는 卯辰巳午를 거쳐 성장하는데, 卯午가 만나면 午가 卯를 재촉하여 庚을 빨리 내려고한다. 卯午파는 무화과에 비유되는데, 만약 卯지엽이 무성하면 庚이 맺히지 않으니 乙 or 庚을 보지 못한 卯午는 깨뜨려진다.

卯에서 나온 乙이 巳午에서 성장하여 未申에서 庚으로 변환되는 과정이 乙庚합-卯午파이다. 卯午는 午가 卯를 키우려는 의지가 약하고 卯는 庚으로 변환을 꺼리기에 卯성장·활동장애가 문제로 나타난다.

卯午는 간지로 丁卯 乙巳 甲午 등이고 천간으로 乙丁이다.

乙丁은 未에 임하니 미완성으로 노력에 비해 성과가 적다. 未에는 수가 요구되고 未申으로 향하여 申 中 壬을 취하는 이유이다.

  * 乙庚-寅午戌에서 유리하지만, 辛甲-申子辰 환경에서 불리하다.
  * 卯午는 乙성장에 초점을 맞추든지 乙→庚으로 변환해야한다.
  * 卯午는 인오술 방향성에 있지만, 庚을 보면 경거망동하게 되고 卯가 손상되기에 해묘미에서 乙을 완성하는 환경에서 안정감이 있다.
  * 卯午는 未속성으로 수기가 필요하다. 卯午에 水가 동반되면 수-목-화로 목을 키우니 발달이 안정적이다. 만약 水가 없으면 卯성장에 지장을 초래하는 파가 발동한다.
  * 卯午는 未申으로 발현을 꿈꾼다. 목이 강하면 금을 만나야 卯午의 활동

력이 살아난다. 庚(申)이 없으면 辛·酉라도 있어야 한다.

　* 卯午戌은 卯가 午에 가공되어 戌에서 완성되는 인오술 흐름이니 金이 없으면 卯가 갇히는 상이니 정체된다. 다만 甲·乙이 투출되어 乙을 완성하는 환경이면 성취가 있다.

　* 卯午未에 금이 없으면 卯가 未에 묶이는 상이 된다.(合-破)

　* 卯午申, 卯午酉는 목-화-금으로 인오술 환경에서 발달한다. 卯손상으로 성취를 이루는데, 만약 금이 왕하면 卯손상이 가중되고 庚이 제 모습을 갖추지 못한다. 卯午酉는 상생을 도모하고, 卯午申은 未申으로 발현되는 구성이지만 申이 변색되는 불안정성이 있다.

　* 辰卯午은 卯辰이 연합하기에 午가 庚을 내기 어렵다. 庚에서 성취가 적거나 더디고 乙을 다듬어야 성취가 있다.

　* 丑卯午은 午가 입묘되니 癸가 동하여 丑卯로 乙(해묘미)을 완성하거나, 午가 卯를 가공하여 丑에서 辛을 완성(사유축)한다. 甲을 고집하면 未에서 상실되고 庚을 고집하면 丑에서 상실되니 불안정성이 있다. 午丑으로 금을 완성하는 과정에서 酉가 오면 卯손상·도움으로 성취한다.

　* 亥卯午, 子卯午 구성은 수-목-화로 목이 수기를 채우고 화에 성장하니 乙을 완성하기 수월하다. 만약 水가 강하면 수생목(신자진)에 의지하여 乙이 성장하지 못하니 정체됨이 있다.

　* 卯巳午은 乙→丙→丁으로 순조롭지만 乙이 손상되기 쉬운데, 만약 화가 강하면 卯손상이 가중된다.

　* 寅卯午는 甲→乙→丁으로 乙 완성이 순조로운데, 木이 강하면 卯가 午를 재촉하기에 午가 손상되고 화생목 불미로 庚을 형성하지 못한다.

　* 乙·辰에 卯가 오면 卯辰으로 乙이 기반되지만, 乙·午에 卯가 오면 卯午파가 발동하기에 乙이 기반되지는 않는다.

　* 卯午에 乙 or 庚(申)이 투출하면 파 발동이 강화된다. 변화·변동을 가하지 않으면 번거로움이 많고 등락을 겪는다. 등락 속에 발달한다는 의미도 있다. 乙卯-午, 庚午-卯 등이다.

⑤ 午酉= 인오술-사유축 방향성(庚辛)에 있다.

午는 午未申酉를 거쳐 서서히 酉를 완성해야 하는데, 午酉가 만나면 辛을 급조하려한다. 午에서 나온 丁이 申酉에서 庚-辛을 가공하여 戌亥에서 壬과 더불어 辛을 완성하는 과정이 丁壬합-午酉형이다.

丁辛은 천간의 기운-물상의 발현이 완전하지만, 午酉는 화생금의 현실적인 번거로움과 午손상으로 인한 酉의 불안정성이 문제된다. 마치 사과(庚)가 익지 않은 채 낙과(落果)되거나 설익은 사과로 잼을 만들어먹는 꼴이다. 빨리 써먹고 성공이 빠를지라도 酉의 불리함으로 인한 횡액을 겪게 된다.

午酉는 간지로 丁酉 辛巳 庚午 등이고 천간으로 丁辛이다.

丁辛은 戌에 임하니 외적 역동성이 부족한 반면에 내적 폭발성이 내재된다. 완벽한 상으로 혼탁한 걸 싫어하고 혼자 하는 일을 좋아한다. 재관 성취 욕구가 약하고 종교·철학성이 있다.

* 丁壬-巳酉丑 환경에서 유리하지만, 癸丙-亥卯未에서 불리하다.
* 午酉는 丁화기로 酉을 완성하니, 인오술 환경도 나쁘지 않지만, 酉는 수가 필요하기에 水가 없으면 성취가 크지 않다. 壬(亥)이 없으면 癸·子라도 있어야 안정감이 있다.
* 午酉는 戌속성으로 화가 필요하다. 화기가 부족하거나 화가 강하면 辛이 작용력을 상실하니 午酉형이 발동한다.
* 午酉 구조가 戌亥로 발현되지 않으면 자체로 午酉형이 발동한다. 午손상-酉조절을 해소하는 인자는 화·수이기에 午酉에 화기가 채워지고 水가 적절하면 午酉의 활동력이 살아난다.
* 午酉에 木이 동반되면 목생화-화생금으로 酉를 완성한다. 목을 가공하여 금을 완성하니 정체되더라도 고생 끝에 낙이 오고 전화위복이 된다. 인오술로 회귀하여 辛을 얻어야하니 발현이 늦다.
* 寅午酉, 卯午酉 구성은 금의 뿌리를 얻은 격이지만, 목이 강하면 금으로

변환을 거부하기에 정체되고 酉가 실현되지 않는다.

　* 午酉가 사유축 환경이든 신자진 환경이든 辛·酉가 水를 만나지 못하면 날카롭게 변하고 금을 완성하지 못한다.

　* 午酉丑은 午가 酉를 완성하고 丑에서 마감하는 사유축 흐름이니 水가 없으면 辛이 완성되지 못하니 정체된다. 다만 寅을 보면 인오술에서 辛을 내어 丑에서 완성하니 늦더라도 성취는 알차다.

　* 午酉戌에 수가 없으면 辛이 戌에 갇히는 상이 된다.(刑-合)

　* 午酉亥, 午酉子는 화-금-수로 辛을 완성하는 방향성이다. 午손상으로 성취하는데, 만약 水가 왕하면 午손상이 가중되고 酉가 허물어진다. 午酉子는 통관으로 상생되고, 午酉亥는 수왕의 형이 발동할 여지가 있다.

　* 丁未에 午가 오면 午未로 丁이 기반되지만, 丁酉에 午가 오면 午酉형이 발동하니 丁이 기반되지는 않는다.

　* 午酉에 丁 or 壬·癸가 투출하면 형 발동이 강화된다. 변화·변동을 가하지 않으면 번거로움이 많아진다. 등락 속에 발달한다는 의미도 있다. 丁酉-午, 壬午-酉 등이다.

　* 未午酉는 午未가 연합하기에 수가 없으면 酉를 완성하기 어렵다.

　* 辰午酉은 辰午로 庚-辛을 형성(인오술)하거나, 酉가 辰에 입묘하니 신자진(戌辰)에서 甲乙을 낸다. 庚을 고집하면 戌에서 변색되고 辛을 고집하면 辰에서 풀어지니 불안정성이 있다. 酉辰으로 목을 내는 과정에서 子가 오면 午손상·도움으로 성취한다.

　* 午申酉는 丁→庚→辛으로 순조롭지만 午가 손상될 수 있는데, 만약 금이 왕하면 午손상이 가중된다.

　* 巳午酉 구성은 丙→丁→辛으로 辛발현이 순조로운데, 火가 왕하면 午가 酉를 재촉하여 을 빨리 보려고 하니 화생금이 불미해진다. 이 때는 화극금이 되어 도리어 辛이 완성되지 못한다.

⑥ 酉子= 사유축-신자진 방향성(辛 or 甲)에 있다.

酉는 酉戌亥子를 거쳐 완성(저장)되는데, 酉子가 만나면 酉가 저장되지 않고 곧바로 甲을 내려한다.

酉에서 나온 辛이 亥子에서 조절되어 丑寅에서 亥 중 甲으로 변환되는 것이 辛甲합-酉子파다. 辛이 壬에 저장되었다가 甲으로 태동하는 辛→甲 방향성인데, 酉子는 수생금 불미로 酉가 손상되거나 甲발현의 장애가 문제된다. 마치 辛씨앗(종자·생명체의 핵)이 갑자기 수기를 만나 물러지거나, 저장해두었던 감자에 싹이 나는 현상이다.

酉子는 간지로 癸酉 辛亥 庚子 등이고 천간으로 辛癸다.

辛癸는 丑에 임하니 자기 소유욕이 강하고 튀어나가려는 기질이 있다.

* 辛甲-申子辰 환경에서 유리하지만, 乙庚-寅午戌에서 불리하다.
* 酉子는 辛이 안전하게 저장되든지, 辛→甲으로 변환해야한다.
* 酉子는 申子辰 방향성에 있지만, 목을 보면 경거망동하게 되고 酉가 손상되기에 사유축에서 辛을 완성하는 환경에서 안정감이 있다.
* 酉子는 丑속성으로 화기가 필요하다. 酉子에 火가 동반되면 화-금-수로 酉를 완성하니 정체·등락이 있더라도 발달한다. 만약 火가 없으면 酉가 완성되지 못하는 파가 발동한다. 酉子에 火가 투출되고 木이 있으면 酉子의 활동력이 살아난다.
* 酉子는 丑寅으로 발현을 꿈꾼다. 金이 강하면 木을 만나야 酉子의 활동력이 살아난다. 甲(寅)이 없으면 乙·卯라도 있어야 한다.
* 酉子에 수가 강하고 목이 없으면 酉가 손상될 뿐이다.
* 酉子寅, 酉子卯는 금-수-목으로 辛→甲으로 발현되는 방향성이다. 酉손상으로 발달하는데, 만약 木이 강하면 酉손상이 가중되고 乙이 제 모습을 갖추지 못한다. 酉子卯는 상생으로 발달을 도모하고, 酉子寅은 丑寅으로 발현된 격이지만 甲이 변색되는 고충이 따른다.

* 酉子丑에 목이 없으면 酉가 丑에 묶이는 상이 된다.(破-合)
* 酉子辰은 酉가 子에 풀어져 辰에서 완성되는 신자진 흐름이니 木이 없으면 酉가 갇히는 상이니 정체된다. 다만 庚·辛이 투출되어 辛을 완성하는 환경이면 성취가 있다.
* 巳酉子, 午酉子는 화-금-수로 辛완성이 순조로운데, 만약 火가 왕하면 화생금(인오술)에 의지하여 辛이 완성되지 못한다.
* 戌酉子은 酉戌이 연합하기에 子가 甲을 내기 어렵다. 甲에서 성취가 적거나 더디고 辛을 다듬어야 성취가 있거나 안정된다.
* 未酉子는 子가 입묘하니 丁이 동하여 未酉로 辛을 완성(사유축)하거나, 子가 酉를 가공하여 未에서 乙을 완성(해묘미)한다. 庚을 고집하면 丑에서 상실되고 甲을 고집하면 未에서 상실되니 불안정성이 있다. 子未로 목을 완성하는 과정에서 卯가 오면 酉손상·도움으로 성취한다.
* 酉亥子은 辛→壬→癸로 순조롭지만 辛이 손상될 수 있는데, 만약 水가 강하면 酉손상이 가중된다.
* 申酉子는 庚→辛→癸로 辛 완성이 순조로운데, 金이 강하면 酉가 子를 재촉하여 子가 손상되고 수생금 불미로 甲을 내지 못한다.
* 辛·戌에 酉가 오면 酉戌로 辛이 기반되지만, 辛·子에 酉가 오면 酉子파가 발동하니 辛이 기반되지는 않는다.
* 酉子에 辛 or 甲(寅)이 투출하면 파 발동이 강화된다. 변화·변동을 가하지 않으면 번거로움이 많고 등락을 겪는다. 등락 속에 발달한다는 의미도 있다. 辛酉-子, 甲子-酉 등이다.

○ 子卯=辰, 卯午=未, 午酉=戌, 酉子=丑 **속성이다.**

子卯는 辰에 임하고, 卯午는 未에 임하고, 午酉는 戌에 임하고, 酉子는 丑에 임한다. 辰未戌丑은 辰巳 未申 戌亥 丑寅 우합으로 발현돼야하니, 子卯巳, 卯午申, 午酉亥, 酉子寅 등으로 발현돼야한다.

즉 子卯에 巳, 午酉에 亥, 卯午에 申, 酉子에 寅이 없으면 정체되고 답답지상이 된다.

* 子卯는 巳를 보면(辰巳) 子卯의 활동력이 발휘된다.
* 午酉는 亥를 보면(戌亥) 午酉의 활동력을 발휘한다.
* 卯午는 申을 보면(未申) 卯午의 활동력을 발휘한다.
* 酉子는 寅을 보면(丑寅) 酉子의 활동력을 발휘한다.

○ 子卯辰, 卯午未, 午酉戌, 酉子丑 **구성은 자체로 형·파 구조다.**

子卯辰, 卯午未, 午酉戌, 酉子丑 등은 자묘오유 형·파가 거듭된 구성이고, 辰未戌丑이 복음을 형성한 모습이다. 자체로 형·파가 발동하는 구성이다.
이를 삼합 운동성으로 살펴보면,
子卯는 申子辰에서, 卯午는 亥卯未에서, 午酉는 寅午戌에서, 酉子는 巳酉丑에서 완성되는 구성이다. 子卯, 卯午, 午酉, 酉子가 추구하는 방향성으로 가지 못하고 卯辰, 午未, 酉戌, 子丑으로 발목이 잡힌 꼴이다.

형·파조건	子卯(辰)	卯午(未)	午酉(戌)	酉子(丑)
천 발동	(申)子辰	(亥)卯未	(寅)午戌	(巳)酉丑

〈자묘오유의 형합·파합의 천 발동조건〉

* 子卯는 申子辰에서 형이 발동하고, 午酉는 寅午戌에서 형이 발동한다.
* 卯午는 亥卯未에서 형이 발동하고, 酉子는 巳酉丑에서 파가 발동한다.

즉,

子卯는 亥卯未로 乙을 완성하길 원하는데 辰(癸乙)에서 卯가 묶이니 申子辰에서 뛰는 놈 발목 잡히는 답답한 꼴이 되니 형이 발동하고, 午酉는 水를 만나 辛을 완성하길 원하는데 戌(丁辛)에 酉가 묶이니 寅午戌에서 답답지상이 되니 형이 발동한다. 卯午는 午가 卯를 가공하여 庚을 내야하는데 亥卯未(乙丁)에서 묶이니 파가 발동하고, 酉子는 子가 酉를 가공하여 甲을 내야하는데 巳酉丑(辛癸)에서 묶이니 파가 발동한다.

〈子卯午酉 형·파의 발동에 대해서는, 뒤 "12신살의 천작용"편에서 12신살 관점에서 재론해보기로 한다.〉

한편 子卯午酉 형·파와 삼합인자의 상관관계는 '육해살'이 주도하고, 육해살은 반대방향의 '암합' 관계를 만들어낸다. 육해살15)은 재관 성취에 불문하고 육친인연이 불미하고, 암합은 하늘기운을 탈취하는 위법·편법성이 있는데 반대방향의 암합이니, 子卯辰 卯午未 午酉戌 酉子丑 등 구성은 왜곡·등락 속에 살아갈 팔자다.

삼합	子卯-申子辰	묘오-亥卯未	오유-寅午戌	유자-巳酉丑
육해살	卯	午	酉	子
형·합 구조	子卯辰	卯午未	午酉戌	酉子丑
암합	卯申	午亥	酉寅	子巳

〈삼합의 육해살에 의한 형합-암합〉

15) (癸·丁)는 육해살을 천을귀인으로 삼고, 목금(乙·辛)은 삼합반대인자의 육해살을 천을귀인으로 삼는다. 한편 여명이 음양 천을귀인을 모두 가지고 있으면 자신이 능력을 발휘해야하니 가장노릇을 할 수 있다.

천간	甲·戊·庚	乙·己	丙·丁	辛	壬·癸
천을귀인	丑·未	子·申	亥·酉	午·寅	卯·巳

* 申子辰에서 卯申은 역행이고, 子卯·卯辰은 선행·급조다.
* 亥卯未에서 午亥은 역행이고, 卯午·午未은 선행·급조다.
* 寅午戌에서 酉寅은 역행이고, 午酉·酉戌은 선행·급조다.
* 巳酉丑에서 子巳은 역행이고, 酉子·子丑은 선행·급조다.

子卯辰 卯午未 午酉戌 酉子丑 등은 삼합운동성에서 볼 때 선행·급조로 불안정성이 있고, 암합을 역행으로 돌려 완성해야하는 고충이 있다.

경거망동으로 인한 사업부도, 명예퇴직, 애정문제, 투자손실 등 실패·손실로 인하여 현실적 답답함이 발생하고 묶이는 현상이 일어난다. 그로 인해 이혼·사별, 현실도피, 정신병·우울증, 정신적 공항 등을 초래한다.

항해사, 항공, 도로, 여행, 관광, 유통, 무역 등 왔다갔다, 흘러 다니는 직업성에서 흉이 해소되거나 발달한다.

* 子卯辰에 화가 없으면 乙이 辰에 갇히는 상이지만, 申子辰에서 甲을 얻는 환경에서 丙이 동반되면 등락이 있다.
* 午酉戌에 水가 없으면 辛이 戌에 갇히는 상이지만, 寅午戌에서 庚을 얻는 환경에서 壬이 동반되면 등락이 있다.
* 卯午未에 金이 없으면 卯가 未에 묶여 庚을 내지 못하는데, 亥卯未에서 乙을 완성하는 구성에서 庚이 동반되면 등락을 초래한다.
* 酉子丑에 木이 없으면 酉가 丑에 묶여 甲을 내지 못하는데, 巳酉丑에서 辛을 완성하는 구성에서 甲이 동반되면 등락을 초래한다.

한편, 진미술축 복음은 沖에 의해 원인-결과가 성립된다.
* 子卯辰에서 子卯형은 戌에서
* 卯午未에서 卯午파는 丑에서
* 午酉戌에서 午酉형은 辰에서
* 酉子丑에서 酉子파는 未에서 해결 or 결과(정산·대가)로 나타난다.

2) 子卯午酉 **형·파의** 氣相 **흐름**

子卯와 午酉는 수생목 목생화로 氣→相 본의가 순행하는 관계이고, 卯午와 酉子는 화생목 수생금으로 氣→相 본의가 다른 관계다. 子卯와 午酉는 子·午가 힘들게 물상을 형성하면 午·子에게 공로가 빼앗기니 刑이고, 卯午와 酉子는 水·火 기운을 대용하여 모습을 갖추면 본질을 깨뜨리고 다른 모습으로 변환되니 破이다.

지장간의 흐름은 천간 기운이 지지 물상을 만들어내는 연결고리이고, 그 중심에 子卯午酉의 형·파가 작용한다. 자묘오유 형·파는 천간의 氣-相 흐름을 대변하고, 그 흐름은 자묘오유의 지장간에서 잘 나타난다.

子卯午酉의 흐름	子 → 卯 → 午 → 酉 → 子…
지장간의 천간흐름	壬 → 甲 → 丙 → 庚 → 壬… 癸 → 乙 → 丁 → 辛 → 癸…

〈자묘오유 지장간의 흐름〉

* 子卯는 壬→甲, 癸→乙으로 목이 발현되어 火를 얻어 성장하려한다. 子卯는 乙을 완성하는 흐름에 있으니 해묘미에서 발달한다.

* 卯午는 甲-丙, 乙-丁으로 화로 목을 가공하여 金을 얻고자 한다. 午가 卯를 키우는 것은 庚을 얻기 위함이니 卯는 토사구팽을 당하는 꼴이다, 卯가 午에 성장하는 관계이지만 본의는 인오술에 있으니 이중성이 강하다.

* 午酉는 丙→庚, 丁→辛으로 금이 형성되어 水를 얻어 완성하려한다. 午酉는 辛을 완성하는 흐름에 있으니 사유축에서 발달한다.

* 酉子는 庚-壬, 辛-癸로 수로 금을 완성하여 木을 얻고자 한다. 子가 酉를 키우는 것은 甲을 얻기 위함이니 酉는 토사구팽을 당하는 꼴이다, 酉가 子에 완성되는 관계이지만 본의는 신자진에 있으니 이중성이 강하다.

子卯午酉 형·파의 간지구성들도 경향성이 유사하다.

子卯	卯午	午酉	酉子
癸乙(癸卯·子卯)	乙丁(丁卯·卯午)	丁辛(丁酉·午酉)	辛癸(癸酉·酉子)
壬甲(壬寅·亥寅)	甲丙(丙寅·寅巳)	丙庚(丙申·巳申)	庚壬(壬申·申亥)
壬乙(乙亥·亥卯)	甲丁(甲午·寅午)	丙辛(辛巳·巳酉)	庚癸(庚子·申子)
癸甲(甲子·子寅)	乙丙(乙巳·卯巳)	丁庚(庚午·午申)	辛壬(申亥·酉亥)

〈子卯午酉 형·파의 간지구성〉

　子卯午酉 형·파에 충 or 연합으로 이어주면 형·파로 답답했던 상황에서 활동력을 발휘하고, 음양 본위에 부합하면 대박을 터뜨리기도 한다.
　子卯午, 卯午酉, 午酉子, 酉子卯 형·파 연합을 천간에서 癸乙丁, 乙丁辛, 丁辛癸, 辛癸乙 구성이고, 壬甲丙, 甲丙庚, 丙庚壬, 庚壬甲 등도 그러하다. 이 천간 구성들은 비록 음양 본위에 부합하지 않지만 기운-물상이 순행하기에 나쁘지 않다.

① 子卯의 수생목 흐름
= 癸乙(癸卯) 壬乙(乙亥·亥卯) 癸甲(甲子·子寅) 壬甲(壬寅·亥寅)

　子卯는 수생목의 관계로 水는 만물의 생명수이고 木은 생명체이다. 인체기능이 원활하려면 水가 절대적으로 필요하기에 인체에 수가 70%를 차지한다. 수가 부족하면 목이 손상되니 물상(육체)의 정신적 문제, 생명·성장의 문제, 활동력, 역마성, 인기사회성이 약화된다.
　오행 중 유일한 생명체는 목(甲·乙)이고, 실질적으로 甲을 내고 乙을 키우는 인자는 癸다. 癸는 水본질로 甲생명의 본기를 내고 乙본질의 성장을 주도한다.

辰(양 본위)에서 癸·乙을 조절하여 火(巳)를 내는 것은 庚을 얻기 위함이고, 癸乙이 丙(巳)을 만나지 못하면 乙활동력이 저지된다.

癸乙·子卯·癸卯·乙亥·甲子·癸未·乙丑 등 子卯 구조는 辰구성으로 丙(巳)이 있어야 발달하고, 화가 없으면 신자진(甲-乙)에서 가치를 얻는다.

▶ 壬甲, 癸乙은 본위가 같은 子卯형 구성이다.

壬甲은 틀에 짜인 일이나 장기적인 계획·실행이라면, 癸乙은 자유롭고 즉흥적으로 실행하는 일에 적합하다. 壬甲은 교사·연구원·공직이라면, 癸乙은 강사·변호사·사업이다.

* 壬甲은 발현이 확연히 눈에 드러나지 않지만 유동성·돌발성이 있다. 壬寅·亥寅 구조인데 子卯에 임하니 해묘미 환경을 만나면 폭발력으로 대박을 치기도 하지만 壬·甲이 변색·손상되는 굴곡·등락을 겪는다.

* 癸乙은 子卯의 분산작용이 강한 반면에 해묘미에서 폭발력은 약하다. 乙은 癸분산작용의 표상이지만 乙이 완성되기 위해서는 丙이 필요하니 癸를 제쳐두고 丙을 찾게 된다. 간지로 癸卯이고 辰성향이다.

* 壬甲戊 癸乙己 구성은 壬甲·癸乙이 타인의 터전에 앉은 꼴이다. 타인의 바탕에서 자신의 역량을 발휘하는 환경인데, 만약 자신이 주도(사업)하면 위법·편법에 가담하기 쉽고 실패하는 경우가 많다.

▶ 壬乙과 癸甲은 본위가 다른 子卯형 구성이다.

壬·癸가 직접 주도하면 위법·편법 등 비정상·음성적 방법을 동원하고 성취해도 빼앗기는 경향이 있다. 壬乙은 과감하고 癸甲은 소극적이다.

* 壬乙은 간지로 乙亥, 亥卯다. 壬이 乙을 급조하고, 乙은 亥(壬) 중 甲을 빼앗아 나온 모습이다. 亥卯未로 위법·편법성이 있고 乙의 성취는 있지만 壬이 변색·손상되는 문제가 있다. 한편 乙이 壬에 의해 안정되지 못하니 곤란한 상황에 봉착하거나 방향성을 잃기도 한다.

* 癸甲은 癸가 丑을 뚫어 甲을 내고, 甲은 癸에서 태동하니 자수성가의 상이다. 癸의 목적은 乙·丙인데 甲을 보니 답답하고, 甲은 壬에서 발현된 걸로 착각하니 癸의 노고를 몰라준다. 癸는 辛에게 원망을 듣고 乙에게는 보상을 받지 못하는 신세다. 癸甲은 수고한 만큼 결실을 얻지 못하고, 재능은 많지만 불안정하고 인생굴곡이 있다. 성격이 까칠하고 이기적이지만, 똑똑하고 기발하고 독특함이 있다. 乙을 통한 발현으로 해묘미에서 寅(甲)손상·도움으로 발달한다. 간지로 甲子, 子寅 등이다,

▶ 癸卯는 癸가 卯를 키우는 이상적인 수생목 관계다. 癸의 정신·기운을 풀어서 卯의 활동력을 강화한다. 모방을 통한 새로운 영혼의 창출, 자신만의 능력을 풀어내는 일, 정신적인 것을 풀어내어 현실화시키는 능력이 있다. 다만 정신-물상이 함께하는 완벽한 구조로 자존감이 팽배하여 현실적 성취가 약한 편이다.

▶ 癸未는 癸는 乙을 未에 완성하는데, 癸입묘로 丁이 庚을 형성하려한다. 庚을 넘보면 癸와 未 중 乙이 상실되니 癸未본위를 잃어버리는 꼴이다. 癸를 기반으로 자신을 낮추고 乙을 완성하는 일이 이롭다. 인성, 교육, 자격을 통한 성취, 현금보다 문서재산이 유리하다. 종교·철학적 사유가 있다.

◎ **수→목, 화→금의 완벽한** 氣相 **운행을 간지로 보면,**
水生木 완성간지는 壬寅 癸卯이고, 火生金 완성간지는 丙申 丁酉이다.

癸는 壬에서 키워진 甲을 발현시켜 乙을 완성하고, 丁은 丙에서 형성된 庚을 키워 辛을 완성한다. 壬은 癸에게 의탁하여 목을 내고, 丙은 丁에게 의탁하여 금을 형성한다. 壬寅, 癸卯, 丙申, 丁酉 등은 수가→목을 내고, 화가→금을 완성하는 음양 본위 방향성이 완벽한 간지다. 자신이 추구하는 氣-相이 완비되었기에 목표성이 확고하고 순수성이 있지만 고지식하고 자만심에 융통성이 부족하다.

* 壬寅과 丙申은 자신을 희생하여 타인을 키우는 작용이다. 움직임이 복잡하지만 이중·복합성에서 일관성 있게 하나를 구축해나간다. 다양성은 떨어지지만 한 분야에서 확실하게 자리매김하는 경향이 있다. 달리 말하면 하나를 확실하게 구축하지 못하면 인생왜곡을 겪을 수 있다.

* 癸卯와 丁酉는 타인을 통해 자신이 가치를 실현되는 작용이다. 움직임이 단순하지만 다양성에서 성과를 얻는 이중·복합성이 있다. 다방면에 재능이 있지만 특별히 잘 하는 게 없고, 특정 분야에서 두각을 내면 등락을 겪는 경우가 많다. 달리 말하면 크게 성취하면 인생왜곡을 겪을 수 있다.

② 午酉의 화생금 흐름
= 丁辛(丁酉) 丙辛(辛巳·巳酉) 丁庚(庚午·午申) 丙庚(丙申·巳申)

午酉는 화생금으로 실질적 물상을 형성한다. 火는 水와 마찬가지로 물상에 생명력을 북돋아주는 기운이다. 수의 본의는 목을 키우는데 있다면, 화의 본의는 금을 완성하는데 있다.
戌(음 본위)에서 丁·辛을 조절하여 水(亥)를 내는 것은 甲을 얻기 위함이고, 丁辛이 壬(亥)을 만나지 못하면 辛이 완성되지 못한다.
丁辛·午酉·丁酉·辛巳·丙申·辛未·丁丑 등 午酉 구조는 戌구성으로 壬(亥)을 얻어야 발달하고, 水가 없으면 인오술(庚-辛)에서 가치를 얻는다.

▶ 丙庚, 丁辛은 본위가 같은 본위 午酉형 구성이다.
庚·辛은 화생금으로 형성된 완전한 물상으로 민감하다. 화가 강하면 화극금이 되어 익기도 전에 태워버리고, 수가 없으면 말라비틀어진다.
丙庚은 조직·단체에서의 정형화된 일이라면, 丁辛은 분리되어 실행·가공하는 일에 적합하다. 丙庚은 교사·약사·검사·공직이라면, 丁辛은 강사·의사·변호사·사업성이다.

* 丙庚은 활발하고 겉은 화려하지만 속이 알차지 않다. 丙申·巳申 구조인데 午酉에 임하니 사유축 환경을 만나면 폭발력으로 대박을 치기도 하지만 丙·庚이 변색·손상되는 굴곡·등락을 겪는다.

* 丁辛은 午酉의 응집기운이 강하지만 사유축에서 폭발력이 약하다. 辛은 丁에 완성되니 丁은 무력해지고 辛은 날카로워진다. 辛이 안전하게 저장되기 위해서는 壬이 필요하니 丁을 제쳐두고 壬을 찾게 된다. 간지로 丁酉이고 戌성향이다.

* 丙庚己 丁辛戊 구성은 丙庚·丁辛이 타인의 터전에 앉은 꼴이다. 타인의 바탕에서 자신의 역량을 발휘하는 환경인데, 만약 자신이 주도(사업)하면 위법·편법에 가담하기 쉽고 실패하는 경우가 많다.

▶ 丙辛과 丁庚은 본위가 다른 午酉형 구조이다.
丙·丁이 직접 주도하면 위법·편법 등 비정상·음성적 방법을 동원하고 성취하더라도 빼앗기는 경향이 있다. 丙辛은 과감하고 丁庚은 소극적이다.

* 丙辛은 간지로 辛巳, 巳酉다. 丙이 辛을 급조하고, 辛은 巳(丙) 중 庚을 빼앗아 나온 모습이다. 巳酉丑으로 위법·편법성이 있고 辛의 성취는 있지만 丙이 변색·손상되는 문제가 있다. 한편 辛이 丙에 의해 안정되지 못하니 곤란한 상황에 봉착하거나 방향성을 잃기도 한다.

* 丁庚은 음양 본위가 다르지만 氣-相 흐름으로 보면 이상적이다. 丁은 열기를 집중하여 壬을 끌어들이는 덕택에 庚의 겉을 단단하게 하면서 속에 수기를 채워 완성한다. 火·金·水가 부조화된 구성이라면 丙庚·丁辛보다 丁庚이 오히려 좋다. 똑똑하고 재능은 많지만 이기적이고 본위가 다르니 불안정하여 인생굴곡이 있다. 丁은 乙에게 원망을 듣고 庚에게 인정받지 못하기 때문이다. 辛에서 가치를 얻으니 申(庚)손상·도움으로 발달한다. 간지로 庚午, 午申 등이다.

▶ 丁酉는 丁이 酉를 완성하는 이상적인 화생금 관계다. 丁의 정신·기운을 모아 酉를 단단하게 뭉친다. 모방을 통한 새로운 영혼의 창출, 자신만의 능력을 풀어내는 일, 정신적인 것을 풀어내어 현실화시키는 능력이 있다. 다만 정신-물상이 함께하는 완벽한 구조로 자존감이 팽배하여 현실적 성취가 약한 편이다. 癸卯와 유사한 구조·성향이다.

▶ 丁丑은 丁이 辛을 丑에 완성하는데, 丁입묘로 癸가 甲을 형성하려한다. 甲을 넘보면 丁과 丑 중 辛이 상실되니 丁丑본위를 잃어버리는 꼴이다. 丁을 기반으로 자신을 낮추고 辛을 완성하는 일이 이롭다. 인성, 교육, 자격을 통한 성취, 현금보다 문서재산이 유리하다. 종교·철학적 사유가 있다.

③ 卯午의 화생목 흐름
= 乙丁(丁卯) 乙丙(乙巳·卯巳) 甲丙(丙寅·寅巳) 甲丁(甲午·寅午)

卯午는 乙이 丙에 성장하는 게 아니라 午에 가공되어 庚으로 변환을 의도한다. 乙손상이 전제된 상황으로 겉보기와 다르니, 불안정하고 이중·복합성이 있고 보이지 않는 아픔이 있다. 酉子도 마찬가지인데 酉子보다 반발력과 폭발력이 약하다.

乙丁·卯午·丁卯·乙巳·甲午·乙未·丁未 등 卯午 구조는 未구성으로 庚(申)에서 가치가 실현되지만, 금이 없으면 해묘미에서 乙을 완성해야한다.

▶ 甲丁, 乙丙은 본위가 같은 卯午파 구성이다.

* 甲丁은 丁응집으로 甲발현의 근원이 된다. 丁은 酉를 가공하고 甲은 丑에서 나오지만, 甲丁은 인오술로 끌려가니 甲은 乙로 변하고 丁은 乙을 庚으로 변환시킨다. 신자진으로 甲이 완성하려하면 왜곡을 겪고, 甲을 가공하여 乙·庚으로 변환되면 甲고충은 있을지라도 성취한다. 법률·검·경·군인, 예술·예능, 서예·미술, 석공·수리·기능, 선생·종교·철학, 인터넷 등 가상 or

가공의 직업성에서 발달한다. 간지로 甲午, 寅午 등이다.

 * 乙丙은 乙이 丙에 의해 활동력을 강화하여 성과를 얻고, 巳 中 庚을 완성하려는 의도도 있다. 입·말·손·발·몸 등 乙직업성에서 발달하고, 庚을 만나면 丙의 가치가 실현된다. 간지로 乙巳, 卯巳 등이다.

 * 甲丁戊 乙丙己 구성은 甲丁·乙丙이 타인의 터전에 앉은 꼴이다. 타인의 바탕에서 자신의 역량을 발휘하는 환경인데, 만약 자신이 주도(사업)하면 위법·편법에 가담하기 쉽고 실패하는 경우가 많다.

▶ 甲丙, 乙丁은 본위가 다른 卯午파 구성이다.
 甲·乙이 직접 주도하면 위법·편법 등 비정상·음성적 방법을 동원하고 성취하더라도 빼앗기는 경향이 있다. 甲丙은 드러내고 乙丁은 감춘다.

 * 甲丙은 甲에서 乙을 내어 키워야하니 시간이 걸린다. 인내하고 안정 속에 변혁해야 성취할 수 있다. 丙寅간지로 寅巳형 구조이니 甲손상을 전제로 乙 or 庚을 형성하는 구성이다. 甲은 庚으로 가치를 잃는 것보다 乙에서 가치를 얻는 게 좋다.

 * 乙丁은 丁이 乙을 가공하여 庚을 형성하려는 의도이다. 乙은 庚으로 변환을 거부하니 이기적인 면이 있다. 가상의 庚을 추구하니 이상이 높은 반면에 未의 미완성으로 이상주의가 되기 쉽다. 이론을 현실로 풀어내는 능력이 있으니 가상·허상의 직업성에서 발달한다. 庚을 만나면 卯午파가 발동하여 乙손상·도움으로 발달한다. 간지로 丁卯이고 未성향이다.

▶ 丁卯는 卯의 분산작용을 丁이 조절·통제하는 모습이다. 丁은 금을 가공하길 원하는데 卯를 키울 수밖에 없는 불편한 관계에서 성취해야하니 노력파이고 이중·복합성이 있다. 똑똑하고 독특함이 있다. 丁은 정신·기운을 돌리는 인자이고, 卯는 말솜씨·손재주에 능하고 자신만의 색깔을 발휘한다. 乙의 말솜씨, 글 솜씨, 손재주 등을 丁의 정신세계로 승화시키는 관계이다. 乙경

험·노하우를 바탕으로 재창조하거나 乙을 조절·가공하여 승화하는 가상·허상의 직업성에서 성과를 얻는다. 교육·강사·작가·작사·작곡·의료·건축·서예·그림·조각·예술·예능·체육·영화·웅변·제조·가공 등이다.

▶ 乙未는 乙이 未 중 丁에 의하여 생기를 잃으니, 乙본질을 강화하려는 반발력이 발동하고, 한편으로 乙의 반발력은 庚(申)으로 돌파구를 찾으려한다. 자신의 본위에서 작용력이 상실되니 내적 갈등이 심한 구성이다. 금수를 얻지 못하면 염세적으로 빠지거나 종교·철학에 의탁하는 경향이 있다.

④ 酉子의 수생금 흐름
= 辛癸(癸酉) 辛壬(辛亥·酉亥) 庚壬(壬申·申亥) 庚癸(庚子·申子)

酉子는 辛이 壬에 저장되는 게 아니라 癸에 풀어져 甲으로 변환을 의도한다. 辛손상이 전제된 상황으로 겉보기와 다르니, 불안정하고 이중·복합성이 있고 보이지 않는 아픔이 있다. 辛은 완전한 물상이기에 乙이 庚으로 변환되는 것보다 불안정성이 크다. 그만큼 반발력·폭발력이 강하다.

辛癸·酉子·癸酉·庚子·辛亥·辛丑·癸丑 등 酉子 구조는 丑구성으로 甲(寅)에서 가치를 얻지만, 목을 보지 못하면 사유축에서 辛을 완성해야한다.

▶ 庚癸, 辛壬은 본위가 같은 酉子파 구성이다.

* 庚癸는 癸의 분산으로 庚발현의 근원이 된다. 癸는 乙을 키우고 庚은 未에서 나오지만, 甲丁은 인오술로 끌려가니 庚은 辛으로 변하고 癸는 辛을 甲으로 변환시킨다. 인오술로 庚이 완성하려면 왜곡을 겪고, 庚을 가공하여 辛·甲으로 변환되면 庚고충은 있을지라도 성취한다. 법률·검찰·경찰·군인, 예술·예능, 서예·미술, 석공·수리·기능, 선생·종교·철학, 인터넷 등 가상 or 가공의 직업성에서 발달한다. 간지로 庚子, 申子 등이다.

* 辛壬은 辛이 壬에 의해 완성되어 성과를 얻고, 壬 중 甲을 완성하려는 의도도 있다. 저장·창고·임대·가공 등 辛 직업성에서 발달하고, 甲을 만나면 丙의 가치가 실현된다. 간지로 辛亥, 酉亥 등이다.

　* 辛壬戊 庚癸己 구성은 辛壬·庚癸이 타인의 터전에 앉은 꼴이다. 타인의 바탕에서 자신의 역량을 발휘하는 환경인데, 만약 자신이 주도(사업)하면 위법·편법에 가담하기 쉽고 실패하는 경우가 많다.

▶ 庚壬, 辛癸는 본위가 다른 酉子파 구성이다.
　庚·辛이 직접 주도하면 위법·편법 등 비정상·음성적 방법을 동원하고 성취할지라도 빼앗기는 경향이 있다. 庚壬은 드러내고 辛癸는 감춘다.

　* 庚壬은 庚에서 辛을 내어 완성해야하니 시간이 걸린다. 인내하고 안정 속에 변혁해야 성취할 수 있다. 壬申 간지로 申亥천 구조이니 庚손상을 전제로 辛 or 甲을 형성하는 구성이다. 庚은 甲으로 가치를 잃는 것보다 辛에서 가치를 얻는 게 좋다.

　* 辛癸는 癸가 辛을 가공하여 甲을 형성하려는 의도가 있다. 辛은 甲으로 변환을 거부하니 이기적인 면이 있다. 가상의 甲을 추구하니 이상이 높은 반면에 丑의 응집력으로 이상주의가 되기 쉽다. 乙丁(丁卯)와 마찬가지로 이론을 현실로 풀어내는 능력이 있으니 가상·허상의 직업성에서 발달한다. 甲을 만나면 酉子파가 발동하여 오지랖이 넓고 辛손상·도움으로 활동력을 발휘한다. 간지로 癸酉이고 丑성향이다.

▶ 癸酉는 癸가 辛을 가공하여 甲을 내려하고, 辛은 癸에 풀어지니 甲으로 변환되는 관계이다. 癸·辛 모두 木을 내는 방향성은 같지만 추구하는 목표점은 다르다. 癸는 酉를 빨리 풀어내야하고, 酉는 水가 필요하지만 癸의 분산작용이 반갑지 않다.
　癸는 목을 키우길 원하는데 酉를 가공할 수밖에 없는 불편한 관계에서 성취해야하니 이중·복합성이 있다. 똑똑하고 독특함이 있다. 특히 癸酉는 윤회인자로 의사·간호사·산부인과·비뇨기과·치과의사, 산후조리원, 보육원, 골수, 군·경·검찰, 법조인, 종교·철학·교육, 창고·임대, 교통·운수 등 辛경험·노하우를 이용하거나 생명을 살리는 직업성에서 발달한다.

▶ 辛丑은 辛이 丑 중 癸에 풀어지니 辛본질을 지키려고 응집작용을 강화하고 癸에 대한 반발력이 발동한다. 한편 丑은 완전한 물상을 창고에 담는다는 의미도 있다. 재물·육친 등 현실적 집착이 강하고 지키려는 속성이 강하다. 乙未와 마찬가지로 辛은 자신의 본위에서 작용력이 상실되니 내적 갈등이 심한 구성이다.

3) 子卯午酉의 입묘 방향성

생지든 왕지든 입묘는 '끌어들인다' '완성한다'는 의미가 있고 그로 인한 고충이나 답답함이 동반된다. 가령 未일지에 子월지이면 부모음덕 or 시댁·처가의 도움이 있거나 부모 or 부부인연을 답답하게 만든다. 채우려하고 원하는 게 많고 집착하기 때문이다. 좋고 나쁨이 동시에 일어나는 경우가 많고, 여성은 시댁·남편 덕에 공주같이 살거나 가장노릇으로 남편에게 갖다 바치기도 한다.

子·卯·午·酉는 오행의 본질로 본위를 잃지 않으려하기에 입묘로 인한 답답함과 상실감은 寅·巳·申·亥보다 크고, 그만큼 채우고 완성하는 정도도 크다. 子未·午丑·卯戌·酉辰은 寅未·申丑·巳戌·亥辰보다 끌어들이고 완성하는 작용력이 더 강하고, 卯戌·酉辰이 子未·午丑보다, 酉辰이 卯戌·申丑보다 재물 성취가 크다. 만약 방향성을 잃으면 집착·욕구가 강한 만큼 답답함과 장애·구금 등 묶이는 작용도 크다. 월·일에서 양합하면 경향성이 높다.

子卯午酉 본질의 고집은 辰未戌丑에 의해 꺾이게 되는데, 달리 말하면

子卯午酉 형·파에 辰未戌丑 개입하면 형·파의 반발력이 발동한다.

子卯午酉의 입묘는 반대방향으로 전환하여 본질의 원기를 얻으려는 반발력이 발동한다. 즉 子가 未에 입묘하면 午가 동하고 壬을 끌어당겨 申 중 壬에서 본위(본기)를 찾으려한다. 未申으로 방향성(인오술)이지만 신자진으로 子본질을 찾으려는 의도가 숨어 있는 것이다.

① 子未= 亥卯未(乙) 환경, 子未申→未子(庚辛)

子가 未에 입묘하니 未 중 丁이 발동하고 未에서 申이 발현된다. 子未에서 癸가 戌亥(辛壬)를 바탕으로 甲을 내고 乙을 완성하는 환경인데, 子가 입묘되니 午를 통하여 乙을 키우려한다. 午는 乙을 키우는 것은 庚을 얻기 위함이니 未申으로 발현되고, 子는 申 중 壬에서 癸자신의 본기를 얻으려한다. 결국 癸는 기운이기에 훗날 신자진에서 壬본기를 얻기 위해 申(庚)으로 향하니 乙이→庚으로 변환되는 선행 흐름으로 향한다.

* 子未는 癸→甲→丙→乙→丁…庚 방향성으로 子의 손상·고충이 있다.
* 子未(丁乙己)에서 乙 or 庚辛을 완성하는데 초점을 맞추는 게 좋다.
* 子寅未(木동반-寅도움)는 해묘미에서 발달하니 寅의 변색·희생이 있고 번거롭더라도 未궁위를 놓지 못한다.
* 子卯未는 子가 卯를 내고 未 중 丁으로 卯를 완성한다.
* 未 중 丁을 믿고 丁壬(辛)으로 완성하려면 발달이 더디다. 다만 金이 있으면(木이 없으면) 未申·未酉로 子가 금을 가공하니 성취가 있다.
* 子未申은 丁이 未申으로 庚을 취하는 방향성인데, 子가 申을 붙들어 申子辰을 가동하니 申이 나오자마자 손상되는 고충·상실감이 있다. 庚辛완성으로 성취하더라도 申의 고충은 동반된다.
* 子未酉는 未 중 丁으로 辛을 가공하여 子가 酉를 완성한다. 子未로 丁이 동하여 未酉가 발동하고 丑未가 동한다.

* 子午未는 子午로 午未가 동하니 乙에서 성취가 있다.
* 子未丑은 丑未로 子丑-子未가 동하니 辛 or 乙에서 성취한다.

② 午丑= 巳酉丑 **환경**, 午丑寅→丑午(甲乙)

午가 丑에 입묘하니 丑 中 癸가 발동하고 丑에서 寅이 발현된다. 午丑에서 丁이 辰巳(乙丙)를 바탕으로 庚을 내고 辛을 완성하는 환경인데, 丁이 입묘되니 子를 통하여 辛을 완성하려한다. 子가 辛을 가공하는 것은 甲을 얻기 위함이니 丑寅으로 발현되고, 午는 寅 中 丙에서 丁자신의 본기를 얻으려한다. 결국 丁은 기운이기에 훗날 인오술에서 丙본기를 얻기 위해 寅(甲)으로 향하니 辛이→甲으로 변환되는 선행 흐름으로 향한다.

* 午丑은 丁→庚→壬→辛→癸…甲 방향성으로 午의 손상·고충이 있다.
* 午丑(癸辛己)에서 辛 or 甲乙을 완성하는데 초점을 맞추는 게 좋다.
* 午申丑(金동반-申도움)은 사유축에서 발달하니 申의 변색·희생이 있고 번거롭더라도 丑궁위를 놓지 못한다.
* 午酉丑은 午가 酉를 다듬고 丑 中 癸로 辛을 완성한다.
* 丑 中 癸를 믿고 癸丙으로 乙을 완성하려면 발달이 더디다, 다만 木이 있으면(金이 없으면) 丑寅·丑卯로 午가 木을 가공하니 성취가 있다.
* 午丑寅은 癸가 丑寅으로 甲을 얻는 방향성인데, 午가 寅을 붙들어 인오술을 가동하니 寅이 나오자마자 손상되는 고충·상실감이 있다. 甲乙완성으로 성취하더라도 寅의 고충은 동반된다.
* 午丑卯는 丑 中 癸로 卯를 가공하여 午가 乙을 완성한다. 午丑으로 癸가 동하여 丑卯가 발동하고 丑未가 동한다.
* 午子丑은 子午로 子丑이 동하니 辛에서 성취한다.
* 午丑未는 丑未로 午未-午丑이 동하니 乙 or 辛에서 성취한다.
* 丑卯午는 丑卯가 午를 만나 卯午가 동하여 乙을 완성한다.

③ 卯戌 = 寅午戌 **환경**, 卯戌亥→戌卯(辛·乙)

卯가 戌에 입묘하니 戌 중 辛이 발동하고 戌에서 壬이 발현된다. 酉가 완성되기 위해서 戌亥로 발현되고, 卯는 亥 중 甲에서 乙자신의 본기를 얻으려한다. 卯戌에서 卯가 丑寅(癸甲)을 바탕으로 甲을 내고 乙을 완성하는데, 그 과정에서 乙이→庚으로 변환되는 흐름이다. 卯가 입묘로 작용력을 상실하니 酉(庚辛)으로 가치를 실현하려는 것이다.

卯는 물상이기에 戌에서 乙을 완성하든지, 戌亥로 戌 중 辛에서 가치를 얻어야하니 庚-辛이 전환되는 선행 흐름으로 향한다.

* 卯戌은 乙→丙→庚→丁→辛…壬 방향성으로 卯의 손상·고충이 있다.
* 卯戌(辛丁戊)에서 乙 or 庚辛을 얻는데 초점을 맞추는 게 좋다.
* 卯巳戌(火동반-巳도움)은 인오술에서 발달하니 巳의 변색·희생이 있고 번거롭더라도 丑궁위를 놓지 못한다.
* 卯午戌은 午가 卯를 가공하여 戌에서 乙을 완성하거나, 금이 동반되면 午가 卯를 가공하여 戌 중 庚辛을 완성한다.
* 卯戌에 水가 없고 火가 많은 환경에서 戌 중 辛을 믿고 辛을 완성하려면 성취하기 어렵다. 乙을 완성하든지 庚에서 가치를 얻어야한다.
* 卯戌亥는 卯에서 戌 중 辛으로 변환되어 亥에서 辛이 완성된다. 卯손상·바탕-亥도움으로 사유축에서 辛을 완성하는데, 卯가 亥를 붙들어 亥卯未를 가동하니 亥가 나오자마자 손상되는 고충·상실감이 있다. 辛을 완성하는 환경일지라도 亥의 고충은 동반될 수밖에 없다.
* 卯戌辰은 辰戌로 卯辰-卯戌이 동하니 庚辛 or 甲乙을 완성한다.
* 卯酉戌은 卯酉로 酉戌이 동하여 戌 중 丁이 卯를 가공하여 酉를 완성하니 辛에서 성취가 있다.
* 卯戌子는 戌 중 辛을 子가 가공하여 卯를 완성한다. 卯戌로 酉가 동하여 戌子가 발동하고 辰戌이 동한다.

④ 酉辰= 申子辰 **환경**, 酉辰巳→辰酉(乙·辛)

酉가 辰에 입묘하니 辰 中 乙이 발동하고 辰에서 巳가 발현된다. 卯가 완성되기 위해서 辰巳로 발현되고, 酉는 巳 中 庚에서 辛자신의 본기를 얻으려한다. 酉辰에서는 酉가 未申(丁庚)을 바탕으로 庚을 내고 辛을 완성하는데, 그 과정에서 辛이→甲으로 변환되는 흐름이다. 酉가 입묘로 작용력을 상실하니 卯(甲乙)로 가치를 실현하려는 것이다.

酉는 물상이기에 辰에서 辛을 완성하든지, 辰巳로 辰 中 乙에서 가치를 얻어야하니 甲-乙이 전환되는 선행 흐름으로 향한다.

* 酉辰은 辛→壬→甲→癸→乙…丙 방향성으로 酉의 손상·고충이 있다.
* 酉辰(乙癸戊)에서 辛 or 甲乙을 얻는데 초점을 맞추는 게 좋다.
* 酉亥辰(水동반-亥도움)는 신자진에서 발달하니 亥의 변색·희생이 있고 번거롭더라도 丑궁위를 놓지 못한다.
* 酉子辰은 子가 酉를 가공하여 辰에서 辛을 완성하거나, 목을 동반하면 子가 酉를 가공하여 辰 中 甲乙을 완성한다.
* 酉辰에 火가 없고 水가 많은 환경에서 辰 中 乙을 믿고 乙을 완성하려면 성취하기 어렵다. 辛을 완성하든지 甲에서 가치를 얻어야한다.
* 酉辰巳는 酉에서 辰 中 乙로 변환되어 巳에서 乙이 완성된다. 酉손상·바탕-巳도움으로 亥卯未에서 乙을 완성하는데, 酉가 巳를 붙들어 巳酉丑을 가동하니 巳가 나오자마자 손상되는 고충·상실감이 있다. 乙이 완성하는 환경일지라도 巳의 고충은 동반될 수밖에 없다.
* 酉辰戌은 辰戌로 酉戌-酉辰이 동하니 甲乙 or 庚辛을 완성한다.
* 酉卯辰은 卯酉로 卯辰이 동하여 辰 中 癸가 酉를 가공하여 卯를 완성하니 을에서 성취가 있다.
* 酉辰午는 午가 辰 中 乙을 가공하여 酉를 완성한다. 酉辰으로 卯가 동하여 辰午가 발동하고 辰戌이 동한다.

※ 여기서, 子卯午酉 형·파가 입묘지를 만날 때의 방향성을 재론해보자.

* 子卯는 해묘미 방향성에 있는데, 子卯가 戌을 만나면 子가 戌 중 辛을 가공하여 甲-乙로 변환을 원하니 신자진에서 안정된다.
* 卯午는 인오술 방향성에 있는데, 卯午가 丑을 만나면 卯가 丑 중 癸를 통해 丙-丁에서 완성되길 원하니 해묘미에서 안정된다.
* 午酉는 사유축 방향성에 있는데, 午酉가 辰을 만나면 午가 辰 중 乙을 가공하여 庚-辛으로 변환을 원하니 인오술에서 안정된다.
* 酉子는 신자진 방향성에 있는데, 酉子가 未를 만나면 酉가 未 중 丁을 통해 壬-癸에서 완성되길 원하니 사유축에서 안정된다.

● 子·卯·午·酉가 묘墓·고庫를 함께 만나면 묶이는 상이다.

子·卯·午·酉가 입고지를 만나면 작용력이 묶이니 다음 단계에서 성취를 꿈꾸고, 입묘지를 만나면 완전히 작용력을 상실하여 모양새를 잃는다. 입고+입묘지를 함께 만나면 본질이 손상되고 작용력이 묶이니 정체되는데, 본질을 완성·성취한다는 의미도 있다.

▶ 子辰未는 午가 동하여 辰未 중 乙을 완성하는 흐름이다. 子가 움직이지 못하는 상황이니 乙이 완성되지 못하는 불미함이 있다. 乙을 완성할 수밖에 없고, 그렇지 않으면 庚에서 돌파구를 찾아야한다.
子辰으로 묶여 癸가 분산작용을 하지 못하니, 乙은 辰 중 癸乙을 믿었는데 믿는 도끼에 발등 찍힌 꼴이다. 乙이 辰에서 조절되니 辰으로 인한 고충이 있거나 성취가 더딘데, 乙은 未에서 상실되는 것보다 辰에서 갖추려하기에 辰을 놓지 못한다.

* 子辰未은 子손상·도움으로 乙을 완성하는 흐름이다.
   * 庚·申이 오면 신자진을 가동하니 申손상·도움으로 甲乙을 성취한다. 이 때 未는 乙의 완성지가 된다.
   * 水가 많으면 子가 힘을 얻고 辰未가 조후되니 나쁘지 않지만 木을 내려는 의지가 약해진다. 다만 甲乙이 투출되면 성취가 있다.
   * 木이 많으면 辰未형이 발동하여 子손상이 가중되고, 도리어 乙성장이 저해된다. 金이 동반되면 어렵게 성취한다.

   ▶ 午戌丑은 子가 동하여 戌丑 중 辛을 완성하는 흐름이다. 午가 움직이지 못하는 상황이니 辛이 완성되지 못하는 불미함이 있다. 辛을 완성할 수밖에 없고, 그렇지 않으면 甲에서 돌파구를 찾아야한다.
   午戌로 묶여 丁이 응집작용을 하지 못하니, 辛은 戌 중 丁辛을 믿었는데 믿는 도끼에 발등 찍힌 꼴이다. 辛이 戌에서 조절되니 戌로 인한 고충이 있거나 성취가 더딘데, 辛은 丑에서 상실되는 것보다 戌에서 모습을 갖추려 하기에 戌을 놓지 못한다.

   * 午戌丑은 午손상·도움으로 辛을 완성하는 흐름이다.
   * 甲·寅이 오면 인오술을 가동하니 寅손상·도움으로 庚辛을 성취한다. 이 때 丑은 辛의 완성지가 된다.
   * 火가 많으면 午가 힘을 얻고 戌丑이 조후되니 나쁘지 않지만 金을 내려는 의지가 약해진다. 다만 庚辛이 투출되면 성취가 있다.
   * 金이 많으면 戌丑형이 발동하여 午손상이 가중되고, 도리어 辛완성에 지장을 초래한다. 木이 동반되면 어렵게 성취한다.

   ▶ 卯未戌은 卯가 丁에 가공되어 庚辛으로 바뀌는 흐름이다. 乙이 未戌에 묶여 움직이지 못하는 상황이지만, 乙물상을 완성하여 未戌 창고에 꽁꽁 숨긴다는 의미도 있다. 乙을 완성하든지, 庚辛에서 가치를 얻어야한다.

卯未戌은 乙→庚 방향성인데 未가 卯를 붙들고 있으니 이러지도 저러지도 못한다. 未가 방해하는 꼴이니 未로 인한 고충이 있거나 성취가 더딘데, 卯는 戌에서 상실되는 것보다 未에서 안전하길 원하니 未를 놓지 못한다.

* 卯未戌은 卯를 완성하거나 卯손상·도움으로 辛을 완성하는 흐름이다.
* 木이 왕하면 未戌이 木을 담으니 성취가 있지만 답답함도 있다.
* 火가 많으면 未戌형으로 도리어 卯가 손상되고 庚을 내지 못한다. 木이 없거나 庚을 보지 못하면 卯손상만 가중될 뿐이다.
* 壬·亥가 오면 해묘미를 가동하니 亥손상·도움으로 乙을 성취한다. 이때 戌을 乙창고가 된다.

▶ 酉丑辰은 酉가 癸에 풀어져 甲乙로 바뀌는 흐름이다. 辛이 丑辰에 묶여 움직이지 못하는 상황이지만, 辛물상을 완성하여 丑辰 창고에 보이지 않게 숨긴다는 의미도 있다. 辛을 완성하든지, 甲乙에서 가치를 얻어야한다.

酉丑辰은 辛→甲 방향성인데 丑이 酉를 붙들고 있으니 이러지도 저러지도 못한다. 丑이 방해하는 꼴이니 丑으로 인한 고충이 있거나 성취가 더디게 되는데, 酉는 辰에서 상실되는 것보다 丑에서 안전하길 원하니 丑을 놓지 못한다.

* 酉丑辰은 酉를 완성하거나 酉손상·도움으로 乙을 완성하는 흐름이다.
* 금이 왕하면 丑辰이 금을 담으니 성취가 있지만 답답함도 있다.
* 水가 많으면 丑辰형으로 도리어 酉가 손상되고 甲을 내지 못한다. 金이 없거나 甲을 보지 못하면 酉손상만 가중될 뿐이다.
* 丙·巳가 오면 사유축을 가동하니 巳손상·도움으로 辛을 성취한다. 이때 辰은 辛창고가 된다.

○ 子卯午酉가 우합, 격각, 형·파 등을 만나면 급조·선행한다.

* 戌子寅에서 戌子는 戌 중 辛이→甲(寅)으로 변환을 꿈꾸는데, 戌子가 卯를 만나면 甲→乙을 완성하려하니 신자진→해묘미로 전환된다.
* 戌子卯는 신자진에서 안정적으로 발달(甲-乙)하고, 해묘미에서 戌도움으로 乙을 급조·완성하니 불안정성이 있다. 만약 卯戌로 금을 형성하는 과정에서 午가 오면 子손상·도움으로 성취한다.

* 丑卯巳에서 丑卯는 丑 중 癸가→丙(巳)으로 변환을 꿈꾸는데, 丑卯가 午를 만나면 丙→丁을 완성하려하니 해묘미→인오술로 전환된다.
* 丑卯午는 해묘미에서 안정적으로 발달(丙-丁)하는데, 인오술에서는 丑도움으로 庚을 급조·완성하니 불안정성이 있다. 만약 午丑으로 금을 완성하는 과정에서 酉가 오면 卯손상·도움으로 성취한다.

* 辰午申에서 辰午는 辰 중 乙이→庚(申)으로 변환을 꿈꾸는데, 辰午가 酉를 만나면 庚→辛을 완성하려하니 인오술→사유축으로 전환된다.
* 辰午酉는 인오술에서 안정적으로 발달(庚-辛)하는데, 사유축에서는 辰도움으로 辛을 급조·완성하니 불안정성이 있다. 만약 酉辰으로 목을 형성하는 과정에서 子가 오면 午손상·도움으로 성취한다.

* 未酉亥에서 未酉는 未 중 丁이→壬(亥)으로 변환을 꿈꾸는데, 未酉가 子를 만나면 壬→癸를 완성하려하니 사유축→신자진으로 전환된다.
* 未酉子는 사유축에서 안정적으로 발달(壬-癸)하는데, 신자진에서는 未도움으로 甲을 급조·완성하니 불안정성이 있다. 만약 子未로 목을 완성하는 과정에서 卯가 오면 酉손상·도움으로 성취한다.

* 丑卯戌은 丑卯에서 丑 중 癸가 乙을 가공하여 戌에서 완성하든지, 卯戌로 酉가 동하니 戌丑으로 庚辛을 완성한다.

* 未酉辰은 未酉에서 未 中 丁이 辛을 가공하여 辰에서 완성하든지, 酉辰으로 卯가 동하니 辰未로 甲乙을 완성한다.

* 辰午丑은 辰午에서 午가 辰 中 乙을 가공하여 丑에서 庚辛을 얻든지, 午丑으로 子가 동하니 丑辰으로 辛 or 甲乙을 얻는다.

* 戌子未은 戌子에서 子가 戌 中 辛을 가공하여 未에서 甲乙을 얻든지, 子未로 午가 동하니 未戌로 乙 or 庚辛을 얻는다.

○ 子丑, 卯辰, 午未, 酉戌은 우합으로 발현해야 가치를 얻는다.

寅巳申亥 입묘보다 子卯午酉의 입묘가 기반되는 작용이 크다.
寅·巳·申·亥가 입묘하면 卯·午·酉·子로 전환되어 본기의 가치를 얻으면 되지만, 子·卯·午·酉가 입묘하면 본질을 잃고 다른 모습으로 변환되니 寅·巳·申·亥보다 아픔·상실감이 크다.

현실적 답답함은 방국연합 〉입고 〉입묘 순이다.
子丑·卯辰·午未·酉戌 등은 子卯午酉가 본위에서 조절되니 뛰는 놈 발목잡는 형국이고, 子辰·卯未·午戌·酉丑 등 子卯午酉가 입고지를 만나면 작용력은 있지만 다른 모습으로 바꿔야하는 딜레마가 많고, 子未·卯戌·午丑·酉辰 등 子卯午酉가 입묘지를 만나면 할 일을 다 했으니 미련이 없고 숙명으로 받아들인다. 현실적으로 입묘보다 입고가, 입고보다 연합이 더 답답하게 느끼게 된다.

子丑은 寅에서 돌파구를 찾고, 午未는 申에서 돌파구를 찾고, 卯辰은 巳를 만나야 가치를 얻고, 酉戌은 亥를 만나야 완성된다.

▷ 子丑은 子의 분산작용이 丑에서 일시적으로 조절되니 기회만 주어지면 丑을 뚫고 나오려한다. 丑→寅으로 발현되어야 가치를 얻는다.

子丑은 간지로 癸丑이다. 癸丑에서는 丑 중 辛의 응집보다 癸의 분산작용이 강하기에 酉子파 작용이 강화된다. 癸가 丑 중 辛을 가공하여 甲으로 발현되는 丑寅의 기회다.

癸丑이 水→木 구성되면 인기성이 있고 벼락치기에 능하여 교육·공무원·강사·예능·예술 등 정신을 풀어내는 직업에 종사하는 경우가 많다.

癸丑이 木을 보지 못하거나 金·水로 구성되면 辛丑과 마찬가지로 모텔·목욕장·pc방 등 임대성 사업 or 종교·철학·연구·개발 등 움직임이 적거나 갇혀서 일하는 직업이 좋다.

▷ 午未는 午의 응집작용이 未에서 일시적으로 조절되니 주어지면 未를 뚫고 나오려한다. 未→申으로 발현되어야 가치를 얻는다.

午未는 간지로 丁未이다. 丁未에서는 未 중 乙의 분산보다 丁의 응집작용이 강하기에 卯午파 작용이 강화된다. 丁이 未 중 乙을 가공하여 庚으로 발현되는 未申의 기회다.

丁未는 丁이 未 중 乙을 마음대로 조절하기에, 乙은 丁에 가공되어 작용력을 상실한다. 전기·전자·전선·수리·가공·생화학 등 乙모양새를 가공하거나 단체·조직·의료·세무 등 庚직업성에서 발달한다.

丁未가 火→金 구성되면 인기성이 있고 벼락치기에 능하여 교육·공무원·강사·예능·예술 등 정신을 풀어내는 직업에 종사하는 경우가 많다.

丁未가 金을 보지 못하거나 木火로 구성되면 乙未와 마찬가지로 모텔·목욕장·pc방 등 임대성 사업 or 종교·철학·연구·개발 등 움직임이 적거나 갇혀서 일하는 직업이 좋다.

▷ 卯辰은 卯의 분산작용이 辰에서 일시적으로 조절되니, 卯는 辰 중 癸가 丙으로 전환하여(辰巳) 乙성장을 도모한다.

▷ 酉戌은 酉의 응집작용이 戌에서 일시적으로 조절되니, 酉는 戌 중 丁이 壬으로 전환하여(戌亥) 辛완성을 도모한다.

○ 子卯午酉 **방국연합은 辰未戌丑 충으로 결과를 얻는다.**

子丑, 午未, 卯辰, 酉戌 등은 자기가치를 잃지 않으려 안간힘을 쓰고 우합으로 발현되길 원하는데, 辰·未·戌·丑 입묘지를 만나면 우합으로 발현된 寅·巳·申·亥에서 본질을 완성하게 된다. 충으로 방국연합으로 조절되던 상황에서 탈피하여 완성의 기회를 얻은 것이다.

子丑-子未, 卯辰-卯戌, 午未-午丑, 酉戌-酉辰 등 구성이다. 방국연합이 원인(시작·행위)이라면, 입묘는 결과(평가·정산)로 나타나는 경우가 많다.

子丑未, 卯辰戌, 午未丑, 酉戌辰 구성은 기존에서 탈피하여 새롭게 시작(공부)함으로써 성취를 얻는 기회로 삼아야한다.

방국-입묘	子丑未	卯辰戌	午未申	酉戌辰
행위-결과	丑-未	辰-戌	未-丑	戌-辰
발동인자	午	酉	子	卯

〈子卯午酉 방국연합-입묘의 원인-결과〉

▷ **子丑未**

癸丑에서 癸가 丑 중 辛을 가공하여 丑寅으로 발현하려는 의도가 강한데, 子丑에서는 子가 丑에 붙들려 답답한 상황에서 未가 오면 子가 원하던 乙을 未에 완성하여 할 일을 다 하거나, 丑未로 子丑이 연합하고 子未로 午가 동하여 午丑으로 丑 중 辛을 완성하려한다.

해묘미 환경이면 子丑에서 한 행위가 午未에서 결과로 나타나고, 사유축 환경이면 午未에서 한 행위가 子丑에서 결과로 나타난다.

▷ 午未丑

丁未에서 丁이 未 中 乙을 가공하여 未申으로 발현하려는 의도가 강한데, 午未에서는 午가 未에 붙들려 답답한 상황에서 丑이 오면 午가 원하던 辛을 丑에 완성함으로써 할 일을 마무리하거나, 丑未로 午未가 연합하고 午丑으로 子가 동하여 子未로 未 中 乙을 완성하려한다.

사유축 환경이면 午未에서 한 행위가 子丑에서 결과로 나타나고, 해묘미 환경이면 子丑에서 한 행위가 午未에서 결과로 나타난다.

▷ 卯辰戌

乙은 인오술 운동으로 戌에서 완성하는데, 卯가 辰에 붙들린 상황에서 戌이 오면 辰 中 乙이 인오술로 乙·庚을 완성·형성하거나, 辰戌로 卯辰이 연합하고 卯戌로 酉가 동하여 申子辰으로 辛·甲을 내려한다.

인오술 환경이면 卯辰에서 한 행위가 酉戌에서 결과로 나타나고, 신자진 환경이면 酉戌에서 한 행위가 卯辰에서 결과로 나타난다.

▷ 酉戌辰

辛은 申子辰 운동으로 辰에서 완성하는데, 酉가 戌에 붙들린 상황에서 辰이 오면 戌 中 辛이 신자진으로 辛·甲을 완성·형성하거나, 辰戌로 酉戌이 연합하고 酉辰으로 卯가 동하여 寅午戌로 乙·庚을 완성하려한다.

신자진 환경이면 酉戌에서 한 행위가 卯辰에서 결과로 나타나고, 인오술 환경이면 卯辰에서 한 행위가 酉戌에서 결과로 나타난다.

인간은 자기조절·통제력이 떨어지고 자만심에 빠지기 쉬운데 그 구간이 子·卯·午·酉다. 子卯午酉에서는 경거망동을 삼가고 질주본능에 브레이크를 잡는 지혜가 필요하다. 무리한 투자·확장, 사업 시작 등은 이롭지 않다.

丙己丙甲　乾　癸壬辛庚己戊丁1
寅酉子寅　　　未午巳辰卯寅丑

己일간이 子月에 임하고 酉子寅으로 신자진 환경에 있다. 이 사주의 최종 목적은 甲이고, 甲은 寅에서 발현되는데 寅이 년·시에서 복음이다. 子月에 필요한 丙도 월·시 복음이니 재를 취할지 관을 취할지, 인성을 사용할지 식상을 사용할지 가닥을 잡지 못한다. 寅은 甲년간에서 주도하니 국가·조상과 관련된 일 or 관을 위주로 하거나 인성을 발휘하는 직업성에서 발달하거나 안정된다.

子月에 丙子월주는 직업 성취를 도와주고, 子가 酉를 가공하여 甲을 내게 되니 연월 구성이 적절하다. 甲寅년주를 취하면 己는 甲을 내는 바탕이 되고 酉子寅으로 甲이 발현된다. 만약 丙寅시주를 취하면 寅巳형 구조로 화왕의 형이 발동할 여지가 있고, 甲을 가공하여 乙을 급조하려는 욕구가 발동한다.

甲에서 乙을 완성하는 것은 나쁘지 않으나 많은 목에 酉가 홀로 있는데 乙을 급조하면 酉손상이 가중되고 甲에서 乙발현이 원활하지 않다. 丙寅에서 寅巳형 발동은 직업·가정·자식 인연을 불안하게 만드는 요인이 된다. 멀리서 구하는 일, 하고 싶은 일에서 寅巳형이 발동하니 성취 여부에 불문하고 등락을 겪을 수밖에 없다. 자식을 두거나 재물에 탐욕을 부리거나 인성을 무시하면 寅巳형을 더욱 부추기니 성공-실패가 다단하게 된다.

甲寅년주에서도 寅巳형이 동하지만 甲丙구성이고 甲寅을 가공하여 乙을 얻으니 도리어 이롭고 酉손상을 부추기지 않는다. 酉-子-寅 흐름으로 甲寅을 취하여 甲寅-丙子로 乙을 취하면 좋은데, 己일간이 丙에 둘러싸여 寅巳형을 가동하여 乙을 급조하려하니 丙寅시주를 탐하게 된다. 庚辰대운은 甲庚으로 동하여 신자진으로 돌리니 번거로움 속에서 성과를 얻을 수 있는데, 만약 寅시지를 취하면 丙庚으로 庚을 키우려하면 결국 신자진으로 庚이 손상되니 성취한 것을 모두 내놔야한다. 庚辰대운에 해외로 나가 사업을 했지만 결국 실패하고 돌아왔다. 운세를 등에 업고 취한 재관은 운이 다하면 모두 정산되기 마련이다.

많은 목에 酉가 상실되는 구성이니 배우자가 잘 들어오지 않는다. 辛巳대운에 酉가 발동하니 辛巳대운 甲午년(41살)에 결혼하고 자식을 두었는데 삶(직업)이 불안정하다. 己亥년 현재 부인이 가정경제를 이끌어가는 상황이고, 본인은 마트매장에서 오뎅을 튀기고 가공하는 일을 하고 있다. 오뎅을 기름에 가공하는 일은 寅巳형의 모습이니 사주구성상 이롭지 않다.

30대 초반에 한의학과 사주에 관심을 가진 것은 酉·子가 원하는 바가 甲·寅이기 때문이다. 子寅(癸甲)은 교육의 상으로 생명을 내고 타인을 통한 가치실현이다. 관심도와 나이를 감안하면 사주상담가로 탈바꿈하는 것도 좋은 선택일 것이다. 己亥년은 甲己-亥寅으로 년주가 동하니 근본적으로 자신을 되돌아보고 모든 것을 버리고 다시 시작해야 얻을 수 있다. 임시방편으로, 먹고 사는 문제에 매달려 세월만 보내면 인생을 허비할 뿐이다.

이런 사주에서 경계해야 할 것은 지나친 자신감과 탐욕이다. 자만과 재물에 대한 욕구는 식상을 부추기게 되고, 식상이 발동하면 寅巳형이 발동하기 때문이다. 만약 사주상담업을 한다면 상담 자체에 목적을 두는 것이 좋다. 상담도 돈을 버는 수단이지만 상담료에 집착하지 말라는 말이다. 본인은 상담에 전념하고 상대는 대가로 돈을 내니 자연히 들어오는 재물은 내 것이 된다. 오로지 甲년간에 목적을 두면 寅巳형을 부추기지 않고, 己는 甲발현을 통해 乙가치를 얻게 되니, 酉손상을 방지할 수 있는 것이다.

癸甲丙壬 乾　癸壬辛庚己戊丁 3
酉戌午申　　丑子亥戌酉申未

午월에 수기가 요구되니 壬申에서 금을 완성하거나, 癸酉에서 酉를 가공하여 甲을 내려고한다. 壬申을 사용하느냐 癸酉를 사용하느냐에 따라 인생 흐름이 달라진다. 壬申은 국가·단체·인성을 기반으로 삼는 것이요, 癸酉는 개인·능력·식상을 기반으로 삼는 것이다. 丙午월에 申酉戌로 金局을 형성하고, 甲戌이 午월에 임하니 乙모습으로 가치를 얻든지 庚이 발현돼야 의미가 있다. 甲戌에서 甲은 乙로 전환돼야 하는데, 癸酉를 취하면 甲이 제 모습을 갖추려하니 壬申을 취하여 金을 완성하는 게 안정적이다.

간지 흐름은 癸丙-寅午戌 선행구조이고, 연월-일시의 방향성도 丁壬-申子辰으로 선행구조다. 대박을 노리거나 인생방향이 급박하게 진행되고 변동·변화 등으로 등락이 예견되는 사주구성이다. 申酉戌이 목을 내지 않으려는 극단성이 있고 癸酉에서 酉子파 작용도 강하게 발동한다. 배우자를 얻으면 안정되지만 한편으로 극단성이 야기되고 자식을 얻으면 폭발력이 발동한다.

여기서 癸酉는 酉子파로 甲을 내는데 집착하지 말고 丑으로 금을 완성하는 창고로 삼아야한다. 그러면 甲은 巳酉丑에서 丑寅으로 발현되어 가치를 얻으니 결국 甲일간이 최종적으로 복록을 거머쥐는 셈이다. 만약 하고 싶은 일에 집착하거나 자신만의 독특함을 창출하려하면 삶의 바탕(가정)을 불안하게 만든다. 자식이 재관 성취의 창고가 되는데, 자식에 집착하면 창고가 터져버린다. 자식에게 선양하거나 자식이 유업을 이으면 안정될 수 있다.

午월에 癸酉보다 壬申이 안정적이니 丙壬으로 庚辛을 완성하는 것이 좋다. 다만 壬申에서 申은 변색·손상되고 甲戌에서 甲이 상실되니 가상·허상을 추구하게 된다. 국가·단체·인성과 관련된 직업성이 좋은데 크게 사용하기 어렵다는 의미이다. 준공무원, 부사관, 사회단체에 종사하거나, 인성·자격·학교·관공서를 이용한 직업성이거나, 종교·철학·교육을 바탕으로 삼거나, 약간 변형된 전통적 직업성인 경향이 있다. 이 남명은 공무원 시험을 준비하다가 己酉대운 己亥년 현재 공사직 시험을 준비하고 있다. 壬申의 모양새로 본다면 공무원보다 공사직이 더 어울리고, 행정직보다 기술직이 좋고, 승진위주보다 직능위주가 이롭다. 그런 분야라면 庚子년에 합격할 수 있을 것이다.

이 남명은 癸가 사유축으로 금을 완성하는데 조력하되 목을 내는데 집착하면(탐욕을 부리면) 삶이 어긋날 수 있다는 점에서 부친의 사주와 유사하다.16)

부친 사주에서 癸卯는 좋아 보이지만 달콤한 유혹이고, 아들에게 癸甲은 취하고 싶지만 참아야하는 유혹이다. 부친은 癸를 얻으면 子일지가 나가는 꼴이고, 아들은 癸를 얻으면 戌 중 辛이 허물어진다. 부친은 丁(午)을 이용하여 酉를 가공하니 공무원으로 정년퇴직하였고, 아들도 壬申으로 공직을 직업성으로 삼으려한다. 父子의 사주경향성이 유사하기에, 비록 아들의 일지가 안정될지라도 아버지의 배우자인연에 영향을 받을 수 있다. 丙午월주로 직업성 취는 있을지라도 부모 인연이 왜곡될 수 있는데, 부모가 일찍 이혼했으니 본인의 부부 인연도 불미할 수 있다.

甲일간 입장에서는 壬申이든 癸酉든 辛→甲을 내리려는 의도가 숨어 있다. 시간이 지나면서 癸酉를 통해 癸甲으로 성취하려고 할 것이다. 辛亥·壬子대운을 거치면서 癸酉시주가 발동하고 甲이 동하는 환경이 된다. 45세를 기점으로 직업·가정·건강 등 인생사에

---

16)　　　　乾　丙丁戊己庚辛壬10
　　卯子丑酉　　午未申酉戌亥子
　이 사주는 『합충형파해 강론』·「간지의 기상운행」·"壬子"편에 소개된 사주다.

156　합·충·형·파·천 방향성

변동·왜곡을 겪을 수 있다. 午월의 甲戌일주에 癸酉-甲의 구성으로 볼 때 비현실적 성향으로 돌변할 수도 있다. 종교·철학성, 이중·복합성 등이 인생왜곡을 해소해나가는 수단이 된다. 아버지처럼 壬申을 놓지 않으면 성취가 크지 않고 왜곡·손상이 있더라도 나름대로 성취를 이루게 된다.

乙戊戊己 乾　庚辛壬癸甲乙丙丁 1
卯午辰亥　　申酉戌亥子丑寅卯

辰월에 필요한 수기를 亥년지에서 취하고, 辰월에 주도할 인자는 乙卯이다. 己亥년주에서 조후를 담당하고 亥에서 甲을 내려하니 亥辰으로 乙을 취하고 己亥가 乙卯를 끌어들여 연·시에서 해묘미를 완성한다. 종교·철학·풍수·사주 등에 관심이 많고 어떤 일을 하든지 조상·윤회를 떨쳐버리지 못한다. 戊-戊-己가 일-월-년으로 연결된다는 점에서도 그러하다. 土가 많아 이것저것 생각이 분산되지만, 戊辰월주이니 조절력이 있고 직업성취도 있다.

사주 전체가 해묘미 구성이고 乙이 투출되었다. 辰午는 辰巳보다 乙을 키우려는 의도가 강하고, 庚을 보면 金을 키우려 급조·선행하기에 등락·실수를 초래하기 쉽다. 사주원국에 금이 없고 亥가 辰에 입묘하고 卯辰午로 乙을 가공하는 의도가 강하다. 辰午에서 午는 辰에 의탁할 수밖에 없기에 선천(부모·조상)에 뿌리를 두고, 불안·불미함을 바로 잡으려 노력하기에 배우자 인연을 등한시하지 않는다. 辰 중 乙이 투간된 乙卯를 키울 기운은 午뿐이고, 戊午-卯午로 乙을 조절·완성하니 처에게 의지하거나 처의 도움이 있다. 인내·끈기가 있고 결실·행운도 따른다.

삶의 목적인 乙卯를 가공하는 午는 조절력이 강하고 가만히 있지 못한다. 처가 뭐든 해야 하는 타입이고, 戊午로 동주하니 살림과 돈벌이를 함께 잘 하는 편이다. 乙卯를 담는 그릇이 불미한데 戊午

가 창고 역할을 하고, 卯午와 午辰의 불안정을 卯午辰으로 乙의 안정을 도모한다. 더불어 卯午가 乙을 가공하고 未창고 역할을 하니 처자식을 얻고 발달하는데, 午는 육해살이고 午 중 己가 투출하여 戊戌己로 戊본기를 빼앗아 己亥로 해묘미를 완성하니 함부로 대할 처(妻)가 아니다. 午일지가 꼭 필요하면서도 부담스러운 존재인 셈이다. 겉으로 큰 소리쳐도 처에게 잡혀 사는 경향성으로, 무뚝뚝하지만 처를 챙기는 타입이다.

본인은 우유 짜는 기계를 제조·판매·수리하는 乙卯의 사업성이고 수기를 채워서 짜내는 것은 亥辰의 모습이다. 午부인은 이것저것 쉼 없이 여러 일들을 해왔고 가공·변신·중간거래 등을 위주로 했으니 卯午의 모습이자 午의 특성이다. 午육해살이 己亥辰로 연결되니 종교성이 있고 꿈에서 혼이 연결되는 신기(神氣)가 있다. 午의 모습은 부인·자신의 모습이기도 하다.

한편 午·子는 진음·진양을 촉발하니 불안정·돌발성이 있고 엉뚱한 짓을 잘한다. 열심히 하지만 노력에 비해 재관의 성취정도가 약하고, 현실 삶(재관성취)에 대한 의지가 약화되기도 한다.

癸亥대운까지는 乙卯를 키우는 흐름이고, 壬戌대운은 乙卯를 완성하는 단계이고, 辛酉대운은 辛를 辰에 담아 甲·乙을 내는 종자를 얻은 셈이니 삶의 근원을 견고하게 만들어준다. 대운 구성을 보면, 甲子는 60갑자의 시초 간지이고, 癸亥는 60갑자의 마지막 간지이고, 壬戌은 戌亥로 윤회성으로 터전을 벗어나지 못하고, 辛酉는 윤회의 핵(核, 인생 정보)이다.

이 사주는 특별히 종교·철학·도문성 구조가 아니지만 대운이 윤회성을 주관하는 간지구성으로 사주원국에서 水부족과 己亥-乙卯의 윤회성이 종교·철학 성향으로 촉발되었다. 대운이 사주원국의 경향성을 좌지우지 못하지만 사주원국의 기운을 촉발시키기는 한다.

戊戊辛辛　坤　己戊丁丙乙甲癸壬5
午午丑丑　　　酉申未午巳辰卯寅

위 남명(己亥생)의 부인이다.

연월은 辛丑복음이고, 일시는 戊午복음으로 사주구성이 심플하다. 복음(伏吟)은 '엎드려서 곡(哭)하다'는 뜻이다. 복음 구조는 성실하고 노력하는 타입인데, 노력한 만큼 성과가 크지 않고 육친 인연이 불안정한 특성이 있다. 丑월에 필요한 기운을 午일지에서 충족해주고, 戊午의 모습대로 현실에 안주하지 않고 바쁘게 일하는 타입이다. 남편과 같은 戊午일주이고, 결혼하고 발달·안정되는 구조이고 辛丑년주에서 戊午시주를 끌어들여 간지삼합을 형성한다는 점에서도 남편의 사주구성과 유사하다.

辛丑에서 丑은 丑寅으로 발현되길 원하고, 辛은 본위를 지키려한다. 癸丑은 윤회를 거쳐 나오는 단계라면, 辛丑은 윤회를 돌리고 있는 상태이다. 水가 없으니 사유축으로 辛이 완성되지 못하고, 木이 없으니 辛이 丑에 입고되어 甲으로 발현되지 못한다. 辛을 완전하게 하지도 甲을 내지도 못하는 답답한 상황이다. 辛은 午에 기댈 수밖에 없고, 戊午는 辛을 펼치고 거두어 인오술로 辛을 완성하여 丑에 담는다.

辛丑을 바탕으로 삼지만 연·월로 복음이고 水가 없으니 년주를 크게 성취하거나 의미 있게 사용하지 못한다. 국가·단체를 활용하지만 사업성이 크지 않고, 종교·철학적 성향이 있지만 온전히 가담하지 못한다. 다만 午丑에서 午는 子를 동요하니 丑 중 癸가 동하여 암암리에 辛을 완성하는데 조력하기에, 나름대로 직업 성취가 있고, 때때로 신기(神氣)가 발동하곤 한다.

辛丑이 삶의 목적이니 단체·인성에 기반을 두고 종교를 갖는 것이 좋고 사회생활을 통해 직업 성취를 도모하는 게 이롭다. 戊午가 물상(재관) 완성을 주관하니 어떤 경우든 남편·자식을 품고 살아야한다. 午는 년살이니 본인 or 남편이 가만히 있지 못하고 몸을 이용하는 경향성이다. 午丑으로 일시가 연월에 입묘하니 辛을 丑에 저장하고 丑 중 癸가 동하여 辛을 완성하게 된다. 남편의 도움으로 성취·안정되고, 자신의 능력으로 물상 즉 삶의 바탕(직업성취)을 완성한다는 의미도 있다.

戊午일주는 자신이 조절력을 가공하여 삶을 주도하게 되는데, 남편도 戊午일주로 같으니 부부가 각자가 원하는 영역에서 열심히 일하고 있다. 戊午가 일시 복음으로 타인(자식)과 나눠야하니 지키려는 의지가 강하고 노력파이다. 일시 복음은 자식과 함께 삶을 도모하거나 사전 증여하는 경향이 있다. 丁未대운에 午일·시가 투출하여 戊午복음을 부추기니 자식과 함께 카페를 운영하고 있다. 시작은 아들의 직업적 수단(환경)을 마련해주기 위함이었는데 결국 자식 일에 끌려들어간 셈이다.

한편 지지에 土가 없는 구조에서 戊午는 물상을 조절하고 담는 그릇·창고 역할을 한다. 戊午시주는 인생흐름의 마지막에서 복록을 펼치고 거두기에 성취정도가 큰 편이고, 戊午월주는 초년 성취가 좋은 반면에 실패를 경험하는 경향이 있고, 戊午일주는 성실한 노력파로 본위 중심적 자수성가형이다.

이 여명은 戊午가 일·시 복음으로 복음의 분탈·고충도 있고, 戊午의 노년 복록도 있을 것이다. 덕을 베풀고 살아야 복록 속에 분탈·고충의 번거로움을 해소할 수 있다.

6. 辰未戌丑의 합·충·형·파·천

子·卯·午·酉는 亥·寅·巳·申에서 나온 기운·물상의 본질로 子·卯·午·酉의 행위는 辰·未·戌·丑에서 조절·전환-정산·결산하게 된다.

辰·未·戌·丑의 지장간을 보면 辰은 子卯형, 未는 卯午파, 戌은 午酉형, 丑은 酉子파 구성이다. 辰에서 癸·乙작용이 조절된다면, 未에서는 癸·乙작용이 상실(묘고)되고, 戌에서 丁·辛작용이 조절된다면, 丑에서는 丁·辛작용이 상실(묘고)된다.17)

1) 辰·未·戌·丑의 방향성

辰·未·戌·丑에서 癸·乙·丁·辛 본질이 조절되고, 子卯·卯午·午酉·酉子 등 형·파의 구성이다. 辰·未·戌·丑은 자체로 氣·相의 전화·변환점이고, 자묘오유 형·파의 방향성을 제시한다. 즉 辰은 子卯, 未는 卯午, 戌은 午酉, 丑은 酉子의 방향성이 본의이다.

辰·未·戌·丑에서 기운·물상의 본기가 나오니 오행 본기의 발현처는 辰·未·戌·丑이다. 辰巳, 未申, 戌亥, 丑寅으로 발현되면 寅·巳·申·亥에 암장된 중기(丙·庚·壬·甲)를 내려하니 본위운동을 선행하려는 의도가 있다.

辰= 申子辰(酉辰)→ 寅卯辰(子卯)-亥卯未(辰巳) or 인오술(辰酉)
未= 亥卯未(子未)→ 巳午未(卯午)-寅午戌(未申) or 사유축(未子)
戌= 寅午戌(卯戌)→ 申酉戌(午酉)-巳酉丑(戌亥) or 신자진(戌卯)
丑= 巳酉丑(午丑)→ 亥子丑(酉子)-申子辰(丑寅) or 해묘미(丑午)

---

17) (乙癸戊)에서 癸·乙이 드러날 수 있는 것은 丑에서 丁·辛작용이 상실되기 때문이고, 戌(辛丁戊)에서 丁·辛이 드러날 수 있는 것은 未에서 癸·乙작용이 상실되기 때문이고, 未(丁乙己)에서 乙·丁이 드러날 수 있는 것은 辰에서 辛·癸작용이 상실되기 때문이고, 丑(癸辛己)에서 癸·辛이 드러날 수 있는 것은 辰에서 丁·乙작용이 상실되기 때문이다.

① 辰은 子卯형 구성으로 신자진 완성→ 해묘미 추구

辰은 신자진(辛→壬→甲)을 마감하는 자리이고, 인묘진으로 甲-乙을 조절하여, 辰巳(해묘미)로 乙을 키우려한다.

辰(乙癸戊)에서 癸·乙를 조절하는 것은 巳에서 작용력을 강화하기 위함이다. 癸丙 방향성으로 癸는 점차 작용력이 약화된다. 癸乙은 천간 방향성에 부합할지라도, 子卯는 수생목이 불미해지는 子卯형이 되고 신자진에서 癸乙의 작용력이 조절되니 子卯형이 발동한다.

辰월은 청명淸明·곡우穀雨로 수기를 채워야하는 시기이고, 한편 癸를 조절하여 巳에서 乙을 성장시켜야한다. 辰(子卯)에서 水가 입묘하니 수기를 채워야하고, 乙을 키우는 환경에서는 火도 필요하다. 癸乙·子卯·辰 모두 丙을 얻어 해묘미 방향을 추구한다.

辰(乙癸戊)의 본의는 癸乙에 있으니 辛을 마감하여→ 乙을 형성하는(신자진) 자리다. 辰巳로 발현되면 辰은 巳 中 庚을 통해 申子辰을 꿈꾸고, 巳는 辰 中 乙에서→ 庚辛을 형성하려는(인오술) 의도가 있다.

辰의 의도는 酉辰에서 드러난다. 酉辰이 水를 만나면 酉를 가공하여 辰에 완성하고, 酉辰이 火를 만나면 辰 中 乙로 酉를 완성한다.

▶ **辰은 子卯의 방향성에 있다.**
* 子卯辰= 子卯가 거듭되어 申子辰에서 乙은 형(돌발성)이 동한다.
* 子卯未= 辰未(子卯午)로 乙을 완성한다.
* 子卯戌= 辰戌로 子卯-卯戌이 동하니 (辛)戌子卯로 乙을 완성한다.
* 子卯午= 子午로 子卯-卯午가 동하니 子卯午로 乙을 가공한다.
* 子卯酉= 酉子卯(丑辰)으로 甲乙에서 성취한다.

* 辰이 金을 만나면 辛을 추구한다.
* 辰午酉는 辰午가 酉를 만났으니 辰 中 乙을 가공하여 戌에서 庚辛을

완성하는 흐름이다.

* 辰午申은 乙庚으로 庚을 완성하는데 子가 오면 午손상이 현실화된다.
* 酉辰이 水를 만나면 신자진, 火를 만나면 인오술을 가동한다.
* 酉辰이 庚을 보는데 水가 많거나 癸를 만나면 庚손상이 가중된다.

② 戌은 午酉파 구성으로 인오술 완성→ 사유축 추구

戌은 인오술(乙→丁→辛)을 마감하는 자리이고, 신유술로 庚-辛을 조절하여, 戌亥(사유축)로 辛을 완성하려한다. 戌(辛丁戊)에서 丁·辛을 조절하는 것은 丁이 자신의 열기를 집중하여 辛을 가공하여 壬에 담기 위함이다. 丁壬 방향성으로 丁은 점차 작용력이 약화된다. 丁辛은 천간 방향성에 부합할지라도, 午酉는 화생금이 불미해지는 午酉형이 되고 인오술에서 丁辛의 작용력이 조절되니 午酉형이 발동한다.

戌月은 한로寒露·상강霜降으로 화기를 채워야하는 시기이고, 한편 丁을 조절하여 亥에서 辛을 저장해야한다. 戌(午酉)에서 화가 입묘하니 화기를 채워야하는데, 辛을 완성하는 환경에서는 水도 필요하다. 丁辛·午酉·戌 모두 壬을 얻어 사유축 방향을 추구한다.

戌(辛丁戊)의 본의는 丁辛에 있으니 乙을 마감하여→ 辛을 형성하는(인오술) 자리다. 戌亥로 발현되면 亥 중 甲을 통해 인오술을 꿈꾸고, 亥는 戌 중 辛에서→ 甲乙을 형성하려는(신자진) 의도가 있다.

戌의 의도는 卯戌에서 드러난다. 卯戌이 화를 만나면 卯를 가공하여 戌에 완성하고, 卯戌이 水를 만나면 戌 중 辛으로 卯를 형성한다.

▶ **戌은 午酉의 방향성에 있다.**

* 午酉戌= 午酉가 거듭되니 인오술에서 辛은 형(돌발성)이 동한다.
* 午酉丑= 戌丑(午酉子)으로 辛을 완성한다.
* 午酉辰= 戌辰으로 午酉-酉辰이 동하니 (乙)辰午酉로 辛을 완성한다.

* 午酉子= 午子로 午酉-酉子가 동하니 午酉子로 辛을 완성한다.
* 午酉卯= 卯午酉(未戌)로 庚辛에서 성취한다.

* 戌이 木을 만나면 乙을 추구한다.
* 戌子卯는 戌子가 卯를 만났으니 戌 중 辛을 가공하여 未에서 甲乙을 완성하는 흐름이다.
* 戌子寅은 辛甲으로 甲을 완성하는데 午가 오면 子손상이 현실화된다.
* 卯戌이 火를 만나면 인오술을, 水를 만나면 신자진을 가동한다.
* 卯戌이 甲을 보는데 火가 많거나 丁을 만나면 甲손상이 가중된다.

③ 未는 卯午파 구성으로 해묘미 완성→ 인오술 추구

未는 해묘미(癸→乙→丙)를 마감하는 자리이고, 사오미로 丙-丁을 조절하여, 未申(인오술)으로 庚을 형성하려한다. 未(丁乙己)에서 丁이 乙을 조절하는 것은 庚(申)을 내기 위함이다.

乙庚 방향성으로 乙이 손상되는 卯午파가 된다. 丁이 乙을 가공하여 庚을 얻는 흐름에 편승될지라도, 卯午는 화생목이 불미해지는 卯午파가 되고 亥卯未에서 乙丁의 작용력이 조절되니 卯午파가 발동한다.

未월은 소서小暑·대서大暑로 메마르니 수·목을 채워야하고, 乙을 조절·가공하여 庚을 형성해야한다. 未(卯午)에서 乙은 庚을 얻어야 가치가 있으니 乙丁·卯午·未 모두 庚을 얻는 인오술 방향을 추구한다.

未(丁乙己)의 본의는 乙丁에 있으니 癸를 마감하여→ 丁으로 乙을 완성하는(해묘미) 자리다. 未申으로 발현되면 未는 申 중 壬을 통해 해묘미를 꿈꾸고, 申은 未 중 丁으로→ 辛을 얻으려는 (사유축) 의도가 있다.

未의 의도는 子未에서 드러난다. 子未가 목을 만나면 子가 乙을 가공하여 未에 완성하고, 子未가 금을 만나면 未申에서 午가 辛을 완성한다.

▶ 未는 卯午의 방향성에 있다.
* 卯午未은 卯午가 거듭되어 해묘미에서 파(돌발성)가 발동한다.
* 卯午戌은 未戌(卯午酉)로 인오술에서 乙-庚을 완성한다.
* 卯午丑은 丑未로 卯午-午丑이 동하니 (癸)丑卯午로 乙을 완성한다.
* 卯午子는 子午로 子卯-卯午가 동하니 子卯午로 乙을 완성한다.
* 卯午酉는 卯午酉(未戌)로 庚辛에서 성취한다.

* 未가 水를 만나면 乙을 추구한다.
* 未酉子는 未酉가 子를 만났으니 未 中 乙을 가공하여 丑에서 辛을 완성하는 흐름이다.
* 未酉亥는 丁壬으로 辛을 완성하는데 卯가 오면 酉손상이 현실화된다.
* 子未가 木을 만나면 해묘미를, 金을 만나면 사유축을 가동한다.
* 子未가 壬을 보는데 木이 많거나 乙을 만나면 壬손상이 가중된다.

④ 丑은 酉子파 구성으로 사유축 완성→ 신자진 추구

丑은 사유축(丁→辛→壬)을 마감하는 자리이고, 해자축으로 壬-癸를 조절하여, 丑寅(신자진)으로 甲을 내려한다. 丑(癸辛己)에서 癸가 辛을 가공하는 것은 甲을 내기 위함이다.

산모의 고통과 함께 양수·태반의 피범벅 속에서 귀한 생명(寅)이 탄생하는 곳이 丑이다. 辛甲 방향성으로 辛이 손상되는 酉子파가 된다. 癸가 辛을 가공하여 甲을 얻는 흐름에 편승될지라도, 酉子는 수생금이 불미해지는 酉子파가 되고 巳酉丑에서 酉子의 작용이 조절되니 酉子파가 발동한다.

丑月은 소한小寒·대한大寒으로 추우니 화·금을 채워야하고, 辛을 조절·가공하여 甲을 내야한다. 丑(酉子)에서 辛은 甲을 내야 가치가 있으니 辛癸·酉子·丑 모두 甲을 얻는 신자진 방향을 추구한다.

丑(癸辛己)의 본의는 辛癸에 있으니 丁을 마감하여→ 癸로 신을 완성하는

(사유축) 자리다. 丑寅으로 발현되면 丑은 寅 中 丙을 통해 사유축을 꿈꾸고, 寅은 丑 中 癸로→ 乙을 얻으려는(해묘미) 의도가 있다.

丑의 의도는 午丑에서 드러난다. 午丑이 금을 만나면 午가 辛을 가공하여 丑에 완성하고, 午丑이 목을 만나면 丑寅에서 子가 乙을 완성한다.

▶ 丑은 酉子의 방향성에 있다.
* 酉子丑은 酉子가 거듭되어 사유축에서 파(돌발성)가 발동한다.
* 酉子辰은 丑辰(酉子卯)으로 신자진에서 辛-甲을 완성한다.
* 酉子未는 丑未로 酉子-子未가 동하니 (丁)未酉子로 辛을 완성한다.
* 酉子午는 午子로 午酉-酉子가 동하니 午酉子로 辛을 완성한다.
* 酉子卯는 酉子卯(丑辰)로 甲乙에서 성취한다.

* 丑은 火를 만나면 辛을 추구한다.
* 丑卯午는 丑卯가 午를 만났으니 丑 中 辛을 가공하여 未에서 乙을 완성하는 흐름이다.
* 丑卯午는 癸丙으로 乙을 완성하는데 酉가 오면 卯손상이 현실화된다.
* 午丑이 金을 만나면 사유축을, 木을 만나면 해묘미를 가동한다.
* 午丑이 丙을 보는데 金이 많거나 辛을 만나면 丙손상이 가중된다.

○ 만물을 주도하는 간지는 辰·戌·丑·未(子卯午酉**형·파**)에 있다.

만물의 생장쇠멸을 주도하는 기운은 癸·丁(子·午)이고, 水·火에 의해 형성되는 물상은 乙·辛(卯·酉)이다. 만물은 수-목-화-금-수…로 생장을 이어가고, 자묘오유로 보면 子卯-卯午-午酉-酉子 등 형·파 관계이다. 이는 辰·未·戌·丑의 모양새이고, 천간으로 癸乙, 乙丁, 丁辛, 辛癸 등이고, 간지로 癸卯, 丁卯, 丁酉, 癸酉 등이다.

辰= 癸卯·癸乙   未= 丁卯·乙丁   戌= 丁酉·丁辛   丑= 癸酉·辛癸
만물의 생장을 주도하는 간지 구성들이다.

형·파는 기존 틀에서 벗어나 새로 시작하는 작용이기에 직업·직능·직장·거주 등 불안정성이 있다. 진미술축은 자체로 자묘오유 형·파 구조를 안고 있다. 진미술축이 자묘오유 형·파와 동주하면 형·파의 경향성이 뚜렷하다. 삶에 등락(대박-쪽박)을 겪게 되는데, 음양 본위가 부합하면 등락 속에서 발달하고, 음양 본위를 잃으면 실패가 많다. 간지로 癸卯-辰, 丁卯-未, 丁酉-戌, 癸酉-丑 등 구조이다.

辰·戌은 형이고, 丑·未는 파다.
癸卯·丁酉는 수생목·화생금으로 氣相 본위가 완전한 구성이고,
癸酉·丁卯는 수생금·화생목으로 물상을 가공하여 변환해야한다.
癸酉·丁卯는 癸卯·丁酉보다 삶에 대한 집착·애착이 강하다.

▷ **癸酉는 癸가 酉를 가공하고, 丁卯는 丁이 卯를 가공하는 불편한 관계다.**

癸는 乙을 키우는 게 본위인데 辛을 키워야하니 불편하고, 丁은 辛을 가공하는 게 본의인데 乙을 가공해야하니 불편한 관계다.
癸酉(丑)와 丁卯(未)는 癸·丁으로 木↔金 물상 변환을 도모해야하니 재관성취욕구가 강하다. 酉·卯는 모습을 잃지 않으려고 안간힘을 쓰고, 癸·丁은 酉·卯를 가공하느라 힘을 뺀다. 믿을 구석이 없으니 성실하고 새 생명을 내야 한다는 사명감이 있으니 삶에 대한 애착이 강하다.
가시적 성과를 빨리 내지는 못하지만 벼락치기에 능하고 뻥튀기하는 재주가 있다. 보이지 않는 물상을 내야하니 이상이 높고 추진력이 왕성한데, 자존감이 부족하고 붙들리면 묶여 발달하지 못하는 경우도 있다. 丑寅·未申 속성이기도 하다.

▷ 癸卯는 癸가 卯를 키우고, 丁酉는 丁은 酉를 완성하는 완전한 관계다.

癸卯는 癸가 乙을 키우고, 丁酉는 丁은 辛을 가공하는 본위가 완성된 관계다. 癸卯(辰)와 丁酉(戌)는 자신의 자리에서 乙·辛을 키우는 조건이 완비되어 있으니 재관 성취욕구가 강하지 않다. 가시적 성과를 빨리 내는 편이지만 안주하고 안정을 추구하니 크게 성취하지 못한다.

본위를 갖춰진 구성으로 스스로 해결해야하니 모방·편법·융통성을 잘 이용하지만 모험심이 약하고 새로운 것에 적응력이 떨어진다. 현실적이고 주어진 일을 잘 해내는 타입이지만, 본위를 지키려는 자존감이 강하여 고집·아집으로 변질되거나 비현실적 성향으로 돌변하는 경향이 있다. 辰巳·戌亥의 속성이기도 하다.

2) 辰未戌丑 2字의 방향성

辰未戌丑에서 氣·相을 조절·통제(완성-발현)하기에 만물이 생장쇠멸로 영원성을 이어가고, 氣·相이 완성-발현하는 과정에서 일어나는 관계를 합·충·형·파·천 등으로 설명된다. 辰未戌丑도 子卯午酉와 마찬가지로 辰戌와 未丑은 충이고, 辰未·未戌·戌丑·丑辰 등은 형·파 관계를 만들어낸다.

① 辰戌은 水·火의 완성지이자 발현처로 木·金이 필요하다.

辰에서 신자진을 마무리하여 丙을 내고, 戌에서 인오술을 마무리하여 壬을 낸다. 辰은 癸乙(子卯)이 목적이니 신자진→해묘미(木)로 향하고, 戌은 丁辛(午酉)이 목적이니 인오술→사유축(金)으로 향한다. 辰·戌에서 수·화를 조절하는 것은 궁극적으로 목 or 금을 완성하기 위함이다.

卯(乙)는 辰에서 조절되어 戌에 입묘하고, 酉(辛)는 戌에서 조절되어 辰에 입묘한다. 辰戌이 만나면 목을 가공하여 금을 완성하든지, 금을 가공하여 목을 완성해야한다. 水火가 조절되지 않으면 우울증·강박증 등 정신적 문제가 동반된다. 목·금이 상호 생성-쇠멸, 발현-입묘하기에 입고-벗고, 심고-뽑고, 넣고-빼고. 얼리고-녹이고, 주고-받는 일에 어울린다.

▶ 辰→戌(목→금) 흐름은 辰도움·고충으로 庚辛을 완성한다.
* 子卯戌은 인오술에서 子손상으로 庚辛을 얻는다.
* 辰午酉는 辰午가 庚을 얻어 辛을 완성한다.
* 卯辰戌은 辰戌로 卯辰-卯戌이 동한다. 乙이 상실되니 卯辰으로 辛에서 甲乙을 얻는 것보다 卯戌로 庚辛을 얻는 게 이롭다.

▶ 戌→辰(금→목) 흐름은 戌도움·고충으로 甲乙을 완성한다.
* 戌子卯는 戌子가 甲을 얻어 乙을 완성한다.
* 午酉辰은 신자진에서 午손상으로 甲乙을 얻는다.
* 酉戌辰은 辰戌로 酉戌-酉辰이 동한다. 辛이 상실되니 酉戌로 乙에서 庚辛을 얻는 것보다 酉辰으로 甲乙을 얻는 게 이롭다.

② 丑未는 木·金의 완성지이자 발현처이니 水·火가 필요하다.

丑에서 사유축을 마무리하여 甲을 내고, 未에서 해묘미를 마무리하여 庚을 낸다. 丑은 辛癸(酉子)가 목적이니 사유축→신자진(水)로 향하고, 未는 乙丁(卯午)이 목적이니 해묘미→인오술(火)로 향한다. 丑·未에서 목↔금이 변환되기 위해서는 水·火가 필요하다.

午(丁)는 未에서 조절되어 丑에 입묘하고, 子(癸)는 丑에서 조절되어 未에 입묘한다. 丑未가 만나면 丁壬으로 금을 완성하든지, 癸丙으로 목을 완성해야한다. 환경이 부합하지 않으면 완성-생성의 실질적 문제가 현실화되므로 辰戌에 비해 정신적 고충이 심하다. 辰戌과 같이 재생·생성의 의미도 있지만, 키워서 완성한다는 의미가 더 크다.

► 丑→未(목 완성) 흐름은 丑도움·고충으로 乙을 완성한다.
* 丑卯午는 丑卯가 卯를 만나 乙을 완성한다.
* 酉子未는 酉를 기반으로 해묘미에서 乙을 완성한다.
* 子丑未는 丑未로 子丑-子未가 동한다. 子도움으로 乙을 완성하니 辛에 집착하지 말고 乙에서 성취를 얻는다.

► 未→丑(금 완성) 흐름은 未도움·고충으로 辛을 완성한다.
* 卯午丑은 卯를 기반으로 사유축에서 辛을 완성한다.
* 未酉子는 未酉가 子를 만나 辛을 완성한다.
* 午未丑은 丑未로 午未-午丑이 동한다. 午도움으로 辛을 완성하니 乙에 집착하지 말고 辛에서 성취를 얻는다.

丑	未	辰	戌	辰	未	戌	丑	未	戌	丑	辰
酉子	卯午	子卯	午酉	子卯	卯午	午酉	酉子	卯午	午酉	酉子	子卯
충		충		형·파		형·파		형·파		형·파	

〈진미술축 2字의 관계성〉

▷ 辰戌 or 丑未는 沖으로 氣·相을 마감하고 발현되는 전환·변환점이다. 겉으로는 반대편에 있지만 子卯午酉로 연결·통관되니 어떤 환경에서든 역동성을 발휘한다. 다만 전환·변환으로 인한 번거로움이 발생한다.

▷ 辰未, 未戌, 戌丑, 丑辰 등은 子卯午酉 형·파 구성으로 癸·丁·乙·辛 본질이 조절되기에 자칫 목·금의 가치가 상실될 수 있다. 겉으로는 좋아 보이지만 건강·재물·벼슬·육친 등 현실적 고충을 겪는 경우가 많다.[18]

▷ 진미술축 2字구성은 복잡성이 있는데, 丑辰未, 辰未戌, 未戌丑, 戌丑辰 등으로 구성되면 이중·복잡성이 완화되고 인기·사회성으로 발현된다.

---

18) 에는 子卯, 寅巳, 巳申, 寅申, 戌丑, 未戌, 丑未 등이 있다.
    破에는 寅亥, 巳申, 酉子, 卯午, 未戌, 丑辰 등이 있다.

구분	丑·辰	辰·未	未·戌	戌·丑
지장간	辛·癸·癸·乙	癸·乙·乙·丁	乙·丁·丁·辛	丁·辛·辛·癸
형·파	酉子-子卯	子卯-卯午	卯午-午酉	午酉-酉子
작용	癸乙	乙丁	丁辛	辛癸
	丁·辛상실	辛·癸상실	癸·乙상실	乙·丁상실
현상	금 가치상실	목 활동장애	목 기능상실	금 활동장애
	목 성취욕구		금 성취욕구	

〈진미술축의 刑·破 작용관계〉

③ 丑辰은 癸乙 **방향성이다.**

丑辰에 辛이 상실되고 癸조절을 통해 甲乙이 형성된다. 酉子卯로 辛→乙을 얻는 흐름이지만, 辛이 丑辰에서 가치를 완성하길 원한다. 辛도 불안하고 乙도 불안한 형국이다. 癸가 辛을 가공하여 丑寅으로 甲을 내고 乙을 얻으면 안정된다. 辛이 丑辰에서 상실되니 丑에서 경거망동하면 辰에서 묶이는 관계가 丑辰이다.

* 丑辰에 水가 강하면 수왕의 형이 발동한다. 壬辰-丑, 癸丑-辰, 亥丑辰, 子丑辰 등 구성이다. 수왕의 丑辰형이 발동하면 辛을 얻지도 못하고 乙을 얻지도 못한다. 만약 辛·乙을 고집하면 어렵게 얻고 쉽게 잃는다. 水가 강한데 목·금이 홀로 투출되면 거기에 매달려 실패하게 되는데, 이 때는 亥가 있어 亥 중 甲을 얻는 게 좋다.

* 丑寅辰은 辛-甲-乙을 완성하는 흐름이다. 甲을 고집하면 寅辰에서 乙겁재를 끌어들이니 **빼앗기는** 상이 되고, 水가 강하면 寅손상을 초래한다.

* 酉丑辰은 丑辰이 酉를 끌어들인다. 辛이 창고에 처박혀 나오지 못하는 꼴이다. 木이 동반되면 乙을 성취하는데, 辰巳를 만나면 巳酉丑을 가동하니 乙을 취하려하면 등락을 겪는다. 水가 강하면 辛이 손상되고 甲이 나오지

못하는 丑辰파가 된다.
　* 丑辰에 戌을 만나면 辛이 강화되니 甲을 내지 않으려한다. 辛을 완성하는 환경이면 성취가 빠르지만, 甲을 얻으려면 발달이 더디다.
　* 丑辰에 未를 만나면 乙성취가 빠른데, 경거망동으로 실패를 겪기 쉽다.
　* 사주원국에 丑辰이 월·일 or 일·시에 연계되어 있으면 성공여부와 상관없이 丑에서 한 행위가 辰에서 나타난다.

④ 辰未는 乙丁 방향성이다.

　辰未에 癸가 상실되고 丁이 동하여 乙이 완성된다. 子卯午로 乙을 완성하는 흐름이지만, 午에 부풀어진 乙은 庚으로 돌파구를 찾아야한다. 辰巳로 乙을 완성하거나, 未申으로 庚을 얻는 것이다. 癸가 辰未에서 상실되니 辰에서 경거망동하면 未에서 묶이는 관계가 辰未이다.

　* 辰未에 木이 강하면 목왕의 형이 발동한다. 甲辰-未, 乙未-辰, 寅辰未, 卯辰未 등 구성이다. 목왕의 辰未형이 발동하면 乙을 사용하지도 못하고 庚을 얻지도 못한다. 만약 木이 강한데 水·火가 홀로 투출되면 거기에 매달려 실패하고 水·火 손상을 초래한다. 申을 얻으면 申 중 壬을 얻고 未申으로 발현되니 돌파구가 된다.
　* 辰巳未는 巳가 乙을 완성하는 흐름이다. 巳에 집착하면 巳未에서 丁겁재를 끌어들이고 巳 중 庚을 내려놓니 손실·등락을 겪을 수 있다.
　* 子辰未은 辰未가 子를 끌어들인다. 癸가 묶여 작용력을 상실하니 乙을 키울 여력이 없는 형국이다. 火가 동반되면 乙성취가 있는데, 未申을 만나면 申子辰을 가동하니 庚을 취하려하면 등락을 겪는다. 木이 강하면 子손상이 가중되고 乙이 성장하지 못한다.
　* 辰未에 丑을 만나면 乙이 辛뿌리를 얻은 격이다. 辛을 탐하면 잃기 쉽고, 乙을 취하면 더딜지라도 성취정도는 크다.

* 辰未에 戌을 만나면 乙이 완성되지만 발전적이지 못하고, 庚辛에서 돌파구를 찾으면 발달한다. 乙환경이면 변화가 좋지 않고, 庚辛환경이면 변화를 모색해야한다.

* 사주원국에 辰未가 월·일 or 일·시에 연계되어 있으면 성공여부와 상관없이 辰에서 한 행위가 未에서 나타난다.

⑤ **未戌은 丁辛 방향성이다.**

未戌에 乙이 상실되고 丁조절을 통해 庚辛이 형성된다. 卯午酉로 乙→辛을 얻는 흐름이지만, 乙이 未戌에서 가치를 완성하길 원한다. 乙도 불안하고 辛도 불안한 형국이다. 丁이 乙을 가공하여 未申으로 庚을 내고 辛을 얻으면 안정된다. 乙이 未戌에서 상실되니 未에서 경거망동하면 戌에서 묶이는 관계가 未戌이다.

* 未戌에 火가 강하면 화왕의 형이 발동한다. 丙戌-未, 丁未-戌, 巳未戌, 午未戌 등 구성이다. 화왕의 未戌형이 발동하면 乙을 얻지도 못하고 辛을 얻지도 못한다. 만약 乙·辛을 고집하면 어렵게 얻고 쉽게 잃는다. 火가 강한데 목·금이 홀로 투출되면 거기에 매달려 실패하게 되는데, 이 때는 巳가 있어 巳 중 庚을 얻는 게 좋다.

* 未申戌은 乙-庚-辛을 완성하는 흐름이다. 庚을 고집하면 申戌에서 辛겁재를 끌어들이니 **빼앗기는** 상이 되고, 火가 강하면 申손상을 초래한다.

* 卯未戌은 未戌이 卯를 끌어들인다. 乙이 未戌창고에 처박혀 나오지 못하는 꼴이다. 金이 동반되면 辛을 성취하는데, 戌亥가 만나면 亥卯未를 가동하니 辛을 취하려하면 등락을 겪는다. 火가 강하면 乙이 손상되고 庚이 나오지 못하는 未戌파가 된다.

* 未戌에 辰을 만나면 乙이 강화되니 庚을 내지 않으려한다. 乙을 완성하는 환경이면 성취가 빠르지만, 庚을 취하려면 발달이 더디다.

* 未戌에 丑을 만나면 辛성취가 빠른데, 경거망동으로 실패를 겪기 쉽다.
　　* 사주원국에 未戌이 월·일 or 일·시에 연계되어 있으면 성공여부와 상관없이 未에서 한 행위가 戌에서 나타난다.

⑥ 戌丑은 辛癸 방향성이다.

　　戌丑에 丁이 상실되고 癸가 동하여 辛을 완성한다. 午酉子로 辛을 완성하는 흐름이지만, 癸에 허물어진 辛은 甲으로 돌파구를 찾아야한다. 戌亥로 辛을 완성하거나, 丑寅으로 甲을 얻는 것이다. 丁이 戌丑에서 상실되니 戌에서 경거망동하면 丑에서 묶이는 관계가 戌丑이다.

　　* 戌丑에 金이 강하면 금왕의 형이 발동한다. 庚戌-丑, 辛丑-戌, 申戌丑, 酉戌丑 등 구성이다. 금왕의 戌丑형이 발동하면 辛을 사용하지도 못하고 甲을 얻지도 못한다. 만약 金이 강한데 水·火가 홀로 투출되면 거기에 매달려 실패하고 水·火 손상을 초래한다. 寅을 얻으면 寅 中 丙을 얻고 丑寅으로 발현되니 돌파구가 된다.
　　* 戌亥丑은 亥가 辛을 완성하는 흐름이다. 亥에 집착하면 亥丑에서 癸겁재를 끌어들이고 亥 中 甲을 내려하니 손실·등락을 겪을 수 있다.
　　* 午戌丑은 戌丑이 午를 끌어들인다. 丁이 묶여 작용력을 상실하니 辛을 완성할 여력이 없는 형국이다. 水가 동반되면 辛성취가 있는데, 丑寅을 만나면 寅午戌을 가동하니 甲을 취하려하면 등락을 겪는다. 金이 강하면 午손상이 가중되고 辛이 완전해지지 못한다.
　　* 戌丑에 未를 만나면 辛이 乙뿌리를 얻은 격이다. 乙을 탐하면 잃기 쉽고, 辛을 취하면 더딜지라도 성취정도는 크다.
　　* 戌丑에 辰을 만나면 辛이 완성되지만 발달하지 못하고, 甲乙에서 돌파구를 찾아야한다. 辛환경이라면 변화가 좋지 않고, 甲乙환경이면 변화를 모색해야한다.

* 사주원국에 戌丑이 월·일 or 일·시에 연계되어 있으면 성공여부와 상관없이 戌에서 한 행위가 丑에서 나타난다.

진미술축 2字의 관계는 시작(행위)-결과(결실)의 연관성이 있다.

인간사에서 결과·결실은 원인에서 비롯되고, 원인-과정으로 행해진 일들은 정산·평가 절차를 거쳐 결과로 나타난다. 정산·평가 절차가 이루어지는 곳이 辰未戌丑이고, 辰未戌丑에서 子卯午酉를 조절·통제(형·파)로 정산·평가한 것이 행위에 대한 결과다. 달리 말하면 辰未戌丑에서 행위-결과는 子卯午酉 형·파의 작용이라 할 수 있다.

辰-未-戌	未-戌-丑	辰未-戌	未戌-丑	戌丑-辰	丑辰-未
子卯-午酉	卯午-酉子	子卯-午酉	卯午-酉子	午酉-子卯	酉子-卯午

〈진미술축 상호관계의 행위-결과〉

▷ 丑辰, 辰未, 未戌, 戌丑에서 원인-결과

丑辰, 辰未, 未戌, 戌丑 등은 자체로 酉子卯, 子卯午, 卯午酉, 午酉子 통관구조로 丑-辰, 辰-未, 未-戌, 戌-丑에서 원인-결과가 성립된다. 월·일 or 일·시에 동주하면 성공여부와 상관없이 원인-결과로 나타나는 것이다.

▷ 辰戌, 未丑에서 원인-결과

* 辰(子卯)은 신자진을 추구하고, 戌(午酉)은 인오술을 추구한다. 未(목) or 丑(금)이 오면 방향성을 잡는다. 월·일 or 일·시에 辰戌이 동주하면 사주 경향성에 따라 辰에서 한 행위가 戌에 결과로 나타나거나 戌에서 한 행위가 진에서 나타난다.

* 未(卯午)는 해묘미를 추구하고, 丑(酉子)은 신자진을 추구한다. 戌(화) or 辰(수)이 오면 방향성을 잡는다. 월·일 or 일·시에 未丑이 동주하면 사주 경향성에 따라 未에서 한 행위가 丑에 결과로 나타나거나 丑에서 한 행위가 未에서 나타난다.

특히 辰戌과 미표은 충 관계이면서 子卯午酉 3字의 연결구성이니 사주원국에 불문하고 운세에서 '원인-결과'의 연관성이 있다. 즉 辰년에 위법·불법으로 행한 일은 성과를 얻을지라도 戌년에 깨뜨리게 되고, 辰년에 힘들더라도 바른 마음으로 노력했다면 戌년에 성과를 얻게 된다.

3) 辰未戌丑 3字의 방향성

辰戌, 丑未, 丑辰, 辰未, 未戌, 戌丑 등 2字가 만나면 본위를 지키려는 작용(완성)과 돌파구를 찾으려는 작용(발현)이 동시에 일어난다. 완성-발현(잉태-생산)으로 번거롭고 복잡한 일이 발생하고 묶이거나 벗어나려는 욕구가 발동하는데, 丑辰未, 辰未戌, 未戌丑, 戌丑辰 등 3字로 구성되면 연결·통관 작용으로 방향성을 잡게 된다. 이중·복잡성이 완화되고 일이 순탄하게 진행된다.

진미술축 3字의 관계는 시작-과정-결과의 관점이다.

진미술축 3字 관계는 '원인-결과'의 관계성을 '시작-과정-결실'로 구체화하는 흐름이다. 丑辰未, 辰未戌, 未戌丑, 戌丑辰 등 3字 구성은 방향성은 다를지라도 子卯午酉가 완성된 관계이다. 氣-相 방향성이 구체화되고 일관성을 갖기에 시작-과정-결과로 일이 전개되고 성취하게 된다.

3字 구성	丑辰未	辰未戌	未戌丑	戌丑辰
왕지 구성	酉子卯午	子卯午酉	卯午酉子	午酉子卯
삼합 방향성	해묘미	인오술	사유축	신자진

〈진미술축의 시작-과정-결과〉

► 丑辰未는 酉子卯午로 연결되니 丑 중 辛을 통해 辰未에서 乙을 완성하는 亥卯未 과정이다. 子丑(酉子)의 행위는 卯辰(子卯)을 거쳐 午未(卯午)에서 결과로 나타난다.

丑辰未에 金이 강하면 발달이 더디거나 힘들게 성취하고, 水가 강하면 辛이 손상되고 甲이 나오지 못한다. 木이 강하면 丑고충이 동반된다.

► 辰未戌은 子卯午酉로 연결되니 辰 중 乙을 통해 未戌에서 庚을 내는 寅午戌 과정이다. 卯辰(子卯)의 행위는 午未(卯午)을 거쳐 酉戌(午酉)에서 결과로 나타난다.

辰未戌에 木이 강하면 辰未형이 발동하여 庚을 내지 않고, 火가 강하면 庚이 형성되지 못한다.

► 未戌丑은 卯午酉子로 연결되니 未 중 乙을 통해 戌丑에서 辛을 완성하는 巳酉丑 과정이다. 午未(卯午)의 행위는 酉戌(午酉)을 거쳐 子丑(酉子)에서 결과로 나타난다.

未戌丑에 木이 강하면 발달이 더디거나 힘들게 성취하고, 火가 강하면 乙이 손상되고 庚이 형성되지 못한다. 금이 강하면 未고충이 동반된다.

► 戌丑辰은 午酉子卯로 연결되니 戌 중 辛을 통해 丑辰에서 甲을 내는 申子辰 과정이다. 酉戌(午酉)의 행위는 子丑(酉子)을 거쳐 卯辰(子卯)에서 결과로 나타난다.

戌丑辰에 금이 강하면 戌丑형이 발동하여 甲을 내지 않고, 수가 강하면 갑이 발현되지 못한다.

'시작-과정-결과'의 흐름은 삼합의 원리이다.

기상명리는 氣·相 흐름을 삼합 방향성으로 살피기에, 사주원국의 목적과 흐름을 삼합 과정(시작-과정-결과)으로 찾을 수 있다.

해묘미를 예로 들면,

해묘미 구조는 어떤 일을 행하든 해자축(시작)-인묘진(과정)-사오미(결과)로 진행되고, 신유술은 亥卯未에서 못한 일을 근원적으로 정리·정산하여 다음 단계를 준비한다. 만약 丑년에 아무 일도 하지 않으면, 辰년에 할 일 없이 세월만 보내니, 未년에 거둘 결실이 없다. 丑년에 능동적으로 과감하게 행하고, 辰년에 최선을 다하고, 未년에 확장하거나 경거망동하면 안 되고, 申酉戌에서 내실을 강화하여 재도약의 기회로 삼는다. 이는 음양본위에 불문하고 해묘미 구조의 인생흐름이다.

* 申子辰 구조는 申酉戌에서 과감하게 행하고, 亥子丑에서 진취적으로 최선을 다하여, 寅卯辰에서 완성된다. 巳午未에서 내실을 강화한다.
* 亥卯未 구조는 亥子丑에서 과감하게 행하고, 寅卯辰에서 진취적으로 최선을 다하여, 巳午未에서 완성된다. 申酉戌에서 내실을 강화한다.
* 寅午戌 구조는 寅卯辰에서 과감하게 행하고, 巳午未에서 진취적으로 최선을 다하여, 申酉戌에서 완성된다. 亥子丑에서 내실을 강화한다.
* 巳酉丑 구조는 巳午未에서 과감하게 행하고, 申酉戌에서 진취적으로 최선을 다하여, 亥子丑에서 완성된다. 寅卯辰에서 내실을 강화한다.

인생사가 좋기만 하고 나쁘기만 하겠는가. 노력하지 않으면 얻을 게 없고, 혹여 노력에 불구하고 성과가 없을지라도 나중에 보상받게 된다. 처음에 좋았다가 나중에 나빠지기도 하고, 처음에 힘들어도 나중에 영화를 누리게 되는 게 인생사다.

무릇 사주팔자는 좋고 나쁨이 따로 있는 게 아니라 사주흐름의 방향성에 부합하느냐에 있고, 무엇보다 해야 할 때 하고 하지 말아야할 때 하지 않는 지혜가 인생가치와 재관성취를 안정되게 하는 첩경이다.

戊甲丙癸　坤　癸壬辛庚己戊丁9
辰戌辰丑　　亥戌酉申未午巳

土가 많고 물상은 甲뿐인데 甲戌로 甲이 상실된다. 甲이 직접 재관을 취하기 어렵고 고집·자만을 버려야 성취할 수 있다. 타인을 통한 가치실현이요, 가상·허상을 통한 성취이다. 土가 많으면 생각이 많고 누구와도 등지지 않으려한다. 대인관계가 원만하고 줏대 없는 사람처럼 보일지라도 자기 계산은 있다. 甲일간이 본기를 상실하고 천간에서 홀로 작용력을 잃으니 생각은 많으나 깊지 않은데 하나의 생각을 전일하게 하지 못한다.

甲은 戌에서 乙로 가치를 얻어야하고, 癸甲에 戌丑辰 구성으로 丑 중 辛을 가공하여 甲乙이 발현되는 조건이고, 甲일간이 辰월에 癸丑년주를 취하여 戌丑辰으로 甲乙을 얻는 환경이다. 甲戌일주로 甲이 乙모습으로 전환을 꺼리지 않으니 자신을 낮추어 복록을 얻는 삶의 학습이 이루어진 모양새다. 乙은 戌에서 완성되니 甲은 戌일지에 의탁하는데 알고 보니 戌이 아닌 丑 중 辛이 甲의 근원임을 깨달게 된다. 시간이 지나면서 남편에 대한 믿음이 깨지고 불만을 갖게 된다. 남편의 관심이 간섭으로, 배려가 집착으로 느껴지고, 실제로 남편의 간섭·집착이 심한 경우도 있다. 남편의 관심·간섭에서 벗어나려하고 본인·남편이 다른 이성을 찾게 된다. 戌입장에서도 甲이 아닌 乙을 원하기 때문이다.

辰월에 癸丑을 얻으니 선천 바탕이 견고하고 癸-丑辰으로 수왕의 형이 발동하는데 丙이 있어 木발현에 문제가 없다. 다만 癸丑에 얽매이면 丑辰이 甲을 내지 못한다. 癸丑을 바탕으로 삼되 공부·자격·학위 등을 삶의 수단으로 삼으면 불리하다. 癸丙을 취하면 丙辰에 뿌리를 두니 乙성취가 있다. 丙辰은 월주를 벗어나지 못하니 부모를 봉양해야 하거나 부모(시댁)의 혜택·도움이 있음이고, 직업에 매달려야 하지만 직업 성취는 크지 않다. 장남과 결혼하여 십수년을 시부모의 영향력에서 살아왔다.

丙辰월주 자체는 좋지 않지만, 癸丑辰으로 乙이 불미한 상황에서 丙이 투출되니 甲戌이 乙을 얻기 수월하다. 癸-丙辰이 戌丑辰으로 甲乙을 키우고 완성하니 丙辰의 도움·혜택이 있다. 丙辰월주임에도 삶에 행운이 따르고 부모·형제의 도움이 있고 辰 중에 乙겁재가 있으니 주위·귀인의 도움도 있다. 여기에 戌辰으로 辛-甲을 동하게 만드니 시댁으로부터 경제적 도움을 얻었고 10억대 유산을 받았다. 乙에서 성취하니 甲자신을 낮추고 배우자를 지키고 丙辰을 붙들고만 있으면 재물이 들어오는 모양새다. 부모·형제를 봉양하는 것은 辰 중 乙을 얻는 방법이고, 직업성취에 불문하고 직업은 가져야한다. 가상·허상 or 타인을 통해 가치를 실현하는 직업성이 좋고 나누고 베푸는 마음씀씀이가 필요하다.

癸甲-戌丑辰으로 癸가 戌 중 辛에서 甲을 내는 흐름이고, 일월이 戌辰으로 동하니 申子辰에서 甲乙을 키우는 환경이다. 庚申대운에 金운이 펼쳐지니 甲이 씨앗을 얻은 셈이다. 癸巳·甲午·乙未·丙申년에 대형 의류매장에서 매니저로 일했고, 丁酉년에 유명 골프웨어 매장을 개업했다가 庚申대운 마지막 庚子년 寅월에 폐업하였다. 巳午未년에 경험을 쌓고, 申酉戌년에 과감하게 개업한 것은 좋았는데 亥子丑寅卯辰년까지 펼쳐진 운세를 활용하지 못한 것은 아쉽다. 친구와 휩쓸려 무속인 집에 출입하고 부동산 투자에 기웃거리면서 공인중개사 시험에 관심을 둔 원인도 있다. 이는 癸丑에 매달리는 행위들로 엉뚱한 일에 힘을 소비하는 꼴이다.

이 사주간명에서 주의할 점은 戌丑辰 구성으로 申子辰에서 甲이 본위를 얻는다고 공식화해서는 안 된다. 또 辰월에 水가 필요하니 癸丑을 고집하지 말고 癸丙 or 丙辰에 삶의 바탕·수단이 됨을 살펴야한다. 그러면 丙辰-癸丙으로 甲에서 乙을 키워 戌을 창고로 삼는 흐름을 볼 수 있을 것이다.

壬丁壬己 乾　甲乙丙丁戊己庚辛1
子巳申酉　　子丑寅卯辰巳午未

위 여명(癸丑생)의 남편이다.

丁일간이 申월에 앉아 壬申월주에서 역동성이 부족하다. 申월에 丁巳일주로 자수성가의 상이지만 丁壬 양합에 丁壬-巳申으로 묶이니 자신이 능력을 발휘하여 성과를 얻기 어려운 구성이다. 다만 丁巳가 사주 기운을 충족하고 巳申酉-己酉로 丁壬-巳酉丑 구조가 완비되었다. 壬申월주 자체는 이롭지 않으니 직업성취가 약하지만, 壬이 申酉를 가공하여 己酉에서 완성하니 조상·부모의 음덕이 있다. 목이 투출되지 않았으니 헛된 꿈을 꾸지 않고 선대의 유산과 부모의 도움을 바탕으로 경제력을 얻고 있다.

己酉년주에서 巳酉丑을 완성하니 선천복록을 담고, 申월에 巳일지가 조후하면서 자사로 동하여 巳酉丑을 가동하니 결혼하고 발복하거나 부인의 도움이 있다. 丁일간은 월일에 묶여 있으니 능력·자질은 미흡하지만 가정을 지키고 연월에 의탁하면 복록을 누리는 구조라는 점에서 부인과 유사하다. 부친의 터전에서 주유소를 운영하여 삶의 바탕을 이루었는데 이는 壬申에 의지하여 丁巳모습으로 사유축 흐름의 모습이다. 조상·부모를 잘 만나는 것도 홍복이요, 그 복은 전생에 공덕을 쌓았거나 조상이 공덕을 쌓은 값이다. 인생사를 윤회의 관점에서 보면 공짜도 없고 그냥 주어지는 게 아니다. 복 받은 놈이라고 시기하지 말자.

壬이 월·시에서 복음이고 丁壬으로 양합하니 부모인연에 의탁하면 자식인연이 약화된다. 부모에게 많은 유산을 받아 경제력을 갖추었으니 자식과의 유대감이 약한 편이다. 부모-자신-자식으로 이어준다는 의미도 있으니 유업을 이어받는 자식이 있거나 자식과 함께 삶을 도모하는 게 좋다. 巳일지는 자식이 성장함에 따라 子巳로 엉뚱한 방향으로 흘러가기에 巳를 믿지 못하고 子를 못마땅하게 여기는 까닭도 있다.

巳일지의 움직임에 따라 복록에 영향을 미치니 부인에게 집착·간섭·의탁하는 경향이 있는데 이는 巳를 놓치지 않으려는 의도이다. 丁巳일주에서 巳가 丁에게 기운을 북돋아주는 관계이지만 간여지동으로 巳부인이 丁일간에 맞선다고 여기는 까닭도 있다. 일주 간여지동은 남명이 여명보다 배우자 인연을 불리하게 만든다. 40·50대에 丁卯·丙寅대운을 거치니 부부인연이 어긋나거나 본인 or 부인이 다른 이성과 인연을 맺기도 한다.

子巳는 癸丙 구조이지만 목이 없으므로 사유축에 조력하니 안정성이 있는데, 丁卯대운부터 子巳가 목을 내려하니 엉뚱한 짓을 하게 된다. 부인을 앞세워 丁酉년에 골프웨어 매장을 개업하고 戊戌년에 편의점을 개업하였다. 丁巳-子巳가 동한 탓이고, 프랜차이즈 사업이니 나쁘지는 않다. 巳부인은 丙辰월주로 골프웨어 모습이고, 편의점은 己酉모습이다. 부인이 亥子丑 구간에서 골프웨어를 폐업하고 편의점만 유지하는 것은 남편의 사유축 방향성에 기인한 결정이라 할 수 있다.

부부 모두 일간 입장에서 일지가 편한 자리가 아니지만 일지에서 복록을 얻거나 완성하는 구심점이라는 점에서 같다. 일간이 사주 환경을 주도할 수 없고 자신의 능력으로 성취할 수 없는 상황에서 선천 기운(부모·타인·귀인)으로 복록을 얻는데 그 복록은 배우자가 채워져야 유지되니 배우자를 지키는 것이 선천에서 주어진 복록을 유지하는 첫 번째 조건이다.

더불어 子巳는 丙에서→癸로 즉 丁壬 방향성에서 힘들게 or 위법·편법성으로 성취하는 흐름이니, 무엇보다 탐욕을 부리거나 베푸는데 인색하면 자식의 발달이 저해하거나 왜곡될 수 있다.

乙丁己乙 乾　壬癸甲乙丙丁戊8
巳酉丑未　　午未申酉戌亥子

천간은 乙丁에 乙巳·乙未로 乙을 완성하는 해묘미 흐름인데, 丁일간이 丑월을 주도하여 巳酉丑으로 辛을 완성하는 구성이다. 乙丁은 미정의 인자이고 卯午파 구조로 해묘미에서 乙을 완성하면 미완의 불안정한 모습이 되니 庚으로 가치를 실현하는 방향성에 있다. 천간-지지가 해묘미-사유축으로 방향성이 다르니 火(庚) or 水(甲)로 방향성을 잡아야한다. 水가 없으니 乙-庚으로 가공하여 辛을 완성해야한다. 乙巳에서 巳 중 庚을 취하거나 乙未에서 未申으로 庚을 얻기 용이하다. 오로지 乙을 가공해야하고 丑未로 기운을 돌려 丑 중 癸가 辛을 완성하니 乙未년주가 삶의 근원처가 된다. 반대로 水를 얻어서 未酉丑으로 甲을 내고 乙을 취하더라도 乙未가 삶의 포인트가 된다.

결혼하여 자식을 얻으면 巳酉丑이 완비되니 엉뚱한 생각을 하지 않고 乙을 가공하여 가치 있게 만드는데 전력하게 된다. 丁이 乙을 동반하여 방향성을 잃기 쉬운데, 丁酉로 辛을 완성하려는 의도가 확고하니 乙을 고집하지 않는다. 丁일간이 원하는 바를 酉일지가 완성해주니 처자식을 얻고 안정되고 己丑월주로 직업성취가 있다. 丁酉는 똑똑하고 성과를 빨리 내는 능력이 있지만 자만심이 있고 변화를 싫어하는 편이고 종교·철학적 사유가 있다.

丁酉(丁辛)가 乙을 수단으로 삼으니 식상(재능)을 발휘하는 능력이 있고, 몸(말·입)을 이용한 일이요, 乙未에서 未申-丑으로 완성되니 국가·자격·인성을 이용하는 직업성이다. 변호사, 의사, 예술·예능, 교수·강사의 상이다. 이 남명은 비뇨기과 전문의로 국가 자격을 이용하여 몸(기술)으로 재능을 발휘하는 직업성이다.

삶의 수단인 乙은 乙巳·乙未 복음으로 이중·복합성이다. 2가지 일(종목·기능)을 하는 경우가 많고, 능력에 비해 성과가 적거나 성취가 크더라도 만족하지 않고 열심히 노력하는 경향성이다. 만약 乙의 이중·복합성을 직업적으로 사용하지 않으면 삶이 복잡해질 수 있다. 의사 면허(乙未)를 이용하여 병원을 운영하는 사업성(乙巳)이라는 점에서 이중·복합성에 해당하지만 적극·의도적 행위가 아니므로 삶의 형태에서 이중·복합성을 완화해나가는 것이 좋다. 이중 직업성이 아니라면 주기적으로 봉사활동에 가담하거나 종교·철학적 사유에 관심을 두거나 후학 양성에 매진해야한다. 그렇지 않으면 직업·가정 2곳에 충실하고 자식에 헌신해야한다. 직장-집-직장-집…똑딱똑딱하는 남편·아빠가 돼야 이중·복합성으로 인한 왜곡을 해소할 수 있다는 말이다.

乙巳 사업성(식상)은 未에서 발현되었으니 丑寅으로 발현된 甲에서→乙을 취하려는 욕구가 발동할 수 있다. 乙丁에서 丁은 乙을 취하려고 달려들 소지가 있기 때문이다. 乙에 집착하면 즉 가정을 등한시하고 현실성이 없는 일에 매달리면 등락·왜곡을 겪을 수 있다. 이 남명은 乙을 바탕으로 삼되 집착·탐욕을 부리면 안 됨을 교훈으로 삼아야한다. 공상·허상에 치우치지 말고 현실을 직시해야한다. 이상보다 현실을 추구하고, 명예보다 재물(가정)을 중시하고, 큰 것보다 작지만 실질적인 것이 좋다. 미래가치보다 현재가치에, 나아가 근원적 가치에 의미를 두어야한다. 현재의 재물가치를 의미 있게 하는 것은 나누고 베푸는 행위다.

이 사주의 관점 포인트는 水가 없으니 丑寅으로 甲乙을 아름답게 만들지 못하고 乙丁(卯午)이 庚을 완성하는 사유축 환경임을 인지해야한다. 한편 巳酉丑 삼합구성은 육친 인연을 숙명으로 중시하고 대인 유대감이 있는 반면에, 다른 환경을 이해하지 못하고 받아들이지 못하는 과단성이 있다. 환경이 주어지면 굳건하게 발달하지만, 그렇지 않으면 공허·허무함이 있고 자존·아집으로 인한 구설시비, 타인으로부터 시기·질투 등으로 곤욕을 치를 수 있다.

戊丙壬壬　坤　乙丙丁戊己庚辛8
戌申寅寅　　　未申酉戌亥子丑

위 남명(乙未생)의 부인이다.

寅월에 필요한 수기를 연·월에서 壬寅으로 甲을 얻는 구성인데, 丙申일주가 寅申으로 기운을 돌려 申戌로 庚을 취하려는 의도가 있다. 丙壬-寅申 구조로, 丙申자신이 삶을 주관하여 완성할 것인지, 壬寅으로 타인의 도움·계기 or 타인을 통해 성취할 것인지에 따라 삶이 달라진다. 丙申으로 庚을 취하면 壬寅이 변색되고 申戌로 겁재를 끌어들이니 재관·가정·부부애정에 불안한 형국이 된다. 반면에 壬寅을 목적으로 하면 丙申을 기반으로 甲을 얻고 丙壬으로 乙을 완성하여 戌에 담는다. 壬寅을 취하면 丙申자신을 낮춤으로써 안정을 얻고 타인을 위한 삶에서 발달한다.

여기서 戌을 乙→庚의 인오술 환경으로 고집하지 말고, 乙의 창고로 보는 안목이 필요하다. 申은 寅申으로 甲乙을 내는 동기부여이자, 壬寅에서 丙壬으로 乙을 가공하여 戌에 담는 과정에서 얻게 되는 잉여소득(庚)으로 볼 수 있다. 寅월에 壬寅을 수단으로 삼는 게 순리이다. 남명은 부인의 내조로 壬寅을 적극적으로 사용하여 성취를 이룰 수 있지만, 여명은 자신이 壬寅을 사용하면 남편의 희생·외조가 필요하고 남편의 손상·무능함이 있거나 가장노릇을 할 수 있다. 또 남명은 庚을 탐하여 사업에 뛰어들면 실패할 가능성이 높고, 여명은 본인이 직접 가치를 실현하려하면 부부인연을 해칠 수 있다. 여명이니 壬寅을 가공하는 남편을 만나 남편 덕으로 공주같이 사는 것이 좋으니 최상의 팔자라 할 수 있다. 다만 어떤 남편을 만나느냐에 따라 팔자가 달라지고, 그러기 위해서는 자신을 반듯하게 만들어야한다. 자신이 어떤 위치에 있느냐에 따라 선택의 가치에 차이가 있기 때문이다.

申 중 壬이 연·월로 투간되고 申戌로 겁재를 끌어들이니 부부애정

이 왜곡될 수 있는 사주구성이다. 남편은 壬寅모습으로 의사이고 본인은 주부이니 부부애정을 안정되게 하였지만, 壬壬 복음에 신술 구조이니 다른 이성을 끌어들일 수 있는데, 혹 연애를 한다면 남편과 유사한 직업일 가능성이 높다. 그렇지 않으면 겁재로 인한 재물손실·구설시비가 따르게 된다. 그런데 친정아버지가 교사였으니 가능성이 낮지만 아버지가 퇴직하면 壬寅이 발동할 수 있으니 남편이 이중·복합성 직업성을 가져야 안정된다.

壬寅을 본인이 직접 직업으로 사용한다면 남편과 유사한 직업성으로 친구같이 부부관계로 동등하게 살아가면 무난하다. 만약 丙申을 직업성으로 사용했다면 자기 성취는 얻더라도 丁酉·丙申 대운에 부부애정을 깨뜨렸을 것이다.

이 부부의 인연을 보면,
* 부부의 일주가 丙申-丁酉로 금을 가공하는 구성으로 같고, 부인이 갖고 싶은 申(庚)을 남편이 丑월지에 담는다.
* 남편은 乙未·乙巳로 이중·복합성이고, 부인은 壬寅·壬寅으로 남편의 직업성이 이중·복합성으로 같다.
* 남편은 乙丁-巳酉丑 극단으로 불안한데 酉(庚辛)가 안정을 도모하고, 부인은 壬寅-丙申 극단으로 불안한데 남편의 壬寅직업성으로 丙일간이 안정을 얻는다.
* 부인은 申남편의 희생이 요구되는데 壬寅에서 乙성취도에 따라 申이 완성되고, 남편은 수기가 부족한데 부인이 壬寅으로 채워주고 酉일지가 사유축을 완성하니 배우자·자식·직업을 모두 챙기는 것을 숙명으로 받아들이게 된다.

육친인연 중에서 단연 배우자가 가장 중요하고, 부부인연은 직업성과 더불어 인생 길흉화복을 결정짓는 중대한 요인이 된다.

7. 입묘의 방향성

입묘(入墓)는 合의 작용도 있고 복음의 의미도 있다. 辰·未·戌·丑 입장에서 '끌어들이다' '완성하다' '번거롭다' '조절하다' 등 작용이 있고, 寅·巳·申·亥·子·卯·午·酉 입장에서는 '묶이다' '작용력이 상실되다' '손상되다' '도움·계기가 되다' '희생하다' 등 의미가 있다. 입묘되는 해당 궁위(생지·왕지의 육친)의 도움·혜택이 있고, 입묘지 궁위(辰·未·戌·丑의 육친)에서 완성·발달하는데 고충·애환도 동반된다.

입묘는 거두고 펼치는 '완성-발현'의 작용이다. 간지의 입묘관계는 壬辰·丙戌·癸未·丁丑·甲辰·庚丑·乙戌·辛辰 등이고, 지지의 입묘관계는 亥辰·巳戌·子未·午丑·寅未·申丑·卯戌·酉辰 등이다. 입묘 관계 구성은 끌어당기는 힘이 강하고 집착·욕구가 강한 만큼 묶이는 답답함이 있고 벗어나려는 욕구도 강하다. 일·월에서 입고·입묘(양합·합다)가 혼재하면 경향성이 높다.

1) 간지 입묘

水·火는 입묘 간지(상실)이고, 木·金은 입고 간지(조절)다.

수·화는 동하니 입묘에 순응하여 수↔화가 전환되고, 목·금은 수·화에 의해 생-장-쇠-멸하는 과정에서 목↔금이 변환되니 입묘되지 않는다. 물상은 기운과 달리 드러난 형상이기에 없어지지 않고 단지 모양새가 바뀔 뿐이다. 木·金은 입묘간지가 없고 입고간지가 있는 이유이다.

水·火 입묘간지와 木·金 입고간지 모두 물상을 마무리해야하는 숙명과 의무감은 있다. 다만 木·金 입고간지(庚辰·辛丑·甲戌·乙未)는 물상의 본기가 상실되기에 水·火 입묘간지에 비해 마무리·완성의 작용·의무가 크지 않고, 水·火 입묘(壬辰·丙戌·癸未·丁丑)는 물상을 완성해야 하니 木·金 입고간지에 비해 재관의 성취욕구·성취정도가 크다.

* 水·火 입묘간지(壬辰·丙戌·癸未·丁丑)는 木·金 입고간지(庚辰·辛丑·甲戌·乙未)에 비해 시간이 지나면서 현실가치가 커진다.

* 木·金 입고간지 중 본질입고간지(辛丑·乙未)가 본기입고간지(庚辰·甲戌)보다 현실가치가 크다.

① 水·火 입묘간지는 천간기운이 상실되는 관계이다.

水·火의 입묘간지는 본위에서 마무리·완성하니 성취욕구가 강하고 끌어들이는 작용력이 강하다. 완전하게 마감해야하니 허전·상실·부족함을 느끼고, 또 다른 氣·相 발현으로 벗어나려 하거나 寅·巳·申·亥에서 돌파구를 찾으려 한다. 능력에 비해 평가를 제대로 받지 못하거나 성취여부와 상관없이 부족함을 느끼니 이중·복합성을 갖는다.

壬辰·丙戌·癸未·丁丑 일주이면 배우자 자리에서 완성하기에 결혼하고 발달한다는 공통점이 있다. 壬·丙·癸·丁 자신을 희생하여 辰·戌·未·丑에서 완성해야하니 자신의 역할을 다하고 가정에 충실한 편이다. 공통적으로 성실한 자수성가형으로 자기 고집이 강하지만 배우자를 존중하고 가정을 지키려는 의지도 강하다. 부부애정의 불안정성(불만·불안·공허)을 내포하는데 살아가는 경향성에 차이가 있다.

壬辰·丙戌은 자신을 희생하여(타인을 통해서) 물상을 완성한다면, 癸未·丁丑은 자신이 직접 물상을 완성하려는 의도가 강하다. 관상에 비유하면 壬辰·丙戌은 이마가 넓은 형상이고 금형이라면, 癸未·丁丑은 턱이 원만한 형상이고 목형에 비유된다.

壬辰·丙戌일주는 배우자가 자신을 벗어나지 못하니 배우자에게 자신을 과시하고 배우자를 쥐락펴락하고, 癸未·丁丑일주는 배우자가 자신을 얽매지 않는데도 그 자리를 벗어날 수 없으니 가정에 충실하고도 배우자에게 쥐락펴락을 당하는 경향이 있다.

▶ 壬辰과 丙戌

　壬辰에서 壬은 癸로, 丙戌에서 丙은 丁으로 전환하여 본위작용을 완성해 나간다. 壬은 辰에서 癸가 甲-乙 전환을 마무리하여 辰巳로 발현되고, 丙은 戌에서 丁이 庚-辛 전환을 마무리하여 戌亥로 발현되는 것이다.

　壬辰은 辰이 원하는 수를 채워주고, 丙戌은 戌이 원하는 화를 채워준다. 壬·丙 입장에서는 辰·戌이 피곤하지만, 辰·戌 입장에서는 壬·丙이 꼭 필요하다. 辰은 壬에 매달리고 戌은 丙에 매달리게 된다.

　壬辰·丙戌 일주는 壬·丙이 辰·戌을 쥐락펴락한다. 배우자가 자신에게 매달리는 상이고, 壬·丙 본인은 배우자에게 자신을 희생해야하니 배우자에게 까칠해지고 본인은 할 짓 다하면서 배우자를 잘 조정하는 타입이다.

　壬辰월주는 甲·乙을 만나야 가치가 실현되고, 丙戌월주는 庚·辛이 인생 포인트가 된다. 壬辰·丙戌은 癸·丁을 이용하여 乙·辛물상을 형성하고는 마치 자신이 한 것처럼 행세하는 꼴이므로 통솔형 타입이고 왕자·공주병 기질이 있다. 壬辰·丙戌 일주도 그러하다.

　　○壬○○　　　○丙○○
　　○辰○○　　　○戌○○

　壬辰의 경우, 壬일간은 辰일지에서 완성하고, 辰일지는 壬수기를 얻은 격이니, 배우자를 얻고 발달하는 구조이다. 辰은 시간이 지나면서 성취도가 커지지만, 壬은 손상·변색되어간다. 壬은 辰에게 까칠하게 굴고 큰 소리 치게 되고, 辰은 壬에게 의탁하고 충실하면서도 壬의 눈치를 보고 변덕·까탈을 받아주게 된다. 壬은 희생이 불가피하기에 고독의 상이고 부부 애정의 불미함을 안고 있다. 한 번에 이루지 못하거나 어렵게 성취하거나 발현이 늦은 경향이 있지만 성취정도는 크다. 여명인 경우는 가정에 충실한 남편을 만나 공주 타입으로 사는 경향이 있다.

▶ 癸未와 丁丑

癸未·丁丑은 丙戌·壬辰과 달리 본질이 입묘되기에 본질적 성향이 변모한다. 癸未에서 癸는 丁성향으로 응집작용을 하고, 丁丑에서 丁은 癸성향으로 분산작용을 한다. 癸未·丁丑에서 癸·丁은 본질이 상실되니 새로운 물상으로 돌파구를 찾으려한다. 끊임없이 노력하고 이중·복합성이 있다.

癸는 未에서 丁모습으로 乙을 가공하여 未申으로 발현되고, 丁은 丑에서 癸모습으로 辛을 가공하여 丑寅으로 발현된다. 癸未에서 癸가 乙을 키우는 본질을 잊고 丁-庚을 내려하고, 丁丑에서 丁이 辛을 완성하는 본질을 잊고 癸-甲을 내려는 기질이 있다. 癸가 庚을, 丁이 甲을 집착하면 도리어 庚·甲을 손상시키니 엉뚱한 일에 가담하여 손해를 보게 된다. 癸는 乙을, 丁은 辛을 완성하는 환경에서 안정된다.

癸未·丁丑은 癸·丁이 직접 乙·辛을 완성하니 실무형 타입이고, 다른 모습으로 乙·辛을 완성하니 능력을 제대로 인정받지 못하고, 乙·辛을 완성하면 곧바로 庚·甲으로 변환되니 공로가 무색하다. 癸未·丁丑일주는 壬辰·丙戌일주와 달리 배우자에게 충실하고도 제대로 인정받지 못한다.

○癸○○　　○丁○○
○未○○　　○丑○○

癸未의 경우, 癸는 未가 원하는 수기를 제공하여 乙을 완성하는데, 乙은 未 중 丁에 의해 발달했다고 생각한다. 丁이 乙을 庚으로 키우니 癸는 토사구팽을 당하는 꼴이다. 癸가 원하는 乙을 未가 품고 있으니 결혼하고 발달하는데 癸본질을 잃고 丁모습으로 손상·변색되어간다. 만약 庚·申을 넘보면 희망이 보이고 성취할지라도 庚이 손상되고 癸는 상실되니 결국 허망하게 된다. 壬辰과 반대로 癸는 未에게 충실하고도 未(乙丁)의 변덕·까탈을 받아줘야 한다. 남명인 경우는 가정에 충실하고도 부인의 눈치를 보게 된다.

水·火 양간입묘는 본기가 상실되고 본질로 전환되는 삼합 방향성이다.
水·火 음간입묘는 본질이 변환되는 삼합 방향성이다.

* 壬辰은 신자진이 본위인데 壬이 상실되니 癸가 乙(해묘미)을 키운다. 壬辰은 亥卯未에서 壬희생으로 발달하는데, 壬의 선행(위법·편법성)으로 인한 등락을 초래한다.

* 丙戌은 인오술이 본위인데 丙이 상실되니 丁이 辛(사유축)을 완성한다. 丙戌은 巳酉丑에서 丙희생으로 발달하는데, 丙의 선행(위법·편법성)으로 인한 등락을 초래한다.

* 癸未는 해묘미가 본위인데 癸가 상실되니 丁이 乙→庚(인오술) 내려한다. 癸未는 亥卯未에서 癸의 능력·작용으로 乙을 완성하는데, 인오술에서 庚을 형성하면 癸·未가 모두 본위를 잃고 庚의 변색·손상을 초래한다.

* 丁丑은 사유축이 본위인데 丁이 상실되니 癸가 辛→甲(신자진) 내려한다. 丁丑은 巳酉丑에서 丁의 능력·작용으로 辛을 완성하는데, 신자진에서 甲을 내면 丁·丑이 모두 본위를 잃고 甲변색·손상을 초래한다.

② 木·金 입고간지는 천간물상이 상실되는 관계이다.

木·金은 물상인데 세분하면 양간은 본기이고 음간은 본질이다. 甲·庚은 본기이기에 입고지에서 작용력이 상실되고, 乙·辛은 본질이기에 입고지에서 변환을 통해 가치를 실현하게 된다.

甲·庚은 甲戌·庚辰에서 작용력이 완전히 상실되니 亥·巳 중 甲·庚을 본위를 완성하기 어렵지만, 乙·辛은 乙未·辛丑에서 작용력을 발휘하니 자기가치를 높이고 한편 申·寅(목↔금 변환)으로 가치를 실현한다.

甲戌·庚辰은 甲·庚이 손상·변색되기에 자신을 낮추고 즉 乙·辛으로 가치를 실현해야하고, 乙未·辛丑은 乙·辛이 未·丑에서 본위를 완성하거나 암암리에 다른 모습 즉 庚·甲으로 변화를 꿈꾼다. 乙未·辛丑은 甲戌·庚辰에 비해 고집이 강하면서도 융통성이 있기에 성공 가능성이 높다.

▶ 甲戌과 庚辰

甲戌·庚辰은 다음 단계(亥·巳)에서 자신의 근원을 얻으니 乙未·辛丑에 비해서 폭발력이 약하고 乙·辛에게 자신의 본기를 빼앗기니 현실적 가치가 낮다. 甲·庚본위가 상실되니 겁재·타인을 통한 성취, 겁재·타인을 위한 삶이 인생 가치를 실현하는 첩경이다. 甲戌·庚辰에서 甲·庚은 고집을 부리지도 않지만 변색되는 것도 꺼리기에 염세적으로 빠지는 경우도 있다.

甲戌에서 甲은 자신을 희생하여 乙을 통해 인오술(乙·庚)을 완성함으로써, 庚辰에서 庚은 자신을 희생하여 辛을 통해 신자진(辛·甲)을 완성함으로써 자신의 가치를 높이고 이상을 실현해야한다. 만약 甲·庚이 본위를 고집하면 갇히는 상이 되어 발달하지 못한다. 종교·철학성이 있고 가상·허상의 직업성에서 인생가치를 얻고 발달한다.

▶ 乙未와 辛丑

乙·辛은 甲·庚과 달리 물상의 본질이니 본위를 지키려는 고집이 강하고 변색을 꺼린다. 未·丑은 乙·辛의 왕지(반안살)이자 완성지이자 庚·甲의 발현처이다. 乙·辛이 입고지를 만나면 본위를 강화하거나 물상 변환(木↔金)을 통해 발전을 도모해야한다. 乙未에서 乙을 완성할지 庚을 낼지 결정해야하고, 辛丑에서 辛을 완성할지 甲을 낼지 결정해야한다.

甲戌·庚辰은 자신을 희생하고 성과를 빼앗기는 형상이라면, 乙未·辛丑은 자신의 고충·수고를 내세우고 보상받으려한다. 乙未·辛丑은 甲戌·庚辰에 비해서 성취여부에 상관없이 부족함을 느끼고, 다른 돌파구를 찾으려는 속성(도화·역마성)이 강하고 그만큼 대인관계도 원만하다.

乙未에서 乙·庚을 완성하고 辛丑에서 辛·甲을 완성하더라도 未申·丑寅으로 발현돼야한다. 乙未·辛丑일주는 부부애정이 불미해지는데, 乙은 未에서 완성되고 辛은 丑에서 완성되니 乙·辛은 未·丑(배우자·가정)을 지키려는 의지도 강하다. 여명은 도화·역마성을 안고 가정을 지켜야하니 보이지 않는 애환이나 남모르는 고충이 있다.

乙未가 庚을 얻거나 辛丑이 甲을 얻으면 종교·철학에 의탁하는 경향이 있고 가상·허상의 직업성에서 발달한다.

木·金 양간입고간지는 본기가 본질로 전환되는 삼합 방향성이다.
木·金 음간입고간지는 물상이 변환되는 삼합 방향성이다.

* 甲戌은 인오술로 甲이 상실되니 乙모습으로 乙 or 庚에서 성취한다.
戌亥 즉 戌 중 辛을 근원으로 亥 중 甲을 탐하면(신자진) 결국 甲이 손상·변색되기에 등락을 초래한다.

* 庚辰은 신자진으로 庚이 상실되니 辛모습으로 辛 or 甲에서 성취한다.
辰巳 즉 辰 중 乙을 근원으로 巳 중 庚을 탐하면(인오술) 결국 庚이 손상·변색되기에 등락을 초래한다.

* 乙未는 乙을 완성(해묘미)하거나 未申(인오술)으로 庚을 얻는다.
乙자신의 모양새를 가공하니 인기·사회성을 구하는 직업이 어울리고, 몸(말·입)을 이용하는 직업성에서 발달한다. 능력발휘가 좋고 성과를 빨리 내지만 돌발성이 강하고 불안정하다. 남명이 여명보다 불안정성이 두드러진다.

* 辛丑은 辛을 완성(사유축)하거나 丑寅(신자진)으로 甲을 얻는다.
乙未와 마찬가지로 辛자신의 모양새를 가공하니 인기·사회성 or 몸(말·입)을 이용하는 직업성에서 발달하지만 乙未에 비해 현실적으로 잘 사용하지 못한다. 乙未에 비해 발현이 더디기에 돌발성이 약하지만 일단 튀어나가면 붙들기 어렵고 辛손상이 더 크다. 여명이 남명보다 불안정성이 두드러진다.

③ 천간인자의 지지입묘는 기운으로 물상을 완성하는 의도이다.

水·火·木·金을 불문하고 천간인자가 지지에 입묘하면 천간기운이 지지에서 물상을 완성된다는 의미가 있다. 天·氣를 거두고 담아서 地·相을 발현시키니, 천간 인자·궁위의 도움·혜택(희생·손상)이 있고 지지 인자·궁위에 완성한다. 천간 인자·궁위가 삶의 포인트가 되는 경우가 많다.

```
甲○○○    庚○○○    乙○○○    辛○○○
○○未○    ○○丑○    ○○戌○    ○○辰○
```

甲시간이 未월지에 입묘(완성)하니 자식을 얻고 발달하고 말년성취가 좋다. 자식 or 타인의 도움·혜택이 있거나 의탁하는 경향이 있고, 발달·성취가 크면 자식의 역량이 약화·손상되고, 탐욕을 버리면 자식의 역량이 발휘된다. 타인을 배려·존중하고 입양·기부·봉사에 가담하거나 상담·교육에 종사하면 복록이 안정된다. 결혼 실패 후에 재혼으로 남의 자식을 키우는 경우도 있다.

```
○○丙○    ○○壬○    ○○丁○    ○○癸○
○戌○○    ○辰○○    ○丑○○    ○未○○
```

丙월간이 戌일지에 입묘(완성)하니 부모의 도움·혜택이 있고 자신의 직업적 성취가 있다. 부모가 건실하면 부모에게 의지하거나 함께(유업) 하는 경향이 있고, 부모인연이 불미하면 자수성가한다. 부모가 탐욕을 부리면 자신의 능력이 발휘되지 않는다.
배우자를 얻고 직업성취를 이루거나 삶의 바탕을 완성하고 복록을 내 것으로 만드는 구성이다. 다만 丙은 戌 중 丁의 겁재로 재물손상 or 부부애정을 약화시키는 요인이 된다. 겁재를 이용하거나 타인을 통한 재물 성취를 의미하고, 다른 이성(외도·재가)의 덕으로 재물을 채운다는 의미도 있다.

| ○辛○庚 | ○乙○甲 | ○癸○壬 | ○丁○丙 |
| ○丑○○ | ○未○○ | ○未○○ | ○丑○○ |

庚년간이 丑일지에서 완성되니 선천복록을 내가 취하는 형상이다. 年의 입묘(손상)는 육친의 고충·애환을 주도하지 않으니 삶에서 행운이 따르고 재관 성취에 이롭다. 다만 선천복록을 믿고 자만·방종하면 현실에서 도태되거나 무능한 삶이 된다.

庚은 丑일지에서 발현된 辛의 겁재다. 겁재(or 국가·조상)를 통한 재물 성취를 의미하고, 여명은 다른 남자(외도·재가) 덕으로 재물을 향유하는 경우도 있다.

2) 지지 입묘

水·火는 입묘지에서 작용력을 마감하니 水↔火가 변환되고, 木·金은 입고지에서 작용력이 조절·통제되니 木↔金이 변환된다. 지지의 입묘도 천간의 입묘와 마찬가지로 생지·왕지(氣·相)를 끌어들여 완성하고→ 작용력의 약화·상실로 다른 氣·相으로 돌파구를 찾아 발현된다. 지지는 물상이니 입묘로 인한 상실·변환이 현실화되는데, 이를 육해·원진·귀문[19] 등으로 표현하고 있다. 亥辰·巳戌·午丑·子未·寅未·申丑·卯戌·酉辰 등이다.

원진	亥辰	巳戌	午丑	子未	酉寅	卯申
귀문	亥辰	巳戌	午丑	寅未	酉子	卯申
간지	壬辰	丙戌	丁丑	癸未	辛→甲	乙→庚

〈怨嗔·鬼門의 간지구성〉

---

19) ·귀문은 우울·조울증, 번뇌·고충, 스트레스, 의심, 원망·시기, 불평·불만, 신경질 등을 의미한다. '불편·불안'의 모습으로 현실 삶에서 모양새가 찌그러지거나 자리에서 좌천되거나 일이 풀리지 않는 답답함이 있다. 역동성이 떨어지고 활동성에 제약을 받는데, 돌발성이 잠재되어 있기에 불안정하고 등락을 겪기 쉽다.

위 원진·귀문의 간지구성을 보면,

亥辰·巳戌·午丑·子未 등은 水·火가 입묘되는 관계이고,[20] 酉寅·酉子는 신자진 방향성에서 辛→甲으로 酉가 상실되고, 卯申은 인오술 방향성에서 乙→庚으로 卯가 상실된다. 즉 水·火는 기운이기에 입묘지를 만나면 작용력이 상실되어 모습을 잃고, 木·金은 물상이기에 다른 물상을 만나면 작용력이 조절되어 모습이 변환됨을 표현하고 있다.[21]

지지입묘는 지지에서 직접 물상을 마무리·완성해야 한다는 숙명과 의무감이 천간입묘보다 강하다. 또 물상의 입묘(寅未·申丑·卯戌·酉辰)는 기운의 입묘(亥辰·巳戌·午丑·子未)보다 재관의 성취욕구가 강하고 성취정도가 크다. 천간은 기운을 주관하고 지지는 물상을 주관하기 때문이다.

* 寅未·申丑·卯戌·酉辰 〉 亥辰·巳戌·午丑·子未에 비해 현실 가치가 크다.
* 申丑·酉辰 〉 寅未·卯戌에 비해 현실 가치가 크다.

寅巳申亥 본기가 입묘되면 子卯午酉 본질의 방향성에 임한다.

* 寅未는 해묘미 방향성이다. 乙이 寅궁위·육친의 희생·도움으로 未궁위에서 성취한다. 未申으로 발현되면 寅손상이 가중되지만 庚성취는 있다.

* 申丑은 사유축 방향성이다. 辛이 申궁위·육친의 희생·도움으로 丑궁위에서 성취한다. 丑寅으로 발현되면 申손상이 가중되지만 甲성취는 있다.

* 巳戌은 인오술 방향성이다. 庚辛이 巳궁위·육친의 희생·도움으로 戌궁위에서 성취한다. 戌亥로 발현되면 巳손상이 가중되지만 辛성취는 크다.

* 亥辰은 신자진 방향성이다. 甲乙이 亥궁위·육친의 희생·도움으로 辰궁위에서 성취한다. 辰巳로 발현되면 亥손상이 가중되지만 乙성취는 크다.

---

20) ·巳戌·午丑·子未는 간지로 壬辰·丙戌·丁丑·癸未이다.
21) 寅은 오행 중 유일한 생명체의 본기이다. 寅의 입묘는 죽음을 의미하기에 寅未를 특별히 귀문에 포함시켰다.

子卯午酉 왕지가 입묘되면 氣·相 흐름에 따른다.

* 子未는 癸가 乙을 키워 未에 완성(子卯未)하는 亥卯未 흐름이다. 子는 木을 키우는 게 목적이지만 甲乙이 없으면 金을 가공해야한다. 子未에 金이 투출되면 未酉子로 未 중 丁이 辛을 완성하는 巳酉丑 방향성이다.

* 午丑은 丁이 辛을 가공하여 丑에 완성(午酉丑)하는 巳酉丑 흐름이다. 午는 金을 가공하는 게 목적이지만 庚辛이 없으면 木을 가공해야한다. 午丑에 木이 투출되면 丑卯午로 丑 중 癸가 乙을 완성하는 亥卯未 방향성이다.

* 卯戌은 乙이 성장하려면 火가 필요하니 卯午戌로 인오술 흐름이다. 卯戌에 水가 강하면 戌子卯로 戌 중 辛에서 甲을 내는 신자진 방향성이다.

* 酉辰은 酉가 완성되려면 水가 필요하니 酉子辰으로 신자진 흐름이다. 酉辰에 水가 강하면 辰午酉로 辰 중 乙에서 庚을 내는 인오술 방향성이다.

○○○○   ○○○○   ○○○○   ○○○○
○寅○未   午○○丑   辰○亥○   戌○○卯

* 년지에서 생지·왕지가 입묘되면 성취가 크거나 견고하고, 선천(조상)에 의지하거나 얽매이는 상이다.

* 시지에서 생지·왕지가 입묘되면 자식이 발달하거나 노년에 재물을 누리거나 건강하게 장수한다. 탐욕을 억제해야하고, 노년에도 활동력을 발휘하는 직업성이 좋다.

○○○○   ○○○○   ○○○○   ○○○○
○子未○   ○卯戌○   ○午丑○   ○酉辰○

월지에서 완성되니 직업성취가 있고, 부모(처가·시댁) or 타인에게 의지하거나 얽매이는 상이다. 특히 생지의 입묘는 겁재에게 끌려들어가는 꼴이니 부부애정이 불미해지는 요인이 된다.

```
○○○○    ○○○○    ○○○○    ○○○○
巳戌○○   申丑○○   ○辰○亥   ○未○寅
```

辰·未·戌·丑 일지가 생지·왕지의 입묘지이면 해당 궁위·육친의 도움·혜택으로 성취한다. 배우자를 얻고 발복하고 행운이 따른다. 재관을 채우려는 욕구가 발동하는데, 탐욕을 부리면 생지·왕지의 궁위·육친의 손상도 동반된다. 남의 것을 빼앗아 자기 것으로 만든다는 의미도 있다. 특히 寅·巳·申·亥는 卯·午·酉·子로 전환되니 겁재를 통한 가치실현, 타인을 위한 일에서 성취가 있다.

'완성-발현'의 상으로 종교·철학적 사유가 있고, '거두고 펼치는' 작용으로 교육·임대·창고, 건축·설계, 가공·제조, 변신·변모·모방, 예술·예능 등 직업성에 어울린다.

* 생지·왕지가 시지이면 자식의 성장정도에 따라 발달이 강화되는데 탐욕을 부리면 자식의 발달을 방해한다.
* 생지·왕지가 월지이면 부모(시댁·처가)의 도움·음덕이 있고, 부모 인연이 약하거나 부모에게 얽매이거나 부모로 인한 답답함도 있다. 여명은 시댁·남편 덕에 공주같이 살거나 자신이 가장노릇으로 남편에게 갖다 바치기도 한다.
* 생지·왕지가 년지이면 부모·자식·배우자 등 육친 손상이 문제되지 않으니 상대적으로 유리하다. 일지가 辰·未·戌·丑 입묘지이면 선천기운을 끌어들여 내 것으로 만드는 관계로 보이지 않는 음덕(귀인)이 있다.

丁丙壬丁　坤　己戊丁丙乙甲癸1
酉寅寅未　　酉申未午巳辰卯

천간은 水·火로 구성되어 木 or 金을 원하는데, 지지는 木·金으로 구성되어 水 or 火를 원한다. 丁壬은 酉를 성취할지 寅을 성취할지 헷갈리고, 酉寅은 丙을 취할지 壬을 취할지 헷갈린다. 寅월에 壬이 필요하고 寅未로 목을 완성하니 丁酉를 가공하여 연월에서 甲乙을 완성하는 흐름이다. 丁壬으로 寅未를 완성하니 발달이 더디고 불안정한 모양새인데, 丁壬이 甲乙을 완성하기 위해서는 未에 의탁해야한다. 未는 국가·조상의 자리이고 미완성(가상·허상)의 인자이며 乙(몸·말·입)의 모양새다. 도화·역마, 종교·철학, 예술·예능, 가공·모방의 상이다.

丁未대운에 丁未년주가 복음으로 동하니 타로·사주에 뜻을 두고, 戊申대운에 未申으로 발현되니 己亥년에 못다 한 대학 공부를 시작하였다. 丁未가 乙을 내는데 소극적이고 丁未(午未)로 庚을 넘보니 壬寅-未를 크게 사용하지 못한다. 국가·단체가 삶의 발판이고 인성·자격을 삶의 수단이 되지만 잘 사용하지 못하거나 현실적 성취에 제약이 있다. 寅이 未년지에 입묘하고 未의 미완성(가상·허상)과 종교성에 기인한 사주·타로 등 운명 상담은 직업성으로 어울린다. 대학에 진학한 것은 공부에 의탁하여 未申으로 丁酉를 얻고자 함이니 탐욕만 부리지 않으면 발전지상이다.

丙의 목적은 乙을 키우는데 있지만 庚을 얻으려하고, 화가 강하니 시간이 지나면서 酉를 완성하려한다. 여기서 丁壬으로 酉→寅을 내는 환경으로 공식화하면 안 된다. 丁壬은 물상을 완성해야하는데 화가 강하여 酉→寅을 내기 어렵기에 寅→酉를 내는 게 순리이다. 비록 丁酉에서 결과가 귀결되지만 酉를 완성하는 게 아니라 乙의 완성지인 戌로 봐야 한다. 壬寅-丁未로 乙을 완성하여 午酉(戌)에 담는다고 생각해야한다.

만약 丁酉를 탐하면 丙은 丁겁재에게 빼앗기고 寅巳형이 발동하여 酉·寅이 손상되니 재관성취에 등락을 겪는다. 돈벌이에 집착하지 말고 근본을 중시하라는 의미이고, 자식인연에 매달려도 좋을 것이 없다. 이럴 경우에는 용역·대행·임대·창고·모텔·게임방 등 내 것을 내어주고 돌려받는 형태, 선생·상담·철학 등 타인을 돕거나 타인을 통한 성취, 젓갈·술·음식 등 제조·가공하여 완성한 제품을 판매, 인터넷·게임·종교 등 가상·허상의 직업성이 좋다. 무엇보다 일상생활에서 내가 먼저 베풀면 결국 내 것으로 돌아온다는 사실을 통찰해야한다.

寅이 월·일로 복음이고 寅 중 丙이 丙寅일주에 투간되고 년·시에서 丁겁재가 복음으로 투간되었다. 남편은 이삿짐센터(寅未)를 운영하고, 자신은 타로·사주(丁未)에 가담하면서 남편 일을 수시로 도와 함께 하고 종교·철학 부녀회장을 맡고 있으니 丁丁·寅寅 복음의 이중·복합성이다. 여명임에도 본인이 丁未에 가담하는 것은 남편이 丁未를 독점하면 겁재를 불러들이기 때문이다. 관상으로 보면 이마가 낮은 형상이다. 남편은 丁未년주를 잘 사용하지 못할 상이니 자신이 丁未를 종교·철학성으로 사용하고 이중·복합성으로 부부인연의 왜곡을 해소한다고 봐도 된다. 비록 사주체계에서 흐름이 정립될지라도 어떻게 살아가느냐에 따라 길흉이 바뀌니 길흉화복(吉凶禍福)이라 하는 것이다.

이 여명의 삶의 수단은 丁未에 있지만 인생 완성지는 丁酉(戌)다.22) 丁未로 이상을 추구하고 丁酉에서 완성하는 인생관이 필요하다. 정신-육체, 인성-식상, 이상-현실 등을 적절히 사용하기란

---

22)   는 정제된 모습으로 단체에서 독립되어 나오는 형태이다. 프로기질을 발휘하는 모습, 몸(말·입)을 이용한 직업, 군인·검찰·경찰·세무·금융 등 정제된 직업, 제련·보석감정 등 세밀한 직업, 지점·지소 등 단체에서 분리·독립적 형태, 능력(성과)보상제 직능·직업성에서 안정되고, 그런 배우자 인연이면 좋다. 정년퇴직 후에 해당 직업을 활용할 수 있는 직업이나 노년에도 영위할 수 있는 직업을 갖는 게 좋다.

쉽지 않다. 丁未에 의탁하지만 얽매여서는 안 되고, 丁酉에서 성취를 얻지만 탐욕을 부려서는 안 된다. 이중·복합성을 띄고 나이가 들어서도 사용할 수 있는 직업성을 갖는 게 좋다.

辛乙丙壬 乾　甲癸壬辛庚己戊丁4
巳未午寅　　寅丑子亥戌酉申未

위 여명(丁未생)의 남편이다.

부인은 壬寅월주이고, 남편은 壬寅년주이니 부부인연의 연결이 순탄하다. 부인은 丁未에 뜻을 두고 남편은 未일지를 깔고 있으니 가상·허상·미완의 부인을 이해하고 받아들인다. 부인은 寅일지를 未년지에 담으니 나이 차이가 많은 남편 인연이고, 남편은 寅년지를 未일지에 담으니 선천(조상)에서 주어진 배우자 인연이고, 행운이 따르니 선천(조상)과 관련된 배우자를 얻는다.

午월에 화가 많고 壬寅이 寅未로 乙未일주에서 완성하여 未申-辛으로 연결되면 순조롭다. 많은 화로 불안하게 乙을 완성하는 흐름에서 壬寅이 조후하고 시주에 辛(酉)이 자리하니 불안정을 부추긴다는 점에서도 부인의 사주 경향성과 유사하다. 辛을 乙의 씨앗으로 삼아야하니 탐욕을 부리거나 자식에게 집착하면 삶이 왜곡된다. 남명이니 밖에서 뜻을 이루려는 경향이 있는데 부인을 등한시하거나 밖으로 나돌면 엉뚱한 짓을 하기 쉽다.

巳午未 구성으로 목 or 금을 키우는 극단성이 있다. 어느 하나에 집착하여 어느 하나를 버리니 과단성으로 삶이 순탄하지 않은데 이 사주에서는 乙未로 乙에 집착하면 도리어 巳午未의 극단성이 이로울 수 있다. 丙午월주로 직업궁이 완성되었지만 巳午未에 寅巳형까지 발동하니 직업적 성취욕구에 매달리면 乙이 완성되기 전에 손상되니 자신을 망치는 꼴이 된다. 여기에 丙辛이 월·시에서 합하니 나와 상관없는 일로 곤욕을 치루거나 구설시비에 노출

되고 뒤통수 맞는 일이 많다.

壬乙-寅未로 壬寅년주를 끌어들여 乙을 완성하면 안정성이 있다. 壬乙은 위법·편법성이 있는 일이고, 寅未는 겁재를 이용하거나 거둬들이고 내놓는 일이다. 壬寅-寅未으로 끌어들이고 辛亥대운 이후에 辛을 가공하니 이삿짐센터를 운영하고 있다. 寅未는 寅을 未에 채우고 묶었다가 어느 순간에 未申으로 발현되니 이삿짐을 묶고 다시 푸는 행위에 부합하는 직업성이다.23)

未가 없으면 많은 화에 乙이 살아남을 수 없으니 수시로 부인의 도움을 얻고 있다. 壬寅으로 발현된 부인의 모습에서 근원을 충족하고 未일지에서 보호받기 위함이다. 다시 말해서 辛亥대운에 辛을 쫓지 않고 壬寅년주에서 기운을 충족하고 寅未 직업성에서 성취하는 것은, 부인이 壬寅월주로 丁未년주 모습으로 寅일지를 未년지에서 끌어안고 안정되니 辛을 쫓지 않는 것이다.

辛亥대운까지 금이 득세하니 辛을 얻기 쉬운데, 만약 자신만의 특출함을 과시하거나 꿈꾸던 일을 실현했다면 50세를 기점으로 시련을 겪을 수 있는 운세이다. 주어진 일을 열심히 몸을 움직여서 하는 일에서 안정된다.

한편 乙未년에 집을 지어 이사를 했으니 가정 평안과 운세를 좋게 하는 변화이고, 집 구조가 북향으로 남방(장군상)이 막힌 형상이니 방위 또한 적합하다. 乙未일주가 乙未년에 행한 일은 庚子·辛丑년에 결과로 드러나는 경우가 많으니 집안에 경사가 생기거나 본인·배우자의 성취로 나타날 것이다.

덕을 쌓으면 운세가 좋아지고 운세가 좋아지면 우연히 행하였는데도 좋은 시점에 좋은 방위를 찾아가게 된다.

---

23) '완성-발현'의 상으로 종교·철학적 사유가 있고, '거두고 펼치는' 작용으로 교육·임대·창고, 건축·설계, 가공·제조, 변신·변모·모방, 예술·예능 등 직업성에 어울린다.

甲甲庚辛　坤　戊丁丙乙甲癸壬辛1
戌午寅丑　　　戌酉申未午巳辰卯

甲일간이 寅월을 득했으나 수기가 없는 상황에서 木·金이 과다하니 火에 기댈 수밖에 없다. 午가 홀로 많은 木·金을 감당하기 버거운데 寅午戌이 완성되었다. 火삼합으로 물상을 완성해야하고 午일지에서 부모-배우자-자식을 아우르고 타인을 규합하는 모습이다. 甲午일주에서 甲은 자신을 낮춤으로써 가치를 얻고 가상·허상에서 본질을 찾기에 나누고 베푸는 것을 숙명으로 여기고 완고함과 더불어 포용력이 있다.

인오술로 목을 가공하여 庚辛-丑으로 연월에서 辛을 완성하여 丑에 담는다. 창고가 크고 견고한 구성인데 수가 없으니 가치가 떨어진다. 丑은 寅으로 발현돼야 가치가 있지만 水가 없는 丑은 寅을 내기 어렵고, 이 사주에서는 丑에서→寅이 발현되면 甲이 주도하게 되니 水가 없는 게 도리어 이로울 수 있다. 만약 丑에서→寅발현이 순조로우면 甲午가 인오술 환경을 무시하고 경거망동하여 삶이 어긋날 수 있기 때문이다.

甲일간은 午·戌(배우자·자식)에 기인하여 자신을 버려야하니 현모양처의 상인데, 寅월지가 甲일간으로 투간되고 庚寅월주로 동하여 辛丑에 담아야하니 가장(家長)의 상이다. 전통적 어머니의 상과 현대의 워킹맘(working mom)의 상이 공존한다. 인오술이 완성되니 자존감이 있고 자칫 자만에 빠지거나 허무주의에 빠지는 등 과단성이 발동할 수 있다. 만약 인오술의 과단성이 발동하면 丑에 금을 담으려는 탐욕으로 변질되고, 丑에 금을 채우려는 욕구만큼 寅으로 발현되기에 결국 허망하게 될 수 있다.

인오술과 丑寅의 불안정 속에서 가정(가족)과 인간관계를 원만하게 운용하는 것은 午의 기질과 삼합 완성에 있고, 庚辛丑으로 년주의 목표성에 부합한 심리상담을 직업으로 삼았기에 가능하다. 심리상담은 甲午의 직업성이고, 후학을 가르치는 일을 병행하니 辛丑년주를 기반으로 함이다. 다만 국가·조상·자격·학위 등을 이용하되 그에 얽매이거나 크게 취하면 丑이 寅으로 발현돼야하니 왜곡될 수 있다. 辛을 丑에 담는 것보다 戌에 담는 게 더 이롭다는 말이다. 인성에 매달려 있는 것보다 식상을 통해 인성을 완성하는 것이 좋다. 丙申대운 庚子년 寅월에 학교 강의보다 상담업을 확장하려는 것은 辛丑년에 丁酉대운이 도래하는 까닭이다. 丙申대운은 辛丑년주에 묶여 있었다면, 丁酉대운은 午가 발동하고 午酉(인오술)로 戌에 완성하니 사업적 성취가 있을 운세다.

무엇보다 甲午·甲戌에서 甲일간은 乙겁재에게 빼앗기고, 辛에서 →甲본의를 갖추려하면 성취할지라도 허망하게 된다. 타인을 위한 삶, 내 것을 내어주고 대가를 얻는 일, 타인을 키워 가치를 얻는 일에서 안정되고 행복을 누린다는 것을 인식해야한다.

한편 甲午·甲戌로 복음에 甲이 상실되는 구조이니 유업·정신을 이어받는 자식을 두거나 이 여명의 자식도 가상·허상의 모양새로 살아가는 게 좋다. 본인이 탐욕을 부리거나 크게 성취하면 자식의 현실적 발달이 더디거나 성공하는데 제약이 있을 수 있다.

丁乙丁丁 乾　庚辛壬癸甲乙丙2
亥丑未卯　　子丑寅卯辰巳午
위 여명(辛丑생)의 아들이다.
지지가 삼합을 완성하고, 乙일간이 未월에 본위를 얻었는데 월지가 원하는 水가 아닌 火로 살아가야 한다는 점에서 母子의 사주구성이 유사하다.[24] 乙일간이 해묘미로 완성되는 구성으로 未월에

---

24)　　　특히 월지에서 원하는 기운이 아닌 다른 기운을 대용하여 물상을 완성하는 구조는 힘들게 성취하거나 성취가 더디다는 의미가 있는데, 손 안대고 코푼다든지 힘들이지 않는 일을 찾는 경향이 있으니 비정상적·가상·허상의 직업성에서 발달한다.

서 투간되니 어머니의 기운을 이어받는 모습이다.

乙일간이 해묘미에서 완성된 구조에 卯未에서 발현되어 선천복록을 취하고 대운마저 도와주니 자만에 빠질 수 있다. 丁未로 월주가 기둥을 세우니 직업 성취가 있고, 丑未로 해묘미가 발동하여 발달이 빠르고 폭발력이 있는데, 이미 갖추어졌으니 태평스럽거나 나태하기도 한다. 자만-허무, 등-락 등 해묘미의 과단성은 사주구성에 따라 달라진다.

乙환경에 丁이 다현하니 도리어 乙이 통제된 모습이다. 乙丁은 未모습이고 未는 나무 끝에 매달린 가느다란 가지라는 뜻으로 미완성을 의미하고, 卯午의 모습으로 샴페인을 빨리 터뜨리는데 乙丑이 부추기니 발달이 저해되거나 굴곡·등락을 겪기 쉽다. 未 중 丁이 혼잡하니 삶의 바탕(직업)을 어느 하나로 집약하기 어렵고, 많은 丁이 乙을 다듬으니(억제) 총알이 많은데(다재다능) 본질을 발휘하지 못하는 형국이다. 乙이 해묘미의 본질이니 자존과 책임·의무감이 있고, 丁일색이니 순수·유일성과 이중·복합성이 상존한다. 丁亥에서 수기를 취하면 좋은데 亥에서 乙을 내기까지 시간이 걸리니 丁卯에서 크게 먹으려하면 갈피를 잡지 못한다.

丁卯는 卯午모습으로 다듬고 보기 좋게 가공하는 직업성이고 정신·인성을 이용하거나 국가·단체·조상과 관련된 직업성이다. 丁亥는 발달이 더디지만 완성도가 높고 몸·식상을 이용하거나 하고 싶은 일에서 성취가 있다. 乙일간이 卯년지에서 발현되어 丁卯에 근본·바탕을 두지만 丁亥의 직업성에 관점을 두는 게 좋다. 인성에 얽매이거나 크게 성취하려하면 발달이 저해되거나 등락을 겪을 수 있다는 점에서 어머니와 유사하다. 빅데이트 계통 or 기자직에 관심있으니 허상·가상(乙丁·未)의 직업성에 부합한다.

33세 己亥년 현재 직업을 잡지 못하고 미혼이다. 未월에 필요한 수기를 亥丑에서 취하고, 丑에서 많은 丁을 담고, 丑未로 해묘미를 동요하니 처자식을 얻고 발달한다. 일찍 결혼하면 이로운데, 亥丑으로 子겁재가 동하고, 丁卯를 탐하니 丑이 번거롭고, 丑일지도 辛이 깨뜨려지니 들어오길 꺼려한다. 丑은 12신살로 월살이니 같은 직업·직능에 있는 동료 같은 배우자 인연이고 자신을 업그레이드 시키는 조언자로서의 인생반려자를 만나면 좋다. 그런데 요즘은 예전과 달리 직업이 확실하지 않으면 결혼하기 어려우니 丑을 끌어들여 발달을 도모하기란 쉽지 않다. 癸卯대운에 乙이 동하고 해묘미에 임하니 결혼·직업을 얻기 수월한 운세이고, 辛丑년은 丑일지가 동하니 결혼 시기로 적합하다.

초년에 시주가 발동하거나 시주에 삶의 목적이 있는 구조는 현실 성취가 약하거나 늦게 발현되는 경향이 있다. 甲辰대운은 亥 중 甲이 투출되니 자신이 하고픈 일을 찾게 되고, 현재가치보다 미래지향적 관점에서 바라보게 된다. 乙일간은 辰 중 乙을 취하고 甲으로부터 기운을 충족하니 급할 것도 없다. 겁재·식상이 동하니 자신감이 팽배해지거나 엉뚱한 데 관심을 갖는다. 寅卯辰으로 자기 위주의 극단성이 있고 마음에 드는 게 없거나 배척하게 된다. 癸卯대운은 癸乙로 乙일간이 수기를 취하여 해묘미를 완성하고 丁癸로 많은 丁이 동요하니 번거로움 속에 발달한다. 경거망동하지 않으면 원하는 바를 얻을 수 있다. 庚子년은 丁이 할 일을 찾은 격이고 庚이 丑에 입묘되어 乙의 씨앗이 된다. 처음엔 乙이 庚을 만나 들뜨고 우왕좌왕하겠지만, 차츰 申子辰으로 庚(단체·조직·그룹)의 도움·발판으로 乙이 발현되니 자신이 원하던 일이 눈에 들어온다. 볼품없어 보일지라도 잡고나면 디딤돌이 될 것이다.

戊庚甲戊　乾　壬辛庚己戊丁丙乙1
寅辰寅戌　　　戌酉申未午巳辰卯

庚일간은 寅월 환경이 마땅찮고 寅월에 수기가 없으니 정상적인 일에서 경쟁력이 떨어진다. 물상이 많고 水·火가 없으니 남을 믿지 못하고 방어적인 성향이다. 다만 寅戌로 화를 취하고 甲寅으로 동하고 辰戌로 기운을 돌리니 戊戌에서 성취할 수 있다. 연·월이 戊戌·甲寅으로 기둥을 세우고 庚辰일주가 인오술을 가동하니 선천복록으로 庚을 얻는 행운이 따른다. 다만 庚辰일주에서 庚이 손상될 여지가 있으니 부부인연의 왜곡 or 건강·횡액의 문제가 야기될 수 있다. 양(陽) 구성이고 寅辰寅이 이를 부추긴다.

천간에서 戊를 바탕으로 甲庚이 동하고 지지에서 辰戌로 寅을 가공하니 인오술 방향성에 따른다. 많은 甲이 庚을 형성하기 어려운데, 寅辰戌로 甲寅을 조절하여 乙을 키우면 庚이 형성된다. 즉 甲寅에서 乙을 완성하여 戌창고에 집어넣으면 저절로 庚辛이 완성되어 있음이다. 辰은 辛의 창고이기도 하니 庚은 辰에서 甲을 내지 않고 辛(재물)을 채우면 된다. 卯戌로 얻어진 庚을 지키기만 하면 戊을 바탕으로 甲寅을 이용하여 金을 성취하는 셈이다. 건물임대업으로 월수입이 2천만원이 넘는다. 丑이 있어야만 금을 채우고 寅午戌에서 庚을 완성한다고 고착하지 말고 戌에서 卯가 완성된다는 점도 이해해야한다.

인생은 총량제이니 사주구성도 좋고 나쁨이 상존한다. 이 사주에서 辰이 그러하다. 辰戌로 인오술을 가동하여 庚을 완성하지만, 신자진으로 庚손상·변색을 초래하기도 한다. 辰 중 卯에서 甲·寅이 투출되고 寅辰寅으로 겁재를 끌어들이니 부부 인연이 불미하다. 庚申대운에 부인과 별거한 상태에서 다른 여자와 동거인 관계로 부부인연을 맺고 있다. 前부인과 법정이혼을 하지 않는 것은 寅辰寅으로 이중성(양다리) 모습인 까닭이고, 또 辰은 辰戌로 庚

을 얻는 동기이고 辰 중 乙은 庚의 근원이자 辛의 창고다. 辰에 집착하는 만큼 庚이 손상되는데, 辰부인이 있으면 번거롭고 없으면 불안하기 때문이다. 전부인의 아들들에게 건물 관리를 맡기고, 동거녀에게는 생활비 외에 큰돈을 주지 않는다. 辰일지의 甲·寅 겁재가 과다 투출되고 물상을 가공할 水火가 없으니 소심하고 남을 믿지 못하는 이기심의 발로이다.

辛酉대운 들어서자마자 戊戌년(61세)에 폐암3기 판정을 받았다. 수화기운이 없는 상태에서 庚申대운을 거치면서 재물 성취가 많았으니 辰寅戌이 감당하기 버겁다. 삶의 수단인 木이 많은 金에 깔린 형세이고 辰戌창고가 터져 나오는 형국이다.

10여년전 충남 보은에 1,000평이 넘는 땅을 구입하여 전원주택(별장주택)을 지어 살고 있는데 시가 65억 상당이다. 보은(報恩)은 자원오행으로 土·火다. 火·土는 목·금을 조절·가공하니 火·土지역 넓은 땅에 주택을 지은 것은 사주원국에 부족한 火를 채운다는 측면에서 나쁘지 않다. 그런데 이 사주는 木을 다듬고 완성함으로써 庚을 취하는 게 목적이고, 火는 金을 가공하는 게 본의이다. 庚申대운이 오니 목을 다듬던 火·土가 목을 팽개치고 금을 가공하려 달려드니 乙본질이 상실된다. 火·土에 부풀어진 金이 폐암으로 터져 나왔다고 볼 수 있다. 운세가 좋아지면 저절로 길함을 찾아가고 운세가 나빠지면 굳이 흉함을 찾아가는 걸 심심찮게 본다.

庚丁壬庚 坤　乙丙丁戊己庚辛3
戌卯午戌　　亥子丑寅卯辰巳

아들 하나를 둔 이혼녀로 위 남명(戊戌생)의 동거녀다.
丁壬-壬午 구성이고, 午월에 丁일간이 투출되어 壬午월주로 자수성가(가장노릇)의 상이다. 여명이 자수성가 구조이면 자신이 가정을 이끌어야하니 결혼의 불미함을 안고 있음이고, 억세고 박복하게 살거나 때로는 공주같이 살기도 한다.

午월에 庚을 취하면 丁壬으로 손상·변색되고, 卯戌이 양합으로 庚을 취하니 배우자 인연이 복잡하고 卯가 홀로 庚을 내야하니 손상되고 불안정하다. 卯일지가 戌년지에 입묘하고 庚을 얻으니 돈 많은(나이 많은) 남자 만나 부귀를 누리는 애첩상에 비유된다. 얼굴이 예쁘장하여 어려서부터 남자들에게 인기가 좋았고, 이혼하고 돈 많고 나이 많은 유부남을 만나 살고 있으니 재첩으로 재물을 누리는 현상이다.

午월에 壬이 투간되어 수기를 조절하고 庚戌로 庚을 완성하니 좋은 조건을 타고 났지만, 丁壬이 수시로 庚을 변색시키고 庚戌이 복음이니 자신의 것으로 만들기 어렵다는 한계가 있다. 지지는 전체적으로 寅午戌 환경이고, 丁의 최종목적은 庚辛이고, 丁壬으로 庚은 손상·변색을 감내해야한다. 자신이 직접 庚을 완성한다면 庚의 복음과 손실·아픔·상실감을 겪겠지만, 욕심 부리지 않고 卯를 戌에 완성하여 庚을 얻으면 안정되니 남편(타인)에 의탁하여 성취를 누리는 것이다. 여명은 재관을 직접 취하는 주체가 아니기에 나쁜 사주라고 단정할 수 없다.

庚戌 복음은 이중·복합성이고 丁卯일주가 양쪽으로 庚戌에 끌려 다니니 불안정하지만 어디를 가든 나쁠 게 없다. 丁일간은 卯일지를 이용하여 庚을 얻는 흐름이고, 庚戌년주는 선천복록이라면 庚戌시주는 후천복록이다. 庚戌년주를 취하면 壬에 의해 庚이 손상되고 庚戌시주를 취하면 壬의 직접 영향에서 벗어나 庚辛으로 戌에 담을 수 있다. 본인의 직업성취는 등락을 겪을 수 있음을 의미하고, 첫 결혼보다 재혼으로 복록을 누린다는 의미도 된다. 달리 말하면 庚戌년주는 나이 많은 유부남 인연이고, 庚戌시주는 연하에게 의탁하는 모습이다. 이 여명의 현재상황을 보면 첫 결혼은 庚戌시주였고, 戊寅대운에 이혼하여 12살 많은 유부남과 동거하

니 庚戌년주의 인연이 두 번째다.

인오술 환경이지만 戌은 庚이 아닌 乙의 창고다. 丁일간이 성취한 卯戌이 아니기에, 동거남이 생활비를 주고 큰 주택에서 볼품 있게 살지만 자신 명의로 된 재산은 없다. 동거남의 도움으로 현상 복록을 누리고 있을 뿐이다. 지금까지 풍족하게 사는 것에 만족하고 동거남에게 재산을 요구하지 않았는데, 막상 남편이 폐암 판정을 받고나니 문득 10여년을 봉양하고 남은 게 없다는 생각이 든다. 덜컥 남편이 죽고 나면 전 부인·자식들에게 쫓겨나 알거지가 될 수 있다는 불안감이 드는 것이다.

丁丑대운 戊戌년(49세) 상황으로 동거남에게 보상을 받아 재물을 담을 수 있는 운세다. 丑대운은 丁일간이 완성하는 창고이고, 庚戌년주에서 庚은 변색되니 庚戌시주에서 자신의 것을 만들 수 있다. 丁은 庚戌년주에서 辛을 얻기 쉽지만 壬에 가공된 辛은 戌에 담을 수 없다. 庚戌년주(동거남)는 믿을 수 없으니 庚戌시주(자식)에게 의탁해야 함이다. 동거남에게 자식 명의로 뭐가 하나 해줄 것을 부탁하면 취할 수 있을 것이다.

위 두 커플은 乙을 가공하여 戌년지에 완성함으로써 庚을 취한다는 점에서 같다. 자신의 능력(식상)을 과시하고 성취욕구가 지나치면 庚을 탐하여 등락을 초래하니, 남명은 임대업으로, 여명은 남자 덕에 살아가면서 안정을 얻고 있다.

8. 생·왕·묘의 연합-통관

12지지 움직임은 亥-子-丑-寅-卯-辰-巳-午-未-申-酉-戌…로 순행하지만, 생지는 생지끼리, 왕지는 왕지끼리, 묘지는 묘지끼리 의기투합하여 운행하는 경향이 있다. 천간이 甲-乙-丙-丁-庚-辛-壬-癸…로 순행하지만, 수화는 수화끼리, 목금은 목금끼리 연합하여 운행하는 이치와 같다.

寅巳申亥가 모이면 기운을 펼치는 선행 방향성을 추구하고, 子卯午酉가 모이면 자신의 모습을 완성하려하고, 辰未戌丑이 모이면 氣·相을 완성하거나 발현하는 방향성을 제시한다.

물상은 土에서 생성·발현되니 생지·왕지는 辰·未·戌·丑를 만나야 방향성을 찾게 된다. 즉 생지 or 왕지끼리 만나면 가고자 하는 방향성이 모호해지는데 辰·未·戌·丑을 만남으로써 방향성을 구축하게 되는 것이다.

* 寅·巳·申·亥는 시작 기운으로 과단성·결단력은 있지만 추진력·인내심이 약하다. 시작은 잘 하지만 마무리가 약하다.
* 子·卯·午·酉는 본기-본질(시작-결과)을 안고 있으니 자기중심적이다. 성실하고 노력파이지만 변화·변색을 싫어하니 성과가 크지 않다.
* 辰·未·戌·丑은 氣·相의 완성·발현지로 子·卯·午·酉를 안고 있으니 딜레마가 많다.

土의 본질은 조절·통제이지만 천간과 지지의 작용력이 다르다.

戊·己은 기운을 조절·통제(전환)한다면, 辰·未·戌·丑은 물상을 조절·통제하고 마무리·완성한다. 戊·己는 천간인자로 양·음 본위의 기운과 물상의 흐름을 조절·통제하여 물상의 성장·전환 과정을 주관하고, 辰·未·戌·丑은 지지인자로 기운과 물상을 실질적으로 조절·통제하여 완성하는 자리이고 완성은 곧 시작이니 우합으로 발현된다.

만약 지지에 辰·未·戌·丑이 없고 천간에 戊 or 己가 홀로 있으면 방어적 성향을 보이고 불안정성이 동반된다. 戊·己는 물상을 직접 완성하는 土가 아니기에, 辰·未·戌·丑이 없으니 자기가 아니면 안 된다고 생각하기에 꼼꼼하고 악착같고 성실하지만 스스로 삶을 피곤하게 만든다. 해도 해도 안 된다고 생각하고 마무리가 안 되니 성취가 크지 않거나 성취를 지키지 못하는 경향이 있다. 己일간이면 경향성이 높다.

생지·왕지·묘지 2字 연합구성은 氣→相 방향성이다.

생지·왕지·묘지끼리 2字의 만남은 沖 or 연합(합·형·파·천) 관계에 있다. 충은 기운이 물상을 내거나 물상이 기운을 얻는 방향성을 잡게 되고, 연합은 기운으로→물상을 형성하는 관계로 상호 이해관계 속에서 水·火가→木·金을 형성하는 방향성을 찾게 된다.

▶ 寅巳, 巳申, 申亥, 亥寅

생지 2字 연합은 선행하려는 의도가 있기에 이상이 높고 이중·복합성으로 방향성을 잡지 못하고 실속이 적다. 시작은 잘 하지만 마무리에 약한 것이 단점이지만, 대인관계가 넓고 타인을 잘 이용하는 장점이 있다. 과단성·결단력은 있지만 추진력과 인내심이 약하다. 성격이 조급하여 설익은 시작·진행으로 인한 문제가 발목이 잡히거나 실수하는 경우가 많다. 성급한 결정으로 후회하는 일이 없도록 자기관리가 필요하다.

▶ 子卯, 卯午, 午酉, 酉子

왕지 2字 연합은 자신의 영역을 구축하여 스스로 완성하려는 속성이 있다. 시작은 잘하지 못하지만 일단 시작한 일은 최선을 다하고 성실함과 독특함이 있다. 변화·변색을 싫어하니 일의 과정에서 머무르거나 확장하길 꺼린다. 자기능력을 과신하거나 방어적이기에 발달이 저해되고 성과가 적다. 자기중심적인 사고에서 벗어나 타인과 조화를 이뤄야 발달할 수 있다.

▶ 丑辰, 辰未, 未戌, 戌丑

묘지 2字 연합은 뭐든지 조절·통제하고 완성하고 발현시키려는 속성이 있기에 결과·마무리 단계에서 문제가 야기된다. 결과물을 빨리 내놓고 결과물에 의한 성과(새로운 시작)를 입증하려고 과욕을 부리게 된다. 현재 상황에 욕심을 내거나 계산적이면 土에 갇혀 나오지 못하니 딜레마가 많다. 마무리·완성은 시작의 근원이니 寅·巳·申·亥를 보지 못하면 더욱 그러하다. 마무리를 잘해서 밭갈이를 해야 하니 뒤엎고 준비하여 새롭게 시작한다는 마음자세가 필요하다.

생지·왕지·묘지 3字 연합구성은 물상을 완성하는 방향성이다.

묘지·생지·왕지 3字의 만남은 합·충·형·파·천 혼재로 번거롭게 보이지만, 2字의 합·충·형·파·천 관계를 완화시켜주고 물상을 완성하는 방향성으로 순행하게 된다. 가령 寅巳申은 寅巳·巳申·寅申 등 복잡한 관계가 만났지만 巳를 통해 寅→申으로 변환되는 흐름이다. 그 과정에서 寅이 손상되고 巳의 수고가 있지만 천지만물이 영원성을 이어가는 순리이다. 마치 내가 부모에게 키워져 배우자를 만나 부모와 이별하고 자식을 얻어 일가를 형성하는 것과 같다. 부모와의 이별을 흉으로 볼 수 있겠는가.

혹자는 3字의 만남(삼형)을 흉으로 보는데, 이는 합·충·형·파·천이 중복·혼재 등으로 인한 복잡·번거로움만 보았지 만물의 생장쇠멸의 과정을 이해하지 못한 잘못된 인식일 뿐이다.

▶ 戌丑辰, 酉子卯, 申亥寅은 辛→乙으로 변환되는 신자진 과정이다.

신자진은 수를 마감·완성하니, 목 or 금이 있어야 할 일이 생기고 성취가 있다. 의학·생물·미생물·교육·상담·봉사 등 생명을 살리고, 타인을 키우거나 이용하는 일, 정신·학문·인성·자격을 이용하는 직업성에 어울린다. 몸보다 머리를 이용하는 일을 선호하는 타입이다.

신자진에서 금을 가공하고 목의 본기가 발현된다. 본기는 본질(비겁)로 전환되니 재관성취가 약한 편이고, 입·말·몸과 관련된 일에서 성과가 크지 않다. 명예를 존중하고 재관을 탐하지 않으면 성공을 지키지만, 탐욕을 부리면 어렵게 성취하여 쉽게 무너지는 경향이 있다.

▶ 辰未戌, 卯午酉, 寅巳申은 乙→辛으로 변환되는 인오술 과정이다.

인오술은 화를 마감·완성하니, 금 or 목이 있어야 할 일이 생기고 성취가 있다. 조직·단체를 키우거나 관련된 일, 타인(비겁)을 이용하는 일, 식상을 통한 재물 성취이다. 머리보다 몸을 이용하는 일에서 발달한다.

인오술에서 목을 가공하고 금의 본기가 발현된다. 현실적인 성향으로 정신·학문·인성과 인연이 약하거나 잘 사용하지 못하지만, 재능이 있고 가시적 재물성취능력이 좋다. 이상이 높고 과장·허풍이 있다. 크게 터뜨리기도 하지만 크게 잃기도 한다. 재물을 성취하고 나면 명예·권력을 탐하고 그로 인해 실패하는 경우가 많다.

▶ 丑辰未, 子卯午, 亥寅巳는 乙을 완성하는 해묘미 과정이다.

해묘미는 목을 마감·완성하니, 화 or 수가 있어야 할 일이 생기고 성취가 있다. 생명·사람을 키우고 다스리는 일, 정신·학문·인성을 바탕으로 능력(식상)을 펼치는 일, 몸(말·입)을 이용한 직업성에 적합하다. 신자진보다 활동적이고 생산적이며 자기 본위를 위주로 한다. 신자진은 학교선생이라면, 해묘미는 학원강사라 할 수 있다.

해묘미에서 목이 형성-완성된다. 타인(비겁)을 이용하여 자기 것으로 만드는 재주가 있고 가시적 성과가 빠르다. 입·말·몸과 관련된 일에 종사하고, 자신의 재능·능력을 무기로 삼는 경우가 많다. 명예·재물에 대한 욕구·의지가 강하지만, 노력에 비해 성과가 적거나 만족하지 못하는 경향이 있다. 탐욕을 부리면(金) 뒷걸음치고 꼴이 된다. 재물을 성취하여 덕을 베풀면 자연히 명예가 높아지고 재관이 안정된다.

▶ **未戌丑, 午酉子, 巳申亥는 辛을 완성하는 사유축 과정이다.**

사유축 금을 마감·완성하니, 수 or 화가 있어야 할 일이 생기고 성취가 있다. 조직·단체와 관련된 일에서 성과가 있지만, 인오술보다 실질적 재관성취능력이 좋다. 조직·단체를 이용하여 본위를 갖추는 타입이다.

사유축에서 금이 형성-완성된다. 재·관을 동시에 거머쥐는 능력이 있는데, 인성(학문) or 식상(능력)이 바탕이 되지 않으면 오래 유지하지 못한다. 재물에 지나치게 욕심을 내거나 베푸는데 인색하면 가치가 상실된다.

인오술은 식상을 바탕으로 한다면, 사유축은 인성을 바탕으로 한다.
인오술은 일반 조직·단체라면, 사유축은 특수 조직·단체이다.
인오술은 무역·통상이라면, 사유축은 제조·가공이다.
인오술은 기술력을 무기로 삼는다면, 사유축은 인·허가를 무기로 삼는다.

생지·왕지·묘지 4字구성은 합·충·형·파·천 작용이 무의미하다.

지지가 모두 寅巳申亥 or 子卯午酉 or 辰未戌丑으로 구성되면 생지·왕지·묘지 자체로 생-장-쇠-멸 흐름이 통관되고 완성되었기에 달관(達觀)의 상으로 합·충·형·파·천의 작용이 무의미해진다.

생지·왕지·묘지 4字의 완성은 통관(달관)되니 '만물의 흐름·순환(춘하추동)을 마쳤다' '윤회를 거쳤다' '할 일 다 했다' '마무리·완성했다' 등 의미가 있다. 통관으로 물상이 순행하는 순리에 임하고 물상의 유동성이 있지만 인생무상과 달관으로 종교·철학적 관념이 사상을 지배한다. 윤회를 완성하니 인생관이 종교·철학·염세적 성향을 보이고, 현실적 재관활동이 굴곡·정체되거나 딜레마에 빠지기 쉽다.

생지·왕지·묘지 4字의 완성은 삼합논리(시작-과정-결과)로 판단함이 유용하고, 과단성·극단성이 있다는 점에서 삼합·방국과 유사다.

삼합 방향성에 따라 4字 중 하나가 불미하고 고충·애환이 있다.

▶ 寅巳申亥 4字 통관의 작용

사주간지에 寅巳申亥가 모두 있으면 寅巳申亥 생지의 속성이 뚜렷하다. 시작·발생의 기운으로 역동성이 있고 펼치려는 속성이 강하다. 발현이 빠르지만 성장 후 본위를 갖추고자 할 때 성취·혜택이 제한적이다. 시작은 잘하지만 인내·끈기가 부족하고, 창고기능이 없으니 노력·능력에 비해서 결과·결실이 적다. 결정은 빠르지만 과단성이 부족하고, 열정적이지만 쉽게 포기하는 경향이 있다. 본토·기존에서 튕겨져 나와 새로운 일이나 새로운 공간을 잘 활용하지만 내 것으로 잘 만들지 못한다.

적극적이고 대인관계는 좋지만 즉흥적인 결정으로 실수를 초래하기 쉽다. 역동성이 있기에 대박을 터뜨리기도 하지만 쪽박을 차기도 쉽다. 수시로 자기 모양을 바꾸거나 직업·터전을 자주 바꾸거나 객지 or 불안정한 직업성에서 발달한다. 한 우물을 파면 잘 나가다가 실패를 겪기 쉽다. 새로운 테마, 신상품, 유동성, 기존관념의 탈피가 삶의 전략이다. 처음에 잘나가고 대박 칠 때 브레이크를 잡고 회수하여 타인에게 의탁하거나 빌려주고 대가를 받는 형태로 전환하면 복록을 지킬 수 있다.

삼합의 방향성에 따라 寅·巳·申·亥 중 하나가 불미하고 고충·애환이 있다.

▶ 子卯午酉 4字 통관의 작용

사주간지에 子卯午酉가 모두 있으면 子卯午酉 왕지의 속성이 뚜렷하다. 오행의 본기·본질을 동반하니 자기중심적이고 제 잘난 맛에 사는 타입이다. 왕자·공주병 기질이 있고 까칠하고 완벽해보여도 예외로 허술하고 귀가 얇은 편이다. 본질 모양새를 갖추고 혈통적 연결고리(음양)가 있기에 조업·가업 승계가 정신적으로 지배하고, 행운이 따르니 동업을 하더라도 손해 보지 않는다. 한다. 자신이 주도·장악하려하고 주인공이 되려는 의도가 강하지만, 본의를 바꾸려하지 않으니 다양성이 부족하고 성취가 크지 않다.

융통성은 있지만 변화·변동에 잘 적응하지 못하고, 인기성은 있지만 사회성이 부족한 면이 있다. 변색을 싫어하고 자존심 탓에 인간관계가 왜곡되거나 염세적으로 빠지기 쉽다. 방어적인 성향으로 스스로 조절력을 강화하니 폐 or 뇌·심장에 고질병이 있거나 답답함과 두근거림이 있다. 익사, 질식, 잠수병 등 숨을 못 쉬는 환경에 처하기도 한다. 辰·未·戌·丑을 만나야 변동·변화에 다양성을 갖고 현실적 성취를 담을 수 있으니 子卯(辰), 卯午(未), 午酉(戌), 酉子(丑) 중에서 삶의 창고로 삼아야한다.

삼합의 방향성에 따라 子·卯·午·酉 중 하나가 불미하고 고충·애환이 있다.

▶ 辰未戌丑 4字 통관의 작용

사주간지에 辰未戌丑이 모두 있으면 辰·未·戌·丑의 속성이 뚜렷하다.

조절·통제가 본의이고 완성지이니 어떤 일을 맡겨도 끝까지 잘 해낸다. 창고가 모였으니 겉으로 없어 보일지라도 재워둔 것이 있고, 돌산을 물려받아도 나중에 금산을 만들어내는 자질이 있다. 육친에 대한 유대·애착이 강하고 규범·규칙에 얽매이는 경향이 있다. 본토·근원을 벗어나지 못하고 객지에 나가더라도 귀향하는 경우가 많다.

어사무사於思無思25)가 본의이고 끈질긴 승부가 인생승리의 본질이다. 무슨 일이든 조절·마무리하여 본기를 내야하니 포기하지 않고 인내·끈기로 결실을 이루어나가지만, 어느 한 곳에 안착하지 못하거나 어느 하나에 집착하지 않고 누구와도 등지지 않으려한다. 감정표현을 자제하지만 폭발력을 잠재하고, 융통성이 있지만 자기 고집이 있고, 욕심이 없어 보이지만 채우려는 욕구가 있다. 상황이 유리하면 떠들고 상황이 불리하면 입 닫는다.

살아나기 위해 끊임없는 노력하고 변화·변동에 융통성을 발휘하는 등 다양한 삶의 도구·무기를 가지고 있다. 역동성은 떨어지지만 생명력이 끈질긴 타입이다. 조절력 탓에 성취가 크지 않지만 甲·乙·庚·辛을 보거나 어느 하나에 몰입하면 이를 통해 크게 이룬다.

삼합의 방향성에 따라 辰·未·戌·丑 중 하나가 불미하고 고충·애환이 있다.

---

25) : 생각이 날 듯 말 듯 하다는 뜻이다. 어떤 일에 확신이 서지 않고 의지가 확고하지 않는다는 의미로도 사용된다.

○○壬○
巳申寅亥

壬이 주관하니 申亥寅으로 甲乙을 얻는 방향성에서 성취한다. 巳의 불미함이 있고 자식인연 or 노년활동에 고충이 있다. 申일지의 도움이 필요하니 배우자의 희생을 강요하는 형국이다. 나누고 베푸는 행위 or 직업성이 아니면 배우자·자식 손상을 초래한다.

○乙○○
子酉午卯

乙이 투출되니 卯년지에 집착하고 성취를 보려한다. 亥卯未(子卯午)에서 성취하니 酉의 불미함과 가정·배우자로 인한 고충·애환이 있다. 子卯(未)가 년·시에 임하니 국가·조상 인연이고, 卯午(戌)가 연합하니 연월을 삶의 수단·창고로 삼아야한다.

○○甲○
戌丑辰未

甲을 통해 성취를 보려한다. 신자진으로 甲에서 성취하지만 未를 사용하지 못하는 불미함이 있으니 국가·조상 인연이 약하고 그로 인한 고충·애환이 있다.

생지·왕지·묘지 3字가 운에서 4字로 구성되면 전환점이 된다.

사주원국에 생지·왕지·묘지 3字로 구성되었는데, 운에서 나머지 1字가 오면 통관 작용이다. 辰未戌에 丑운이 오고, 寅巳申에 亥운이 오고, 子卯午에 酉운이 오는 경우다. 이 때 丑·亥·酉 인자·궁위가 변화의 요인이 된다.
　인생 전환점으로 인생방향성이 바뀌는 과정에서 혼란·번거로움이 발생한다. 답답하고 묶여 있던 일들이 풀리고, 잘 나가고 있다면 하는 일에 제동이 걸린다. 4字 중 삼합영역에서 벗어나는 1字의 고충·번거로움이 동반되고 그

인자·궁위의 희생으로 도화·역마성이 발동하여 성취한다. 때로는 인생무상과 달관으로 종교·철학성으로 발현되기도 한다.

천간에서 甲丙庚壬, 乙丁辛癸, 戊己戊己 등 4字 구성도 유사한데, 천간은 이상·관념·지향 등을 의미하기에 현실에 크게 영향을 미치지 않는다. 만약 천간 3字 구성에 운에서 1字가 오면 그 인자·궁위가 변화의 요인이 된다.

○○○○
辰寅戌未
丑운이 오면 戌丑寅으로 일지에서 발현되니 내 것으로 만들기 좋다. 乙을 辰에 담으면 寅辰으로 겁재가 동하고, 未에 담으면 나를 낮추고 손 안대고 코푸는 격이다. 국가·단체·자격·인성 형태에 임하면 발전과 안정을 도모할 수 있다.

○甲丙庚
亥○○○
壬운에 亥가 동하니 하고 싶었던 일을 찾게 된다. 甲이 발현되니 자신을 드러내고 꿈꿔왔던 일에 뜻한 바를 이루려고 한다.

○○○庚
子○卯午
酉운이 오면 庚이 동하니 대박을 노리거나 공부·시험·종교·철학에 매달리게 된다. 卯午庚으로 庚을 완성하면 대박을 노리는 격이고, 庚子卯로 乙을 완성하면 庚손상이 동반되니 인성·시험·자격에 매달리거나 이를 이용하여 성취한다. 어떤 경우든 근본적으로 해결해야한다.

戊己己戊　乾　丙乙甲癸壬辛庚9
辰丑未戌　　　寅丑子亥戌酉申

사주 전체가 土로 구성되고 천간은 戊己로 짝을 이루고 지지는 辰未戌丑이 모두 자리한다. 독특하고 특이한 사주구성이다. 이런 사주구성을 격국론으로 설명할 수 있겠는가, 조후론으로 간명할 수 있겠는가. 용신론으로 취할 수 있겠는가. 이 사주를 접하면서 사주팔자를 놓고 이러쿵저러쿵 길흉을 논하는 것은 무의미하고 이현령비현령이라는 생각이 든다.

기상명리의 관점으로 보더라도 논리를 전개하는데 한계가 있음을 실토한다. 다만 기상명리는 사주 공식과 육친(六親) 관계성으로 판단하지 않고, 간지의 흐름(방향성)과 구성관계(음양본위)에서 삶의 경향성을 찾고, 사주팔자를 인생논리로 살피기에 부귀빈천(富貴貧賤)과 길흉화복(吉凶禍福)을 논할 수는 있다.

* 土의 기본적 속성은 조절·통제 작용이다. 어사무사(於思無思)가 본의이고 끈질긴 승부가 인생승리의 수단이다. 시작이 늦고 과단성이 부족하다. 무리하지 않는 조심성이 있지만 성취가 크지 않다. 子卯午酉를 품고 있으니 고집이 있고 일의 진행에서 추진력과 끈기·뚝심이 있다. 은근히 시시비비를 가리고 자신만의 독특함을 추구하는데, 누구와도 등지지 않는 친화력이 있다.

→ 이 남명은 성격이 꼼꼼하고 남을 배려하는 성향으로 인기·사회성이 좋고 대인관계가 원만하다.

* 辰·未·戌·丑은 수·목·화·금(癸·乙·丁·辛)을 마무리·완성하여 우합으로 巳·申·亥·寅 생지를 발현시켜야하는 숙명이 있다. 우합으로 튀어나가는 돌발성과 허무·상실감이 있다. 이는 인기·사회성 or 종교·철학성으로 발현되기도 한다.

→ 이 남명은 종교·철학적 사유가 풍부하고 사주에 관심이 많다.

* 土 복음(겁재) 구조다. 복음은 신음지상·반복지상으로 육친(가정) 인연이 약하고, 겁재작용으로 재관·직업·가정이 불안정하거나 성취에 등락이 있다. 한 번에 이루기 어렵고 늦게 이룬다는 의미도 있다. 土 일색으로 돌파구가 없으니 답답한 형국이다.
→ 이 남명은 살아온 과정에서 시련·실패를 경험했을 것이다. 늦은 나이에 학업에 전념하여 乙丑대운 己亥년에 학사학위를 받은 것은 ·辰未 중 乙이 투출되었기 때문이다.
* 己일간이 未월을 득했으니 음양 본위가 어긋난다. 삶의 수단을 관(官) 위주로 삼는 것이 적합하다. 만약 재(財)를 위주로 했다면 복음의 폐해가 더 크고 가정을 깨뜨릴 수 있다.
→ 이 남명은 직장인으로 관 위주이고, 컴퓨터 전산관련업무로 子卯午酉 계산능력과 辰未戌丑 조절능력이 합치된 직업성이고 己未의 모양새다.
* 천간 戊己 배열에서 己일간이 월·시에 戊를 동반하고 있다. 己본질이 戊본기를 취하는 관계이니 삶에서 행운이 따른다. 비견을 취한 격이니 남에게 빼앗기기도 하겠지만 동반상승하는 관계다. 타인(겁재) 주위도움으로 성과를 얻는다. 연-월-일이 戊-己-己로 구성되니 국가·조상 기운이 자신에게로 전달되니 인생 관점을 종교·철학·인성·정신에 둔다.
→ 이 남명도 학문을 좋아하고 불교에 귀의를 생각하고 있다.
* 연월이 戊戌·己未 양·음 구성으로 선천복록이 갖추어졌고, 己일간-亥卯未 구성이니 천간-지지의 음양 본위에 불문하고 안정성을 얻는다. 부귀와 상관없이 행운·안정이 주어지니, 질병·횡액·사건·사고에 노출되더라도 회복·해결이 순탄하게 이루어진다.
→ 이 남명은 등락이 겪을지라도 행복·만족지수가 높은 편이다.
* 己未월주로 자수성가의 상이다. 다만 戊·未에서 乙이 완성되는데 수기가 없으니 발달이 더디고 답답함이 있다.

→ 이 남명은 부족한 수기를 채워야하니 항상 노력하는 타입이고, 丑·辰 중 癸에 의지하니 부인·딸에 대한 애착이 크다.

* 己일간이 未월에 불미한 환경이지만 丑未로 기운을 돌리니 역동성이 발휘된다. 丑未는 물상을 형성하는 동기부여이고, 물상을 완성하려는 의지가 강한데 보이지 않는 乙·辛이다.

→ 이 남명이 삶에 충실하면서도 가상·허상을 쫓는 이유다.

* 시지는 제2의 직성이자 인생 결과물이자 말년의 추구 인자이다. 丑未로 동한 己丑일주에서 丑寅으로 辰시지에서 마무리하는 흐름이다. 辛을 가공하여 甲을 내니 윤회·생명·보험·숙성·임대·인성·교육의 상이고, 노년에도 활동력을 발휘해야한다.

→ 이 남명이 가족을 존중하고 학문·종교에 열의를 두는 이유이고, 사주공부는 노년 삶의 수단으로 삼을 수 있는 직업성이다.

* 己丑은 己속성을 함축한 간지이다. 자기애(자존·고집)가 강하고 가족·가정에 애착이 강하다. 12신살로 丑일지는 천살이다.

→ 이 남명은 부인에 대한 애정도가 높고 부인에게 극진한 편이다.

* 특이한 복음구조이지만,[26] 丑일지에 己가 월·일에 투간되고 겁재가 동주하니 부부인연이 어긋날 구성이다.

→ 이 남명이 출장·공부 등으로 때때로 집을 벗어나는 것은 부부애정을 유지하기 위한 자구책이라 할 수 있다.

* 丑戌未를 삼형으로 본다면 조상·부모형제·배우자를 등지고 머리·가슴·생식기의 질병이나 사고·횡액으로 몸을 다치는 일이 비일비재할 것이다.

기상명리 관점에서 보면, 火·金이 없으니 未戌형·戌丑형이 동하지

---

[26] 로만 구성된 특이한 복음구조에서, 일지 투간으로 배우자 모습과 부부인연을 판단하는 기상명리 관법을 그대로 적용하는 것은 과용(過用)이다. 무릇 사주 관법은 평상(平常)의 일반 논법이므로, 특이한 사주구성에서 일반론적 관점을 적용하거나 일반적 사주구조를 특이한 논법으로 맞추려하는 것은 이치게 맞지 않다.

않고, 마땅히 원국 자체에서 丑戌未 삼형은 작용력이 없다. 더불어 未戌丑辰으로 통관되니 형·파·천 작용이 무의미하다. 어느 한 곳에 안착하지 못하거나 어느 하나에 집착하지 않고 끊임없는 노력으로 변화·변동에 적응한다. 융통성이 있지만 자기 고집이 있고, 욕심이 없어 보이지만 채우려는 욕구가 있다. 甲·乙·庚·辛을 보거나 어느 하나에 몰입하면 성과를 얻는다.
→ 이 남명의 성향이 그러하고, 丑辰에서 수기를 채우고 木대운이니 甲乙을 키워 未에 완성하여 戌년지에 담으면 辰未戌丑 4字에서 벗어난 1子의 고충·애환을 해소할 수 있다. 조상·근본을 중시하고 명예·인성을 귀하게 여기고 종교·철학성이다.

* 39세 癸亥대운은 년·시가 양합하니 이중·복합성으로 근원적 성찰과 하고 싶은 일 사이에서 괴리감을 갖게 된다. 파가 동하니 근원을 깨뜨리는 아픔을 겪거나, 하고 싶은 일을 못하는 안타까움이 있다. 辰戌이 동하니 더욱 그러하다.
* 49세 甲子대운은 월·일이 양합하니 이중·복합성으로 가정·배우자·직업 등 삶의 바탕에 변화·변동이 주어진다. 丑未 구성에서 파가 동하니 이별·실패를 겪을 수 있다. 이런 경우는 이사·발령·전업 등 변화를 주는 것이 좋고, 재물 손실로 흉함을 대체한다면 훗날 길함으로 보상받을 수 있다. 甲이 투출되어 합으로 묶이니 희망고문이겠지만, 현재 이익보다 미래 가치에 뜻을 두면 전화위복이 될 수 있다.
* 59세 乙丑대운은 乙이 투출하고 丑未로 丑辰未가 동하여 사주팔자의 목적인 乙을 완성하는 운세다. 꿈꾸던 일을 실현하려고, 직업적 성취도 완성하려한다. 乙은 戌에 완성되니 크게 이루거나 국가·조상에 얽매이게 된다. 丑(하고 싶은 일) or 戌(이상)에 기웃거리지 말고 未(직업성)를 통해 성취하면 자연히 戌에 담아진다.

나이를 감안하면 종교·철학(戌)에 가담할 수 있으니 사주공부에 열의가 있다. 철학·공부에 매달리면 戌에 의탁함이니 이롭지 않은데, 미완·가상의 未직업성으로 삼는다면 유용하다. 종교·철학에 관심을 둔다면 공부에 매달리지 말고 직업적 성취를 위한 하나의 수단으로 삼으라는 말이다.

壬丁乙乙　坤　壬辛庚己戊丁丙6
寅丑酉巳　　　辰卯寅丑子亥戌
위 남명(戊戌생)의 부인이다.

丁일간이 酉월에 임하고 음 대운이 펼쳐진다. 집안에 가만히 앉아 있을 팔자가 아니니 사회생활을 통해 자신의 능력을 발휘하는 게 좋다. 그런데 천간은 壬乙丁으로 亥卯未 구성이고 지지는 巳酉丑 구성이다. 巳酉丑이 완비된 상황에 丑寅에 乙이 투출되니 乙은 유혹일 뿐이다. 乙을 믿고 뛰어들었다가 불나방 되기 십상인데 乙이 복음이니 더욱 그러하다. 남명은 불리한데 여명은 가정을 지키고 살면 무난하다.

丁壬에 巳酉丑의 과단·극단성은 乙을 넘보지 않으니 도리어 이롭게 작용할 수 있다. 丁丑으로 丑일주에서 완성하니 丁은 壬-癸로 사유축을 완성하는데 조력하면 된다. 여기에 丁일간에 사유축 환경으로 안정성을 얻은 구성이다. 기성세대 여명의 경우에는 남편을 내조하고 현모양처로 살아가거나 공주같이 사는 쪽을 택하는 경우도 많다. 그러면 壬寅-丑寅은 가정·배우자 인연의 불미함은 자식의 발달로 전화위복될 것이다.

丑일지가 완성지이고 酉월에 필요한 수기를 壬寅시주에서 채워주고 丑寅으로 壬寅의 의도를 밝혀준다. 남편·자식을 얻고 발달하는 구성으로 남편을 내조하고 자식을 건사하면 자연히 복록을 누리는 격이다. 비록 丑寅은 완성-발현이지만 丑일지가 밖으로 나간다는 의미도 있다. 丁丑에서 丁은 癸성향으로 바뀌니 壬에서 취한 甲을 내길 원하니 외연의 상이다. 만약 丁일간이 직접 乙酉로 乙을 취하면(직업성취) 해묘미로 丑은 토사구팽이 될 것이고, 丑寅으로 壬寅을 탐하면 결혼생활이 불미해질 것이다. 乙을 직업성으로 삼으면 실패할 확률이 높고, 壬寅을 삶의 수단으로 삼으면 부부인연을 깨뜨리니, 가만히 있는 게 도와주는 거라는 말이 상기되는 사주다. 이런 경우에는 자식을 돌보는데 자신을 희생하고 자식이 壬寅모습이면 가정·부부가 안정될 수 있다.

남편과 부인 모두 丑일지(己丑·丁丑)로 가정을 지키고자하는 의지가 강하다. 남편은 丑辰未로 목을 얻지 못해 답답한데, 부인의 일·시에서 丑寅으로 발현처를 얻었다. 부인의 丑일지가 자기 삶의 돌파구(寅)이니 부인에게 집착할 수 있다. 남편의 未 중 乙이 부인의 연·월에 투출되어 남편의 직업성이 관을 중심이고, 乙丁으로 컴퓨터·전산계통의 직업성이고, 未성향으로 종교·철학·정신에 관심을 두고 있는 모양새와 유사하다.
남편은 丑辰으로 부인·자식을 연대하고, 부인은 丑寅으로 남편이 밖으로 나가는 꼴이다. 남편은 부인·자식을 사랑하고, 부인은 남편이 왔다갔다하거나 주말부부 형태이면 사주팔자의 모습이니 흉이 해소된다. 비록 일시가 丑寅이라도 삶의 모양새와 부부관계에 따라 길흉을 살펴야한다. 만약 남편이 부인을 꼼짝 못하게 옥죄거나, 부인이 직업성취에 목적을 두거나 탐욕을 부리면 丑寅발현-壬乙위법·편법성이 발동하여 직업·가정에 등락을 겪는다.
부부의 궁합은 좋고 나쁨이 정해진 게 없고 합·충 등의 사주 공식으로 정의할 수 없다. 어떤 구성이든 서로 원하는 바가 같거나 부족함을 채워주는 관계이면 무난하다. 그런 의미에서 위 부부는 천생연분이라 할 수 있다.

乙戊辛癸　乾　癸甲乙丙丁戊己庚1
卯午酉卯　　　丑寅卯辰巳午未申

사주간지가 子卯午酉 구성으로 기본적 속성은 왕지의 특성이다. 子卯午酉는 오행의 본기·본질을 모두 가지고 있으니 이기심·자존감이 있고 손 안대고 코 풀려는 속성이 있다. 자기 고집이 있지만 의외로 남의 말에 잘 넘어가고, 스스로 조절력을 강화하기에 변화·변동에 잘 적응하지 못한다. 변색·손상되는 걸 싫어하니 활동성이 약화되고, 한 방을 노리지만 子卯午酉 형·파 작용이 통관되어 폭발성이 약화된다. 미시적 관점으로 꼼꼼하고 책임감이 있지만 소극적·방어적·수구적 성향을 보이게 된다. 열심히 하고 작은 성과를 빨리 내지만 노력에 비해 재관의 성취가 약한 편이고, 재관성취에 대한 의지가 약화되기도 한다.

戊午일주는 자신 스스로 조절력을 강화하여 삶을 주도하기에 자수성가형에 가정을 지켜야한다는 숙명이 강하다. 戊일간이 홀로 子卯午酉를 조절·통제해야하니 불안정성이 있는데, 戊午로 午일지가 응집해주니 창고 역할을 하니 결혼해야 안정되는 구조이다. 부인의 도움이 있거나 부인을 존중·의지하게 된다. 午는 진음으로 불안정·돌발성이 있고,27) 정력이 왕성하고 가만히 있지 못하니 부인이 사회생활을 하는 것이 좋다. 午일지는 12신살로 천살이니 戊午일주는 본인 주도가 아니라 부인 주도의 가정이다.

卯午酉는 卯→酉를 내는 흐름이지만 癸가 투출되니 癸년간이 인생 포인트가 되고, 酉월에 癸를 취하니 癸卯가 삶의 수단이 된다. 종교·철학에 관심이 많고 선생님으로 지금은 학생 상담을 전담하고 있다. 癸가 홀로 辛酉를 가공하고 乙卯를 키워야하니 辛酉월주의 직업성취가 크지 않고 역할이 축소되는 모양새다. 戊午가 乙을

---

27) 는 진음이 촉발하고 子는 진양을 촉발한다. 午·子는 음양 본위가 불분명하기에 자체로 불안정·돌발성이 있고 엉뚱한 짓을 하게 된다.

키우고 조절하기에 癸의 힘겨움을 덜어주지만 水부족으로 辛酉를 乙卯의 씨앗으로 만들기 쉽지 않기 때문이다. 만약 乙卯를 가공하여 辛酉를 완성한다면 직업성취는 있을지언정 辛을 담을 그릇이 없으니 허망해지고 午손상이 가중된다.

乙卯는 午에 의해 성장하니 자식의 성장에 따라 午는 힘들어지고, 戊午의 목적은 乙卯이고 戊午를 중심으로 卯午酉가 未戌로 乙을 담으니 자식에게 매달려 기운이 소비되고 자식으로 인한 고충을 자초하게 된다. 51세 乙卯대운에 乙卯시주가 복음으로 한 번에 이루기 어렵고, 木이 강화되니 癸卯 성취에 제약이 있다. 하고자 하는 일에 제동이 걸리거나 자식의 일이 잘 풀리지 않는다. 내가 원하는 바를 성취되면 자식 일이 성과가 없고, 자식 일이 성취되면 본인이 정체된다. 만약 본인·자식의 일이 모두 순탄하게 성취했다면 午손상이 가중되기에 부부의 애정 or 건강에 이상을 초래한다. 乙卯의 성장정도에 따라 午손상이 비례하니 모든 걸 다 가질 수 없는 것이 인생 총량제다.

乙卯대운 己亥년에 亥수기를 얻어 해묘미가 동하니 乙이 가치를 얻는 운세이다. 본인은 직업과 관련한 자격시험에 도전하여 합격하였고, 아들은 경찰공무원 시험에 도전하여 낙방하였다. 乙卯복음에서 父子가 모두 합격하기란 쉽지 않고, 달리 말하면 누구 하나가 고배를 마셔야 인생총량의 개념에서 가정이 평안하다. 아들은 庚子년에 경찰공무원 시험에 재도전한다. 申子辰으로 수기를 채워 癸卯에서 근원을 세우고 午를 동요하니, 본인이 성취해야할 목적성이 없다면 아들은 시험에 합격할 수 있다. 午가 약화되고 子午로 동하니 부부의 애정 or 건강에 유의해야한다.

한편 辛酉월주-乙卯시주는 2가지 일의 직업 성취이고 노년에 활동력을 발휘할 수 있는 직업을 준비하는 게 좋다. 乙卯는 癸卯에서 투간된 모습이니 교육·상담을 학문적으로 완성할 필요가 있다.

乙己辛庚　乾　己戊丁丙乙甲癸壬8
亥卯巳午　　丑子亥戌酉申未午

위 남명(癸卯생)의 아들이다.

천간은 乙庚으로 辛을 얻는 환경이고, 지지는 亥卯巳로 乙을 완성하는 환경이다. 巳월에 수가 필요하니 乙亥에서 해묘미로 乙을 키우려는데, 巳의 본의는 庚-辛을 완성하길 원하고, 己일간이 辛巳월주에서 사유축으로 辛을 완성하려한다. 선천-후천의 방향성이 다르니 인생목표가 뚜렷하지 않고 일관성이 부족해진다. 후천(지지)의 물상은 선천(천간)의 기운에 의해 생성되기에 목을 가공하여 금을 완성하는 게 순리인데, 근묘화실의 흐름으로 보면 금을 가공하여 목을 얻는 흐름이다.

여기서 木·金 물상을 취하는 방향성과 운세를 추론해보자.

첫째, 水·火의 물상 운용 측면에서 보면, 巳월에 亥수기를 취하여 亥卯未로 乙을 완성하기만하면 저절로 庚辛은 얻게 되는 것이다. 亥卯巳午로 庚午를 완성하기 좋고, 卯巳가 庚을 보면 乙을 통해 庚을 완성하려한다. 庚辛에 집착하지 말고 乙亥卯로 乙을 완성하는 단계에서 庚辛을 취하면 성취가 크고, 亥수기를 끌어당겨야하니 처자직의 도움·희생이 필요하다.

둘째, 己일간이 巳월에 임하니 일시(식상)보다 연월(인성)을 취하는 게 좋고, 巳월에 원하는 庚辛이 연월에 투출되고, 대운의 흐름이 금을 완성하는 흐름이다. 庚午를 삶의 수단으로 삼아 庚辛을 완성하여 성취를 얻는다.

셋째, 근묘화실 흐름에 따라 연월에서 庚申을 가공하여 辛에서→乙을 완성하는 것이다. 水가 약하니 庚辛을 가공하여 甲乙을 내기 쉽지 않고, 乙亥에서 亥는 庚辛을 가공하는 水가 아니라 乙성장을 도모하는 水다.

총론하면, 乙에서→辛을 얻든 辛에서→乙을 얻든 乙亥(처자식)의 도움 or 희생이 요구되고, 亥는 乙을 키우기 위한 水다. 巳월에 乙亥에서 수기를 취하여 乙을 완성하고, 한편 巳월이 원하는 庚辛을 키워나간다. 水가 약하고 火가 강하니 庚辛을 얻는데 삶의 포인트를 두어야한다.

경찰공무원을 꿈꾸고 있으니 巳월에 庚을 취하여 庚辛을 삶의 바탕으로 삼으려함이다. 乙亥를 이용하여 庚辛을 얻어야하니 처자식의 도움이 필요하고, 庚辛을 완성하여 담을 그릇이 없다. 발달이 늦고 성취가 크지 않다는 의미도 된다. 처자식을 귀하게 여기면 乙亥의 도움이요, 탐욕을 부리거나 처자식을 등한시하면 乙亥의 손상이다. 乙亥(처자식)을 존중하고 애정을 다하면 庚辛의 성취가 크지 않더라도 안정적으로 취할 수 있다. 乙亥를 인간관계로 보면 타인에게 베푸는 사랑·인정이다.

庚은 辛으로 변색되니 고충·애환이 동반되는데, 庚午년주로 육친 손상을 초래하지 않고 庚辛으로 빼앗기는 관계지만 庚이 辛모습으로 성립되니 나쁘지 않다. 다만 민감한 庚辛이 巳午 위에 앉아 수기를 얻지 못하니 모양새를 좋게 만들기 어렵다는 점에서도 관직에 욕심을 부리지 않아야한다. 국가직보다 지방직이 좋고, 명예를 높이는 직급보다 능력을 발휘하는 직능이 좋다. 머리로 일하는 행정직보다 몸을 움직이는 기능직에서 안정되게 성취한다. 일반공무원보다 경찰·소방공무원이 어울리니 선택은 잘 하였다.

아버지와의 인연을 보면, 子卯午酉 구성에 辰未戌丑이 없는 상황에서 己일간이 홀로 많은 물상을 조절·통제-완성해야하니 불안하고, 어떤 방향성을 취하든 乙亥시주의 도움·희생이 필요하고, 乙을 완성한다는 점에서 아버지와 유사하다. 다만 아버지는 水로 辛을 가공하여 乙을 완성한다면, 아들은 水로 乙을 키워서 庚辛을 얻는다는 점에서 차이가 있다.

9. 干支의 삼합 운동성

천간기운의 氣相이 지지물상을 주재하고, 지지물상의 氣相이 승천하여 천간기운을 형성한다. 천지는 합일하고 분화되어 생장쇠멸을 거쳐 다시 합일하여 분화되니 천지는 상통함이다. 만물의 생장쇠멸은 천지인 논리로 정립되고, 이를 사주에서 삼합(시작-과정-결실)으로 통용된다.

천간-지지 글자가 삼합인자로 구성되면 서로 통하여 기운-물상을 형성한다. 천지가 상통하여 영원성을 이어가는 것이다.

신자진	인오술	해묘미	사유축
庚辰·壬辰	甲戌·丙戌	乙未·癸未	辛丑·丁丑
壬辰-丑	丙戌-未	壬辰-未	丙戌-丑
庚子-辰	甲午-戌	乙亥-未	辛巳-丑
庚辰-子	甲戌-午	乙未-亥	辛丑-巳
癸-申辰	丁-寅戌	壬-卯未	丙-酉丑
庚癸-辰	甲丁-戌	壬乙-未	丙辛-丑
戊子-申	戊午-寅	己卯-亥	己酉-巳
庚-戌子	甲-戌午	壬-己卯	丙-己酉

〈간지삼합 구성관계〉

◎ 무자無字의 논리

사주팔자에 없는 글자가 운에서 출현하여 사주팔자에 영향을 미친다는 개념이 無字의 논리이다. 無字의 관법은 대개 사주팔자에 없는 글자가 운에서 와서 사주 간지와 合·沖 관계가 성립될 경우에 적용하고 흉하게 보는 경향이 있다.

기상명리에서 合·沖 작용은 무자(無字) or 요합(遼合)의 논리와 유사하지만, 흉함이 아니라 動하는 작용력으로 본다는 점에서 차별된다.

예를 들어, 사주원국에 寅이 있는데 없던 申이 오면 寅육친 or 寅궁위가 동하고, 巳·丑이 있는데 없던 酉가 오면 성취여부에 불문하고 卯손상·고충이 동반되고, 辰이 있는데 없던 壬이 와서 辰에 입묘하면 癸의 돌발성이 발동하고, 火가 왕한데 없던 水가 오면 火를 충동질하고, 木金 구조에 水火가 없으면 甲庚·卯酉 등은 기운을 돌리는 작용으로 본다.

간지삼합은 기상명리에서 추구하는 氣·相 조화의 운동성이다. 간지삼합구성은 사주간지에 없는 글자의 출현이 아니라, 지지에서 천간글자를 끌어들이거나 천간에서 지지글자를 끌어들여 삼합운동으로 사주팔자가 운행하려는 방향성을 살피는 관법이다.

◎ 水·火본기(壬·丙)와 木·金본기(甲·庚) 상실의 작용적 차이

본기는 본질로 가치를 실현하지만 본기가 상실되는 구성 즉 본기가 지지삼합에 편승되면 기반·상실로 인한 고충·애환을 겪는다. 10천간 중 壬·丙은 순수한 기운이라면, 甲·庚은 기운을 품은 물상이다. 壬·丙은 순수한 기운으로 자신을 희생하여 물상(생명)을 살리고 완성하는 숙명이 있고, 甲·庚은 물상을 표방한 기운으로 자신을 희생하여 물상을 낼 의도가 없다.

* 壬은 해묘미에서 癸모습으로 乙을 완성한다.
* 丙은 사유축에서 丁모습으로 辛을 완성한다.

壬·丙 물상을 완성해야하는 숙명(인성)이 있기에, 해묘미·사유축에서 기반·상실됨을 숙명으로 받아들인다. 상실감이 크지 않은 대신에 위법·편법성이 발동하고 그로 인한 고충·등락을 겪을 수 있다. 종교·철학·교육 등 가상·허상의 직업성에서 안정적으로 발달한다.

* 甲은 寅午戌에서 乙로 전환되어 乙·庚을 완성한다.
* 庚은 申子辰에서 辛으로 전환되어 辛·甲을 완성한다.

　甲·庚은 수화를 끌어들여 본위를 완성하려하기에, 본위를 잃고 변질되는 걸 원치 않는다.28) 甲·庚은 인오술·신자진에서 기반되면 壬·丙에 비해 위법·편법성보다 허무·상실감이 크다. 壬·丙에 비해 발달에 제약이 있고 비현실·허상의 직업에 종사하는 경우가 많다.

① 본기(甲·庚)가 지지삼합에 편승되면 기반·상실된다.

▶ 甲午-戌, 甲戌-午, 甲戌-未

　甲午는 戌에 끌려가고, 甲戌은 戌 中 丁으로 午를 끌어들여 寅午戌을 완성하려한다. 甲午·甲戌은 선행·급조로 甲본기가 기반·변색되는 고충·상실감이 있다. 지지에서 천간기운(甲)을 탈취하여 물상변환을 주도하려하고, 甲은 지지에 이끌려 기반·변색되니 비현실적 성향을 보인다.

　○○○甲　　○甲○○　　○甲○○
　○○午戌　　戌午○○　　○戌未○

인오술에서 甲희생·도움으로 乙·庚을 완성한다. 신자진에서 甲본의를 고집하거나 甲을 성취하려면 등락을 겪는다. 甲은 乙모습으로 성취해야 안정된다.

　○甲戌○　　○○甲○　　○甲丁辛　　甲丁戌○　　○甲壬○
　○○午○　　○酉午○　　○○○○　　○○○○　　○午○○

인오술에서 甲이 乙로 전환되어 乙·庚을 완성한다. 甲의 도움·계기로 발달하지만 변색·손상으로 인한 문제가 발생한다. 甲-戌午,

---

28)　, 庚午, 庚戌, 庚申 등은 인오술에서 庚을 완성하면 辛으로 전환되는 상실감이 있더라도 가치가 실현된다. 다만 庚寅·庚申은 火를 얻어야 庚본위를 갖춘다.
　　甲子, 甲辰, 甲申, 甲寅 등은 신자진에서 甲을 얻으면 乙로 전환되는 상실감이 있더라도 가치가 실현된다. 다만 甲申·甲寅은 水를 얻어야 甲본위를 갖춘다.

甲午-酉, 甲丁辛, 甲丁戊, 甲午-壬 등도 마찬가지다.
다만 甲丁戊, 甲丁辛은 천간에서 인오술 방향성을 제시하므로 庚·辛·乙·卯가 동반되면 甲의 손상·상실감이 약화되고 공로를 보상받는다. 만약 甲丁戊가 庚辛을 보지 못하면 허무·상실감이 커진다.
또 甲午가 壬을 보면 乙을 완성한다.

▶ **庚子-辰, 庚辰-子, 庚辰-丑**

庚子는 신자진에 끌려가고, 庚辰은 辰 중 癸로 子를 끌어들여 申子辰을 완성하려한다. 庚子·庚辰은 선행·급조로 庚본기가 기반·변색되는 고충·상실감이 있다. 지지에서 천간기운(庚)을 탈취하여 물상변환을 주도하려하고, 庚은 지지에 이끌려 기반·변색되니 비현실적 성향을 보인다.

○○○庚　　○庚○○　　○庚○○
○○子辰　　辰子○○　　○辰丑○

신자진에서 庚희생·도움으로 辛·甲을 완성한다. 인오술에서 庚본의를 고집하거나 庚을 완성하려면 등락을 겪는다. 庚은 辛모습으로 성취해야 안정된다.

○庚戊○　　○○庚○　　○乙庚癸　　庚癸戊○　　○庚丙○
○○子○　　○卯子○　　○○○○　　○○○○　　○子○○

신자진에서 庚이 辛으로 전환되어 辛·甲을 완성한다. 庚의 도움·계기로 발달하지만 변색·손상으로 인한 문제가 발생한다. 庚子-卯, 庚-戊子, 庚癸戊, 庚癸乙, 庚子-丙 등도 마찬가지다.
다만 庚癸戊, 庚癸乙은 천간에서 신자진 방향성을 제시하므로 甲·寅·辛·酉가 동반되면 庚의 손상·상실감이 약화되고 공로를 보상받는다. 만약 庚癸戊가 甲乙을 보지 못하면 허무·상실감이 커진다.
또 庚子가 丙을 보면 辛을 완성한다.

※ 甲과 庚의 물상적 관점 차이

甲(목)은 성장·변화하는 물상이기에 乙로 전환이 두렵지 않지만, 庚(금)은 최종(실질) 물상이기에 辛으로 전환을 꺼린다. 庚子辰·庚子辰·庚丑辰 구성은 甲午戌·甲午戌·甲未戌 구성보다 庚의 상실감이 더 크고 물상(재관) 손상이 현실화되는 경향이 있다. 庚子辰·庚子辰·庚丑辰이 甲午戌·甲午戌·甲未戌보다 비현실적 성향이 더 강하다.

▶ 壬-卯未, 壬辰-未

壬이 卯未를 만나면 亥卯未로 끌려가고, 壬辰이 未를 만나면 壬이 癸로 전환되어 辰未 중 乙을 완성하려한다. 선행·급조로 壬본기가 기반·변색되는 고충·상실감이 있다. 지지에서 천간기운(壬)을 탈취하여 물상변환을 주도하려하고, 壬은 지지에 이끌려 기반·변색되니 비현실적 성향을 보인다. 가상·허상의 직업성에서 발달한다.

○○○壬　　○壬○○
○卯未○　　○辰未○

해묘미에서 壬희생·도움으로 乙을 완성한다. 壬은 癸모습으로 성취해야 안정되고, 壬본의를 고집하면 등락을 겪는다.

○壬己○　○○壬○　○乙壬丁　壬乙己○
○○卯○　○卯午○　○○○○　○○○○

壬은 亥卯未에서 癸로 전환되어 乙을 완성하는데 조력한다. 壬의 도움·계기로 발달하고 壬의 손상·상실보다 위법·편법성이 문제된다. 壬-己卯, 壬午-卯, 壬乙丁, 壬乙己 등도 마찬가지다.
다만 壬乙己, 乙壬丁는 천간에서 해묘미 방향성을 제시하므로 甲·乙이 동반되면 壬의 손상을 보상받고 위법·편법성이 약화된다. 만약 壬乙己에 火가 없으면 위법·편법성이 강화된다.

▶ 丙-酉丑, 丙戌-丑

丙이 酉丑을 만나면 巳酉丑으로 끌려가고, 丙戌이 丑을 만나면 丙이 丁으로 전환되어 戌丑 중 辛을 완성하려한다. 선행·급조로 丙본기가 기반·변색되는 고충·상실감이 있다. 지지에서 천간기운(丙)을 탈취하여 물상변환을 주도하려하고, 丙은 지지에 이끌려 기반·변색되니 비현실적 성향을 보인다. 가상·허상의 직업성에서 발달한다.

○○○丙　　○丙○○
○酉丑○　　○戌丑○

巳酉丑에서 丙희생·도움으로 辛을 완성한다. 丙은 丁모습으로 성취해야 안정되고, 丙본의를 고집하면 등락을 겪는다.

○丙己○　　○○丙○　　○辛丙癸　　丙辛己○
○○酉○　　○酉子○　　○○○○　　○○○○

丙은 사유축에서 丁으로 전환되어 辛을 완성하는데 조력한다. 丙의 도움·계기로 발달하고 丙의 손상·상실보다 위법·편법성이 문제된다. 丙-己酉, 丙子-酉, 丙辛癸, 丙辛己 등도 마찬가지다.
다만 丙辛己, 辛丙癸는 천간에서 사유축 방향성을 제시하므로 庚·辛이 동반되면 丙의 손상을 보상받고 위법·편법성이 약화된다.
만약 丙辛己에 水가 없으면 위법·편법성이 강화된다.

② 본기(양간)·본질(음간)이 삼합土를 만나면 천지 상응의 모습이다.

甲丁-戌(인오술), 庚癸-辰(신자진), 壬乙-未(해묘미), 丙辛-丑(사유축) 등은 천간 삼합인자(본기+본질)가 辰未戌丑을 만나면 천간의 의도가 지지에서 실현된다. 이 구성들은 천간인자가 기반·상실되는 게 아니라 천간이 삼합을 실현하기에 사주 방향성에 부합하면 완성도가 높다.

연월(선천)에서 구성되면 발전·안정성이 견고하고, 일시(후천)에 구성되어도 발전성이 있다.

만약 월일, 연일, 월시 등으로 선천-후천에 걸쳐 구성되면 할 일이 많고 힘들게 성취하거나 성취 후에 실패를 겪는 등 안정성이 떨어진다.

▶ 庚癸-辰

庚癸-辰은 신자진에서 辛·甲이 주도하고, 癸가 辰에서 역량을 발휘한다. 庚→辛으로 전환되고, 癸는 辰 中 乙을 발현시킨다. 庚의 도움·희생으로 辛 or 甲乙을 성취한다. 만약 庚癸-辰이 연월 or 일시에서 구성되지 않으면 庚궁위·간지의 고충·불안정성이 심하고, 丙·壬에 비해 비현실성이 강하다.

▶ 甲丁-戌

甲丁-戌은 인오술에서 乙·庚이 주도하고, 丁이 戌에서 역량을 발휘한다. 甲→乙로 전환되고, 丁이 戌 中 辛을 완성한다. 甲의 도움·희생으로 乙 or 庚辛을 성취한다. 만약 甲丁-戌이 연월 or 일시에서 구성되지 않으면 甲궁위·간지의 고충·불안정성이 심하고, 丙·壬에 비해 비현실성이 강하다.

▶ 壬乙-未

壬乙-未은 亥卯未에서 癸·甲이 주도하고, 癸·甲 작용으로 乙이 未에서 완성된다. 壬→癸로 전환되고, 癸에 의해 乙이 성장한다. 壬의 도움·계기로 乙을 완성하여 未에 담는 흐름이다. 만약 壬乙-未이 연월 or 일시에서 구성되지 않으면 壬궁위·간지의 고충·불안정성은 있고, 甲·庚에 비해 위법·편법성이 문제된다. 甲·乙을 완성하는 환경에서 성취가 있다.

▶ 丙辛-丑

丙辛-丑은 사유축에서 丁·庚이 주도하고, 丁·庚 작용으로 辛이 丑에서 완성된다. 丙→丁으로 전환되고, 丁에 의해 辛이 완성된다. 丙의 도움·계기로 辛을 완성하여 丑에 담는 흐름이다.

만약 丙辛-丑이 연월 or 일시에서 구성되지 않으면 丙궁위·간지의 고충·불안정성은 있고, 甲·庚에 비해 위법·편법성이 문제된다. 庚·辛을 완성하는 환경에서 성취가 있다.

○○丁甲　癸庚○○　○○壬乙　丙辛○○
○○卯戌　未辰○○　○○午未　申丑○○

연월 or 일시에서 천간의 본기·본질이 辰未戌丑에서 완성되면 선천 or 후천에서 삼합이 완성되기에 안정적으로 발달한다. 이때는 庚·甲·壬·丙은 상실·손상보다 도움·계기의 의미가 더 크다.

○辛丙○　○癸○庚　○壬乙○　丁○甲○
○丑○○　○○辰○　○○○未　○○戌○

천간의 본기·본질이 선천(연월)과 후천(일시)에 걸쳐서 구성되면 선천-후천을 챙겨야하는 등 할 일은 많고 성과는 적다. 사주 방향성에 부합하면 힘들게 이루더라도 성취를 지킬 수 있지만, 삼합 방향성에 어긋나면 힘들게 성취하여 쉽게 잃고, 특히 庚·甲·壬·丙이 손상되고 등락을 겪는다.

③ 본질(음간)이 지지삼합에 편승되면 물상을 완성한다.

천간은 양간이든 음간이든 기운이고, 세분하면 양간은 기운이고 음간은 물상이다. 양간은 순수한 기운으로 지지에 내려오지 못하지만, 음간은 물상을 품은 기운으로 지지에서 물상을 형성하는 연결고리가 된다.

양간이 지지삼합에 편승되면 작용력을 상실(기반)하지만, 음간이 지지삼합에 편승되면 물상을 직접 완성한다는 의미도 있다. 乙·辛·丁·癸가 직접 지지삼합을 주도하여 힘을 잃는다는 점에서 양간과 차이가 있다.

乙·辛·丁·癸 궁위·육친의 도움이 있고, 乙·辛·丁·癸가 본위 방향성을 주도하면 발달한다. 행운이 따르지만 과단·극단성이 있고 위법·편법성이 발동한다. 대박을 치는 경향이 있는데 탐욕을 부리면 쪽박을 차기 쉽다.

만약 본위 방향성에 어긋나면 기반될 뿐이다. 현실을 직시하지 못하고 엉뚱한 짓을 하거나 대박을 꿈꾸다 인생을 허비한다.

▶ 乙-亥未

乙亥-未, 乙未-亥는 乙이 주도하여 해묘미에서 본질을 완성한다. 乙이 지지로 내려오니 작용력이 기반·약화되지만, 지지에서는 乙이 현실적 물상을 완성하니 천기(행운)에 의탁하여 대박을 노린다.

▶ 辛-巳丑

辛巳-丑, 辛丑-巳은 辛이 주도하여 사유축에서 본질을 완성한다. 辛이 지지로 내려오니 작용력이 기반·약화되지만, 지지에서는 辛이 현실적 물상을 완성하니 천기(행운)에 의탁하여 대박을 노린다.

```
○乙○○     ○○乙○     辛○○○     ○○辛○
○亥未○     ○亥未○     丑巳○○     ○巳丑○

○○○癸     ○癸○○     丁○○○     ○○丁○
○申辰○     ○申○辰     ○寅戌○     ○寅○戌
```

乙·辛·癸·丁 궁위의 도움·계기로 발달한다. 乙·辛·癸·丁의 성취가 있는데, 癸·丁은 乙·辛보다 대박을 노리는 속성이 더 강하다.

* 乙·辛·癸·丁이 년간에 있으면 선천복록(행운)이 있고 국가·조상과 관련된 일에서 성취가 있다. 대박노리는 경향성이 강하다.

* 乙·辛·癸·丁이 월간에 있으면 부모·형제의 도움이 있고 삶의 바탕이 견고하고 직업성취 욕구가 강하다.

* 乙·辛·癸·丁이 일간에 있으면 배우자 도움이 있고 자수성가의 상으로 자기발현 욕구가 강하다.

* 乙·辛·癸·丁이 시간에 있으면 자식을 얻고 발복하고 말년까지 성취욕구가 발동하고, 그런 자식을 두거나 성공하는 자식이 있다.

▶ 癸-申辰

癸-申辰은 신자진에서 癸가 주도하여 辛·甲을 완성한다. 癸는 지지물상을 완성해야하니 작용력이 기반·약화되지만, 지지에서는 癸가 현실적 물상을 완성해주니 천기(행운)에 의탁하여 대박을 노린다.

▶ 丁-寅戌

丁-寅戌은 인오술에서 丁이 주도하여 乙·庚을 완성한다. 丁은 지지물상을 완성해야하니 작용력이 기반·약화되지만, 지지에서는 丁이 현실적 물상을 완성해주니 천기(행운)에 의탁하여 대박을 노린다.

본질이 간지삼합으로 왕지를 沖하면 반대편 인자의 손상이 크다.

천간 본질(乙·辛·癸·丁)이 지지삼합을 완성하는 구성에서 본질을 완성하려는 과단·극단성과 위법·편법성이 발동한다. 乙·辛·癸·丁이 지지로 내려와 충하면 삼합(방국)의 극단성이 발동한다. 충을 당하는 궁위·재관 등 현실적 손상·고충이 따르고 명예·자존심이 손상·상처를 입거나 애정문제로 곤욕을 치르는 경우가 많다.

○乙○○　　○辛○○　　○○○癸　　丁○○○
○亥酉未　　○丑卯巳　　○申午辰　　寅子戌○

亥酉未를 예로 들면, 乙이 亥卯未를 완성하기에 酉가 손상되는 구성이다. 乙이 동하거나 卯가 오면 酉손상이 현실화된다. 이는 未酉-酉亥 격각으로 辛을 완성하려는 의도가 강하기에 酉인자·궁위의 손상·고충이 극심해진다.

④ 戊·己를 수반한 간지삼합구조는 불안정성을 동반한다.

寅午-戊, 申子-戊, 亥卯-己, 巳酉-己 등 辰未戌丑이 없는 상황에서 戊·己를 수반한 간지삼합구조는 성취를 이루더라도 불안정성이 있다.

戊·己는 완성토가 아닌데 戊 or 己가 홀로 지지삼합을 완성해야하니 자기가 아니면 안 된다는 생각이 지배한다. 꼼꼼하고 악착같고 성실하지만 스스로 삶을 피곤하게 만든다. 마무리가 안 되니 성취가 크지 않거나 불안함이 있다. 혼란, 혼동, 불안, 뒤죽박죽, 갈팡지팡, 마음이 전일하지 못하다. 戊·己의 궁위·간지에 애착·유정함이 있지만 벗어나지 못하는 번거로움도 있다. 己일간이면 경향성이 뚜렷하다.

　　○己○○　　○○己○　　○戊○○　　○戊○○
　　○卯亥○　　巳○酉○　　○午寅○　　申子○○

※ 천간의 삼합운동에 의한 '시작-과정-결과'

＊癸·甲은 亥卯未 운동을 하니, 子丑(원인·시작)- 卯辰(과정)- 午未에서 乙결과로 나타난다.

＊丁·庚은 巳酉丑 운동을 하니, 午未(원인·시작)- 酉戌(과정)- 子丑에서 辛결과로 나타난다.

＊乙·丙은 寅午戌 운동을 하니, 卯辰(원인·시작)- 午未(과정)- 酉戌에서 乙 or 庚辛결과로 나타난다.

＊辛·壬은 申子辰 운동을 하니, 酉戌(원인·시작)- 子丑(과정)- 卯辰에서 庚 or 甲乙결과로 나타난다.

戊癸丁辛　坤　乙甲癸壬辛庚己戊1
午亥酉亥　　　卯辰卯寅丑子亥戌

癸일간이 酉월에 앉았고, 酉월이 丁辛으로 투간되어 亥수기를 얻어 巳酉丑으로 辛을 완성하는 구성이다. 辛·酉를 水·火가 조절·가공하는 구성으로 癸일간이 주재할 환경이 아니고 중년까지 음 대운에 임하니 삶을 주재하는 역동성이 부족하다. 酉월에 癸亥일주가 수기를 채우지만 수가 많으니 자신이 역동성을 강화하면 도리어 辛·酉가 손상될 수 있다. 사업보다 직장인이 좋고 재물보다 명예를 중시하는 삶이 이롭고 국가·자격·조상과 관련된 일에서 발달한다. 남명은 삶의 수단방법을 강구하는데 제약이 있을 수 있지만 여명이기에 나쁘지 않다.

辰未戌丑이 없으니 조절·통제능력이 부족한데, 때때로 절제·조절을 강화하는 성향도 보인다. 마무리할 창고가 없으니 욕심을 부리는데, 욕심이 없는 경우도 있다. 辛·酉가 있음에도 水·火 조절이 충분하기에 맺고 끊임이 정확하지 않고, 지지土가 없지만 시주에서 戊午가 펼치고 거두기에 탐욕스럽지 않다. 戊午시주는 나이가 들수록 풍요로움이 있고 성공하는 자식을 두게 된다.

酉월지와 辛년간이 투간-상통하니 하늘에서 품부한 직업성이고, 연월이 丁辛-丁酉, 辛亥-酉亥 구성으로 辛을 완성하는 연결고리가 단단하다. 육해(六害, 천穿)와 육해살(六害殺)[29] 관점으로 보면, 戊·癸·丁은 癸일간을 중심으로 천(육해)이 발동하고, 午시지는 12신살로 육해살이다. 午육해살이 丁월간으로 투간·발현되니 천(육해)이 삶의 바탕(부모·직업)을 이룬다. 육해·육해살은 성취여부

---

29)　　에는 寅巳·申亥·卯辰·酉戌·午丑·子未 등 6가지로 해(害) or 천(穿)이라 하고, 六害殺은 12신살에서 삼합을 마무리하기 직전 단계의 인자다. 기상명리에서 육해는 합·충이 혼재할 경우를 말하고, 육해와 육해살을 유사한 작용으로 본다. 육해와 육해살로 구성된 사주는 공통적으로 성공여부에 불문하고 육친 인연이 약하고 종교·철학적 사유가 있다.

에 상관없이 종교·철학적 사유가 있고 육친(배우자) 인연이 약하다는 단점이 있다. 어떤 형태의 삶이든 정신을 추구하고 국가·조상을 벗어나지 못한다는 의미가 있다. 亥酉亥로 일지 복음이니 부부 애정이 약화되고, 癸亥일주는 윤회의 인자이니 재물성취가 약하거나 관심도가 떨어진다. 도화·음란성이 발동하거나 종교·철학성에 빠져들기도 한다.

癸일간은 辛·酉를 가공하여 亥 中 甲을 내길 원하지만, 丁酉월주는 辛亥를 취하여 辛을 완성하려한다. 40세에 접어들면서 인생이 무엇인가, 삶의 의미가 무엇인가. 인생 본질을 고민하게 되고 삶에 회의를 느끼기도 한다. 주부로 지내다가 壬寅대운에 학교 상담교사로 임용되었다. 辛亥년주를 기반으로 하여 癸가 亥 中 甲을 발현시키는 직업성이다.

辛丑대운은 辛년간이 동하고 丑이 丁을 담아 亥를 조절하여 사유축을 완성한다. 사회생활을 했다면 성취할 수 있는 운세인데, 여명은 시기적으로 자식을 얻고 기르는 기쁨과 행복으로 채우는 경향이 있다. 만약 이 시기에 성취가 좋았다면 亥 中 甲이 발현되니 자신 or 배우자의 외연이 촉발되는 원인이 된다.

壬寅대운은 癸일간이 壬본기를 얻어 동하고 亥가 발현되니 甲을 내려는 본위가 발동한다. 자기 가치를 실현하려는 욕구가 발동하는데 인기·사회성을 갈구하기에 성적 욕구도 함께 동하게 된다. 午亥암합구조에 丁壬이 동하고 酉亥격각구조에 壬寅이 투출되니 亥 中 甲의 도화·음란성이 발동할 가능성이 높다. 도화·음란성은 종교·철학성으로 발현되는 경우도 많다. 이 여명은 亥亥복음으로 辛亥년주의 국가성·종교성과 癸亥일주의 윤회성이 발동하여, 교사로 임용되었고 사주공부에 열의를 가지고 있다. 도화·음란성을 종교·철학성으로 발전시키는 모습이다. 사주논리를 상담교사 업무에 접목하는 것은 癸亥일주의 목적성에 부합한다.

癸卯대운은 丁酉월주가 충으로 동하니 삶의 바탕(직업)에 변화·변동이 주어지고 번거로운 가운데 발전을 도모하는 운세이다. 癸일간이 동하고 戊午시주가 파하니 亥 중 甲을 내어 乙을 취하려는 즉 자기가치를 실현하려는 욕구가 강하게 발동한다. 辛亥에 근원을 두면 亥 중 甲에서 자연히 乙을 취하니, 변화·변동을 두려워하지 말고 적극적으로 임하되, 癸자신이 직접 주도하면 뒤탈이 생긴다. 사주원국은 丁辛-午亥酉로 辛을 완성하는 환경이기 때문이다. 癸가 乙·卯운을 만나면 좋지만 선행 운에서 취한 성취는 실패·손상을 초래함을 간과해서는 안 된다. 열심히 辛을 가공하다보면 어느 순간 甲乙을 취하고 있는 癸자신을 보게 될 것이다.

庚丁辛辛　乾　癸甲乙丙丁戊己庚7
戌巳丑亥　　　巳午未申酉戌亥子
위 여명의 남편(辛亥생)이다.
丁일간이 丑월에 임하고 丁巳일주에서 丑월에 필요한 화기를 채운다. 자수성가의 상으로 庚丁辛辛 모든 천간기운을 丑월지가 담아야하고 戌巳亥로 丑월지에서 완성하니 辛을 얻겠다는 의도가 확고하다. 월·일에서 巳丑이 辛을 끌어들여 巳酉丑을 형성하니 노력파이고 힘들게 성취하는 경향이 있지만, 辛이 巳酉丑을 주도하니 행운이 따르고 발달한다. 과단·극단성에 위법·편법성이 발동하니 탐욕을 부리면 쪽박을 차기 쉽다.

丁巳가 많은 금을 가공해야하니 힘겨운데, 辛丑월주에서 丁을 완성하여 庚辛을 담으니 직업성취가 있다. 성실하고 욕심이 많은 만큼 번거로움도 많다. 사서 고생하는 타입으로 자신이 직접 행해야 직성이 풀리는 않는 것은 丁의 성향이기도 하다. 丑월에 화가 필요하지만 丁辛이 사유축으로 辛을 완성하려면 水가 요구된다. 사유축은 丁壬에서 완성되고 丁巳가 일주에 임하니 辛亥가 삶의 수단이 된다. 국가·단체·조상·인성·자격과 관련된 일이고, 정신적으로는 종교·철학적 사유가 있다. 사업을 한다면 국가·단체·학교 등에 납품하거나, OM방식, 프랜차이즈, 대리점 형태, 인가·허가·자격을 이용하거나, 임대성 사업이다.

丁巳일주에 庚이 투출하고 辛辛으로 庚의 겁재가 동주하고 戌·丑에 辛이 임하고 巳丑에서 辛을 끌어들이니 巳일지가 안정되지 못한다. 巳 중 庚시간으로 투출되니 부인이 庚戌모습을 갖추어야하고, 본인은 辛亥·辛丑으로 이중·복합성이 있고 국가·단체·조상과 관련된 직업성이 아니면 부부애정이 약화된다. 부인은 학교상담교사로 사주에 관심이 많으니 庚戌모습이고, 열심히 일하는 타입으로 출장·외근 등으로 집을 들락날락하니 부부애정 왜곡을 해소하고 있다. 그래도 배우자의 겁재가 중중하고 巳일지가 戌에 입묘하고 巳亥로 동하니 불안정한데, 주말부부 형태에 비견되고 부부가 각방을 쓴다고 하니 부부인연을 오래 유지하기 위한 자구책이라 할 수 있다.

사유축은 庚본기의 운동성이지만 庚은 辛으로 전환되는 상실감이 있는데, 庚戌에서 庚辛으로 안정되게 하고 연·월에서 辛辛으로 연결되어 亥丑으로 완성하니 庚의 상실감이 약화되고 庚辛으로 가치를 얻는다. 庚戌시주는 庚자식에 대한 애착으로 나타나고 노년 삶의 걱정·불안으로 나타난다. 戌시지는 천살로 내가 어쩔 수 없는 존재이고 戌 중 辛이 辛-亥-丑으로 마감하니 윤회로 연결된 자식 인연이고 정신적으로 충만한 자식을 둔다. 현실 성취에 탐욕을 부리지 말라는 의미도 있고, 노년 삶의 걱정·불안은 노력하는 기질로 발현되었다.

이들 부부는 丁辛-巳酉丑으로 辛을 완성하는 환경으로 같다. 남편은 丑월에 巳일지에서 화기를 얻고, 부인은 酉월에 亥일지에서 수기를 얻으니 배우자를 얻고 안정되는 구성이다. 부부애정이 흩어지는 구성일지라도 배우자 자리에서 완성하거나 기운을 충족하는 구성이면 쉽게 이별하지 않는다. 만약 이별·사별한다면 재혼하는 것이 좋다.

남편은 戌시지가 辛월간으로 투간되고 부인은 午시지가 丁월간으로 투간되었으니 발달하는 자식이 있거나 효도하는 자식을 둔다. 노년에 직업성을 발휘한다는 의미가 있으니 노년에도 능력을 발휘하는 직업을 모색하는 것이 좋다.

남편은 戌시지가 천살이고, 부인은 午시지가 육해살이다. 정신적으로 충만한 자식이 있다는 의미도 되지만, 노년 삶의 모습이기도 하다. 부부 모두 辛亥를 삶의 바탕으로 삼는 것이 흉울 해소하고 삶을 안정되게 하는 수단이 된다.

辛辛辛辛　坤　丁丙乙甲癸壬4　2001년생
卯卯丑巳　　　未午巳辰卯寅

위 부부(辛亥생)의 딸이다.

부부와 딸 모두 辛을 완성하는 환경이라는 점에서 같고, 특히 부녀는 辛이 사유축을 완성하는 구성으로 같다. 아버지의 월·일에서 사유축을 구성하고, 딸은 연·월에서 巳酉丑을 구성한다. 아버지가 삶의 바탕(월·일)을 완성하여 딸의 근원(연·월)으로 연결되는 흐름이다. 더불어 부친의 戌시지는 천살로 하늘에서 품부한 자식으로 전생인연으로 연결된 부녀지간이라 할 수 있다.

천간은 辛이 일관되고 辛일간이 丑월에 임하고 辛丑월주로 자수성가의 상이다. 丑월에 辛巳를 취하여 연월에서 사유축 본위를 형성하니 삶에 행운이 따르고 소로다획의 조건을 타고났다. 다만 水가 없으니 辛을 완성하는데 제약이 있고, 丑 중 癸에 의탁해야하니 직업성취정도에 따라 삶의 모습이 결정된다.

丑월에 辛일간이니 현대 직업여성으로 자기가치를 실현해야한다. 辛일색으로 목적성이 전일하니 단순하고 극단성이 있는데, 水가 없는 상황에서 丑卯로 卯가 동하니 헷갈리고 혼란스럽다. 辛은 성격이 까칠하고 방어적 성향인데 자신의 약점을 감추기 위해 공격성을 보이기도 한다. 시시비비를 가리고 정확한 것을 좋아하지만 본성은 한 없이 게으르고 나태한 공주과다.

辛일색은 금이 강하다고 보지 않지만 木·金 구조에 水·火가 부족하니 타고난 좋은 환경을 크게 발전시키기 어렵다. 辛을 가공할 인자는 巳밖에 없으니 화를 대용하여 辛巳를 통해 발달을 도모해야한다. 巳가 홀로 감당하기 역부족이니, 물질보다 정신을 추구해야하고 식상보다 인성을 갖춰야하고 나누고 베푸는 것에 인색하지 않아야 巳손상을 방지할 수 있다. 水·火가 절실하니 일·시에서 辛卯·辛卯 간지沖은 역동성으로 기운을 얻는다.

巳가 고달픈데 아버지의 巳일지(엄마)에서 巳기운을 북돋고 엄마의 亥일지(아버지)에서 수기를 채우니 부모의 모양새와 인생가치(탐욕-덕행)가 자신의 발달에 영향을 미친다. 辛巳를 취하니 국가·인허가·조상·교육·자격 등 인성을 이용한 직업성에서 가치가 실현된다. 한 가지 일에 전념하면서 이중성 있는 직업이 좋다. 국가·단체에 소속되어 교육·영농·화훼를 전담하거나 강사·해설가로 활약하거나 미술·음악·서예 작가로 활동하는 경우들이다. 아니면 특정 분야에서 많은 업적을 내는 연구원도 어울린다.

巳酉丑에 卯가 살아남기 어려우니 결혼이 불미하지만, 卯일지는 辛의 씨앗이고 辛卯로 기운을 얻는 돌파구다. 남편·자식을 두면 왜곡될 수 있지만 결혼을 해야 발전지상이 된다. 부부 인연이 성취 속 고충이라 할 수 있다. 辛卯복음은 직업·직능이 유사한 친구·동지 같은 인생 동반자의 부부관계이면 형통하고 자신의 직업성을 이어받는 자식인연이면 무난하다. 그런 의미에서 부모가 辛을 완성하는 구성이니 부모인연이 원만하고 사랑받는 자식이다.
부부관계는 애정보다 직업성이 중요하고, 내조하는 것보다 외조를 얻는 쪽이 이롭다. 그러기 위해서는 자신의 지위(직업성취)를 확실히 해야 그에 걸 맞는 남편감을 얻을 수 있다.
癸卯대운 己亥년은 고3 입시생이다. 癸卯대운에 辛은 불안한 상황이고 일·시의 卯가 동하니 도화성이 발현된다. 己亥년은 辛이 안정되고 辛巳년주를 동요하고 수기를 채워주니 인성을 얻기에 적합하다. 다만 癸卯대운에서 이미 辛卯가 동했으니 己亥년에 동한 辛巳가 방황하게 된다. 내가 잘하고 있는 것인지 목표가 무엇인지 헷갈리고 자신감이 떨어진다. 이럴 때는 가치 없어 보일지라도 크고 확실한 것을 선택하고 장기적인 안목이 필요하다. 사립보다 국립, 작은 학교보다 큰 학교, 외곽지보다 중심지, 산세가 좋은 학교보다 도심지에 있는 학교가 좋다. 辛巳에서 辛을 완성하니 자격·인성과 관련된 학과, 전공학과보다 계열학과가 유리하다. 내가 자신 있는 것을 선택하는 것보다 저쪽에서 원하거나 끌려가는 것이 이롭다.

丁癸丁己 坤 甲癸壬辛庚己戊2
巳卯丑未   申未午巳辰卯寅
癸일간이 丑월에 앉았지만 丑未로 기운을 돌리고 丁癸로 동하니 삶에 역동성이 있고, 丑월에 丁丑월주에서 화를 충족하니 직업(재관) 성취욕구가 있다. 직업여성으로 살아가는 게 이로운데, 癸卯일주가 丑월에 고충·번거로움이 있고 丑월에 丁이 丁巳·丁丑 복음으로 癸입장에서 혼란스럽다. 이중·복합성으로 어느 하나를 취하면 다른 하나를 잃을 수 있고, 두 마리 토끼를 잡으려다 모두 놓치는 경향성이다.

丁癸로 물상을 취하려는 역동성이 강하고, 물상을 가공할 기운과 바탕은 구비된 상황에서 가공할 물상은 卯뿐이니 卯가 인생 목표이자 방향성이 된다. 丑卯와 卯巳는 격각 구조로 乙丑·乙巳는 乙의 폭발성이 있고, 丁복음에 동한 癸일간이 巳를 얻어 卯(乙)를 키우려는 의도가 강하니 일찍 결혼하여 자식 둘을 두었다.

그런데 丁巳·丁丑이 丑未로 사유축이 발동하니 기대했던 卯가 손상되니 가정·직업에 딜레마가 있을 수밖에 없다. 남편·자식을 얻으면 잘 될 것 같았는데 막상 결혼해보니 그게 아니라 실망하게 된다. 결혼한 후에 乙이 부풀어지니 처음에는 좋았다가 이내 꺾이거나, 잘 나가던 남편이 실패하거나, 성취한 후에 사고·횡액 등으로 잃게 된다. 癸일간이 卯를 키우려는 의도는 丁巳에 있으니 자식이 성장할수록 卯일지에 대한 기대가 커지는데, 丁巳는 도리어 사유축을 가동하기에 부부애정이 불안해진다.

丁癸-巳酉丑 환경에 놓인 癸일간은 卯에 집착하지 말고, 丁모습으로 전환해야 삶이 안정될 수 있다. 癸卯일주는 丁巳에서 본위를 고집할 수 있으니, 己未를 이용하여 丁丑월주에서 가치를 찾아야 한다. 국가·조상·자격·인성을 통한 실현이고, 丁丑에서 가상(假象)의 금을 가공하다보면 丑卯로 乙을 얻는 것이다. 만약 직접 乙을 내려하면 丑未로 사유축이 동하여 卯가 손상되는 악순환이 거듭된다. 인생 목표점은 卯인데 직접 취할 수 없으니 유혹(이상향)이자 놓을 수 없는 존재(물상·대상)다.

丁丑·己未 구성은 한정된 인간관계에서 자신만의 독특함으로 작지만 알차게 성취하는 모양새이고, 丁丑은 가상·허상의 직업이고, 丁복음은 이중·복합성이다. 결혼 후에 인터넷 쇼핑몰을 운영(판매) 등 丁丑모습(가상·허상)으로 재물성취도 있었다. 辛巳대운에 사주·상담 공부를 하고 대학에 입학한 것도 己未를 이용한 丁丑모습이고 卯가 손상되니 본위를 찾으려는 자구노력이다.

辛巳대운은 사유축이 발동하여 巳酉丑 구조에 갇혀 있는 卯일지가 辛에 의해 급속히 손상된다. 己亥년은 己未년주가 동하고 巳亥로 해묘미-사유축이 극단적으로 대치한다. 辛巳대운에 卯의 불안정성이 드러나기에 남편의 사업 정체와 부부애정 문제 등으로 시련을 겪고 있다. 辛巳대운 마지막 己亥년에 이혼을 생각하고 있는데, 辛巳대운 10년을 무난히 넘긴 것만으로 다행스러운 일이다. 남편의 직업이 차와 관련이 있으니 丁丑모습이고 가공할 물상이 卯뿐이니 부부인연을 지키고 있다고 볼 수 있다.

壬午대운도 丁巳·丁丑이 동하여 癸를 부추기는데 사유축이 발동하기에 卯가 손상되는 환경이다. 壬이 해묘미를 가동하여 癸의 목적성을 달성한다는 의미도 있지만, 巳午未가 동하여 卯를 급격하게 가공하는 극단성이 드러난다. 癸일간이 자기본위를 찾으려 하고 卯에 대한 기대치가 높아지는 반면에 卯는 손상되니 괴리감이 커진다. 癸는 卯일지에 대한 실망이 증폭되고 卯일지도 상실감에 견디기 어려워진다. 壬午대운 10년도 잘 넘길 수 있을지 걱정스럽고 안타깝다. 辛丑년이 고비다.

己未·丁丑에 의탁해야하니 어떤 일을 하든지 잘 할 수 있는 일보다 마땅히 해야 할 일을 찾는 게 중요하고, 쉽게 취할 수 있는 일보다 더디고 번거롭게 여겨지는 일을 택하는 것이 좋다. 성취가 쉽고 빠르면 그만큼 실패도 빨리 진행된다. 근원·근본을 중시하고 꾸준히 쌓아나간다는 자세가 필요하고, 가상·허상의 직업을 통해 丁입장에서 辛을 가공하다보면 丑에 재물이 담겨지고 癸가 원하던 卯를 얻게 될 것이다.

남편·자식 인연에 얽매이지 않고, 자신의 본위를 고집하지 말고, 타인을 통한 발전을 모색하고 가상·허상의 직업성에서 가치를 실현하는 것이 가정을 지키고 발달을 도모하는 방안이 된다.

己壬己己　乾　辛壬癸甲乙丙丁戊3
酉午巳未　　酉戌亥子丑寅卯辰

위 여명(己未생)의 남편이다.

巳월에 필요한 수기를 壬일간이 홀로 담당해야하니 고달프고 자수성가의 상이다. 壬은 甲을 내는 게 본의인데 많은 己에 둘러쌓여있고 가공할 인자는 酉뿐이다. 壬午일주는 화합하여 酉를 가공하기 좋고 酉가 삶의 목적이니, 처자식을 얻고 성취하는 구성이고 가공할 물상이 유일하다는 점에서 부인의 사주구성과 유사하지만, 부인이 가공할 물상은 卯뿐이라는 점에서 다르다.

초년 대운에서 丙·丁이 투출하니 이성인연을 빨리 접하게 되니 일찍 결혼하였다. 酉를 얻기 위해 午를 끌어들이는데 午가 들어오면 巳午未로 극왕해지고 금을 키우겠다는 극단성이 발동하니 도리어 酉가 손상되기 쉽다. 부부 모두 배우자 자리에 원하는 바가 있는데 막상 배우자 인연을 맺고 나면 삶의 목적이 손상되는 상황이 벌어진다. 자식을 얻고 나면 배우자에 대한 불만이 가중되고 삶의 목적인 卯·酉의 손상이 가중되니 부부애정이 어긋나기 시작한다. 부인과 마찬가지로 일간을 중심으로 월-시가 복음이니 가정·직업이 불안하고 뒤통수 맞는 일을 겪는 구조다.

남명이 己酉시주 직업성이니 부인에게 바라는 게 많고 의지·요구하는 구성이고, 부인은 丁丑월주를 직업성으로 사용해야 안정되고 남편이 酉를 丑에 완성하길 원하니 가장노릇을 할 팔자다. 남편의 午일지가 육해살이니 남편이 부인을 외조하고 부인이 가정경제를 책임지는 위치에 있으면 무난한 관계다. 그런데 壬일간은 午일지를 이용하여 酉를 가공하려하고, 부인은 卯일지를 통해 자신의 가치를 실현하려한다. 남편은 부인의 丑월지에서 완성해주길 바라고, 부인은 남편의 壬己未로 卯를 완성해주길 원한다. 두 사람의 부부 관계성이 왜곡되고 추구하는 방향성이 다르다.

午 중 己가 난립하고 巳午未로 겁재를 동주하니 배우자 인연의 불미함이 있지만, 壬은 목을 내는 것이 최종 목적이니 부인의 卯일지에서 쉽게 벗어나지 못한다. 다만 乙丑대운은 사유축을 완성하여 丑未로 壬이 원하던 乙을 얻는 운세로 부인의 癸卯자리가 필요 없다고 생각하면서도 은근히 부인의 癸卯에서 성취하길 원한다. 잘 되면 자기 잘 난 덕이고 안 되면 부인 탓으로 돌리게 된다. 丑未로 巳酉丑이 동하지만 巳午未도 동하니 壬乙의 위법·편법성이 위법·실패로 이어졌다. 乙丑대운 마지막 辛丑년이 午의 상실-발동을 부추기는 운세다. 辛丑년은 부인의 卯일지가 손상되는 운세이니, 부부 인연을 깨뜨릴 수 있는 응기가 같다.

한편 남편에게 午일지는 반드시 필요하지 않지만, 부인에게 卯일지는 유일한 물상으로 삶의 목적이다. 남편은 午일지가 巳午未를 동요하여 酉를 손상시키고, 부인은 卯일지 자체가 손상되는 구성이다. 남편 입장에서 보면 부인의 卯일지에서 자신이 손상되고 자신의 午일지가 酉가치를 손상시키니 남편이 부부인연을 깨뜨릴 수 있다. 부인 입장에서 황당할 수 있겠지만, 배우자로 인한 고충·번거로움은 부인보다 남편이 더 심할 수 있다.

辛丁戊丙 乾　乙甲癸壬辛庚己4
亥亥戌戌　　　巳辰卯寅丑子亥
위 부부(己未생)의 아들이다.

戌월에 丙이 년간에 투출되고 戌월지에서 丙을 담는다. 선천복록을 얻은 격이니 삶에 행운이 따르고 국가·조상과 관련이 있고 성취가 크다는 의미도 있다. 丙戌에서 丙이 丁으로 전환되는데 丁이 일간에 임하여 연·월(丙戌·戊戌)을 관장하고 일시(丁亥·辛亥)를 다스린다. 연·월에서 정립된 丁이 戌 중 辛을 일·시에서 가공하여 완성하는 것이다.

戌에 丙·戊를 담아 丁·辛으로 투출되니 선천 기운(재능·능력)을 품부 받아 발현시키고 辛을 완전하게 만드는 구성이다. 가공할 물상은 辛뿐이지만 辛은 연·월의 戌에서 얻은 인자이고 亥가 동주하니 戌亥로 辛의 완성도가 높다. 丙戌의 가상·허상을 현실화시키고 실질적 가치를 창출하는 능력이 있다. 辛이 발현되고 乙이 戌에 완성된 가상의 형태로 존재하니 손재주가 있다.

亥는 일·시 복음이고 戌亥로 시간이 지나면서 즉 결혼해서 자식이 성장함에 따라 亥 중 甲을 내려한다. 壬寅대운 이후에 목이 투출되니 사업적 성취 욕구가 발동하고 성공 후에 실패를 경험하기 쉽다. 丙戌모습을 지키면 안정되게 성취할 것이요, 辛亥에서 甲을 탐하면 결국 辛을 깨뜨릴 뿐이다.

삶의 기반을 년주에 두고 가상·허상의 직업성에 기인한다는 점에서 엄마와 유사하고, 삶의 목적을 辛(酉)시주에서 완성한다는 점에서 아빠와 유사하다. 비록 엄마는 卯가 삶의 목적이지만 丁丑에서 辛을 완성해야하고, 아들은 丁辛亥로 완성한 辛을 丑에 담아야 한다. 아들이 완성한 辛을 엄마가 丑에 담아 실현하니 엄마가 윤회하여 자식으로 환생한 꼴이다. 母子의 관계성이 모순되지만, 엄마는 아들의 亥가 필요하고 아들은 엄마의 丑이 필요하다.

戊戌월주로 부모 인연이 불안하지만 부모에게 필요한 亥를 복음으로 임하고, 부모는 모두 자식 자리에서 삶의 의미·목적을 찾는 구성이다. 부모 입장에서 자식을 놓칠 수 없으니 이 자식 때문에 부부 인연을 이어간다고 볼 수도 있다. 만약 부모(위 부부)가 이별한다면 아빠와 인연을 이어갈 가능성이 높다. 아빠와 삶의 목적(辛)이 같고 엄마에게 亥를 줘도 엄마는 丑에서 甲乙 내려하기 때문이다. 아빠는 己酉시주가 필요하고 엄마는 丁巳시주가 꼭 필요하지 않은 까닭도 있다.

제 2 장
穿(害)의 작용

간지의 합·충에 의한 천

12神殺로 보는 천작용

穿(害)의 작용

水·火의 전환(순환) 과정에서 木·金이 변환-가공-완성되는 氣·相의 변화관계를 합·충·형·파·천 등으로 설명하고 원진·귀문·입묘·암합·우합 등으로 표현하기도 한다.

수-목-화(申子辰-亥卯未)			화-금-수(寅午戌-巳酉丑)		
申亥	子亥	辰亥	寅巳	午巳	戌巳
申卯	子卯	辰卯	寅酉	午酉	戌酉
申未	子未	辰未	寅丑	午丑	戌丑

〈목·금의 발현관계〉

금-수-목(巳酉丑-申子辰)			목-화-금(亥卯未-寅午戌)		
巳申	酉申	丑申	亥寅	卯寅	未寅
巳子	酉子	丑子	亥午	卯午	未午
巳辰	酉辰	丑辰	亥戌	卯戌	未戌

〈목↔금의 변환관계〉

형·파·천 등은 천지만물이 생장쇠멸(전화·변환)하는 과정에서 무수히 많은 일들이 일어남을 인간사에 대비하여 표현한 것인데, 인간(자신)의 입장에서 변화를 번거로움으로 인식하고 흉으로 여기는 경향이 있다.

사주를 간명함에 있어서도 형·파·천 구성에서 성과가 좋으면 형·파·천 작용을 대수롭지 않게 여기고, 성과가 좋지 않으면 형·파·천 작용을 원인으로 삼아 흉으로 볼 뿐이다.

1. 합·충에 의한 천穿

기상명리에서는 형·파·천·원진·귀문·입묘·암합·우합 등을 動하는 역동성으로 보고, 이들은 지지의 변화 관계성이고 통상 혼재하기 마련이니 '천(穿)' 작용으로 통칭한다.

穿작용(動)은 천간-지지 방향성에 부합하면 순탄하고 그렇지 않으면 힘들게 진행된다. 동함에는 마땅히 혼란·번거로움이 따르니 정신(의지)을 무장하고 독특한 아이디어를 삶의 무기로 삼고, 갑작스런 변화를 의미하니 교체·통합·변화를 통해 발전을 도모하는 게 좋다. 보기 좋게 포장·가공하고 성숙·과장하는 뻥튀기 속성이 있고, 위법·편법성이 발동하니 가공·제조·가상·허상 or 몸·말·입을 이용한 직업성에서 발달한다. 편법이 지나치면 법의 제재를 받게 되니 적절한 때 멈출 줄 아는 자제력과 지혜가 필요하다.

合·沖은 동기부여이고 穿의 발동요인이다.

합·충은 사주팔자의 움직임을 주도하는 동기부여 작용이고 動함은 변화·변동을 의미한다. 변화·변동은 번거롭고 복잡함이 동반되지만 아무 것도 하지 않으면 아무 일도 일어나지 않는다고 하였다.

무릇 길흉화복은 변화·변동에서 비롯되니 합·충의 관계성에서 운세가 펼쳐진다. 합·충으로 간지가 동하여 사주 방향성에 부합하면 길하게 작용할 것이요, 사주 방향성에 어긋나면 흉하게 작용하거나 길흉이 교차할 것이다.

한편 천은 합·충이 동반될 때 성립·발동하기에 삼합·방국이 충을 만나 발동하면 천작용이 강화된다. 즉 삼합이 사주 방향성을 주도하는데 삼합 왕지를 충하면 삼합의 과단·극단성이 발동하는 것이다. 구설시비에 휘말리고 자존심(본의)이 손상되는 일이 발생하니 근원적 문제를 해결해야한다. 관상에서 천창이나 콧방울에 실핏줄이 드러나는 현상이다.

충으로 인한 극단성은 방국이 심하고, 왕지의 손상은 삼합이 크다.

亥卯未 or 寅卯辰에 酉가, 寅午戌 or 巳午未에 子가, 巳酉丑 or 申酉戌에 卯가, 申子辰 or 亥子丑에 午가 올 경우이다.

이는 '간지 삼합'편에서 살펴본 바와 같이 亥酉未에 乙·卯가, 寅子戌에 午가, 巳卯丑에 酉가, 申午辰에 子가 오면, 酉·子·卯·午의 손상이 극심해지고 현실화된다는 논리와 유사하다.

○○○○
寅卯辰○
寅卯辰에 辛·酉가 동하면 성취여부와 상관없이 卯의 극단·불안정성을 부추기고 辛·酉의 고충·애환이 현실로 드러난다. 酉년에 寅卯辰이 동하니 숨겼던 일이 드러난다. 근본적으로 문제를 해결하지 않으면 인묘진의 극단성으로 도리어 卯가 손상(폭발)된다.

합·충의 작용은 궁위 개념으로 경향성을 살핀다.

* 년주는 국가·단체, 크게 먹으려는 욕구, 타고난 기질, 꿈꾸는 이상, 선천복록, 조상·종교성이다. 집안의 일에서 큰 일(대사)을 주관한다.

* 월주는 직장·직업 등 삶의 바탕, 직업적 성취여부, 부모·형제, 음덕·귀인 도움, 현실적 가치를 추구한다. 가정(배우자)의 뿌리가 된다.

* 일주는 삶의 주재자, 본의·속성·성향, 배우자 인연, 자신의 모습이다. 부모-자식과의 관계성과 가정·부부·연애와 유착성이 깊다.

* 시주는 제2의 직업(노년의 삶), 하고 싶은 일이나 갖고 싶은 것, 재관 성취와 상관없는 개인적 욕구 or 소유욕, 지금까지와 다른 삶(직업)을 추구한다. 집안의 일에서 작은 일(소사)을 주관한다.

→ 이는 궁위의 개념을 정의한 것이고, 합·충은 특정 궁위에서만 성립되는 게 아니라 여러 궁위를 걸쳐 일어난다. 궁위의 관계성과 경향성에 대해서는 "복음"편에서 다루기로 한다.

1) 합·충의 방향성

수화 충= 공격적, 물질·사업·재물·현실 추구, 분산을 통해 하나로 집약
목금 충= 방어적, 정신·학문·명예·이상 추구, 응집을 통해 다수로 분산

水·火는 木·金을 얻어야하고 木·金은 水·火를 취해야한다. 천간에서 癸丙·丁壬은 乙庚·辛甲을 완성하고, 乙庚·辛甲은 癸丙·丁壬을 취하는 이유이다. 간지 관계에서도 寅申, 卯酉, 甲申, 庚寅, 乙酉, 辛卯, 卯申, 酉寅 등은 水·火가 필요하고, 巳亥, 子午, 壬午, 丁亥, 午亥, 癸巳, 丙子, 子巳 등은 木·金이 필요하다.

水·火는 동하는 기운으로 물상을 추구하기에, 水·火 충은 木·金 충보다 역동성이 강하다. 천간 본질(乙·辛·癸·丁)이 간지삼합을 완성하는 구성에서도 癸·丁이 乙·辛보다 현실성취에 대한 욕구가 강하다. 흔히 탐욕은 실패를 초래하는데 癸·丁이 乙·辛에 비해 실패 정도가 크고 등락폭이 심하다.

또한 冲은 動이니 천간冲은 지지冲보다 발동정도가 크다.

水·火충은 木·金을 형성하고, 木·金충은 水·火를 끌어들여 완성한다.

* 癸辛丁은 癸丁이 충으로 동하여 辛을 완성한다. 만물의 생장을 주관하는 癸丁본질이 완전한 辛물상을 가공·완성하니 크게 발달하는 구성이다. 午酉子 연합으로 子午가 酉를 완성하는 흐름이다.

* 癸乙丁은 癸丁이 충으로 동하여 乙을 완성하는 환경에서 발달한다. 子卯午 연합으로 子午가 乙을 완성하는 흐름이다.

* 乙丁辛은 乙辛 충으로 丁을 끌어들여 乙 or 辛을 완성한다. 卯午酉 연합으로 乙→辛을 완성하는 흐름에서 순조롭다.

* 乙癸辛은 乙辛 충으로 癸를 끌어들여 乙 or 辛을 완성한다. 酉子卯 연합으로 辛→乙을 완성하는 흐름에서 순조롭다.

* 丙甲壬은 丙壬충으로 甲을 완성한다. 亥寅巳 연합으로 壬이 癸로 전환되어 乙을 완성하는 해묘미 흐름이다.

* 丙庚壬은 丙壬충으로 庚을 완성한다. 巳申亥 연합으로 丙이 丁으로 전환되어 辛을 완성하는 사유축 흐름이다.

* 甲丙庚은 甲庚충으로 丙을 이용하여 甲→庚을 형성한다. 寅巳申 연합으로 甲이 乙로 전환되어 庚을 내는 인오술에서 순조롭다.

* 甲壬庚은 甲庚충으로 壬을 이용하여 庚→甲을 형성한다. 申亥寅 연합으로 庚이 辛으로 전환되어 甲을 내는 신자진에서 순조롭다.

천간합 방향성이 역행으로 흐르는 것은 沖이 개입(천)되기 때문이다.

* 癸丙은 해묘미에서 乙을 완성하는데, 만약 辛이 주도하면 丙辛으로 丙이 丁으로 전환되어(丁癸) 사유축 역행으로 辛을 가공한다. 子巳·丙子·癸巳 등도 마찬가지다.

* 丁壬은 사유축에서 辛을 완성하는데, 만약 乙이 주도하면 壬乙로 壬이 癸로 전환되어(癸丁) 해묘미 역행으로 乙을 가공한다. 午亥·壬午·丁亥 등도 마찬가지다.

* 乙庚은 火를 통해 인오술에서 乙→庚으로 순행하는데, 만약 水가 주도하면 庚이 辛으로 전환되어(辛乙) 신자진에서 辛→乙로 역행한다. 卯申도 마찬가지다.

* 辛甲은 水를 이용하여 신자진에서 辛→甲으로 순행하는데, 만약 火가 주도하면 甲이 乙로 전환되어(乙辛) 인오술에서 乙→辛으로 역행한다. 酉寅도 마찬가지다.

합의 방향성이 순행하면 성취가 빠르고 원하는 바를 얻기 쉽다. 만약 합의 방향성이 역행하면 더디고 힘들게 성취하는 반면에 대기만성으로 성취가 견고하고 완성도가 높은 편이다. 예컨대 丁壬이 辛을 완성하지 못하고 乙을 얻으려면 힘들게 성취하고 그만큼 지키려는 의지가 강하기에 잘 빼앗기지 않는다. 氣·相 흐름을 되돌려야하는 수고와 번거로움이 있고, 이는 억지·억척으로 변질되어 자기 위주의 이기심으로 대장 노릇하려는 기질을 보이기도 한다.

천간合 방향성이 沖을 만나면(천) 방향성을 재촉한다.

* 乙庚辛은 乙辛으로 乙庚을 재촉하여 乙→庚辛을 형성한다. 庚辛이 본위를 갖추기에 신자진에서 乙을 얻기 어렵지만 수가 주도하면 庚辛→乙을 성취할 수 있다.

* 乙庚甲은 庚이 辛으로 전환되어 庚→甲乙을 형성하려한다. 甲乙이 본위를 갖추기에 인오술에서 庚을 얻기 어려운데, 만약 火가 주도하면 甲乙→庚을 성취할 수 있다.

* 辛甲乙은 乙辛으로 辛甲을 재촉하여 辛→甲乙을 형성한다. 甲乙이 본위를 갖추기에 인오술에서 辛을 얻기 어렵지만, 화가 주도하면 甲乙→辛을 성취할 수 있다.

* 辛甲庚은 甲이 乙로 전환되어 甲→庚辛을 형성하려한다. 庚辛이 본위를 갖추기에 신자진에서 甲을 얻기 어려운데, 만약 水가 주도하면 庚辛→甲을 성취할 수 있다.

* 癸丙丁은 丁癸로 癸丙이 동하여 丁도움으로 乙을 완성한다. 다만 庚辛이 주도하면 癸도움으로 丙丁이 辛을 완성한다.

* 癸丙壬은 丙壬으로 丙이 丁으로 전환되어 丁壬으로 辛을 완성한다. 다만 甲乙이 주도하면 癸丙이 동하여 壬도움으로 乙을 완성한다.

* 丁壬癸은 丁癸로 丁壬이 동하여 癸도움으로 辛을 완성한다. 다만 甲乙이 주도하면 丁도움으로 壬癸가 乙을 완성한다.

* 丁壬丙은 丙壬으로 壬이 癸로 전환되어 癸丙으로 乙을 완성한다. 다만 庚辛이 주도하면 丁壬이 동하여 丙도움으로 辛을 완성한다.

합이 충을 만나면 역동성이 발휘되고, 충이 합을 만나면 기반된다.

기상명리에서 천간 흐름의 방향성을 제시하는 천간합(癸丙·乙庚·丁壬·辛甲)이 충을 만나면 氣·相 본위 방향성을 재촉한다.

丙辛·甲己·戊癸 등이 충을 만나면 합에서 풀려 역동성을 발휘한다. 반대로 沖을 하는데 합이 되거나 본위 환경이 아니면 작용력이 기반된다.

* 丙辛乙은 丙辛-乙辛 합·충으로 辛이 역동성을 발휘하여 乙丙辛으로 인오술에서 庚辛을 형성한다. 만약 水가 강하거나 乙辛에 丙이 오면 辛이 기반되고 丙이 丁으로 전환되어 신자진에서 辛→甲乙을 형성한다.

* 丙辛壬은 丙辛-丙壬 합·충으로 丙이 풀려나 丁壬으로 역동성을 발휘하여 辛을 완성한다. 만약 乙이 주도하거나 丙壬에 辛이 오면 丙·辛이 합으로 기반되어 丁·乙로 해묘미에서 乙을 완성한다.

* 戊癸丁은 戊癸합에 丁癸충으로 癸가 풀려나와 戊바탕에서 분산작용을 강화하여 乙을 완성하려한다. 만약 丁癸에 戊가 오면 戊·癸가 기반되어 사유축에서 辛을 완성하려는데 분산→응집으로의 전환이 더디게 진행되니 발달이 더디거나 등락을 겪는다.

戊癸丁 구성은 기운의 합·충으로 어떤 환경에서도 작용력을 발휘할 수 있는 구성조건이다. 乙을 완성하면 성취가 수월하고 辛을 완성하면 戊癸를 己丁으로 바꾸고 수기를 채워야하니 힘들게 성취하거나 정체된다.

* 甲己庚은 甲己합에 甲庚충으로 甲이 풀려나와 己바탕에서 甲이 발현된다. 만약 庚辛이 주도하거나 甲庚에 己가 오면 甲·己가 기반되어 인오술로 庚을 완성하는데 己에서 庚이 상실되니 만족감이 떨어지고 불안정하다.

甲己庚 구성은 물상의 합·충으로 水·火를 얻지 못하면 성취가 쉽지 않고 성취에 불문하고 본기가 상실되는 고충이 동반된다. 寅午戌에서 甲이 상실되고, 申子辰에서 庚이 상실된다.

2) 합·충의 인과(因果) 관계

合은 자신의 순수한 본질(역량)이 억제되지만 새로운 시작의 계기가 되고, 沖은 조정·조절을 통해 본위를 전화·변환 즉 비움으로써 채우는 생동·활력을 얻는 계기가 된다. 만물은 극한에 이르면 돌이켜 운동하는 것이 道의 원리라 하였으니,30) 물극필반(物極必返)의 이치가 사주에서 합·충이다.

천간은 동하니 합으로 작용력이 묶이고 충으로 역동성이 분산(강화)되는 경향이 있다. 지지는 정하니 합으로 물상을 완성하려하고 충으로 작용력이 발휘된다. 사주간지는 합·충에 의해 동기부여가 되고, 動하여 변동·변화의 과정에서 전개되는 양상을 형·파·천 등으로 표현된다. 이러한 일련의 氣·相 흐름에서 合-沖이 '시작-결과'의 요인이 된다.

간지 合은 합다(파), 간지 沖은 동기부여로 '원인-결과'의 인과가 있다.

사주간지가 합·충을 만나는 운세에서 원인-결과의 관계가 성립되고 해당 궁위·육친의 일이 현실로 드러난다. 합·충의 인과관계는 사주구성에 불문하고 좋았으면 나빠지고, 나빴으면 좋아지는 경향이 있다. 사주방향성이 부합하면 순탄하게 흘러가고 사주방향성이 어긋나면 복잡하게 흘러가겠지만, 길흉의 교차는 원인의 시점에 행한 모습에 따라 결과로 나타날 뿐이다.

　　○乙癸○
　　○未巳○
　　庚子·辛丑년은 배우자·가정 등 개인사 문제가 현실화되고, 丁亥·戊戌년은 직장·직업·부모 등 삶의 바탕의 문제가 현실화된다. 乙未년에 한 행위는 庚子년·辛丑년에, 癸巳년에 한 행위는 戊戌·己亥년에 결과(길흉)로 나타난다.

---

30) '　　　　'반자도지동

60갑자 순(旬)	공망
甲子, 乙丑, 丙寅, 丁卯, 戊辰, 己巳, 庚午, 辛未, 壬申, 癸酉	戌·亥
甲戌, 乙亥, 丙子, 丁丑, 戊寅, 己卯, 庚辰, 辛巳, 壬午, 癸未	申·酉
甲申, 乙酉, 丙戌, 丁亥, 戊子, 己丑, 庚寅, 辛卯, 壬辰, 癸巳	午·未
甲午, 乙未, 丙申, 丁酉, 戊戌, 己亥, 庚子, 辛丑, 壬寅, 癸卯	辰·巳
甲辰, 乙巳, 丙午, 丁未, 戊申, 己酉, 庚戌, 辛亥, 壬子, 癸丑	寅·卯
甲寅, 乙卯, 丙辰, 丁巳, 戊午, 己未, 庚申, 辛酉, 壬戌, 癸亥	子·丑

60갑자 순(旬)에 의한 간지의 합 관계성을 보면 지지에서 합은 육합이 아니라 입묘·암합을 의미한다는 사실을 알 수 있다. 즉 입묘·암합은 묶이는 게 아니라 물상을 완성하려는 의도이고 역동성이 발휘된다.

* 양간순의 간·지 합(입묘·암합)
甲申-己丑 丙申-辛丑 戊申-癸丑, 庚申-乙丑 壬申-丁丑
甲寅-己未 丙寅-辛未 戊寅-癸未, 庚寅-乙未 壬寅-丁未…천합입묘
甲子-己巳 丙子-辛巳 戊子-癸巳, 庚子-乙巳 壬子-丁巳
甲午-己亥 丙午-辛亥 戊午-癸亥, 庚午-乙亥 壬午-丁亥…천합암합
甲戌-己卯 丙戌-辛卯 戊戌-癸卯, 庚戌-乙卯 壬戌-丁卯
甲辰-己酉 丙辰-辛酉 戊辰-癸酉, 庚辰-乙酉 壬辰-丁酉…천합입묘

* 음간순의 간·지 합(입묘·암합)
乙亥-庚辰 丁亥-壬辰, 己亥-甲辰 辛亥-丙辰 癸亥-戊辰
乙巳-庚戌 丁巳-壬戌, 己巳-甲戌 辛巳-丙戌 癸巳-戊戌…천합입묘
乙酉-庚寅 丁酉-壬寅, 己酉-甲寅 辛酉-丙寅 癸酉-戊寅
乙卯-庚申 丁卯-壬申, 己卯-甲申 辛卯-丙申 癸卯-戊申…천합암합
乙丑-庚午 丁丑-壬午, 己丑-甲午 辛丑-丙午 癸丑-戊午
乙未-庚子 丁未-壬子, 己未-甲子 辛未-丙子 癸未-戊子…천합입묘

60갑자 순(旬)	공망
甲子, 乙丑, 丙寅, 丁卯, 戊辰, 己巳, 庚午, 辛未, 壬申, 癸酉	戌·亥
甲戌, 乙亥, 丙子, 丁丑, 戊寅, 己卯, 庚辰, 辛巳, 壬午, 癸未	申·酉
甲申, 乙酉, 丙戌, 丁亥, 戊子, 己丑, 庚寅, 辛卯, 壬辰, 癸巳	午·未
甲午, 乙未, 丙申, 丁酉, 戊戌, 己亥, 庚子, 辛丑, 壬寅, 癸卯	辰·巳
甲辰, 乙巳, 丙午, 丁未, 戊申, 己酉, 庚戌, 辛亥, 壬子, 癸丑	寅·卯
甲寅, 乙卯, 丙辰, 丁巳, 戊午, 己未, 庚申, 辛酉, 壬戌, 癸亥	子·丑

60갑자 순(旬)에 의한 간지의 충 관계는 순(旬) 내에서 형성된다. 戊·己의 경우에 戊·己에 임한 지지沖 관계에서, 戊는 甲에 임하고 己는 乙에 임한다는 점에서 충은 불편하고 번거로움이 동반됨을 알 수 있다.

* 양간순의 간·지 충

甲子-庚午 丙寅-壬申 → 戊辰-甲戌 ← 庚午-甲子 壬申-丙寅

甲戌-庚辰 丙子-壬午 → 戊寅-甲申 ← 庚辰-甲戌 壬午-丙子

甲申-庚寅 丙戌-壬辰 → 戊子-甲午 ← 庚寅-甲申 壬辰-丙戌

甲午-庚子 丙申-壬寅 → 戊戌-甲辰 ← 庚子-甲午 壬寅-丙申

甲寅-庚申 丙午-壬子 → 戊申-甲寅 ← 庚戌-甲辰 壬子-丙午

甲辰-庚戌 丙辰-壬戌 → 戊午-甲子 ← 庚申-甲寅 壬戌-丙辰

* 음간순의 간·지 합(입묘·암합)

乙丑-辛未 丁卯-癸酉 → 己巳-乙亥 ← 辛未-乙丑 癸酉-丁卯

乙亥-辛巳 丁丑-癸未 → 己卯-乙酉 ← 辛巳-乙亥 癸未-丁丑

乙酉-辛卯 丁亥-癸巳 → 己丑-乙未 ← 辛卯-乙酉 癸巳-丁亥

乙未-辛丑 丁酉-癸卯 → 己亥-乙巳 ← 辛丑-乙未 癸卯-丁酉

乙巳-辛亥 丁未-癸丑 → 己酉-乙卯 ← 辛亥-乙巳 癸丑-丁未

乙卯-辛酉 丁巳-癸亥 → 己未-乙丑 ← 辛酉-乙卯 癸亥-丁巳

간지의 合·沖은 자체로 '원인-결과'의 穿작용이다.

* 합은 충에서, 충은 합에서 원인-결과로 나타난다.
* 간지복음 운에 한 행위는 합 or 충하는 운에 결과로 나타난다.
* 간지 합 or 충에서 결과는 전 단계 합 or 충에서 한 행위가 원인이다.

사주 궁위간지가 합 or 충을 만나면 해당 궁위·육친의 일이 가시화된다. 길흉은 사주 방향성에 따라 분별되지만 어떤 형태로든 움직이는 게 좋다.
합·충의 인과관계는 기본적으로 합할 때 한 행위는 충할 때 결과로 나타나고, 충할 때 한 행위는 합할 때 결과로 나타난다. 합 or 충이 궁위간지에 선행하는 관계이면 케케묵은 일이 드러나거나 숨겼던 일이 밝혀지고, 후행하면 전 단계의 합 or 충에서 한 행위가 원인이 된다.
합·충의 인과관계를 살필 때 합하는 운을 볼 것인지, 충하는 운을 볼 것인지는 도래하는 운에서 살피는데, 1旬(or 10년) 내에서 합하는 운 or 충하는 운을 판단하고 합보다 충이 경향성이 높다.
인생사 만사형통이 아니기에, 合하는 운에 잘나가거나 경거망동하면 沖하는 운에 대가를 치르고, 合하는 운에 정체되거나 나빴다면 沖하는 운에 어느 정도 보상을 받는다.

○丙○癸
○申○卯

辛丑·壬寅년에 자기가치를 실현하려는 역동성이 발휘되고, 壬寅년의 현상은 辛卯년에 한 행위가 원인이다.
丁酉·戊戌년에 국가·조상 or 근본적 문제가 발생하고, 壬辰년에서 한 행위가 밝혀지거나 결과로 나타난다.
丙申년에 행한 개인사는 壬寅년에 결과로 나타나고, 癸卯년에 행한 큰일은 戊申년에 결과로 나타난다.

60갑자 순(旬)	공망
甲子, 乙丑, 丙寅, 丁卯, 戊辰, 己巳, 庚午, 辛未, 壬申, 癸酉	戌·亥
甲戌, 乙亥, 丙子, 丁丑, 戊寅, 己卯, 庚辰, 辛巳, 壬午, 癸未	申·酉
甲申, 乙酉, 丙戌, 丁亥, 戊子, 己丑, 庚寅, 辛卯, 壬辰, 癸巳	午·未
甲午, 乙未, 丙申, 丁酉, 戊戌, 己亥, 庚子, 辛丑, 壬寅, 癸卯	辰·巳
甲辰, 乙巳, 丙午, 丁未, 戊申, 己酉, 庚戌, 辛亥, 壬子, 癸丑	寅·卯
甲寅, 乙卯, 丙辰, 丁巳, 戊午, 己未, 庚申, 辛酉, 壬戌, 癸亥	子·丑

 * 사주원국과 상관없이 해당 年에 한 행위는 도래하는 합 or 충하는 때에 결과로 나타나는 경향이 있다. 가령 甲午년에 한 행위는 庚子년에, 辛丑년에 한 행위는 丙午년에 결과로 나타나는 것이다.

 사주간지가 운에서 합 or 충을 만나면 지금까지의 일과 다른 방향성에 눈을 돌리거나 변동·변화를 모색하게 된다. 사주원국과 상관없이 대운-세운이 합 or 충 관계가가 성립되어도 그러하다. 乙亥대운에 庚午·庚辰·庚寅년 or 辛巳년에 변동·변화의 기회가 주어지고 욕구가 발동한다.

○辛己○
○酉巳○

乙亥대운에 己巳월주가 동한다. 직업·가정 삶의 바탕에 변동·변화가 찾아든다. 변동·변화를 통해 발전을 도모하는 것이 좋다. 한편 乙亥대운과 합 or 충하는 운에 변동·변화가 삶의 포인트가 된다. 만약 乙亥대운이 丁亥-戊子-己丑-庚寅-辛卯-壬辰-癸巳-甲午-乙未-丙申년으로 흐른다면 庚寅년에 변동·변화는 삶의 돌파구가 된다. 이를 확장하면 庚寅년에 시작한 일은 물론, 맺은 인연, 庚寅생 등은 길흉에 영향을 미치는 요소들이다. 또한 庚寅년에 한 행위는 乙未년에 결과로 나타난다.

* 충-합의 인과가 旬을 벗어나면 꿈꾸던 일이 실현되거나 행위에 대한 결과(성과)이고, 旬 내에 있으면 진행과정에서의 원인-결과의 형태로 볼 수 있으니 합 or 충의 원인인자가 도래하는 합 or 충에서 결과(성과)가 나타나는 경우도 있다. 합보다 충이 경향성이 높다.

　　癸○○甲
　　巳○○申
　　丁亥·戊子년에 한 행위는 癸巳년에 자식·건강(小事) 등 복음으로 나타나고, 癸巳년의 행위는 戊戌년에 결과로 나타난다.
　　己丑·庚寅년에 부모·조상, 국가·자격 관련된 일(大事)이 현실로 드러나는데 甲申년에 한 행위가 원인이고, 旬 내에 임하니 甲午·乙未년에 결과를 얻는 경우도 있다. 또 甲申년에 벌어진 일은 己卯년에 행위가 원인이고 甲申년의 행위에 따라 庚寅년에 결과치가 된다. 따라서 환갑(60갑자)의 길흉은 6년 뒤에 마무리된다.

3) 천충지충

　천간은 動하는데 충을 만나면 충동·분산의 상이 된다. 생각이 분산되고 행동이 과해지고 이상을 실현하려는 욕구가 발동하지만 정리가 안 된다.
　지지는 靜하는데 충을 만나면 작용력이 발휘되지만 하지 않던 일이나 하기 싫은 일도 해야 하는 번거로움이 있다.
　천간 충은 기운의 발동으로 물상 변화를 주관하지만 현실로 확연히 드러나지 않는 반면에, 지지 충은 물상의 발동으로 변화·변동, 이사·이동, 승진·좌천, 굴곡·등락, 궁위육친의 발동 등 현실적 문제로 드러난다.
　천충지충은 정신(이상)-육체(현실)가 함께 동하니 이상을 실현하려는 의지도 강하고 현실적 성취욕구도 강하다. 기존에서 탈피하여 새롭게 시작하거나 역동성과 변동·변화를 도모하기에 불안정성을 안고 있다.

궁위간지의 천충·지충은 궁위 개념으로 경향성을 살핀다.

* 일주-시주 천충·지충

일주가 동하니 자수성가의 상이다. 배우자·자식 인연이 유기하지 않은 모습이지만 가정을 지키려는 의지가 강하다. 배우자·자식에게 전생의 빚을 갚고 윤회를 이어가야하니 자신을 희생하여 배우자·자식의 성취를 돕고 존중해야 안정을 얻는다. 이기심을 내세우거나 가정을 등한시하면 배우자·자식이 불리해진다. 식상을 위주로 하고 도화·역마성 직업성이나 몸(입·말)을 이용하는 일에서 성취가 있다.

* 일주-월주 천충·지충

일주가 발동하니 자수성가의 상이다. 부모 인연이 유기하지 않은 모습이지만 부모와의 인연 고리를 놓지 못한다. 전생의 빚을 요구하거나 갚아야하니 부모의 희생을 요구하거나 부모·조상을 봉양하는 경향이 있다. 부모의 모양새에 영향을 받고 자신의 행위가 부모 운세에 영향을 미친다. 직업적 성취가 크지 않고 번거로움 속에서 발달한다. 근본을 중시하고 인성·식상(머리·몸)을 적절히 사용하는 능력이 있고 그런 직업성에서 발달한다.

* 일주-년주 천충·지충

국가·단체·조상 인연이 약하지만 얽매이고 지키려는 숙명이 있다. 명예·정신·전통을 추구하지만 직업적으로 확실하게 구축하기 어렵다. 어떤 일을 하든지 국가·조상을 섬겨야하는 고충이 있고 그런 고충을 겪음으로써 발전하게 된다. 조상·부모를 등한시하면 발달이 빠르고 성취하더라도 불안한 성취다.

* 년주-시주 천충·지충

정신(인성)과 몸(식상)이 동하여 역동성이 있지만 윤회를 방해하는 모습이다. 국가·단체·조상·인성 or 해외·취미·식상 사이에서 괴리감에 빠지기에 인생 굴곡을 겪는다. 말년에도 성취 욕구를 버리지 못하고 현실·물질에 대한 집착이 강하다. 말년 성취가 좋으면 자식의 발달을 저해하는데, 말년에 종교·철학에 가담하여 자식 안정을 도모하는 경우도 있다.

* 월주-시주 천충·지충

자기가치의 실현욕구가 강하고 역동성이 발휘된다. 이상 실현(인성)과 현실 성취(식상) 사이에서 갈등하는 모양새라는 점에서 년주-시주와 유사하지만, 식상을 직업적으로 발현시키고 발달이 빠르거나 빨리 써먹는다는 점에서 차이가 있다. 변화에 대한 적응력은 좋지만, 난감한 일이나 뒤통수 맞는 일을 초래한다.

'천충-지충'은 '이상-현실'의 변화·변동(번거로움)을 통한 가치실현이다.

충은 변화·변동이 주어지고 번거로움 속에 발전을 도모하는 기회인데, 간지로 충이 거듭되면 안정되지 못하고 천간-지지의 방향성이 일관되지 않으면 행위가 분산되고 엉뚱한 짓으로 성과를 크게 하지 못한다.

특히 천간-지지에서 목금-수화 or 수화-목금이 천충·지충 구성이면 안정성이 떨어지고 방향성을 찾지 못한다. 천간-지지가 동하여 氣相을 얻고자하는데 서로 원하는 바가 상반되기에 방향성이 어긋나면 도리어 沖의 역동·역마성이 불안정성을 조장한다. 甲子-庚午, 癸卯-丁酉, 壬寅-丙申, 乙巳-辛亥, 甲辰-庚戌, 乙未-辛丑 등 구성이다.

운에서 사주간지가 천충지충이 되면 해당 궁위·육친의 변화·변동이 주어지고, 본인 or 해당 궁위의 잘잘못이 드러나거나 새롭게 밝혀진다. 발달의 계기·기회가 되거나 실패의 원인이 된다. 길·흉이 동반되는 경향이 있다.

* 甲子-庚午, 甲午-庚子

甲은 子(신자진)를 원하고 庚은 午(인오술)를 원하는데 子·午는 본위를 고집한다. 어느 하나를 집약하지 않으면 정체·왜곡이 있고, 甲을 얻으면 庚이 손상되고 庚을 얻으면 甲이 손상된다. 고충이 많은 천충지충 조합이다.

* 甲寅-庚申, 甲申-庚寅

간지가 水·火를 취하려는 의도가 일치하기에 방어적 성향에서 벗어나 역동성이 강화된다. 水·火가 없으면 발달·성취가 불안하지만, 寅·申(丙·壬)에서 기운을 돌리기에 寅 or 申의 손상은 도움·계기가 된다.

* 甲辰-庚戌, 甲戌-庚辰

甲은 신자진을 원하고 庚은 인오술을 원하는 상반된 구성이지만, 庚은 辰에서 상실되고 甲은 戌에서 상실되니, 水가 채워지면 庚이 받아들이고 火가 채워지면 甲이 받아들인다. 12신살로 월살 관계다.

다만 甲辰-庚戌은 甲·庚이 원하는 水·火를 辰·戌이 갖추고 있으니 본위를 고집한다. 甲戌-庚辰은 변색(가상·허상)으로 발전을 도모하지만 甲辰-庚戌은 고집으로 변화를 꺼리니 발달이 저해된다.

* 乙卯-辛酉, 乙酉-辛卯

간지가 水·火를 취하려는 의도가 일치하니 방어적 성향에서 벗어나 역동성이 강화된다. 水·火가 없으면 발달·성취가 불안하지만, 乙·辛 충동(분산)으로 본위를 고집하지 않으니 卯 or 酉의 손상은 도움·계기가 된다.

* 乙巳-辛亥, 乙亥-辛巳

乙은 亥 중 甲에서 근원을 얻어 巳에서 성장하고, 辛은 巳 중 庚에서 근원을 얻어 亥에서 완성된다. 비록 목금-수화의 천충-지충 관계지만 巳·亥가 모습을 바꾸니 성취가 용이한 반면에 辛 or 乙이 손상되는 아픔이 있다. 乙巳-辛亥가 乙亥-辛巳보다 발달이 빠르고 불안정성도 있다.

* 乙未-辛丑, 乙丑-辛未

乙은 해묘미를 원하고 辛은 사유축을 원하는 상반된 구성이지만, 未申·丑寅에서 乙·辛이 가치를 얻으니 어느 환경에서든 성취하는 관계이다. 월살 관계로 乙은 丑寅에서 辛은 未申에서 기대감이 있다.

* 丙申-壬寅, 丙寅-壬申

丙은 寅 中 丙에서 庚을 얻고, 壬은 申 中 壬에서 甲을 얻는다. 비록 수화-목금의 천충-지충 관계지만 寅·申이 모습을 바꾸니 성취가 용이한 반면에 丙 or 壬이 변색되는 상실감이 있다. 丙申-壬寅이 丙寅-壬申보다 발달이 빠르고 안정성이 있다.

* 丙子-壬午, 丙午-壬子

간지가 木·金을 취하려는 의도가 일치하기에 공격적 성향을 하나로 집약하게 된다. 子·午는 본위를 고집하지만 丙·壬이 충동(분산)으로 본위를 고집하지 않으니 丙·壬의 상실·도움으로 乙 or 辛을 완성한다. 丙子(癸丙)-壬午(丁壬)는 본위를 고집하니 丙午-壬子에 비해 발달이 저해된다.

* 丙戌-壬辰, 丙辰-壬戌

辰·戌에서 水·火를 마감하니 丙·壬은 丁·癸로 물상을 가공한다. 木·金이 없으면 성취가 쉽지 않지만 庚 or 甲이 투출하면 丙·壬의 변색·도움으로 성취한다. 다만 丙戌-壬辰은 본위를 고집하기에 丙 or 壬의 상실감이 丙辰-壬戌보다 크다.

* 丁亥-癸巳, 丁巳-癸亥

간지가 木·金을 취하려는 의도가 일치하기에 공격적 성향을 하나로 집약한다. 乙 or 辛이 투출되면 丁·癸는 의기투합하여 물상을 완성하고, 巳·亥는 庚 or 甲본기를 형성해준다. 丁亥-癸巳는 본위를 갖추기에 丁巳-癸亥에 비해 적응·가공능력이 떨어진다.

* 丁卯-癸酉, 丁酉-癸卯

丁·癸는 卯·酉 모두 가공하고, 卯·酉는 丁·癸 모두 필요하다. 어떤 환경에서든 역량을 발휘하는 구성인 듯하지만 卯·酉는 본위를 고집하기에 방향성이 정립되지 않으면 왜곡·정체된다. 특히 丁酉-癸卯는 심하다.

* 丁丑-癸未, 丁未-癸丑

癸·丁은 乙 or 辛을 원하고 未·丑은 乙·辛을 완성한다. 해묘미에서 丁이 癸에 동조하여 乙을 완성하고 사유축에서 癸가 丁에 동조하여 辛을 완성한다. 丁未-癸丑은 午未-子丑으로 연합하니 丁丑-癸未에 비해 유동성이 부족하고 역동성이 떨어진다.

4) 천합지합

合은 유정·유기·친화함을 의미하고 제 기능이 상실되는 문제도 있다.[31] 합이 많으면 양 손에 떡을 쥐고 어쩔 줄 모르는 형국으로 일이 뜻대로 되지 않고 성취하더라도 내 것으로 만들지 못하고 깨뜨리게(파) 된다.

합다(合多)에는 천간의 합다·양합, 지지의 합다·양합이 있는데, 궁위 간지가 서로 합하는 천간합-지지합 구성은 합다로 인한 파 작용이 뚜렷하다.

천간복음은 천간합으로, 지지암합·지지입묘·우합 등은 지지합으로 본다.

'천합-지합'은 합다로 인한 破작용이 발동한다.

천합-지합 구조는 두 마리 토끼를 잡으려다 모두 놓치게 되므로 하나를 얻으려면 하나를 놓아야한다. 양합으로 찢겨지는 꼴이니 기존의 틀을 스스로 깨뜨리지 않으면 타인에 의해 깨뜨려진다. 순리에 따라 능동성을 가지되 탐욕을 부리면 파가 발동한다.

천합-지합은 지지에서 합으로 동하는데 천간 작용이 묶이니 역동성이 떨어지고 발목이 잡힌다. 간지 합의 의도가 일관되면 이중·복합성으로 암암리에 성취를 얻지만, 간지가 서로 원하는 바가 다르면 합으로 묶이고 이중·복합성으로 분산되어 깨뜨리게 된다.

---

31) 은 '끌려가다' '의지하다' '묶이다' '기능이 상실되다' '빼앗기다' 등 부정적 의미와 더불어 '유정하다' '유기하다' '동하다' '역동성을 발휘하다' '행하다' '내 것으로 만들다' 등 긍정적 의미도 있다.

궁위간지의 천합·지합은 궁위 개념으로 경향성을 살핀다.

사주원국이 合으로 구성되면 해당 궁위·육친의 유정·유기함이 있고 도움·혜택을 얻지만, 돌보고 챙겨야하는 번거로움, 벗어나지 못하는 답답함, 집착으로 인한 기능상실, 해결해야 할 문제가 많다는 의미도 있다.
운에서 특정 궁위를 합하면 해당 궁위·육친의 破작용이 일어난다.

* 년+월의 합

국가·사회, 가문·가업, 조상·부모의 합으로 전통·인성이 인생 관념이 된다.
연월 환경이 완비되면 삶(직업·가정)의 바탕이 견고하고 조상음덕이 있고 행운이 따른다. 일시 환경과 부합하면 크게 성취하고 연월에서 완성(입묘)하면 그릇이 크다. 전통적·일반적 직업성에 어울린다.
연월 구성이 일시와 부합하지 않으면 활동영역이 좁고 보수성향으로 가치가 낮아진다. 과거의 일로 번거로움·곤욕을 치르거나 자신감·경거망동으로 뒤통수 맞는 경우가 있다. 운에서 년주가 합할 때도 그러하다.

* 년+일의 합

일간이 년과 합하니 국가·조상에 얽매이고 종교·철학적 사유가 지배한다. 바르게 살아야한다는 도덕심이 있고 국가·인성을 이용한 삶의 형태(직업성)가 어울린다. 활동영역이 넓고 성취욕구가 크다.
일에서 완성되면 타인(조상·행운)을 이용하여 자신의 것으로 만든다.
년에서 완성(입묘)되면 타인(조상·행운)에게 의탁하는 경향이 있다. 여명은 남자에게 의지하거나 공주병 기질이 있고, 남명은 선천 복록에 기대어 발달이 저해된다. 배우자의 도움·혜택을 입는 경우도 있다.
연월과 일시 환경이 부합하지 않으면 합으로 기반된다. 직업성취가 불미하고 부모(시댁·처가) 인연에 얽매이고 부부애정이 멀어진다. 몸이 아프거나, 생각지도 않은 일이 벌어지거나, 지난 일이 들춰져 고충을 겪는다.

○甲○己
○寅○未

甲일간이 년에서 완성하니 조상(선천)에 의지하고 행운을 기대하는 모습이다. 조상(선천)의 음덕을 기대하고 행운에 의지하는 경향이 있다. 정신·의지가 나약하고 역동성이 떨어진다. 일찍 결혼하는 경향이 있고, 나이 많은 사람 또는 유부남·유부녀와 인연을 맺기도 한다. 국가·인성을 이용하거나 종교·철학성에 어울린다.

* 년+시의 합

국가·기관과 해외·개인의 합으로 크게 펼쳐진 모습이고 비현실적·윤회의 합이다. 인성·식상, 정신·육체가 합치하기에 정신세계가 독특하고 엉뚱한 면이 있고 말재주 손재주가 있다. 중년 이후에 조상·종교에 가담하고 초년에 꿈꾸었던 일, 하고 싶었던 일, 하지 못했던 일을 실현하려한다.

년에서 완성(입묘)되면 성취 그릇이 큰데 월일 환경에 부합하지 않으면 국가·자격·인성에 집착하여 현실 성취가 불미하고 염세적으로 빠지기 쉽다.

시에서 완성(입묘)되면 자식을 얻고 나이가 들어가면서 복록을 누리고 성공하는 자식이 있다. 시작은 미미할지라도 결과가 좋은 편이다.

* 월+일의 합

삶의 주재자(일간)가 삶의 바탕(부모·직업)을 얻은 견고한 합이지만 일간이 선천-후천을 돌려야하는 고충이 있다. 터전에 묶이기 싫어서 벗어나려는 발버둥은 도화·음란성으로 발현되기에 남녀 모두 음란지합이 된다.

월에서 완성(입묘)되면 부모에게 의지하거나 부모유업을 이어받는 경향이 있고, 일에서 완성되면 배우자에게 의지하거나 함께 일하는 경향이 있다.

일간이 연월(선천) 환경에 부합하면 부모음덕이 있고 발전성이 있다.

일간이 연월(선천) 환경에 부합하지 않으면 부모에게 얽매이거나 의탁하여 발달하지 못한다. 부모를 봉양하거나 한정된 장소에 얽매여 일하는 직업성에서 가치를 얻고 안정된다. 직업·가정을 깨뜨리고 귀향하여 부모와 동거하는 경우도 있다.

○丁壬○
○亥辰○

丁亥일주가 壬辰월주에 합으로 끌려가는 모습이다. 부모 음덕에 기대거나 타인에 의지하는 경향이 있다. 부모(처가·시댁)에 대한 불만·번뇌·고충이 있다. 음란지합의 상이다.

* **일+시의 합**

자신이 직접 완성하여 결과를 만들어내는 합이다. 배우자·자식(가정)에 애정이 깊고 지극히 개인적인 합으로 이기심이 있고 성취욕구가 강하다. 기술·식상을 잘 이용하고 실리를 중시한다. 어떤 경우든 자기 몫은 챙기지만 타인(자식)에게 붙들리거나 빼앗기는 경향이 있다. 자식에게 사전증여로 빼앗기는 게 좋고 덕을 베풀어야 복록이 안정된다.

가족·직능 중심으로 활동범위가 넓지 않은데, 일간이 환경을 주도하지 못하면 일을 행함에 제동이 걸리고 묶이는 경향이 있다. 멀리서 구하려는 속성이 발동하고 도화·음란성으로 음란지합이 된다. 여명이 남명보다 도화·음란성이 두드러진다.

丙辛○○
申丑○○

辛일간이 申겁재를 끌어들이니 겁재를 이용한 성취이다. 배우자 얻고 재물을 끌어들인다는 의미도 있고, 겁재에게 배우자 빼앗긴다는 의미도 있다. 일에서 완성하니 자수성가형으로 배우자를 지키려는 의지가 강하다. 자식의 기운을 끌어들이거나 타인의 것을 빼앗아오는 형국이니 탐욕을 부리면 배우자·자식 인연에 왜곡되고 자식이 발달하지 못한다.

* 월+시의 합

개인사와 사회조직이 연계되고 삶의 바탕(직업)과 결과가 유기한 합이지만 일간이 중간에서 예속되는 형국이다. 나를 제쳐두고 부모와 자식이 연계하니 내(일간)가 부모-자식의 인연·윤회를 연결하지 못하면 왕따당하게 된다.

인간관계에서 일간이 타인(겁재) 사이에 개입되어 눈치를 봐야하는 꼴이다. 내 의도와 상관없이 나와 무관한 일로 곤욕을 치루고 뒤통수 맞는 일이 벌어진다. 건강·횡액·육친·재관 등 인생복록의 수명이 길지 않다.

일간이 사주흐름을 주도하면 인성-식상을 잘 다루는 타입으로 이중·다양성이 있다. 열정이 있고 다재다능하고 말년까지 활동성을 발휘한다. 원인-결과가 원만하니 성취가 있고 부모(시댁·처가)와 자식의 혜택을 입는다.

일간이 사주환경을 주재하지 못하면 능력발휘가 잘 안 된다. 타인(겁재)을 위주로 하거나 뺏고 뺏기는 직업성에서 성취가 있다. 가정·가족에 대한 애착·집착을 갖는데 상대에 의해 애정·인연이 깨뜨려진다.

월에서 완성(입묘)되면 직업성취가 있거나 부모에 의탁하는 상이다.
시에서 완성(입묘)되면 노년복록이 원만하거나 남에게 빼앗기는 상이다.

丙○辛○　　辛○丙○
戌○卯○　　卯○戌○

나와 상관없는 일에 내몰리고 믿었던 사람에게 뒤통수 맞는다. 시에서 완성하니 노년에 복록을 누린다는 의미도 있지만, 자식의 발달정도에 따라 본인의 성취가 약해지고 불안정해진다. 탐욕을 부리면 육친(부모·배우자·자식) 인연을 깨뜨린다.

만약 戌월지에서 완성하는 환경이면 辛卯를 끌어들여 직업성취를 이루는 격으로 자식 얻고 발복한다. 음덕(행운)이 따르고 성취가 견고하지만, 욕심을 부리면 자식에게 붙들리거나 자식 뒷바라지를 해야 하는 상황을 초래할 수 있다.

천간 합다合多는 유정有情·유기有氣함과 더불어 파破도 발동한다.

합은 '끌려가다' '의지하다' '묶이다' '기능이 상실되다' '빼앗기다' 등 부정적 의미와 더불어 '유정하다' '유기하다' '동하다' '역동성을 발휘하다 '행하다' '내 것으로 만들다' 등 긍정적 의미도 있다.

합의 의미에서 합은 이중(기반-역동) 성향이 있는데, 합이 중복되면 이중·복합성을 삶의 수단으로 사용하지 못한다. 특히 천간이 중복으로 합하면 작용력이 묶이기에 할 일이 없고 방향성을 잡지 못한다. 이리저리 휘둘리고 의지·의존하는 상이면서 고집(자존심)을 내세우고 행동·실천은 약하다.

乙庚乙○
○○○○

庚일간이 부모-자신-자식 인연을 연결하는 모습이다.
庚이 주도하는 환경이면 부모·자식의 도움이 있고, 乙이 주도하는 환경이면 부모 유업을 이어받아 자식에게 이어져야 가치가 있고 안정된다.

丁戊壬癸
○○○○

천간이 모두 합으로 구성되면 주체성을 결여되고 타인(육친)에게 의존하는 상이니 뜻한 바를 펼치지 못한다. 주위사람들에게 착하고 바르다는 말은 들을지언정 능력을 발휘하지 못하는 답답함이 있으니 가까운 사람에게 믿음을 주지 못한다.

사주 환경이 일관되지 않으면 자신의 의도와 무관하게 흘러가고 이리저리 휘둘리니 정신적·심리적 방황·갈등을 겪는다. 정신질환, 뇌성마비, 저능아·자폐, 심장마비, 심신쇠약증세 등으로 나타나기도 한다.

5) 천합지충

간지 관계는 천간이 스스로 동하기에 지지에서 물상이 형성될 수 있고, 지지는 천간기운에 의해 생장하지만 지지에서 요건이 충족(합·충·형·파·해) 되어 동하면 천간이 지지의 움직임을 돕는다. 간지는 상통(相通)함이다.

천합-지충은 정(靜)하는 지지가 충으로 동하는데, 동(動)하는 천간은 합으로 묶이는 관계이다. 간지는 상통(相通)하니, 지지가 합·충·형·파·해 등으로 동하면 천간도 동하게 되는데 합이 되면 움직이지 못한다. 뛰는 놈 발목 잡힌 꼴이 된다.

앞에서 '子卯午酉의 연합·입고·입묘'에 대하여, 입묘보다 입고가 입고보다 연합이 묶이는 현실적 고충이 심하다고 하였다. 卯를 예로 들면, 卯戌보다 卯未가 더 답답하고, 卯未보다 卯辰이 현실적 고충이 더 심하다. 활동력이 강화되는 상황에서 발목을 잡히기 때문이다.

천합-지형 구성은 답답함이 극심하고 파 작용도 동반된다.

충은 동기부여 작용이라면, 형은 합다(파)로 특정 오행이 극왕한 작용이다.
천합지충은 천간 작용력이 묶이는 답답함이 있지만, 천합지형은 천간의 기반과 더불어 특정 오행이 발동하는 형·파가 동반된다. 천합지형이 천합지충보다 흉하게 작용하는 경우가 많다.

사주원국에 천합지충·천합지형은 해당 궁위·육친의 인연을 깨뜨리고, 운에서 사주간지를 천합지충·천합지형하면 해당 궁위·육친의 일로 고충을 겪거나 깨뜨린다.

卯未戌 子辰未 酉丑辰 午戌丑 酉戌丑 卯辰未 午未戌 子丑辰 등은 지지에서 형성된 형·합 구조로 유사성이 있다.

戊丁戊癸　坤　乙甲癸壬辛庚己9
申丑午丑　　　丑子亥戌酉申未

일간이 일지에 입묘하면서 천간은 합으로 구성되고, 지지는 입묘로 구성이다. 간지가 모두 합으로 묶이는 모습이다. 결론부터 말하자면 이 여명은 선천성 소아마비 장애인이다.

단지 사주 전체가 합으로 중복되고 입묘로 묶여 있다하여 장애인이라고 단정할 수는 없다. 이 여명과 한날한시에 태어난 사람은 모두 장애인의 모습이겠는가. 합(입묘)이 중복된 구성이니 답답한 형국이고 답답함을 벗어나야하니 시간이 지나면서 파가 발동하게 된다. 삶이 불안정하지만 돌파구를 찾기 위해 역동성을 발휘한다고 봄이 타당하다. 또 합(입묘)이 많은 사주는 고집과 이기심이 강하고 돌발성이 있다.

水·火·土 기운이 충족된 상태에서 물상이 미비하고 丁·癸가 기운을 돌리니 어떤 조건·환경에서도 살아남을 수 있는 무기를 갖춘 셈이다. 장애인임에도 지금까지 헛되이 세월만 보낸 적이 않고 할 수 있는 일이면 뭐든 열심히 배우고 노력하는 타입이다.

午월에 丁일간으로 투간되어 자수성가의 상이고, 丁이 戊癸 바탕에서 홀로 응집해야하니 힘이 드는데, 丁戊癸 합·충으로 적극적이고 역동성을 발휘한다. 丁戊癸은 乙성취가 수월하고 辛을 완성하려면 戊癸를 己丁으로 바꾸고 수기를 채워야하니 정체되거나 힘들게 성취한다. 가공할 물상이 申뿐이니 丁일간은 본위환경을 얻었고 丁이 丑午丑으로 완성하니 성취욕구가 강하다.

丁일간이 丑입묘지에 앉았으니 결혼한 후에 발복하고 안정을 얻는다. 삶의 목적인 申을 丑일지에 담으니 창고를 깔고 앉은 모습이다. 남편은 원래 정상인이었는데 회사에서 일하다 다쳐 하반신이 마비된 장애인이다. 남편이 평생 산재보험을 받으니 남편 자리가 申의 창고인 셈이다. 午월에 水가 필요하고 丁일간이 丑에 입묘되어 癸丑모습으로 화하니 癸丑이 삶의 수단이 된다. 丑일지 중 癸가 년에 투간되어 癸丑으로 임하니 국가로부터 수령하는 남편의 보험금이 실질적인 삶의 수단이다.

辛酉대운 壬午년에 결혼했다. 辛酉대운은 丑 중 辛이 투출되고 午酉丑으로 사유축을 완성하고, 壬午년은 丁壬합-午丑천으로 동하고 년간의 癸겁재가 동하니 결혼 시기로 적합하다. 무릇 인간사는 사주가 길흉을 정하는 게 아니라 '때'가 길흉을 주관한다. 해야 할 때 행하고 그쳐야 할 때 멈출 줄 알면 흉이 해소되고 자연히 길함을 얻는다. 결혼도 '때'에 맞으면 자신과 맞는 이상적인 배우자와 해로할 수 있다. 여명은 소아마비로 잉태·출산이 힘든 몸 상태고 남편은 하반신 마비 장애인이니 배필이라 할 수 있다. 장애인에게 절실한 경제문제를 해결하는 남편을 만나는 것도 행운이다. 평소에 자신을 비관하지 않고 노력했기에 좋은 운세에 날개를 달 수 있었다.

지지 흐름이 午申丑(사유축)으로 일관되니 丑일지가 창고 역할을 하는데 축에 채워지는 만큼 丑寅으로 발현되길 원한다. 사유축이 구축되어 木을 내기 어려운 환경이고, 申丑으로 申이 변색·상실되기에 자식으로 인한 고충·애환이 있는 구성이다. 자식을 얻기 위해 수차례 인공수정 시술을 강행했지만 성공하지 못했다. 申丑으로 비록 자식은 얻지 못했지만 노년 복록을 누리는 흐름이다.

戊午월주는 펼치고 거두는 작용력이 있지만 성취욕구가 강하기에 등락을 겪을 수 있는데 丁일간이 주재하여 丑에 담으니 안정성이 있다. 戊午는 직업성취를 의미하니 자연 화장품을 연구·제조하고 블로그 홍보와 개인 강의를 병행하고 있다. 어눌한 언어와 몸 상태를 감안하면 대단한 일이다. 천간 합·충(천)에 ,합(입묘)으로 구성되고, 기운으로 충족되고, 시에 목적이 있는 구조이기에 제조·가공·식상·가상의 직업성이다. 화가 많아 화장품 직업이 아니다.

庚乙辛癸　坤　戊丁丙乙甲癸壬 7
辰卯酉丑　　　辰卯寅丑子亥戌

辛酉월에 금이 강하고 년간에 癸가 癸丑으로 임한다. 癸가 수기를 담당하고 丑에서 많은 금을 조절하니 선천복록이 있고 행운이 따른다. 천간은 乙庚辛癸로 乙辛으로 乙庚을 재촉하여 庚辛을 완성하는 흐름인데, 일시에서 乙卯를 완성하려한다. 癸丑으로 辛酉를 가공하여 酉丑辰으로 乙卯를 완성하는 흐름이지만 화가 없으니 乙卯가 바로서기 어렵고 혼란을 겪는다. 酉丑辰에서 丑으로 인한 酉고충·불미함이 있지만 금이 강하기에 도리어 丑이 도움이 된다. 癸년간에 의탁할 수밖에 없으니 癸丑이 삶의 근원이 된다.

癸丑년주가 사주흐름을 관장하니 시댁의 혜택이 있고 시부와 남편이 종교인이다. 많은 木·金에 癸가 홀로 손상이 가중되기에 시부가 건강하지 못하고 치매를 앓고 있다. 丑寅으로 발현되면 순탄하지만 酉丑辰으로 묶이고 화가 없으니 발현처가 약하다. 庚辰에서 酉를 완성하는 신자진에서 甲乙을 보면 되는데, 乙卯가 왕성하고 辛酉-乙卯로 충동하니 乙본위를 완성하려는 역동성은 있지만 안정감이 떨어지고 주체적 삶에서 성취하기 어렵다.

水·火가 태부족한 상태에서 乙卯-辛酉 간지 충은 기운을 돌리는 작용력은 있지만 水·火를 찾아나서는 돌발성으로 발현되기도 한다. 멀리서(癸丑) 구하려는 공격성을 보이는데, 이는 자기 방어적·이기적 성향에서 비롯된 표상이다. 겉으로 와일드하고 자기주장이 강하지만 실제로는 소심하고 까탈·까칠한 성격이다. 남이 자기를 흉보거나 일이 자기 맘대로 되지 않으면 밤새 잠을 못자고 소화장해로 고생한다. 방어적인 노력과 공격적인 표상의 기질을 잘 활용하면 전향적·진취적으로 발현되지만, 자칫 아집·독선으로 자기중심적 세계관에 빠지기 쉽다.

水·火를 취하려는 욕구는 노력·성실로 발현되고 辛酉월주이니 직업성취가 있고 신자진으로 목을 원하니 유아를 대상으로 하는 직업성이다. 허전함과 부족함을 채우려는 욕구는 채워져도 만족감이 떨어지고 다른 곳이나 다른 일에서 찾으려한다. 이는 도화·음란성으로 발현되는데 종교·철학적 성향으로 나타나기도 한다. 성(性)이 개방적이고 남성기질이 있으며 종교에 귀의하면서 요가를 일상으로 삼고 있다. 정신적 공허함은 종교·신앙으로 발현되었고, 도화성은 요가로 발현되었지만, 대인·육친 관계는 애정-애증, 자만-집착, 독선-배려 등 이중성으로 나타난다.

乙卯일주에서 乙을 완성하려는 의도가 강하고 庚辰시주에서 신자진을 가동하여 乙을 완성하려한다. 庚손상이 예고된 상황인데 庚乙辛으로 천이 발동하고 辛癸로 庚辛을 가공하고 酉丑辰 구성에 경진이니 庚손상이 가중된다. 乙卯일주가 자신을 내세우고 뽐내는 만큼 庚辰시주의 손상·변색을 가중시킨다. 庚손상은 자신 or 자식의 고충·애환으로 나타난다. 아들은 임파선 4기를 판정받고 수술·치료하였고 자신도 신장계통에 수술한 경력이 있다. 乙의 욕구를 내려놓지 않으면 庚손상(건강·노년·자식)이 현실화되니 인생 왜곡을 크게 겪을 수밖에 없다.

乙丑대운은 乙일간이 동하고 卯일지가 투출되어 도화·음란성이 발동하고 丑卯로 동하여 부추긴다. 乙이 癸를 찾아나서는 돌발성과 庚과 합하여 신자진으로 되돌리는 억지스러움이 밖으로 튀어나가게 만든다. 乙丑대운 마지막 戊戌년에 戊癸로 乙바탕을 삼고 卯戌로 乙을 끌어들이고 戌丑辰으로 돌파구를 찾으니 해외로 도피하려는 엉뚱함이 발동하였다. 乙庚으로 합하니 자식을 팽개칠 수 없고 연월 구성이 원만하니 극단적 선택은 하지 않았다. 己亥년에 丙寅대운으로 바뀌면 乙卯가 제 모습을 갖출 수 있으므로 안정을 얻을 것이다. 금이 왕한 상황에서 인묘진의 극단성은 나쁘지 않으나 경거망동히면 庚손상을 초래한다.

己亥년은 사유축을 강화하기에 乙卯가 가치를 실현하기 어렵지만, 丙寅대운에 임하니 뜻한 바를 펼치려한다. 세운을 얻지 못했지만 대운환경이 바뀌니 마음이 급해지고 일이 뜻대로 되지 않을 수 있다. 丙寅대운은 丑寅-寅卯辰으로 화가 동반되니 乙卯가 성장을 주도하고, 庚辰시주에서 완성하니 庚도 가치를 얻는 운세이다. 乙자신이 본의를 바로 세우고 庚을 합으로 탐하지 않으면 극단·불안정·이중성 속에서 주체적으로 성취를 이룰 수 있다.

乙庚癸甲 坤 乙丙丁戊己庚辛壬7
酉辰酉辰   丑寅卯辰巳午未申

庚일간이 酉월에 앉았지만 癸酉월주에서 수기를 채우니 직업성취가 있고 삶을 주관하려는 남성적 기질이 있다. 酉 中 庚이 일간으로 투출되고 酉辰酉辰으로 辛을 완성하여 창고에 담으니 성취욕구가 강하다. 癸酉월주에서 酉子파를 가공하고 酉辰으로 금을 가공하여 완성하고 癸甲으로 발현처를 얻은 격이니 스케일이 큰 여장부라 할 수 있다. 지지는 오로지 酉년살을 辰화개살에 담는 구성이니 도화·음란성이 발현되고 완성도도 높다.

庚辰일주는 부부인연의 왜곡·고충을 동반하는데, 辰 中 癸·乙이 투출되고 년주가 甲辰으로 구성되니 부부애정이 분산되고 이성인연이 복잡한 구조다. 부부관계는 데면데면하지만 이성인연이 활발하고 돈 많은 지인의 도움으로 사업적 성취도 있다. 辰 中 乙이 乙庚으로 합하고 辰일지에서 酉겁재를 양쪽에서 끌어들인다. 다른 이성(겁재·투자자)을 끌어들인다는 의미도 있고 자식과 함께한다는 의미도 있다. 특히 庚일간이니 자식에게 줘서 되받는 형태면 이롭다. 사업체를 운영하니 사업자를 자식 명의로 하고 본인이 운영하면 안정되게 성취할 수 있다.

庚辰일주에 庚癸가 동반하니 庚은 변색·상실될 수밖에 없다. 庚癸 甲辰으로 연결되니 연월 환경에 庚이 편승되어 辛모습으로 辰에 서 완성된다. 乙庚으로 庚을 고집하면 정체될 뿐이니 가상·허상의 직업성에서 발달하고 癸-甲辰을 삶의 수단으로 삼아야한다. 네트 워크 사업(관리사장)으로 재물 성취와 명성을 얻었는데, 戊辰대운 에 독립하여 사업체를 직접 운영하면서부터 매출이 떨어지고 운 영에 어려움을 겪고 있다. 庚이 직접 취하려하기 때문이다.
酉辰-酉辰은 재물 창고가 복음이다. 재물욕심이 많은 반면에 나 눠야한다는 의미도 있다. 辰에서 완성하니 여러 사람을 동원한 네트워크 사업이 좋고, 甲辰을 이용하여 辰에 담으니 그릇도 큰 데, 酉辰 복음으로 관리가 잘 안되고 무엇보다 乙庚으로 庚이 직 접 辰을 취하려하니 도리어 손상되는 것이다. 酉辰에서 금을 담아 목을 내는 흐름이기에, 庚일간이 연월의 癸酉-甲辰에서 성취하려 면 辛모습으로 살아가야한다.
庚午대운은 庚일간이 동하고 乙庚甲-辰午-午酉로 庚辛을 형성 하는 흐름이다. 甲辰을 이용하여 庚일간이 뜻을 이루는 환경으로 크게 이루려는 욕구가 발동한다. 辰酉가 午를 만나니 인오술로 되돌리는데 성취할지라도 辰창고에 담지는 못한다. 바쁘고 힘들 게 일하고 성취도 좋았는데 손에 쥐는 게 별로 없는 환경이다. 크게 성취했다면 결국 내놓아야하는 아픔을 겪을 것이고, 만약 일한 만큼 소득이 없었다면 이후의 성취 바탕이 된다.
己巳대운은 甲己-辰巳로 년주가 합으로 동하여 기존의 틀을 깨뜨 리고 변화·변동으로 발달을 모색하는 운이다. 경거망동하면 지난 일이 들춰져 구설시비를 겪지만, 순리에 따르고 자신을 낮추면 삶의 바탕을 견고히 하고 가치를 실현할 수 있다. 타인(겁재)을 이용하거나 타인(겁재)의 일에 가담하는 네트워크 일에서 인정을 받고 성취도 있었다.

戊辰대운은 戊癸-辰酉로 월주가 간지합으로 파하니 직업궁의 변화·변동이 주어진다. 양다리 걸치는 이중성이 있거나, 기존의 것을 변형하여 새롭게 만들거나, 이것에서 저것으로 변화해간다. 어떤 식으로든 변화·변동을 주지 않으면 둘 다 놓친다. 간지합은 대체로 처음에는 잘 되다가 나중에 깨뜨리거나 정체되는 경향이 있다. 기존 업체를 벤치마킹한 사업체를 설립하여 처음에는 호응이 좋았지만 점점 쇠락하고 있다.

파(破)에서는 변화를 주되 경거망동하지 말고 적극적으로 개혁하되 욕심을 부려서는 안 된다. 피흉추길하는 수단·방법에서의 변화·변동이 파(破)인데 욕심이 화(禍)를 부르는 격이 되었다. 己亥년은 戊辰대운 마지막 해다. 甲辰년주가 합으로 파하니 근원을 살피고 근본적으로 체질을 개선해야한다. 새로운 제품을 출시하고 본점사무실을 옮기는 등 변화·변동을 기하는 것은 발전을 도모하기 위한 움직임이다. 파에서 변화·변동이 만사형통은 아니지만, 아무 것도 하지 않는데 잘 될 일은 만무하다.

丁卯대운은 癸酉월주가 충으로 동하니 역시 직업의 변화·변동이다. 간지 충은 처음에 번거로움이 따르지만 나중에 좋아진다는 점이 간지 합(파)과 다른 점이다. 참고 견뎌야하니 인내가 필요하고 일희일비하지 않는 마음자세가 요구된다. 한편 乙酉시주가 卯酉로 동하니 삶의 바탕을 뒤엎거나 다른 일을 찾게 된다. 새로운 사업을 시도하거나 돌파구를 찾는 등 외부적 역량을 강화하는 모양새인데, 乙이 동하여 卯에 기반되고 庚에 묶이니 새로운 일에 실행이 쉽지 않고 성과를 얻기 어렵다.

甲·乙이 투출되고 화가 동반되어야 乙이 모습을 갖출 수 있다. 辛丑년까지는 辛이 주도하니 甲이 발현되기 어렵다. 이 시기에 새로운 일을 벌이거나 돌파구를 찾는 행위는 자칫 엉뚱한 짓으로 손해를 보거나 망신당하는 일을 겪을 수 있다. 미래를 위해 투자하고 초석으로 삼는다는 마음으로 임하면 성취의 발판이 된다. 壬寅년은 壬甲으로 동하고, 癸卯년은 癸酉월주가 동하고, 甲辰년에 甲이 발현되니 점차 모양새를 갖춰갈 것이고, 乙巳년부터 화가 펼쳐지니 乙의 현실적 성취를 얻을 수 있다.

乙癸甲甲 乾 壬辛庚己戊丁丙乙2
卯丑戌辰   午巳辰卯寅丑子亥

戌월에 화가 없으니 바탕이 견고하지 않고 癸가 乙을 키우는데 제약이 있다. 다만 연·월에서 甲甲은 乙의 바탕이 되고 丑·辰 중 癸가 수기를 채우면서 甲발현을 도우니 甲에서→乙을 취할 수 있다. 癸가 홀로 많은 목을 키워야하니 丑辰형이 나쁘지 않고 丑卯가 乙발현을 도우니 격각이 흉하지 않다. 체감하지 못할지라도 삶에 행운이 따르고 배우자의 도움이 있다. 신자진으로 乙을 성취함이니 국가·조상을 삶의 근원으로 삼고 배우자를 지키고 살면 부족함이 없겠지만, 사업적 성취에 눈을 돌리거나 자기 고집을 내세우면 뻔히 보이는 乙일지라도 얻지 못한다.

戌丑辰으로 보이지 않는 金을 가공하여 甲을 내면 癸가 乙을 취하는 구성이다. 癸乙-申子辰 구조로 甲이 乙의 바탕이 되니 甲辰·甲戌을 직업적으로 사용하는 게 좋은데 辰戌에 甲甲복음이고 甲辰·甲戌에서 甲은 제 모습을 갖추기 어려우니 국가보다 한 단계 낮은 사회단체에서 안정감을 얻거나 발달하고 이중·복합성 or 가상·허상의 직업성에서도 성취가 있다.

대기업은 아니지만 전기·전자관련 중견기업에서 일하니 甲戌모양새이고 사주·철학에 관심을 갖고 열중하니 가상·허상·공부에 가담함이고 이중·복합성의 발로이다. 비록 목이 많지만 辰·戌에서 乙을 조절하기에 몸·입·말을 직업적으로 잘 사용하지 못힌다. 乙卯

가 육해살이고 丑이 반안살인 까닭도 있다.

戌월지는 최종 목표점인 乙의 완성지이고 乙의 바탕인 甲을 받치고 있다. 乙이 모습을 갖추려면 戌 中 丁에 의지할 수밖에 없고, 甲戌에서 甲기운을 소비하여 乙물상을 완성하는 관계이다. 甲戌에서 戌은 庚을 완성하는 게 아니라 甲이 기반되고 乙이 완성되는 중심축이다. 甲은 乙에게 빼앗기는 상이지만, 乙모습으로 가치를 얻으니 확 드러나지 않을지라도 성취 정도는 좋다. 만약 甲戌에서 庚을 얻으려하면 순리를 거스르는 사람이다.

癸丑은 자체로 酉子파 구성이고, 파는 자신을 보기 좋게 가공하는 능력이 있고 과장·허풍이 있으며 자기고집이 강하고 신경질적인 면이 있다. 활달하고 성실하고 책임감이 강한 반면에 한 가지 일에 만족하지 못하거나 오래하지 못하는 경향이 있다. 폭발성·역동성을 대변하는데 그만큼 가정·직업 등 삶에 변동·변화·등락이 동반된다. 그런데 이 사주는 목이 과다하고 토가 많으니 癸丑에서 酉子파의 역동성이 떨어진다. 丑卯로 튀어나가려는 욕구는 있지만 화가 없으니 발동하지 못하고, 卯辰·卯戌로 卯를 끌어들이니 卯의 분산력이 왕성하지 않다. 성격이 내성적이고 온순한 편이지만, 내적 폭발력을 안고 있다고 봐야한다. 이런 사람은 평소에 말이 없지만 한 번 말문이 트이면 쉴 새 없이 재잘거린다거나, 노래방에 가면 마이크를 놓지 않는다거나, 술 마시면 평소 이미지와 딴판으로 변하는 경우가 많다.

己卯대운에 甲己·卯辰, 甲己·卯戌로 연월에서 甲이 복음으로 동하고 천합지합으로 양합에 파가 동하니 일이 뜻대로 풀리지 않거나 삶의 바탕(직업)에 변동·변화가 주어지고 번거로움이 발생한다. 근원적으로 해결해야하고 스스로 기존의 틀을 깨뜨리고 돌파구를 찾아야한다. 어떤 경우든 능동성을 가지되 순리에 따라야하고 욕심을 부려서는 안 된다. 그렇지 않으면 두 마리 토끼를 다

놓치거나 하나를 얻으려다 다른 것을 잃는 상황이 된다.

庚辰대운은 甲戌월주가 천충지충으로 동하니 직장·직능·직업에 변동이 있거나 자리이동이 있거나 왔다갔다하는 일에 가담하게 되고, 乙卯시주가 천합지합으로 파하니 하고 싶은 일을 실현하려 하거나 사업에 뛰어드는 경우도 있다. 직장·직능·직업적 환경에 변동·변화가 주어지는 것은 좋지만, 기존의 것을 버리고 새로운 일을 시작하는 것은 좋지 않다. 만약 직업적 환경에 변동이 없으면 이사를 하거나 사무실을 이전하거나 상호·간판을 바꾸거나 전화번호를 바꾸거나 내부수리를 하는 등 변화를 주는 것도 운세를 좋게 하는 방법이 될 수 있다.

2. 12神殺에 의한 穿작용

사주팔자는 합·충에 의해 동하여 기운·물상의 전화·변환하고, 합·충의 상관관계에서 형·파·해(천)가 성립된다. 기상명리에서는 형·파·해(천)가 발동하여 나타나는 현상을 천(穿) 작용이라 통칭한다.

穿(형·파·해)은 흉함이 아니라 작용력의 발동이다. 환경조건에 부합하면 발달하는 계기·기회가 되고 그렇지 않으면 정체·왜곡을 겪게 된다.

'氣相命理의 穿작용'을 12신살의 관계성으로 구체화해보자.

12신살	12운성	관상의 관점	
지살地殺	장생	발제·천중·천정(부모)	본기가 생성
년살年殺	목욕	사공·중정(부모→자신)	자기역량 발현처
월살月殺	관대	천창(天倉)·인당(命宮)	선천복록의 발현창고
망신살亡身殺	건록	눈썹(인기·사회성)	自身의 역량발휘
장성살將星殺	제왕	눈(가정궁)	재관·가정의 생성·성장
반안살攀鞍殺	쇠	코(재백궁)	재관·가정의 발달·성취
역마살驛馬殺	병	인중(식록궁)	(제2의)인생복록 가공
육해살六害殺	사	입(복록의 창고)	인생복록의 저장·보관
화개살華蓋殺	묘	지고(노복궁·복덕궁)	인생복록의 가치실현
겁살劫煞	절	시골(75부위 마지막)	다음 세대로 연결고리
재살灾殺	태	귀(소우주, 회귀)	복록향유-윤회바탕
천살天殺	양	두상·정수리(두골)	윤회완성-일생근원

〈12신살의 개념 이해〉[32]

---

32) 12신살의 개념 이해〉에 대한 자세한 내용은 본 저자의 『기상명리』·「12신살」편을 참조하기 바란다.

1) 육해살과 육해(천)

육해살은 삼합운동을 마감하는 전 단계로 모든 것을 정리해야한다. 가져야 할 것(씨앗·종자)은 확실하게 챙기고, 버릴 것은 과감하게 버려야한다. 子·卯·午·酉 왕지이지만 화개살(丑·辰·未·戌)과 연합하여 삼합을 마무리하고 완성한다는 의미도 있다.

육해살(六害殺)은 육해(六害)와 동일한 용어를 사용한다는 점에서 穿(害)의 작용과 유사하다. 육해(천)는 성취여부에 불문하고 육친의 고충·애환을 동반하는 경우가 많은데 육해살의 궁위 육친도 그러하다. 다만 육해살의 궁위 육친과 애정이 돈독하지 않을지라도 보이지 않게 소통시키고 도움을 주는 존재다. 자신의 육해살자도 마찬가지이다.

천살은 신(神)이 주관하는 영역이라면, 육해살은 인간이 주재하는 신(神)의 영역이라 할 수 있다. 육해살을 가진 사람은 손재주가 있고 창의능력이 있으며 종교·철학적 사유가 있다. 육해살 방위에 정성(기도)을 다하면 작은 소원을 들어주고, 육해살 운에 제사를 잘 받들면 막힌 일을 풀어준다. 마무리하고 정산하는 단계로 버리고 없애야 할 존재만은 아니다.

육해살을 삼합인자에 대비하면 穿의 발동조건이다.

신자진에서 육해살은 卯고, 인오술에서 육해살은 酉고, 해묘미에서 육해살은 午고, 사유축에서 육해살은 子다. 삼합인자-육해살의 상호관계를 나열하면 '암합'-'형·파'-'합·천' 관계가 된다.

* 申子辰→ 卯(육해살) : 申卯-子卯-卯辰
* 亥卯未→ 午(육해살) : 亥午-卯午-午未
* 寅午戌→ 酉(육해살) : 寅酉-午酉-酉戌
* 巳酉丑→ 子(육해살) : 巳子-酉子-子丑

삼합과 육해살의 관계를 배열하면 앞에서 살펴본 '삼합 방향에 역행하는 지지암합'-'삼합운동에 선행하는 형·파'-'오행본질연합의 천' 등이다. 子卯午酉의 암합-형·파-연합(우합) 관계로 오행본질의 정점에서 조절·변화를 거쳐야 영원성을 이어갈 수 있음을 말해주고 있다.

삼합 방향에 역행하는 지지암합은 방향성을 되돌려야하니 힘들게 진행되거나 염세적으로 빠지기 쉽고, 삼합운동에 선행하는 형·파는 선행·급조로 인한 등락을 겪게 되고, 오행본질연합의 천은 진행방향에서 붙들려 있으니 우합으로 발현됨으로 인한 등락이 있다.

* 申子辰에서 申卯는 반대방향의 천, 子卯·卯辰은 선행·급조의 천이다.
* 亥卯未에서 亥午는 반대방향의 천, 卯午·午未는 선행·급조의 천이다.
* 寅午戌에서 寅酉는 반대방향의 천, 午酉·酉戌은 선행·급조의 천이다.
* 巳酉丑에서 巳子는 반대방향의 천, 酉子·子丑은 선행·급조의 천이다.

巳酉丑생을 예로 들면,

子巳는 癸→丙으로 亥卯未 방향성에 있는데, 巳酉丑 환경에서 巳→子로 되돌리니(천) 정체되거나 힘겹게 이루기에 정신·인성을 추구하고 종교·철학적 사유가 있다. 酉子·子丑은 辛을 가공하여 甲을 내려하니(신자진) 대박을 꿈꾸다가 경거망동으로 실패하기 쉽다. 巳酉丑에서 丑寅으로 발현되면 선행·급조로 등락을 겪게 되는데, 한편으론 丑寅(申子辰)으로 발현되지 않으면 정체·고충을 겪는다.

2) 본질연합(子丑·卯辰·午未·酉戌)의 천

子卯午酉는 본질을 지키려는 속성이 있기에 辰未戌丑이 연합으로 子卯午酉를 조절·통제하여 전화·변환을 도모한다. 子卯午酉와 辰未戌丑의 관계 중 오행본질과 연합하는 卯辰, 酉戌, 午未, 子丑 등은 子卯午酉의 왕성한 활동력에 제동이 걸린다.

子卯午酉가 辰未戌丑에 입묘·입고되는 것보다 연합에서 묶이는 현상이 벌어지는데, 엄밀히 말하면 실제 활동력이 묶이는 게 아니라 기운이 왕성한 자리에서 발이 묶이니 답답함을 크게 느낀다고 해야 옳을 것이다.33)

卯辰·酉戌·午未·子丑(본질연합의 천) 등은 답답함을 벗어나기 위해 발버둥치거나 뛰다가 발이 걸려 넘어지게 된다. 돌파구-횡액, 해결-고충, 성공-실패의 요인이 된다.

年支	지	년	월	망신	장성	반안	역마	육해	화개	겁	재	천
신자진	申	酉	戌	亥	子	丑	寅	卯	辰	巳	午	未
해묘미	亥	子	丑	寅	卯	辰	巳	午	未	申	酉	戌
인오술	寅	卯	辰	巳	午	未	申	酉	戌	亥	子	丑
사유축	巳	午	未	申	酉	戌	亥	子	丑	寅	卯	辰

〈12신살〉

▷ **년살+월살(본위 본질연합의 천①)**

년살은 삼합운동을 시작하는 단계로 본위 영역을 확보하기 위해 동분서주하는데, 월살은 삼합본위의 발현처로 년살의 활동력을 조절·통제한다. 시작하는 년살의 왕성한 활동력을 월살이 꺾으니 천이 발동한다. 일이 꼬이거나 발달이 정체되는 요인이 된다.

* 申子辰생은 酉戌에서 정체되거나 酉의 고충이 동반된다.
* 亥卯未생은 子丑에서 정체되거나 子의 고충이 동반된다.
* 寅午戌생은 卯辰에서 정체되거나 卯의 고충이 동반된다.
* 巳酉丑생은 午未에서 정체되거나 午의 고충이 동반된다.

---

33) ·卯·午·酉의 입묘(子未·卯戌·午丑·酉辰)는 본질이 완전히 상실되니 만물순환에 순응할 수밖에 없고, 입고(子辰·卯未·午戌·酉丑)는 본질이 다른 모습으로 바꿔야하는 고충이 있지만 다른 모습으로 가치를 얻을 수밖에 없지만, 오행본질의 연합은 가장 왕성한 상태에서 일시적으로 조절·통제되기에 뛰는 놈 발목 잡는 형국이다.

▷ **장성살+반안살(본위 본질연합의 천②)**

장성살은 삼합운동에서 실질적인 오행본질이고, 반안살도 삼합본질의 왕성함이 남아있다. 가장 왕성한 삼합본위 오행본질이 조절·통제되니 천이 강하게 발동한다.

* 申子辰생은 子丑에서 子의 답답함이 현실화된다.
* 亥卯未생은 卯辰에서 卯의 답답함이 현실화된다.
* 寅午戌생은 午未에서 午의 답답함이 현실화된다.
* 巳酉丑생은 酉戌에서 酉의 답답함이 현실화된다.

▷ **육해살+화개살(본위 본질연합의 천③)**

육해살은 삼합운동을 정리해야하고, 화개살은 삼합운동을 마감해야하는 단계이다. 육해살 입장에서 묶이는 답답함(천)은 있지만 화개살에서 삼합을 마무리하기 위해서는 오행본질을 조절·통제해야 완성할 수 있다.

* 申子辰생은 卯辰에서 卯성장이 묶이지만 壬-甲이 완성된다.
* 亥卯未생은 午未에서 午응집이 조절되지만 甲-乙이 완성된다.
* 寅午戌생은 酉戌에서 酉가치가 실현되지 않지만 丙-庚이 완성된다.
* 巳酉丑생은 子丑에서 子분산이 조절되지만 庚-辛이 완성된다.

▷ **재살+천살(본위 벗어난 본질연합의 천)**

재살34)과 천살은 삼합운동에서 벗어난 영역으로 오행본질의 작용력이 조절·통제되더라도 삼합운동의 본위에 크게 영향을 미치지 않는다. 자묘오유의 고충·애환은 크지 않지만, 천살은 삼합운동의 발현처이니 튀어나가려는 욕구가 있다. 우합으로 발현되면 다시 시작하는 계기가 되고 전화위복의 기회가 된다.

---

34) 도화·인기성이 있는데, 년살>장성살>육해살>재살 순으로 도화·인기성이 강하게 발동한다. 년살·장성살·육해살은 삼합영역에 있으니 도화·인기성을 드러내고 직업적으로 잘 사용하지만, 재살은 삼합영역에서 벗어나니 상대적으로 도화·인기성이 잘 밝혀지지 않는다.

* 申子辰생은 午未에서 午고충이 크지 않고 未申에서 계기·기회가 된다.
* 亥卯未생은 酉戌에서 酉고충이 크지 않고 戌亥에서 계기·기회가 된다.
* 寅午戌생은 子丑에서 子고충이 크지 않고 丑寅에서 계기·기회가 된다.
* 巳酉丑생은 卯辰에서 卯고충이 크지 않고 辰巳에서 계기·기회가 된다.

⇒ 이상과 같이 12신살에서 본질연합의 작용관계를 종합하면,
* 申子辰에서 酉戌·子丑은 불리하고, 卯辰·午未는 답답해도 흉하지 않다.
* 亥卯未에서 子丑·卯辰은 불리하고, 午未·酉戌은 답답해도 흉하지 않다.
* 寅午戌에서 卯辰·午未는 불리하고, 酉戌·子丑은 답답해도 흉하지 않다.
* 巳酉丑에서 午未·酉戌은 불리하고, 子丑·卯辰은 답답해도 흉하지 않다.

○ 반안살은 자체로 '장성살+반안살' 오행본질의 천이다.

반안살은 삼합의 중심에서 마무리하는 왕성한 기운으로 재관·가정을 성취하여 편안함을 주관하고 인간사에서 길한 방위로 삼는다. 다만 반안살은 장성살을 품고 있기에 조절력이 떨어지고 극단성이 있다.

* 申子辰생에게 丑은 자체로 子丑(장성살+반안살)의 천이다.
* 亥卯未생에게 辰은 자체로 卯辰(장성살+반안살)의 천이다.
* 寅午戌생에게 未는 자체로 午未(장성살+반안살)의 천이다.
* 巳酉丑생에게 戌은 자체로 酉戌(장성살+반안살)의 천이다.

반안살은 자체로 '본위 본질연합(장성살+반안살)의 천'이 발동한다. 반안살에서 자신을 돌이켜 삶의 안정을 구하고 말년인생을 설계해야 하는데, 여전히 장성의 기운이 강하기에 경거망동으로 실패를 초래할 여지가 있다.
반안살 운에는 행복 중 불행, 吉 중 凶이 도사리고, 사주원국에서 반안살 궁위·육친의 도움과 더불어 보이지 않는 아픔이 동반된다.
亥卯未를 예로 들면, 亥卯未의 반안살인 辰 중에는 乙(卯)이 자리하고,

巳午未에서 卯가치를 실현하기 위해 일시적으로 卯를 조절한다. 亥卯未에서 辰(반안살)은 卯본질이 드러나기에 가치가 있는 반면에 정작 卯의 왕성함은 辰에 조절당하니 발목 잡히는 답답하다. 만약 반안살이 우합으로 발현되지 않으면 고달픔을 크게 느끼게 된다.

삼합을 주도하는 물상이 반안살에 임하면 본위 고집하는 천이 발동한다.

* 申子辰을 주도하는 辛이 丑(반안살)에 임한 간지는 辛丑이다.
* 亥卯未를 주도하는 甲이 辰(반안살)에 임한 간지는 甲辰이다.
* 寅午戌을 주도하는 乙이 未(반안살)에 임한 간지는 乙未이다.
* 巳酉丑을 주도하는 庚이 戌(반안살)에 임한 간지는 庚戌이다.

삼합을 주도하는 물상이 반안살에 임하면 자신의 본질은 구축한 자리에서 다음 단계(우합)로 넘겨줘야하니 번뇌·딜레마가 많다. 본위를 잃지 않으려고 고집하기에 변동·변화(등락)가 많고, 해당 궁위의 본위를 오래 지키지 못하거나 재관의 성취여부에 불문하고 궁위·육친의 고충·애환이 동반된다.

예를 들어, 申子辰생은 丑에서 寅을 얻어야하는데, 辛이 丑을 만나면 甲으로 변환을 꺼리기에 丑궁위의 답답함과 육친의 고충이 동반되고 변동·변화(등락)가 많다. 辛丑이라도 丑은 寅으로 발현돼야 안정되니 丑궁위·육친에 집착하거나 벗어나지 못한다.

따라서 사주원국에 반안살이 있으면 우합으로 발현돼야 안정된다. 만약 반안살이 우합을 만나지 못하면 해당 궁위·육친에 집착하고 벗어나지 못하는 답답함이 더 심하고 변동·변화(등락)가 많다.

* 申子辰생에 丑이 있으면 寅이 있어야 안정된다.
* 亥卯未생에 辰이 있으면 巳가 있어야 안정된다.
* 寅午戌생에 未가 있으면 申이 있어야 안정된다.
* 巳酉丑생에 戌이 있으면 亥가 있어야 안정된다.

오행본질연합의 穿은 우합으로 발현돼야 안정된다.

위 년살+월살, 장성살+반안살, 육해살+화개살, 재살+천살 등 오행본질연합의 천은 子·卯·午·酉 왕지가 일시적으로 작용력이 묶이는 답답함이 있고, 답답하고 번거로운 상황에서 벗어나려고 돌파구를 찾게 되는데 이를 기상명리에서 우합의 발현으로 논한다. 특히 삼합본위의 본질연합은 우합으로 발현되지 않으면 고충·애환(천)이 심하다.

우합 발현의 천작용을 12신살에서 삼합본위 운동으로 구체화해보자.

* 申子辰에서 우합의 천작용은 丑寅 > 戌亥 > 未申 > 辰巳 순이다.
* 亥卯未에서 우합의 천작용은 辰巳 > 丑寅 > 戌亥 > 未申 순이다.
* 寅午戌에서 우합의 천작용은 未申 > 辰巳 > 丑寅 > 戌亥 순이다.
* 巳酉丑에서 우합의 천작용은 戌亥 > 未申 > 辰巳 > 丑寅 순이다.

戌亥 우합발현을 예로 들면,

신자진에서 戌亥는 본기가 발현되고, 사유축에서 戌亥는 본질이 발현된다. 戌亥는 신자진과 사유축에서 발현돼야하고, 특히 사유축에서 戌은 辛을 水에 담아야 완전해지니 戌→亥로 발현되지 않으면 가치를 상실한다.

해묘미에서 戌亥는 본기의 발현처를 얻으니 시작·재생의 기회가 될지언정 발달이 정체되거나 늦고, 인오술에서 戌은 庚-辛(金)을 마감·완성하는 자리이니 戌→亥로 발현될 필요가 없다.

'반안살+역마살'의 우합 발현은 뚫고 나오려는 욕구가 가장 강하다.

반안살+역마살 구성은 자기가치를 극대화하기 위해서 위법·편법을 합리화하는 경향이 있고, 타인을 이용하거나 남의 것을 빼앗아 자기 것으로 만드는 재주가 있다. 본위에 맞으면 모방을 통한 창조요, 그렇지 않으면 도벽·도둑·강도·강간의 상이 된다.

* 申子辰을 주도하는 인자는 壬·辛이고, 辛→(壬)→甲으로 발현돼야한다. 丑(辛丑)이→寅을 얻지 못하면 申子辰에서 고충이 가장 크다.
* 亥卯未를 주도하는 인자는 甲·癸고, 癸→(甲)→丙으로 발현돼야한다. 辰(甲辰)이→巳를 얻지 못하면 亥卯未에서 고충이 가장 크다.
* 寅午戌을 주도하는 인자는 丙·乙이고 乙→(丙)→庚으로 발현돼야한다. 未(乙未)가→申을 얻지 못하면 寅午戌에서 고충이 가장 크다.
* 巳酉丑을 주도하는 인자는 庚·丁이고 丁→(庚)→壬으로 발현돼야한다. 戌(庚戌)이→亥를 얻지 못하면 巳酉丑에서 고충이 가장 크다.

3) 지지암합의 천

지지암합은 천간에서 행하는 천간합의 방향성을 지지에서 실현하려는 의도이다. 인간이 하늘의 의도를 탈취하여 스스로 행하려하니 순리에 어긋난다. 대체로 일이 잘 안 풀리고 경거망동으로 실패하기 쉬운데. 천간합의 방향성에 부합하면 계략·모방에 능하고 실행·발달이 빠르다.

年支	지	년	월	망신	장성	반안	역마	육해	화개	겁	재	천
신자진	申	酉	戌	亥	子	丑	寅	卯	辰	巳	午	未
해묘미	亥	子	丑	寅	卯	辰	巳	午	未	申	酉	戌
인오술	寅	卯	辰	巳	午	未	申	酉	戌	亥	子	丑
사유축	巳	午	未	申	酉	戌	亥	子	丑	寅	卯	辰

〈12신살〉

▷ **년살+역마살(순행 지지암합의 천)**

년살은 본위 영역을 구축하기 시작하고, 역마살은 삼합의 최종본기를 드러내는 단계이다. 년살+역마살 구성은 지지암합이 천간합의 방향성에 부합하는 천발동으로 발달이 가속화되지만 그만큼 구설시비도 따른다.

* 申子辰생은 酉寅(辛甲·壬甲)에서 발달한다.
* 亥卯未생은 子巳(癸丙·癸乙)에서 발달한다.
* 寅午戌생은 卯申(乙庚·丙庚)에서 발달한다.
* 巳酉丑생은 午亥(丁壬·丁辛)에서 발달한다.

▷ **지살+육해살(역행 지지암합의 천)**

지살은 삼합운동의 시발점이고, 육해살은 삼합운동을 마무리하는 단계다. 지살+육해살이 만나면 본위삼합운동 內에 있지만, 지지암합이 육해살→지살 방향으로 역행하는 관계이다. 육해살이 지살을 꼼짝 못하게 하니 정체되고, 지살을 다듬고 가공해야하니 성실하고 인내해야하고, 지지암합은 순행으로 진행하려하니 왜곡되기 쉽다. 대기만성 격이기에 위법·편법으로 크게 성취하거나 발달이 빠르면 내 것으로 만들기 어렵다.

* 申子辰생은 申卯에서 힘들게 성취하고 대기만성이다.
* 亥卯未생은 亥午에서 성취가 더딜지라도 완성도는 높다.
* 寅午戌생은 寅酉에서 성실히 임하고 인내해야 성취를 이룬다.
* 巳酉丑생은 巳子에서 빠른 길을 택하면 子巳로 내 것이 아니다.

지살+육해살은 지지암합이 역행하는 운행이지만 본위삼합운동영역에 있고, 지지암합은 水火가 木·金을 가공·완성하고 木·金이 생장·변환되는 흐름이기에, 지살+육해살 구성이 사주 흐름에 부합하면 힘들게 성취하더라도 성취가 크고 견고하다. 젊어서 힘들게 살았지만 말년 복록이 좋고 건강하게 장수한다는 의미에 비유된다.

다시 말해서,

* 인오술에서 卯申은 乙→庚 방향성이니 발달하지만, 신자진에서 申卯은 申본기를 가공하여→卯를 완성해야하니 시간이 걸리고 힘들게 성취한 만큼 지키려는 의지가 강하고 성취를 잘 지킨다.

* 신자진에서 酉寅은 辛→甲환경으로 발달하지만, 인오술에서 寅酉는 寅 본기를 가공하여→酉을 완성해야하니 힘들지만 성취는 견고하다.
* 사유축에서 午亥는 庚-辛을 완성하는 환경으로 발달하지만, 해묘미에서 亥午는 亥 중 甲에서 乙을 키워야하니 시간이 걸리고 힘들게 성취한 만큼 지키려는 의지가 강하고 성취 완성도는 높다.
* 해묘미에서 子巳는 甲-乙을 완성하는 환경으로 발달하지만, 사유축에서 巳子는 巳 중 庚에서 辛을 완성해야하니 시간이 걸리고 힘들게 성취하지만 상대적으로 성취가 견고하다.

▷ 망신살+재살(삼합영역 벗어난 지지암합의 천①)

망신살은 본위삼합의 본기이고, 재살은 반대삼합의 본질이다. 운동방향성이 다르고 삼합영역을 벗어나기에 정체되지만, 지지암합의 순리에 따라 인내하면 변동·변화를 통해 삶의 기회를 얻는다.

* 申子辰생은 亥午에서 정체되지만, 木성장(해묘미)의 기회는 된다.
* 亥卯未생은 寅酉에서 정체되지만, 金형성(인오술)의 기회는 된다.
* 寅午戌생은 巳子에서 정체되지만, 金가공(사유축)의 기회는 된다.
* 巳酉丑생은 申卯에서 정체되지만, 木발현(신자진)의 기회는 된다.

▷ 장성살+겁살(삼합영역 벗어난 지지암합의 천②)

장성살은 본위삼합의 본질이고, 겁살은 반대삼합의 본기이다. 망신살+재살과 마찬가지로 삼합영역을 벗어나지만, 지지암합의 순행에서 우합으로 발현되니 정체라기보다 선행(급조)으로 인한 문제가 발생한다.

* 申子辰생은 子巳에서 乙급조 문제, 木이 없으면 巳 중 庚에 집착 문제
* 亥卯未생은 卯申에서 庚급조 문제, 火가 없으면 申 중 壬에 집착 문제
* 寅午戌생은 午亥에서 辛급조 문제, 金이 없으면 亥 중 甲에 집착 문제
* 巳酉丑생은 酉寅에서 甲급조 문제, 水가 없으면 寅 중 丙에 집착 문제

인오술을 예로 들면,

寅午戌에서 庚을 완성하는데 午亥가 동반되면 庚에서 辛을 급조하기에 庚상실감이 커지고 辛이 완전해지지 못한다. 만약 金이 불미하면 亥에 집착하여 亥 중 甲을 얻으려하니 힘들게 일하고도 성취가 적다.

⇒ 12신살에서 지지암합의 작용관계를 종합하면,
  * 申子辰에서 酉寅은 순조롭고, 卯申·子巳·午亥에서 정체 or 힘들게 성취
  * 亥卯未에서 子巳는 순조롭고, 午亥·卯申·酉寅에서 정체 or 힘들게 성취
  * 寅午戌에서 卯申은 순조롭고, 酉寅·午亥·子巳에서 정체 or 힘들게 성취
  * 巳酉丑에서 午亥는 순조롭고, 子巳·酉寅·卯申에서 정체 or 힘들게 성취

4) 子卯午酉 연합의 천

子·卯·午·酉 왕지는 본질을 훼손당하는 것을 싫어하고 스스로 변동·변화하려는 의지가 약하다. 子·卯·午·酉가 辰·未·戌·丑을 만나면 그 기능이 조절·통제되니 물상이 완성되거나 변화를 통한 발전을 모색하게 된다.

子卯午酉 2字가 연합하면 기운-물상을 가공(완성)하려는 역동성이 발동한다. 그 역동성은 도화성으로 발현되고, 선행·급조하려는 경향이 있다. 이는 寅巳申亥 or 辰未戌丑의 2字 연합도 마찬가지다.

年支	지	년	월	망신	장성	반안	역마	육해	화개	겁	재	천
신자진	申	酉	戌	亥	子	丑	寅	卯	辰	巳	午	未
해묘미	亥	子	丑	寅	卯	辰	巳	午	未	申	酉	戌
인오술	寅	卯	辰	巳	午	未	申	酉	戌	亥	子	丑
사유축	巳	午	未	申	酉	戌	亥	子	丑	寅	卯	辰

〈12신살〉

▷ **년살+장성살(삼합본위 왕지연합의 천)**

년살+장성살은 자신의 땅을 구축하여 왕성함을 뽐내는 조합이다. 본위 삼합영역에서 최종 본기를 내기 위해 스스로 가공·노력하고 최종 본기를 얻으면 성취가 현실화된다.

* 申子辰에서 酉子는 금→목 변환을 재촉하니 寅을 보면 성취가 있다.
* 亥卯未에서 子卯는 木성장을 도모하니 巳를 보면 완성도가 크다.
* 寅午戌에서 卯午는 목→금 변환을 재촉하니 申을 보면 성취가 있다.
* 巳酉丑에서 午酉는 金결실을 도모하니 亥를 보면 완성도가 크다.

▷ **장성살+육해살(본위선행 왕지연합의 천)**

장성살은 본위삼합의 본질이고, 육해살은 본위삼합의 최종본질이다. 장성살+육해살은 가장 왕성한 본위본질과 삼합의 최종본질의 조합이다. 이 둘이 만나면 두려울 게 없고 삼합의 최종 본질을 급격하게 완성하려한다.

장성살+육해살은 삼합운동에서 자묘오유 형·파(穿)의 발동조건이다.

장성살+육해살이 만나면 본위를 지키려는 子卯午酉의 본성이 약화되고 다음 단계로 급조하려는 천이 발동한다. 본위 삼합운동을 뛰어넘어 선행하려 하니 빨리 성취하고 크게 먹으려는 의도가 발동한다. 선행으로 대박을 치기도 하지만 그만큼 실패확률도 높다.

삼합	장성살+육해살	삼합운동 본위
신자진	子卯(癸卯)	金→木 변환 (辛→甲)
해묘미	卯午(丁卯)	木 생장·완성 (甲-乙)
인오술	午酉(丁酉)	木→金 변환 (乙→庚)
사유축	酉子(癸酉)	金 생장·완성 (庚-辛)

〈장성상+육해살의 子卯午酉 형·파 관계〉

신자진에서 子卯(癸卯)는 해묘미로 乙을 완성하려하고,
해묘미에서 卯午(丁卯)는 인오술로 庚을 얻으려하고,
인오술에서 午酉(丁酉)는 사유축으로 辛을 완성하려하고,
사유축에서 酉子(癸酉)는 신자진으로 甲을 얻으려한다.

이처럼 장성살+육해살은 본위 삼합영역에 있음에도 선행·급조하게 되니 삼합본질의 상실감(고충)이 크다. 본위를 잃지 않으려는 고집과 선행·급조를 꿈꾸는 이중성으로 괴리감이 있다. 본위에 부합하면 독특하고 4차원적 사고를 잘 활용하여 크게 성공하는데 성공정도 만큼 신상 or 육친 고충이 뒤따른다. 성공여부에 불문하고 육친으로 인한 고달픔이 동반되고 정신적인 것을 추구하는 경향이 있다.

* 申子辰에서 子卯는 乙성취에 집착하니 子손상이 가중된다. 子卯는 신자진에서 乙가치가 큰데, 해묘미에서 火가 없으면 乙존재가 불미하다.
* 亥卯未에서 卯午는 庚성취에 집착하니 卯손상이 가중된다. 卯午는 해묘미에서 乙가치가 큰데, 인오술에서 金이 형성되면 乙가치가 상실된다.
* 寅午戌에서 午酉는 辛성취에 집착하니 午손상이 가중된다. 午酉는 인오술에서 辛가치가 큰데, 사유축에서 水가 없으면 辛존재가 불미하다.
* 巳酉丑에서 酉子는 甲성취에 집착하니 酉손상이 가중된다. 酉子는 사유축에서 辛가치가 큰데, 신자진에서 木이 발현되면 辛가치가 상실된다.

▷ **육해살+재살, 재살+년살(본위 벗어난 왕지연합의 천)**

'육해살+재살' '재살+년살' 조합은 본위삼합 영역을 벗어나기에 방향성이 왜곡된다. 일이 뜻대로 되지 않고 일한 만큼 성과를 얻지 못한다.

* 申子辰생은 卯午 or 午酉에서 일이 풀리지 않고 등락을 겪는다.
* 亥卯未생은 午酉 or 酉子에서 엉뚱한 짓으로 실패한다.
* 寅午戌생은 酉子 or 子卯에서 할 일이 없고 노력의 대가가 적다.
* 巳酉丑생은 子卯 or 卯午에서 성취하더라도 지키지 못한다.

⇒ 12신살에서 子卯午酉 형·파의 작용관계를 종합하면,

▶ 子卯는 신자진에서 乙을 급조하는 형이 발동하고, 해묘미에서 子손상이 가중되고 수생목이 되지 않는 형이 발동한다.

▶ 卯午는 해묘미에서 庚을 급조하는 파가 발동하고, 인오술에서 卯손상이 가중되고 금이 실현되지 않는 파가 발동한다.

▶ 午酉는 인오술에서 辛을 급조하는 형이 발동하고, 사유축에서 午손상이 가중되고 화생금이 되지 않는 형이 발동한다.

▶ 酉子는 사유축에서 甲을 급조하는 파가 발동하고, 신자진에서 酉손상이 가중되고 목이 발현되지 않는 파가 발동한다.35)

생지·왕지·묘지의 연합은 선행·급조의 穿(형·파)이다.

물상 전화·변환	삼합운동	생·왕·묘의 천(형·파)
木 생장-완성	신자진(수)→해묘미(목)	申亥, 子卯, 辰未
木→金 변환	해묘미(목)→인오술(화)	亥寅, 卯午, 未戌
金 생장-완성	인오술(화)→사유축(금)	寅巳, 午酉, 戌丑
金→木 변환	사유축(금)→신자진(수)	巳申, 酉子, 丑辰

〈삼합운동에서 물상 전화·변환의 천작용〉

▶ 子卯는 신자진에서, 午酉는 인오술에서, 卯午는 해묘미에서, 酉子는 사유축에서 본위를 고집하여 정체되는 천(형·파)이 발동한다. 또 子卯에 火가 없고, 午酉에 水가 없고, 卯午에 金이 없고, 酉子에 목이 없으면, 각각 子·午·卯·酉의 손상이 가중되는 천(형·파)이 발동한다.

---

35) 는 亥卯未로 乙을 완성하길 원하는데 辰(癸乙)에서 卯가 묶이니 申子辰에서 뛰는 놈 발목 잡히는 답답한 꼴이 되니 형이 발동하고, 午酉는 水를 만나 辛을 완성하길 원하는데 戌(丁辛)에 酉가 묶이니 寅午戌에서 답답지상이 되니 형이 발동한다. 卯午는 午가 卯를 가공하여 庚을 내야하는데 亥卯未(乙丁)에서 묶이니 파가 발동하고, 酉子는 子가 酉를 가공하여 甲을 내야하는데 巳酉丑(辛癸)에서 묶이니 파가 발동한다고 하였다. "子卯午酉 형·파"편 참조.

► 申亥·辰未는 신자진에서, 亥寅·未戌은 해묘미에서, 寅巳·戌丑는 인오술에서, 巳申·丑辰은 사유축에서 선행·급조의 천이 발동한다.

► 亥寅·辰未는 해묘미에서, 寅巳·未戌은 인오술에서, 巳申·戌丑은 사유축에서, 申亥·丑辰은 신자진에서 극왕의 천이 발동한다. 그래서 辰·未·戌·丑은 우합으로 발현되지 않으면 천 발동으로 극단성이 있다.

► 子辰未는 해묘미에서 子가, 卯未戌은 인오술에서 卯가, 午戌丑은 사유축에서 午가, 酉丑辰은 신자진에서 酉가, 손상되는 천이 발동한다.

► 子卯에 辰·未, 卯午에 未·戌, 午酉에 戌·丑, 酉子에 丑·辰이 오면 정체·급조의 천이 발동하는 조건이 된다.

5) 입묘의 천

申丑, 亥辰, 寅未, 巳戌 등은 오행본기가 입묘하는 관계이고, 午丑, 子未, 酉辰, 卯戌 등은 오행본질이 입묘하는 관계이다.

年支	지	년	월	망신	장성	반안	역마	육해	화개	겁	재	천
신자진	申	酉	戌	亥	子	丑	寅	卯	辰	巳	午	未
해묘미	亥	子	丑	寅	卯	辰	巳	午	未	申	酉	戌
인오술	寅	卯	辰	巳	午	未	申	酉	戌	亥	子	丑
사유축	巳	午	未	申	酉	戌	亥	子	丑	寅	卯	辰

〈12신살〉

▷ **년살+화개살, 망신살+화개살(삼합 본기·본질 입묘의 천①②)**

년살은 발판(영역)을 구축하고, 망신살은 본기를 드러내고, 화개살은 완성하는 단계이다. 망신살+화개살은 삼합본기가 입묘(완성)되는 관계이고, 년살+화개살은 삼합본질이 입묘(완성)되는 관계이다. 시작과 끝의 만남으로 종자(시작)→결실(완성)의 의미가 있다. 특히 년살+화개살은 완성 의미가 크다.

* 申子辰생은 酉辰에서 辛이 완성되어, 亥辰에서 甲이 생성된다.
* 亥卯未생은 子未에서 癸가 완성하여, 寅未에서 乙이 완성된다.
* 寅午戌생은 卯戌에서 乙이 완성되어, 巳戌에서 庚이 형성된다.
* 巳酉丑생은 午丑에서 丁이 완성하여, 申丑에서 辛이 완성된다.

▷ 지살+반안살(장생지 입묘의 천③)

지살은 시작 기운으로 자기 영역을 구축하기 위해 동분서주하는 상태고, 반안살은 본위를 확실하게 구축한 상황이다. 지살+반안살은 삼합영역에서 본위를 완성하지만, 반안살은 최종점이 아니기에 우합으로 발현해야한다. '년살+화개살' '망신살+화개살'은 삼합 본기본질이 입묘(완성)되니 우합 발현이 요구되지 않지만 '지살+반안살'은 우합 발현이 요구된다.

* 申子辰생은 申丑에서 酉를 가공하여 丑寅으로 甲을 내야한다.
* 亥卯未생은 亥辰에서 子를 통해 辰巳로 乙을 완성해야한다.
* 寅午戌생은 寅未에서 卯를 가공하여 未申으로 庚을 내야한다.
* 巳酉丑생은 巳戌에서 午를 통해 戌亥로 辛을 완성해야한다.

▷ 장성살+천살, 역마살+천살(선행 입묘의 천)

삼합 중 가장 왕성한 장성살이 천살을 만나면 급격하게 본위가 상실되고, 삼합의 최종본기인 역마살이 천살을 만나도 마찬가지이다. 장성살·역마살이 천살을 만나면 삼합 영역을 벗어나 완성되니 본위(작용력)를 상실하고 그 공로를 타인에게 빼앗기는 흐름이다. 그렇지만 왕성한 작용력을 바탕으로 자신을 가공하여 크게 먹으려는 욕구도 발동한다.

* 申子辰생은 子未에서 子상실-巳발동, 寅未에서 寅상실-卯발동한다.
* 亥卯未생은 卯戌에서 卯상실-庚발동, 巳戌에서 巳상실-午발동한다.
* 寅午戌생은 午丑에서 午상실-亥발동, 申丑에서 申상실-酉발동한다.
* 巳酉丑생은 酉辰에서 酉상실-寅발동, 亥辰에서 亥상실-子발동한다.

▷ **월살+육해살(본위에서 역행입묘의 천)**

월살은 삼합본기의 발현처이고, 육해살은 삼합 최종본질이다. 戌卯, 丑午, 辰酉, 未子 등은 삼합의 최종본질이 역행 입묘하는 형국으로 만물의 순환이치에 어긋난다. 子·卯·午·酉의 성취가 무의미한 고충·애환이다.

* 申子辰생은 戌卯에서 戌 중 辛이 乙을 내지만 乙은 戌에 입묘된다.
* 亥卯未생은 丑午에서 丑 중 癸가 丁을 내지만 丁은 丑에 입묘된다.
* 寅午戌생은 辰酉에서 辰 중 乙이 辛을 내지만 辛은 辰에 입묘된다.
* 巳酉丑생은 未子에서 未 중 丁이 癸를 내지만 癸는 未에 입묘된다.

신자진을 예로 들면,
신자진의 최종 본질은 卯(육해살)이고, 戌(월살)은 戌 중 辛에서 乙(卯)을 내야한다. 그런데 卯戌이 만나면 卯가 戌에 입묘(완성)되니 戌(酉)이 卯를 내야하는 것을 알지 못한다. 戌월살은 戌亥로 발현돼야하는데 卯를 만나 戌본의(입묘지)에 충실하기에, 신자진에서 戌은 불미함이고 卯는 발달하지 못하는 고충·애환이 된다. 특히 신자진과 인오술에서는 실질 물상인 卯·酉가 입묘로 묶이니 손상·상실 정도가 크다.

▷ **월살+겁살(본위를 벗어난 역행입묘의 천①)**

월살은 삼합 바탕을 구축한 단계고, 겁살은 삼합완성지에서 발현된 본기다. 겁살이 월살에 역행 입묘하는 관계지만 본위삼합을 벗어난 입묘. 겁살은 입묘로 답답하겠지만, 월살은 겁살의 기운을 채우니 나쁘지 않고, 겁살의 입묘로 삼합왕지를 충동하기에 본위활동이 강화된다.

* 申子辰생은 戌巳에서 巳상실-午발현-子충동, 辰·戌 동요
* 亥卯未생은 丑申에서 申상실-酉발현-卯충동, 未·丑 동요
* 寅午戌생은 辰亥에서 亥상실-子발현-午충동, 戌·辰 동요
* 巳酉丑생은 未寅에서 寅상실-卯발현-酉충동, 丑·未 동요

인오술을 예로 들면,

亥겁살이 辰월살에 입묘하지만, 인오술에서 亥가 상실되는 건 나쁘지 않고 亥가 상실되면 子가 동하여 午를 충하니 도리어 인오술을 강화하는 요인이 된다. 亥辰이 신자진을 강화하는 게 아니라 亥상실로 인오술을 자극하여 乙庚활동을 강화하는 동기부여가 되는 것이다.

▷ 반안살+재살(본위를 벗어난 역행입묘의 천②)

재살이 반안살에 역행 입묘하는 관계인데, 월살+겁살과 달리 본위삼합운동에 순응하는 흐름이다. 윤회를 거쳐 새로운 각오로 돌파구를 찾는 방향성으로 반안살이 발현(우합)되면 가치실현이 촉진된다.

* 申子辰생은 丑午에서 午상실-亥발현(亥辰), 丑→寅이 돌파구다.
* 亥卯未생은 辰酉에서 酉상실-寅발현(寅未), 辰→巳가 돌파구다.
* 寅午戌생은 未子에서 子상실-巳발현(巳戌), 未→申이 돌파구다.
* 巳酉丑생은 戌卯에서 卯상실-申발현(申丑), 戌→亥가 돌파구다.

해묘미를 예로 들면,

酉재살이 辰반안살에 입묘하지만, 해묘미에서 酉입묘는 木의 종자로 寅이 발현되는 계기가 되고, 寅이 未에서 완성되니 좌충우돌 끝에 乙성취를 돕는다. 만약 辰巳로 발현되면 乙성취가 있지만 丑이 오면 辰(乙)이 불미해진다.

⇒ 12신살에서 입묘관계를 정리해보자.

'년살+화개살' '망신살+화개살' '지살+반안살' 등 본위삼합운동영역에서 본기·본질·장생지가 입묘하면 완성한다는 의미가 있다.

'장성살+천살' '역마살+천살' 등은 선행 입묘로 성취를 남에게 빼앗기는 형국이지만 크게 성취하려는 욕구도 발동한다.

'월살+육해살'은 최종본질이 역행 입묘되니 성취가 상실되지만, '월살+겁살'과 '반안살+재살'은 삼합을 벗어난 입묘(완성)이기에 본위활동에 지장이 없고 성취는 크지 않을지라도 본위활동을 강화된다는 점에서 차이가 있다.

▶ 신자진에서, 申丑·酉辰·亥辰은 순탄하고, 子未·寅未는 성취를 빼앗기거나 크게 성취하려는 욕구가 발동하고, 巳戌·午丑은 힘들지라도 성취가 있지만, 卯戌은 성취·결과가 좋지 않다.

▶ 해묘미에서, 亥辰·子未·寅未는 순탄하고, 卯戌·巳戌은 성취를 빼앗기거나 크게 성취하려는 욕구가 발동하고, 申丑·酉辰은 힘들지라도 성취가 있지만, 午丑은 성취·결과가 좋지 않다.

▶ 인오술에서, 寅未·卯戌·巳戌은 순탄하고, 午丑·申丑은 성취를 빼앗기거나 크게 성취하려는 욕구가 발동하고, 亥辰·子未는 힘들지라도 성취가 있지만, 酉辰은 성취·결과가 좋지 않다.

▶ 사유축에서, 巳戌·午丑·申丑은 순탄하고, 酉辰·亥辰은 성취를 빼앗기거나 크게 성취하려는 욕구가 발동하고, 寅未·卯戌은 힘들지라도 성취가 있지만, 子未는 성취·결과가 좋지 않다.

6) 辰未戌丑 연합의 穿

辰未戌丑은 기운·물상을 조절·마무리하는 완성지이자, 완성을 통해 다음 단계의 기운·물상을 발현시키는 발현처이다. 辰未戌丑 2字가 연합하면 '완성지'-'발현처'의 본의가 약화되고, 특정 오행이 왕해지거나 특정 삼합운동에 편승되어 상생이 불미해지는 천이 발동한다.

年支	지	년	월	망신	장성	반안	역마	육해	화개	겁	재	천
신자진	申	酉	戌	亥	子	丑	寅	卯	辰	巳	午	未
해묘미	亥	子	丑	寅	卯	辰	巳	午	未	申	酉	戌
인오술	寅	卯	辰	巳	午	未	申	酉	戌	亥	子	丑
사유축	巳	午	未	申	酉	戌	亥	子	丑	寅	卯	辰

〈12신살〉

▷ **반안살+화개살(본위 묘고연합의 천①)**

반안살+화개살 구성은 본위삼합에서 氣·相을 조절하여 최종본질을 완성하여 창고에 저장하는 흐름이다. 다만 본위 오행이 극왕하면 상생불미의 천이 발동하여 발달이 저해되고 최종본질을 완성하지 못한다.

* 申子辰생은 丑辰에서 辛을 가공하여 乙을 실현하니 성취가 있다.
다만 水가 왕하면 丑辰천으로 丑(辛)고충이 있고 甲乙발현이 불미하다.
* 亥卯未생은 辰未에서 乙을 가공·완성하니 성취가 있다.
다만 木이 왕하면 辰未천으로 辰(癸)고충이 있고 乙성장이 불미하다.
* 寅午戌생은 未戌에서 乙을 가공하여 辛을 실현하니 성취가 있다.
다만 火가 왕하면 未戌천으로 未(乙)고충이 있고 庚辛형성이 불미하다.
* 巳酉丑생은 戌丑에서 金을 가공·완성하니 성취가 있다.
다만 金이 왕하면 戌丑천으로 戌(丁)고충이 있고 辛완성이 불미하다.

한편, 반안살이 화개살을 만나면 반안살의 본질이 작용력을 상실한다.
먼저 삼합과 반안살의 상관관계를 살펴보자.
申子辰생-丑(반안살) : 申丑-子丑-丑辰, 申·酉(亥)상실, 子조절
亥卯未생-辰(반안살) : 亥辰-卯辰-辰未, 亥·寅(子)상실, 卯조절
寅午戌생-未(반안살) : 寅未-午未-未戌, 寅·卯(巳)상실, 午조절
巳酉丑생-戌(반안살) : 巳戌-酉戌-戌丑, 巳·申(午)상실, 酉조절

다음으로 반안살과 화개살의 상호작용 관계를 알아보자.
申子辰에서 丑辰으로 丑(반안살) 중 辛(酉)이 상실되고,
亥卯未에서 辰未로 辰(반안살) 중 癸(子)가 상실되고,
寅午戌에서 未戌로 未(반안살) 중 乙(卯)이 상실되고,
巳酉丑에서 戌丑으로 戌(반안살) 중 丁(午)이 상실된다.
이는 오행본질이 본위활동영역에서 입고·입묘(습혼재)로 작용력이 상실되는 경우들로 酉丑辰, 子辰未, 卯未戌, 午戌丑 등 구성이다. 만약 방향성이

불미하면 子·卯·午·酉가 급격히 상실되는 문제가 발생한다.
　이를 삼합의 방향성으로 재론하면,
　▶ 申子辰생은 酉丑辰에서, 亥卯未생은 子辰未에서, 寅午戌생은 卯未戌에서, 巳酉丑생은 午戌丑에서, 子·卯·午·酉가 합으로 묶이거나 끌려가 손상되는 상황이다. 환경이 완비되면 삼합본질을 완성하는 발판이 된다.
　▶ 申子辰생은 子辰未에서, 亥卯未생은 卯未戌에서, 寅午戌생은 午戌丑에서, 巳酉丑생은 酉丑辰에서, 삼합본질이 완성되니 子·卯·午·酉를 완성하여 창고에 채운다는 의미가 있다. 다만 다음 단계로 급조하니 대박을 노리고 성공 뒤에 실패가 도사린다.

▷ **월살+반안살(본위 묘고연합의 천②)**
　월살+반안살도 삼합본위의 입묘지만, 반안살+화개살과 달리 삼합의 완성이 아니므로 우합 발현으로 순행해야 목적을 달성한다.
　* 戌丑은 金완성이니, 申子辰생은 丑寅으로 甲이 발현된다.
　* 丑辰은 木형성이니, 亥卯未생은 辰巳로 乙을 완성한다.
　* 辰未는 木완성이니, 寅午戌생은 未申으로 庚결실을 이룬다.
　* 未戌은 金형성이니, 巳酉丑생은 戌亥로 辛을 완성한다.

▷ **천살+월살(본위 벗어난 묘고연합의 천①)**
　천살은 삼합본위에 벗어난 영역이고, 월살은 삼합운동의 시작지다. 월살과 천살은 서로 반대 방향에 있으니 일을 실현하기 어렵고 방향성을 찾지 못하니 엉뚱한 짓을 하게 된다. 일반적·전통적 직업에서 불안정하니 가상·허상의 직업성에서 발달을 도모해야한다.
　* 申子辰생은 未戌에서 역량발휘가 불미한데 辰戌로 동기부여는 된다.
　* 亥卯未생은 戌丑에서 역량발휘가 불미한데 丑未로 동기부여는 된다.
　* 寅午戌생은 丑辰에서 역량발휘가 불미한데 辰戌로 동기부여는 된다.
　* 巳酉丑생은 辰未에서 역량발휘가 불미한데 丑未로 동기부여는 된다.

▷ 화개살+천살(본위 벗어난 묘고연합의 천②)

화개살+천살도 삼합본위를 벗어난 영역에서 실현되는 관계로 성취를 빼앗기거나 선행으로 크게 성취하려는 욕구가 발동한다. 어떤 경우든 성취를 내 것으로 온전하게 유지하는데 지장이 있다.

* 申子辰생은 辰未에서 성과를 빼앗기거나 탐욕을 부린다.
* 亥卯未생은 未戌에서 남 좋은 일시키거나 크게 성취하려한다.
* 寅午戌생은 戌丑에서 탐욕을 부리면 공로가 없어진다.
* 巳酉丑생은 丑辰에서 순리에 따르면 어부지리로 공명을 얻는다.

한편 화개살은 일생을 마감하고 본위 작용력을 완전히 상실한 단계다. 화개살은 복음·반음작용으로 윤회를 거쳐야 발현되기에 다음 단계인 겁살에게 조건 없이 빼앗기게 된다. 화개살은 겁살·재살·천살에서 다음을 기약할 수밖에 없으니 겁살에게 빼앗기는 것보다 천살에서 발현되기를 원한다.

화개살이 천살을 만나면 윤회를 얻는 격이다. 화개살이 천살을 보면 이상을 추구하는데, 천살은 화개살(윤회)을 실현시켜야하니 달갑지 않다. 화개살이 천살을 보면 모든 것을 주는 엄마의 심정이고, 화개살이 우합으로 발현되면 천살과 연결되니 효도하는 자식이 된다. 그래서 화개살자(화개그룹)는 천살자(자식)에게 넘겨줘야 자신의 성과를 지킬 수 있다고 하였다.

만약 천살자(천살궁위)를 배척하면 본위가치가 상실될 뿐이니 방황하게 된다. 천살궁위에 의탁하는 경향이 있는데 직업성으로 승화하는 것이 좋다.

* 申子辰생은 未(궁위·생년)가 인생 윤회점이다.
* 亥卯未생은 戌(궁위·생년)이 이상 추구점이다.
* 寅午戌생은 丑(궁위·생년)이 결실 저장점이다.
* 巳酉丑생은 辰(궁위·생년)이 추구하되 탐욕을 부리면 실패점이 된다.

여자에게 천살자生 남편 or 천살日支는 무난하지만, 남자는 불리하다.
남자에게 반안살生 부인 or 반안살日支는 무난하지만, 여자는 불리하다.

7) 寅巳申亥 연합의 천

寅巳申亥 2字가 연합하면 본기가 왕성해지니 본질을 내지 못한다. 달리 말하면 어느 본기를 통해 발현할지 즉 어떤 본질을 형성할지 방향성을 찾지 못한다. 이를 '상생불미의 천(특정오행의 극왕)'이라 하는데, 직업적으로 승화하지 않으면 도화·음란성으로 발현되기 쉽다.

年支	지	년	월	망신	장성	반안	역마	육해	화개	겁	재	천
신자진	申	酉	戌	亥	子	丑	寅	卯	辰	巳	午	未
해묘미	亥	子	丑	寅	卯	辰	巳	午	未	申	酉	戌
인오술	寅	卯	辰	巳	午	未	申	酉	戌	亥	子	丑
사유축	巳	午	未	申	酉	戌	亥	子	丑	寅	卯	辰

〈12신살〉

▷ **지살+망신살(본위발현 불미의 생지연합의 천)**

지살과 망신살이 만나면 지살에서 본기의 터전을 얻어 망신살에서 본위 모습을 갖추는 격이다. 만약 극왕(상생불미)의 천이 발동하면 최종본질을 완성하려는 의지가 더욱 약화되고 시작은 좋을지라도 추진력·인내심이 부족하고 현상에 안주하기에 결과가 좋지 않다.

* 申子辰생은 申亥에서 水가 왕하거나 木이 없으면 불미하다.
* 亥卯未생은 亥寅에서 木이 왕하거나 火가 없으면 불미하다.
* 寅午戌생은 寅巳에서 火가 왕하거나 金이 없으면 불미하다.
* 巳酉丑생은 巳申에서 金이 왕하거나 水가 없으면 불미하다.

신자진을 예로 들면,
申지살과 亥망신살이 만나면 亥 중 甲을 원하는데 수가 왕하면 수왕의 형(천)이 발동하여 목을 내지 않고 목이 없으면 甲이 발현되지 않는다.

▷ **망신살+역마살(본위발현 강화의 생지연합의 천)**

망신살에서 삼합본기가 드러나고, 역마살에서 최종본기가 드러난다. 망신살+역마살은 삼합영역을 주도하니 자신을 드러내려는 욕구(도화)가 강하다.

▷ **역마살+겁살(선행·급조의 생지연합의 천)**

역마살은 선행하려는 의도가 있으므로 선행 인자(겁살)를 만나면 급조(음란성)로 인한 등락을 겪는다.

* 申子辰생은 亥寅에서 발달(도화), 巳를 만나면 급조(음란)로 등락
* 亥卯未생은 寅巳에서 발달(도화), 申을 만나면 급조(음란)로 등락
* 寅午戌생은 巳申에서 발달(도화), 亥를 만나면 급조(음란)로 등락
* 巳酉丑생은 申亥에서 발달(도화), 寅을 만나면 급조(음란)로 등락

申子辰을 예로 들면,

亥寅에서 수생목으로 甲을 내니 도화성으로 성취가 있는데, 寅 중 丙이 乙을 넘보니 대박을 꿈꾸고 자신을 과장한다. 巳를 만나면 乙을 급조하므로 신자진에서 도화성이 음란성으로 발현되어 삶이 왜곡될 수 있다.

※ **寅·巳·申·亥의 도화성은 亥>巳>寅>申 순이다.**

巳·亥는 물상을 품고 있기에 寅·申보다 도화성이 강하고, 亥는 생명체를 품고 있기에 巳보다 도화성이 강하다. 즉 도화성은 亥가 가장 강하고, 다음으로 巳고, 다음으로 寅·申이다.

도화성은 역동·역마성과 인기·사회성으로 나타나고 성취욕구가 강하고 성욕이 동반되는데 성욕은 음란성으로 변질되거나 종교성으로 억제된다.

寅巳申亥는 발전의 인자로 망신살·역마살이 동반되면 발현이 빠르고 손재주·말솜씨가 좋다. 널리 알리고, 과장·확대하고, 전파속도가 빠르고, 빨리 써먹고, 새롭게 밝히고, 자신을 드러내는 직업성에서 발달한다. 직업적으로 승화하면 인기·사회성으로 발달할 것이요, 그렇지 못하면 음란성으로 변질되어 복잡해지거나 종교성으로 현실성취가 약화된다.

* 망신살·역마살이 사주궁위에 동주하면 삶의 모양새가 된다.
- 월에 있으면 직업성으로 직업적 성취를 돕는다.
- 일에 있으면 배우자의 도움으로 가정·부부의 불안정을 해소한다.
- 시에 있으면 노년 건강, 자식의 혜택이 있거나 유업자식이 있다.

* 망신살+역마살이 동주하면 본위의 도화성이 급조되니 강하게 발동한다.
망신살+역마살의 도화성(성취욕구, 인기성, 종교성)을 분별하면,
- 신자진생은 亥寅에서
- 해묘미생은 寅巳에서
- 인오술생은 巳申에서
- 사유축생은 申亥에서 도화성이 강하다.

- 亥의 도화성은 申子辰-巳酉丑에서
- 巳의 도화성은 寅午戌-亥卯未에서
- 寅의 도화성은 亥卯未-申子辰에서
- 申의 도화성은 巳酉丑-寅午戌에서 강하게 발동한다.

▷ **겁살+지살(방향성을 벗어난 생지연합의 천)**

겁살은 선행으로 지살의 방향성에 동기부여가 될 수 있지만, 엄밀히 말하면 반대 삼합운동의 방향성에 있다. 방향성을 잃기 쉬운 구성으로 이치에 맞지 않는 일로 노력에 비해 결실을 얻지 못한다.

* 申子辰생은 亥寅이 본위이고, 巳申은 인오술의 망신살·역마살이다.
* 亥卯未생은 寅巳가 본위이고, 申亥는 사유축의 망신살·역마살이다.
* 寅午戌생은 巳申이 본위이고, 亥寅은 신자진의 망신살·역마살이다.
* 巳酉丑생은 申亥가 본위이고, 寅巳는 해묘미의 망신살·역마살이다.

8) 沖에 의한 穿

충은 動이고 동기부여로 작용력·역동성이 강화되고, 일의 시작-결과의 관계성이다. 충으로 본위 운동성 뿐 아니라 반대 운동성도 동하니 번거로움이 있다. 본위 환경이 주도하면 처음에 번거롭더라도 발전적으로 성취하고, 반대 환경이 주도하면 바쁘기만 할 뿐 소득이 적다.

年支	지	년	월	망신	장성	반안	역마	육해	화개	겁	재	천
신자진	申	酉	戌	亥	子	丑	寅	卯	辰	巳	午	未
해묘미	亥	子	丑	寅	卯	辰	巳	午	未	申	酉	戌
인오술	寅	卯	辰	巳	午	未	申	酉	戌	亥	子	丑
사유축	巳	午	未	申	酉	戌	亥	子	丑	寅	卯	辰

〈12신살〉

▶ **지살+역마살, 년살+육해살, 월살+화개살(본위 沖의 천)**

지살·년살·월살은 자신의 터전을 일궈나가고, 역마살·육해살·화개살은 삼합운동을 완성해나간다. 지살·년살·월살은 시작이라면, 역마살·육해살·화개살은 결과다. 충으로 본위 작용력이 강화된다.

▶ 申子辰생에 申寅, 酉卯, 戌辰은 申子辰 방향성을 재촉한다.
▶ 寅午戌생에 寅申, 卯酉, 辰戌은 寅午戌 방향성을 재촉한다.
▷ 亥卯未생에 亥巳, 子午, 丑未는 亥卯未 방향성을 재촉한다.
▷ 巳酉丑생에 巳亥, 午子, 未丑은 巳酉丑 방향성을 재촉한다.

▶ 寅申, 卯酉, 辰戌 등은 申子辰과 寅午戌에서 유리하지만 亥卯未와 巳酉丑에서는 불리하다.
▷ 巳亥, 子午, 未丑 등은 亥卯未와 巳酉丑에서 유리하지만 申子辰과 寅午戌에서는 불리하다.

水·火는 木·金을 가공·완성해야 가치가 실현되고, 木·金은 水·火에 의해 가공·완성된다는 것이 기상명리의 기본적 관법이다. 12신살에서 삼합본위의 충 관계를 보면 기상명리의 氣-相 관법과 일치한다. 충은 흉함이 아니라 충으로 동한 氣·相 방향성에 따라 성패가 달라질 뿐이다.

▶ **망신살+겁살, 장성살+재살, 반안살+천살(본위 벗어난 沖의 천)**

망신살·장성살·반안살은 가장 왕성한 구간이고, 겁살·재살·천살은 본위 영역을 벗어난 구간이다. 선행·급조로 대박-쪽박을 넘나들기도 하고, 본위 방향성을 망각하고 엉뚱한 일에 가담하여 인생을 허비하기도 한다.

* 申子辰생은 亥巳=급조, 子午=본위강화 or 子손상, 丑未=후행 or 선행
* 寅午戌생은 巳亥=급조, 午子=본위강화 or 午손상, 未丑=후행 or 선행
* 亥卯未생은 寅申=급조, 卯酉=본위강화 or 卯손상, 辰戌=후행 or 선행
* 巳酉丑생은 申寅=급조, 酉卯=본위강화 or 酉손상, 戌辰=후행 or 선행

※ **辰戌, 丑未의 沖은 완성의 역동점이자 전환의 역동성이다.**

사주궁위에 충이 있으면 역동성·도화성은 발휘되지만 상대적으로 안정성이 저해된다. 본위운동을 촉진하는 계기는 되지만, 바꾸고 뒤엎고 탈피하는 행위로 드러나기 때문인데 辰戌과 丑未에서 경향성이 두드러진다.

辰戌 or 丑未가 만나면 본기발현을 재촉하니 인생에서 밭갈이하는 시기로 직업 변경·전환 등 인생 전환점으로 삼으면 좋다.

월살+화개살은 본위활동을 촉진하고, 반안살+천살은 선행·급조 방향성이지만 반대 방향성이다. 월살은 빛·소금과 같은 존재로 삼합본기가 나오는 발현처이고, 화개살은 삼합의 마감지(안식처)이자 다음 생을 위해 충전하고 재기를 도와주는 인자이고, 천살은 하늘이 주관하는 자리로 삼합본위의 발현처다. 월살+화개살은 완성의 역동점이라면, 반안살+천살은 전환의 역동성이라 할 수 있다.

甲壬庚丁　坤　戊丁丙乙甲癸壬辛5
辰戌戌未　　　午巳辰卯寅丑子亥

壬일간이 戌월에 앉아 庚戌월주로 임하니 여명 자신이 능력을 발휘하는 환경이다. 戌월에 필요한 丁이 년간에 투출하여 庚을 가공하는 바탕을 이루었지만 未戌형이 발동하니 庚손상이 가중된다. 庚의 애환이니 부모가 건실하더라도 부모 음덕이 약해지고, 직업적으로 발현하더라도 성취가 적어지고, 자신의 직업성취는 남편의 능력 부실을 의미한다. 자신은 미용실을 운영하면서 가장노릇을 하고, 남편은 결혼 후 제대로 된 직장을 가져본 적이 없고, 부모는 많은 부동산을 사전증여하면서 이 여명에게 가장 크지만 값어치 없고 환금성이 떨어지는 절대농지를 물려주었다.

연월은 庚을 얻는 환경이고, 일시는 甲을 얻는 환경이다. 천간은 丁庚壬甲으로 甲을 얻는 환경이고, 지지는 辰未戌로 庚을 얻는 환경이다. 壬일간은 甲을 내길 원하지만, 戌월 환경은 庚을 얻길 원한다. 선천-후천, 천간-지지, 일간-월지의 흐름(인오술-신자진)이 왜곡되는 구성이다. 연월에서 庚-辛을 가공하여 壬일간이 辛→甲을 내야한다. 庚戌에서 庚은 辛으로 상실되는 관계인데 未戌형으로 庚손상을 부추긴다. 庚戌 직업성취가 좋지 않은 구성이지만, 戌 중 辛을 가공해야하니 庚손상에 불구하고 형을 이용하지 않을 수 없다. 30년 가까이 미용업에 종사했지만 직업성취도 크지 않고, 丁년간이 戌월지에 임하니 매일아침 천수경을 왼단다.

戌 중 丁이 丁未년주에 임하니 남편이 丁未를 사용함이 이상적인데, 이 여명이 未戌형을 가동한 미용업을 하고 있으니 남편은 무능하고 본인은 고달플 수밖에 없다. 壬戌일주에, 戌일지는 천살이고, 남편이 甲辰생이니, 이래저래 남편을 벗어나지 못하고 받들어 모셔야할 숙명이다. 戌복음으로 엎드려 있는 꼴이고 未戌형을 가동하니 남편은 하는 일 없이 무위도식하면서 가정주부의 모습으

로 책임을 다하지도 않는다.

戌일지가 복음이고 戌 중 丁이 년에 투간되어 丁未로 동주하여 형을 가동하고 庚이 투출되어 모양새가 찌그러지니 부부인연이 불미한 형상이다. 십수년 전에 남편의 무능력 등으로 별거했다가 자식 때문에 다시 결합한 경험이 있다. 다시 乙未년에 남편이 바람을 피워 이혼상담을 했지만 이혼하지는 않았다. 壬戌일주에서 壬은 戌을 놓지 못하니 남편을 버리지 못한 것이고, 壬戌에서 壬이 辛→甲을 내야하기 때문이다. 乙卯대운 乙未년은 戌 중 丁이 동주한 未 중 乙이 운에서 동했으니 남편의 외도로 볼 수 있는데, 남편 사주에서 일지가 卯일 가능성이 높다.

戌은 丙의 입묘지로 庚이 형성되는 자리이고 乙을 담는 창고다. 乙卯대운은 辛-壬-甲辰의 환경이고 甲을 내면 辰戌로 乙을 담을 수 있는 운세이니, 53세 己亥년에 절대농지이지만 부모로부터 억대의 땅을 물려받았다. 한편 壬乙로 들뜨고 부풀어지니 丙申년에 부업으로 식당을 개업했지만 6개월 만에 폐업했고, 그 여파로 미용실의 기존 손님들도 많이 빠져나가 타격을 입고 있다. 乙未년 이혼 위기 이후에 남편에게 일을 줘서 다른 생각을 못하게 하려는 의도였으나 결국 손해만 보았다. 戌일지가 움직이면 복음에 未戌 형만 가동하기 때문이다.

辰戌로 甲을 내려면 戌이 자신을 낮춰야하는데 戌일지는 그럴 수 있는 모습이 아니다. 戌은 丁庚의 바탕으로 辛에서 甲을 내는 터전이기에 이 사주(삶)의 근원처가 된다. 戌일지가 경제능력이 없으면서 큰소리칠 수 있는 요인이고, 한편 戌은 甲에서 乙을 채울 욕심이 도사리고 있다. 丁庚을 가공하여 戌을 바탕으로 甲을 내는 게 목적이고 乙은 유혹일 뿐인데 戌일지는 그렇지 않은 게 문제다. 戌일지가 가만히 있는 게 도와주는 셈이니 여명은 팔자가 기구하고 남편은 팔자 좋은 남자다.

己壬丁丙 乾　乙甲癸壬辛庚己戊3
酉辰酉午　　　巳辰卯寅丑子亥戌

壬일간이 酉월을 득하고 정임에 정유월주로 구성되니 자신이 역량을 발휘하여 삶을 역동적으로 이끌어가는 모습이다. 酉월에 필요한 수기를 壬일간이 담당하고 월주는 완비되었으나 연·월에 화기가 중중하니 자수성가로 불안하게 성취하는 구성이다. 가공할 인자는 酉밖에 없는데, 많은 화에 酉가 손상되니 丙午를 사용하기 어렵다. 丁이 酉를 가공하고 壬일간이 丁壬으로 酉를 완성하여 辰에 저장(酉辰)해야 성취가 있다. 그런데 丁壬 환경에서 辰은 辰중 乙→酉를 가공하여 己酉에서 완성하려는 의도가 있고, 寅午戌생이 화가 중중하니 이를 부추길 여지가 있다.

여기서, 酉辰 관계를 12신살의 방향성으로 궁구해보면, 酉辰은 酉가 辰에 완성(입묘)하는 관계인데, 寅午戌(생)에서 辰酉는 辰중 乙이→酉로 변환되는 과정이다. 인오술에서 辰酉는 辰(월살)에서→酉(육해살)를 완성하는 흐름이니 辰은 본의(완성)를 잊어버리고 辰(乙)→酉를 내야하는 불안·고충이 있다.

丁酉는 午년지에서 투출된 丁이 酉육해살을 가공하니 국가·자격 or 육해살(선천·영혼)을 이용한 일이다. 직업은 중화요리사로 자격증(丙午)을 이용하여 기술로 토대로 몸을 이용한 직업성이다. 중화요리는 화(丁)를 이용하여 음식(酉)을 만들어내는 丁酉모습에 어울린다. 丁酉를 사용하여 팝콘을 튀겨내듯 성취를 크게 하고, 壬이 수기를 조절하기에 성취한 酉를 己酉에서 완성하기만하면 저절로 辰에 담겨질 뿐이다. 그런데 수시로 辰이 酉를 끌어들이니 급박하게 진행되고, 화가 많은 상황에서 酉가 辰에 안전하게 저장되기도 어렵다. 또한 酉육해살은 기술·재능이 좋은데 복음으로 분산·약화되니 음식 솜씨가 특출하지 않고, 월지복음은 삶의 바탕(직업·가정)을 불안하게 만든다.

辰일지는 월살로 성취에 도움을 주는 배우자 인연이지만 사랑보다 주고받는 거래관계의 속성이 있고 공주(안방마님) 같은 배우자 모습이다. 酉육해살의 입묘지니 신자진에서 완성도가 높고 배우자 도움이 있지만, 화가 많은 인오술에서는 도리어 辰(乙)이 酉로 완성해야하니 辰일지가 힘겹고 밖으로 나가는 꼴이다. 54세 己亥년 현재 미혼이다. 여러 결혼정보회사에 등록하여 수차례 맞선을 보았지만 인연을 맺지 못하고 있다. 남명에서 壬일간이 辰일지에 입묘는 반갑지 않고, 癸가 동하여 辰일지가 동하니 안정되지 못한다. 결혼을 원하지만 辰을 믿지 못하고 壬이 주도하니 자기 위주의 성격으로 오락가락하니 배우자가 잘 들어오지 않는다. 丁壬-酉辰으로 파가 발동한 까닭도 있고, 관상을 보면 윗입술 위쪽 부위에 칼자국 상처가 있다.

이 사주에서 辰은 수가 부족하고 목이 없는 상태에서 신자진으로 성취하기 어렵고, 사유축으로 완성된 酉를 받치는 그릇 받침대일 뿐일진대, 사주 방향성에 불문하고 간지는 본위활동을 추구하기에 辰이 酉를 담으려한다. 엉뚱한 짓을 하고 결혼이 불미하지만 酉를 진에 담으니 재물 성취는 있다. 酉→辰으로 담기도 하고 辰→酉로 나가기도 하는 것이다. 이렇듯 사주는 辰酉합으로 좋게만 본다거나 酉辰입묘로 흉하게만 볼 일도 아니다. 사주 방향성에 의한 간지의 작용력에 따라 어떻게 살아가느냐에 삶이 달라질 뿐이고 인생사가 그렇듯 완벽할 수 없는 게 사주다.

이 남명은 직업도 탄탄하고 돈도 있는데 결혼을 못하는 것은 辰일지가 혼란·방황의 상이기도 하지만, 사람은 물건(재물)과 달리 채우기만 하면 되는 대상이 아니기 때문이다. 아무 생각이 없거나 멍청하거나 주관·배알이 없는 부인이 아니면 그 자리에 들어와 살 수 없음이다. 그런데도 본인은 酉辰으로 완성된 구성이니 완벽한 부인을 원하니 인연을 맺기 어렵다.

壬寅대운에 잠시 직접 사업을 했지만 실패하고 줄곧 중국집 주방장으로 일하고 있다. 성실한 편이지만 올곧지 못하고, 음식 솜씨가 뛰어나지 않지만 직업성취는 있다. 목 대운으로 辰창고가 불안하지만 신자진을 완성할 목이 투출되고 월급 주방장으로 몸을 놀리니 불안정·등락 속에 재물을 성취하는 운세다.

癸卯대운은 丁酉월주가 동하고 壬일간이 癸로 변색되니 삶에 변동·변화가 주어진다. 변동·변화를 통한 자구노력이 필요하지만 乙을 얻는 방향성으로 辰일지가 동하니 엉뚱한 짓으로 낭패당하지 않도록 경계해야한다. 癸卯대운 개시년인 53세 戊戌년부터 직장을 그만두는 문제로 수차례 줄다리기를 하다가 己亥년에는 주방장을 그만두고 배달아르바이트로 일하는 등 이해할 수 없는 행위를 하는가하면 부적절한 성행위로 나신(裸身)이 노출되어 돈도 뜯기는 등 수모를 겪었다.

丙己甲己 坤 辛庚己戊丁丙乙2
子卯戌酉   巳辰卯寅丑子亥

己일간이 戌월에 얻어 자신이 삶을 주도하는 구성인데, 甲戌월주에서 甲은 戌에 변색·상실되고 己복음에 양합되어 본위를 상실한 모습이다. 己일간은 卯일지에서 투간된 甲을 두고 다투는 형국이고 卯를 키울지 酉를 키울지 헷갈린다. 己는 甲만 보면 끌어당기니 일지의 겁재를 차지하기 위해 or 일지의 본기를 얻기 위해 다퉈야 한다. 은연중에 빼앗긴다고 생각하기에 계산적이고 방어적인 성향이 되고 자신감이 떨어진다. 甲己-卯戌로 일·월이 破하고 己酉가 己복음에 卯戌酉로 穿하니 삶의 바탕(육친인연)이 불안하고 이중·복합성이 있다. 불안과 복합성은 노력하는 기질로 발현되지만, 혼자 하는 일을 좋아하기에 학문·철학으로 빠져든다.

戌월에 화가 필요하니 丙시간을 취하고 丙은 子육해살에 앉은 丙이다. 丙子는 癸丙으로 卯를 키워 戌에 담으니, 甲戌은 인오술로 酉년지를 담는 삶의 바탕이다. 육해살(丙子)은 전생·윤회로 돌려야하고, 甲戌은 가상·허상의 모습이다. 직업이 공무원이니 己酉년주의 모습이다. 己酉는 甲己로 합하고 甲은 卯에서 투간된 甲戌이니 직업의 본질은 가상·허상을 바탕에 두고 있다. 공무원은 己酉 모습이지만 가상·허상의 본질이 아니기에, 현실 저 너머에 있는 전생·윤회를 생각하고 가상·허상(학문·철학)을 쫓게 되니 공직에 있으면서 사주 공부에 본인을 투자하고 있다.

甲월간을 자신의 직업성으로 삼았으니 본인이 가장역할을 하거나 남편의 발달이 정체될 수 있다. 남편이 卯를 직접 가공하거나 선생·의료·법률 계통 등 己卯의 직업성에 종사하면 무난한데, 남편은 일반 직장인이기에 가정·부부 애정이 불안해질 수 있다. 丙을 끌어들여 卯·酉를 戌에 담는 인오술 환경에서 子를 취하기 어렵다. 子에서 수기를 취하기는 하지만 酉가 子를 만나면 급조되니 삶의 바탕이 불안해진다. 丙子시주가 필요하지만 삶을 불안하게 만드는 요소가 되니 자식에게 애착을 가지면서도 왠지 모르게 불안하고 신경이 쓰이게 된다.

戌이 卯·丙을 끌어들이고 甲을 통해 乙을 완성하는 과정에서 卯酉戌로 辛이 완성되는 흐름이다. 卯는 酉의 씨앗(근원)이고 丙은 卯·酉를 가공하는 기운이다. 엄밀히 말하면 甲에서 乙을 키우다보니 酉戌로 酉를 얻을 뿐이다. 己酉가 삶의 바탕이지만 己酉에 집착하지 말아야 함이다. 공무원이면서 별정직에 근무하는 것은 己酉를 쓰되 중심에서 벗어나 크게 사용하지 않음이고, 진급·직책에 욕심이 없는 것도 己酉의 성취에 의해 가정·육친 인연이 깨지길 원하지 않음이다. 남편·자식을 얻고 직업 성취를 이루는 구성인데, 직업 성취가 클수록(己酉에 집착할수록) 남편·자식이 발달이 저해되거나 고충이 따를 수 있기 때문이다. 관상으로 보면 금형(金形)으로 남편을 자식 돌보듯 하거나 남편·자식(가정)을 지켜야 한다는 신념이 직업성(甲-己酉)으로 발현되었고, 그 직업성 때문에 남편·자식이 손상될까봐 노심초사하게 되는 것이다. 己酉를 수단으로 삼되 크게 사용하면 왜곡되니 己酉의 기운을 되돌려야 안정된다. 정신·윤회·종교·철학성에 관념을 두는 것은 己酉를 설기하는 방법이 되지만 그보다 덕행이 효과가 크다.

己卯대운은 일주복음으로 인생이 무엇인가, 삶이란 무엇인가, 자신의 정체성을 고민하게 된다. 번뇌·근심 등 심리적 불안감이 있고 가정(남편·자식)의 불안·상실감·정체를 경험하기도 한다. 도화성(성욕)이 발동하거나 이중·복합적 성향을 띄게 된다. 주말부부 형태로 지내거나 취미생활을 갖는 것이 좋다. 이 시기에 심리·사주공부에 가담하는 것은 복음 대운의 흉함을 길함으로 바꾸지 못할지라도 흉함을 해소하는데 도움이 된다.

丁丙乙丙　乾　辛庚己戊丁丙 10
酉午未子　　　丑子亥戌酉申

위 여명(己酉생)의 아들이다.

엄마는 戌월에 丙子시주를 취하여 卯(乙)를 완성하여 담으면 己酉년주에서 酉를 얻는 격이 되고, 아들은 未월에 丙子년주를 취하여 乙未로 乙을 완성하면 丁酉시주에서 辛을 얻는 격이 된다. 엄마는 년주(己酉)를 사용하되 辛에 집착하면 왜곡되기 쉽고, 아들은 戌이 없으니 丁酉를 가공하되 취할 수 없고 년주(丙子)를 기반으로 삼되 얽매이면 辛을 얻지 못한다. 모두 乙을 가공하는 과정에서 辛을 어부지리로 얻는 환경으로 년주를 사용하되 집착하거나 丁酉를 얻되 성취욕구가 지나치면 결과가 좋지 않다는 의미이다. 나누고 베푸는 마음자세가 필요하다는 의미이다.

엄마는 丙子를 취하는데 子는 육해살(천살그룹)이고, 丙子시주가 아들의 년주에 임한다. 자식이 엄마의 터전을 물려받는 인연고리이지만, 엄마 입장에서 보면 아들에게 물려줘야하는 숙명이 있고 하늘같이 받들어야하는 존재(천살)다. 엄마에게 다른 자식이 있어도 이 아들에게 유독 마음이 쓰이고 빚을 갚는 양 헌신하게 된다. 전생의 업(인연)으로 태어난 자식이라 할 수 있고, 인생에서 도움을 얻기도 하고 근심·걱정이 따르는 자식 인연이다. 未월지는 천살이니 자신 or 엄마(부모)의 직업성이나 인생 관념이 천살과 관련이 있다는 점에서도 삶의 형태가 유사하다.

丙子년주는 엄마의 丙子시주에서 발현된 간지이니, 엄마가 丙子를 취하는 모양새에 따라 아들이 丙子를 사용하는 가치가 결정된다. 丙子-乙未로 乙을 완성하는 게 인생 포인트이고, 乙未월주에서 완성하니 직업성취가 있다. 엄마와 마찬가지로 년주에서 성취를 이루는 구조이고, 母子 모두 乙을 완성함으로써 酉를 얻는 흐름인데, 많은 화에 乙·酉가 손상되니 戌이 필요하기에 엄마의 戌월지가 자신의 乙성취를 보호해준다. 丙子로 목을 완성하는 게 목적이니 辛에 집착하지 말아야한다. 엄마는 己酉에 집착하지 않아야 하고, 아들은 丁酉에 집착하지 않아야 함이다.

午 중 丙·丁이 다현·투출되고 午未로 연합하니 부부인연이 원만하지 않은 구성인데다 丙일간이 丁酉시주로 나가니 겁재에게 빼앗기는 꼴이다. 이럴 경우에는 내 것을 먼저 내어주고 돌려받거나 타인을 통한 직업 성취이고 가상·허상의 직업성이 좋다. 선생·상담, 종교·철학, 인터넷을 이용한 게임·사업 등을 대표적으로 들 수 있고, 도급·용역·대행 등 먼저 일해주고 나중에 돈을 받거나, 젓갈·술·음식 등 제조·가공·완성한 제품을 판매하거나, 창고·모텔·사우나·pc방 등 임대형 사업 등이 이에 속한다.

삶의 목적인 乙이 많은 火에 노출되고 丙午일주이니 직업이 안정된 후에 결혼하는 게 좋다. 본인은 丙子, 처는 丁酉 직업성이면 이상적이다. 丁酉는 정제된 모습으로 단체에서 독립된 형태이고, 프로기질을 발휘하는 모습이고, 酉년살이니 몸·말·입을 이용한 직업성이다. 군인·검찰·경찰·세무·금융·제련·보석감정 등과 관련된 직업에서 분리·독립적 근무형태이거나, 지점·지소 등으로 분리된 모습이거나, 능력(성과)보상제 직능에 있는 배우자 인연이면 좋다. 자신 or 배우자가 정년퇴직 후에 해당 직업을 사업적으로 발전할 수 있는 직업이면 금상첨화다.

일-시에 겁재가 동주하여 일간이 설기되고 酉시지는 년살이니 丁시간이 酉년살 위에 걸터앉은 모습이다. 엄마가 걱정이 되어 丙申시로 바꾸면 좋을지를 물었는데, 이는 엄마 사주에서 천살 자식이기에 근심·불안이 더해진 까닭도 있으리라.

丙申은 丁酉에 비해 빼앗기는 현상을 덜 하겠지만 申손상을 초래할 수 있다. 또 丙申은 午申으로 辛을 가공하길 원하지만, 丁酉는 乙을 담는 戌그릇도 된다. 丙申이 좋을지 丁酉가 좋을지 따지는 것보다 삶의 형태가 중요하다. 엄마의 근심을 덜어주는 차원에서 丙申시를 쓰라고 했는데, 만약 하고 싶은 일을 고집하거나 자기 생각에 얽매이면 申이든 酉든 취하기 어렵다.

제 3 장
宮位 발동

궁위 복음伏吟

간지 복음伏吟

간지의 투출

간지·궁위의 애환

宮位 발동

1. 궁위의 개념과 흐름

사주 궁위(근-묘-화-실)는 조상-부모-나(배우자)-자식의 육친 관계성이고, 인생사에서 초년-중년-장년-말년의 시간적 흐름이고, 국가-사회-가정-개인의 공간적 개념이다.

일시(후천-相)	년월(선천-氣)
후천복록, 배우자·자식의 도움	선천복록, 조상·부모 음덕
말년 성취	초년 성취
삶의 성취정도	삶의 바탕(직업·가정·육친 등)
개인능력, 자수성가형	국가·단체·인허가 관련
하고 싶은 일, 개척·선택할 것	마땅히 해야 할 일, 주어진 것
식상발휘, 겁재이용(편법·특수성)	인성활용, 관성이용(전통·일반성)
주위 도움, 손실 감내해야	행운, 덕행 실행해야
결과물, 쟁취능력, 재능	원인, 기획능력, 자질
미래가치	근원가치
앞으로 일어날 일의 평가(관문)	지난 일의 평가(정산)

〈년월-일시의 氣相개념〉

천간(선천기운)은 연월에, 지지(후천물상)는 일시에 해당한다.
양(정신)은 음(물질)이 없으면 존재가치가 없고, 음(물질)은 양(정신)이 없으면 형성되지 않는다. 인간은 인생사에서 물질(음)을 추구할지라도 정신(양)을 충족하지 않으면 완성하지 못한다.

* 월지에서 원하는 바가 연월에서 갖추어지면 뿌리가 튼튼한 격이다.

* 연월의 구성은 인생전반의 길흉(안정성)에 영향력을 행사한다. 연월(선천)은 태어나면서 이미 확정된 삶의 바탕이기에 월지를 기준으로 연월의 구성(환경)이 조화로워야한다. 여기에 일간이 연월 환경에 편승되고 연월-일시의 흐름이 이어지면 만사가 형통하다.

* 연월 구성(환경)이 불미하면 타인의 도움을 얻지 못하고 삶에 행운이 따르지 않는다. 월주가 건실해도 부모(시댁·처가)의 음덕이 약하고, 일주가 갖춰져도 배우자·자식 인연이 왜곡될 수 있다. 여기에 일시 환경과 어긋나면 조그만 일에도 일이 꼬이고 어렵게 얻고 쉽게 잃는다.

* 궁위의 간지가 음양본위에 부합하면 해당 궁위의 성취는 있다.

사주간명에서 삶의 수단이 어느 궁위에 있는지 파악하는 것이 우선이다.

▷ 삶의 수단·목적이 년주에 있는 구조
- 국가·단체 중심이고, 조상·제사와 관련성이 있다.
- 근원을 중시하고 종교·철학적 사유가 있다.
- 선천복록(음덕)이 있고 삶의 바탕이 견고하고 행운이 따른다.
- 자격·허가·인가 등 인성을 이용하고 일반적·전통적(관성) 직업성이다.
- 머리를 이용하고 대국적 견지에서 역마·해외의 상이다.
- 월지가 원하는 바가 년에 있으면 돈(덕행)을 들여야 발현이 수월하다.

▷ 삶의 수단·목적이 월주에 있는 구조
- 월주 간지의 모습이 직업성이고 어떤 직업에서든 직업성취가 있다.
- 부모의 음덕이 있거나 부모의 직업성취가 있다.
- 월주는 일주의 바탕이니 부부인연을 견고하게 해준다.
- 월주는 삶의 바탕이니 실행 가능한 일에서 안정성을 추구한다.
- 관성(일반·전통성)과 인성(머리·자격)을 이용하는 경향이 있다.
- 월주 간여지동은 자수성가형으로 여명은 사회생활을 하는 게 이롭다.

▷ **삶의 수단·목적이 일주에 있는 구조**
- 일간이 사주의 기운·물상을 주재(조후)하면 자수성가형이다.
- 부모 음덕에 기대거나 탐욕을 부리면 인생 등락을 겪는다.
- 배우자의 도움·혜택이 있고 결혼 후에 발복한다.
- 연월과 부합해야 가치가 있고, 시주와 부합하면 결과가 좋다.
- 연월과 연계되면 관성(일반·전통성)과 인성(머리·자격)을 이용한다.
- 일시와 연계되면 재성(사업·특수성)과 식상(몸·기술)을 발휘한다.
- 여명은 가장노릇을 하거나 삶이 고달플 수 있다.

▷ **삶의 수단·목적이 시주에 있는 구조**
- 노년 복록이 있고 자식의 성공 or 자식의 혜택이 있다.
- 일주 구성이 좋지 않더라도 부부 인연을 이어간다.
- 건강하고 노년에도 활동력을 과시하니 고행일 수도 있다.
- 성실한 노력파로 발현이 늦지만 결실이 견고한 편이다.
- 타인을 이용하거나 밖에서 구하려하고 편법·도화성이 있다.
- 재성(사업·특수성)을 이용하고 식상(몸·기술)을 발휘한다.
- 하고 싶고, 잘하고, 오래할 수 있는 직업에서 성취가 있다.

사주 궁위는 근-묘-화-실에 따라 년주→월주→일주→시주로 흐른다.

사주 궁위의 년→월→일→시 흐름은 삶의 수단·방법을 추구함에 있어서, 마땅함에서→하고 싶은 일, 단체주의→개인주의, 공공성→개인성, 보수→개방, 충성→신의, 감성→이성, 이상→현실, 정신→물질, 기운→물상을 취하는 방향성이고, 활동무대의 넓음→좁아지는 경향성이다.

▷ 사주 흐름(수-목-화-금 or 간지 배열)이 년→월→일→시 or 시→일→월→년으로 순행하면 인생흐름이 원만하고 성취가 수월하다. 이런 구성은 합·충·형·파·천 작용이 사주의 방향성을 왜곡시키지 않는다.

* 壬庚戊乙는 천간 배열이 시←일←월←년 순리이다.
* 甲丙戊庚은 천간 배열이 시→일→월→년 순리이다.
* 乙丙甲壬은 천간 배열이 수→목→화→목으로 목을 키우는 순리이다.
* 丙庚己辛은 천간 배열이 화→금으로 금을 완성하는 순리이다.
* 戌申午卯은 지지 배열이 시←일←월←년 순리이다.
* 午未子丑은 지지 배열이 시→일→월→년 순리이다.

* 庚甲壬丙, 卯申午未 등 오행 or 간지의 배열이 순차하지 않으면 기운을 돌려야하니 정체·장애가 있고, 반면에 성실하고 노력하는 경향이 있다. 예를 들어, 庚甲壬丙은 壬甲丙庚 or 甲壬庚丙으로 자리를 바꿔야 인생 흐름을 이어갈 수 있으니 좌충우돌하게 되고 폭력·강압-회유·계략·결탁-조정·화해 등이 난무하는 가운데 정립되어 성취하기도 하고 엉뚱한 방향에서 헤어 나오지 못하고 좌절하기도 한다. 이러한 인생사의 과정을 표현한 것이 합·충·형·파·천 등이다.

▷ 사주 궁위 or 운에서 합·충·형·파·천 등을 만나면 년-월-일-시의 인생 흐름(궁위 나이)에 따라 작용력이 발동·부동·강화·약화 등 변화한다.

* 庚丙乙甲 구성이면, 20대에는 甲·乙이 庚을 끌어들여 합·충 하고, 50대 이후에는 庚이 甲·乙을 끌어들여 합·충 작용을 한다. 또 甲乙을 키워 庚을 얻는 흐름이니 대기만성형으로 발달이 늦을지라도 노년복록이 좋다.

* 壬戊丁壬 구성이면, 초년에는 壬년간이 丁과 합하고, 중년이후에는 壬시간이 丁과 합한다. 초년 丁壬은 辛을 고집하지만 중년 丁壬은 戊가 조절하니 유동성이 있고 乙환경에서도 가치를 실현할 수 있다.

초년에 순수했던 사람이 중년 이후에 음란성으로 변질되거나, 내성적인 사람이 외향적으로 바뀌거나, 탐욕적인 사람이 염세적으로 빠지는 것은 본질이 바뀌는 게 아니라 운(환경)에 의해 가치관이 바뀌는 것이다.

2. 궁위·간지 복음

복음이란 사주팔자에서 동일한 간지가 2개 이상 존재하거나, 운에서 사주팔자와 동일한 글자가 투출되는 경우를 말한다.

복음은 천간 or 지지에서 甲甲, 丁丁, 戊戊, 癸癸, 辛辛, 卯卯, 亥亥, 巳巳, 戌戌 등 같은 글자가 반복되는 경우를 말하고, 乙卯, 庚申, 戊戌, 戊辰, 己丑, 己未 등 간지로 같은 글자가 중복되면 간지 복음이고, 壬癸, 丙丁, 戊己, 庚辛, 甲乙, 丑辰, 未戌, 子亥, 寅卯, 申酉, 壬子, 癸亥, 丙午, 丁巳 등 간지에서 같은 오행이 혼재해도 복음의 상이다.

사주 간지에서 복음은 겁재 동주이고 合의 속성이 있다.

복음(伏吟)은 원래 육친의 사망으로 '엎드려서 곡(哭)하다'는 인생사에서 가장 큰 아픔을 전개한 논리이다. 현실에서 '신음하다' '끙끙 앓다' '굴복하다' '허탕치다' '헛걸음하다' '왔다갔다하다' '중복되다' '나눠 갖다' '빼앗기다' '빼앗다' 등 좋지 않은 의미로 사용된다.

복음 궁위는 서로 같은 모습(겁재)이니 유착 관계가 있고 인연 고리가 있다는 점에서 '합의 속성'이 있다. 복음 궁위의 육친과 '유정·친화'하다는 合의 긍정적 의미와 더불어 '기반·묶이다'는 부정적 의미도 있다.

관상에서 같은 형(形)에 비유되니 좋을 때는 발전적이지만 상대에게 바라는 게 많아지고 나눠야하니 불만도 많아지고 자신을 고집하게 된다. 겁재가 동주한 격이니 빼앗지 않으면 빼앗긴다는 심리가 작용하고, 동반상승해야 하는데 함께 하기 부담스러운 존재다. 없으면 아쉽고 있으면 불편한 애증(愛憎)의 관계인 셈이다. 내가 성취욕구가 발동하면 다른 복음 궁위·육친이 손상되고, 다른 궁위·육친이 탐욕을 부리면 내가 손상된다.

복음은 인생사에서 거쳐야할 관문이자 인생기회이기도 하다. 정산·평가하는 시기(삼관·사애)라는 점에서 형·파·천과 유사하다. 성실하고 열심히 일하는 편이지만 노력한 만큼 성과를 얻지 못한다. 직업적으로 잘 사용하지 못하거나 성취에 불문하고 육친 인연이 불안정하다는 특징이 있다. 복음 궁위·육친으로 인한 고충·애환이 있거나 벗어나지 못하는 고충·애환이 있다.

 복음 운이 오면 마음(의도)은 동하지만 현실적으로 움직임에 제약을 당하고 행하더라도 성과가 크지 않다. 해당 인자·궁위의 기운이 상쇄·분산되고 묶이기에 기능·작용력을 발휘하지 못한다.

 복음은 궁위의 성향·모습(겁재)과 궁위와의 유착(合, 앞 '간지 합·충' 참조) 관계성 등으로 살핀다. 복음의 기본적 의미(극단성)는 다음과 같다.

 - 이중성·복합성·다양성 or 순수성·유일성·전일성이 있다.
 - 여유·방관·분산, 성취욕구 or 집착·아집·집중, 염세적 성향이 있다.
 - 행운과 불안정, 등락 속 성취, 성취 속 고충이다.
 - 근원이 약하니 고질병이 있거나 재관 성취가 약하다.
 - 복음 궁위·육친 인연이 유기하지만 애정을 오래 유지하지 못한다.
 - 유일한 오행의 천간이 운에서 복음이면 궁위·육친의 운세가 꺾인다.
 - 복음에 합·충·형·파·천 등이 혼재하면 길보다 흉이 크다.

지지(일시)	천간(연월)
육체, 육신, 물상, 현실, 후천, 식상	정신, 영혼, 기운, 이상, 선천, 인성

〈천간과 지지의 개념〉

 천간 복음은 정신적 딜레마, 스트레스 등으로 나타나고 정신(인성)을 추구하고, 지지 복음은 현실적 번거로움, 재물손실 등으로 나타나고 몸(식상)을 이용하는 경향이 있다. 천간 or 지지 복음 중 어느 복음이 좋고 나쁘냐는 관점의 차이에 있다. 지지복음은 당장 고충을 겪지만 변동·변화로 전화위복이 될 수 있고, 천간복음은 당장 큰 문제가 없어도 인생전반에 미친다.

1) 궁위 복음

　연·월 복음은 인성기질이고, 일·시 복음은 식상기질이다.
　년-일, 년-시, 월-일, 월-시 등 '선천-후천' 복음은 일·시가 神의 기미를 탈취하는 상이고, 달리 말하면 선천기운을 부여받은 격이다. 힘은 있으나 뜻대로 되지 않고, 행운이 따르지만 육친 인연이 약하고, 국가·인성에 의탁하지만 성취가 크지 않다. 자존·자만심이 강하지만 게으르고, 변화·변동에 약하다. 만약 일간이 복음이면 자신이 선천-후천을 돌려야하니 힘겹게 이룬다.

　＊ 년-월 복음
　조부모와 부모가 유기하지만 함께 하기 부담스런 관계다. 조상·부모의 음덕 or 선천복록이 순탄하지 않고 인생 뿌리가 견고하지 않음을 의미한다. 자수성가로 일생의 바탕을 마련하기까지 고충·제약이 있다.
　근원(바탕)을 확고히 하고 완벽하게 준비된 후에 일을 추진한다. 본원을 벗어나지 못하고 우유부단하여 발달이 크지 않지만 실수하지 않는 장점이 있다. 정신·인성을 중시하고 바르게 살아야한다는 의무감이 내재되어 있다. 머리가 똑똑해도 잘 사용하지 못하니 탁상공론이 되기 쉽다.

　＊ 년-일 복음
　선천기운을 얻은 격으로 삶의 근원이 년에 있는 상이다. 하늘이 직접 나를 주재하니 마음대로 할 수 없고, 내가 하늘기운을 받았으니 자만에 빠져 베짱이가 되기 쉽다. 조상의 인연·기운을 타고 났지만, 정작 국가·조상 관련 일에서 성취가 크지 않다. 일찍 발달하기도 하지만 크게 발달하는데 한계가 있다. 육친 인연을 약하게 만들고 가정불화의 요인이 되지만, 하늘 기운을 품부받았다는 자부심에 육친인연을 쉽게 깨뜨리지 않는다.
　국가·조상·해외의 상을 추구하기에 연상 or 유부남·유부녀와 인연이 있고, 자신(心身)이 의탁할 수 있는 조건을 갖춘 사람을 찾게 된다.

＊ 년-시 복음

　시주(자식·노년)가 윤회하여 년주(선천)로 연결되는 흐름이고, 년주(전생)의 기운을 시주(후천)까지 연결되는 모양새다. 전생의 업을 자식(덕행)으로 갚거나, 이승에서 못한 인연·일을 다음 생으로 이어가는 모습이다. 자식 or 자신(노년)의 삶이 년주를 벗어나지 못하는데, 선천에서 주어진 복록을 길게 누리거나 선천복록을 누리는 자식이 있다는 의미도 있다.

　국가·조상을 섬겨야하는 숙명과 자식으로 인한 고충이 동반된다. 국가·조상·자식과 관련된 직업을 갖거나 자식의 직업성이 그러하면 안정되는데, 국가·조상 or 자식의 도움·혜택은 크지 않다. 덕을 베풀면 흉을 해소하고 선천복록을 불러들인다. 노년에 비현실적 성향으로 빠져드는 경우가 많고, 조상인연을 이어가는 자식이 있으면 좋다.

＊ 월주-일주 복음

　일주가 부모와 맞먹는 모양새다. 부모의 기운을 **빼앗아** 성취하는 흐름이니 부모 인연이 약해진다. 부모에게 의지하면 주체성이 떨어지고 주관·인생(이성) 관념이 확고하지 않다. 부모의 성공정도에 따라 자신의 역량이 강화 or 약화되거나, 자신의 성공정도에 따라 부모의 역량이 강화 or 약화된다. 부모를 떠나 자수성가하거나 부모의 유업을 이어받으면 육친인연이 원만해진다.

　자신의 성취여부에 따라 부부인연에 영향을 미친다. 인성(자격)을 이용하여 발달을 도모하면서 식상(기술)을 펼치는 경향이 있다.

＊ 월주-시주 복음

　할아버지의 손자 사랑이고, 자식이 일간을 뛰어넘는 형국이다. 부모와 자식이 나를 사이에 두고 연합하니 겉으로 좋아 보여도 왕따 당하는 상이다. 자식이 부모와 맞먹고 나를 무시하는 꼴이니 가까운 사람에게 뒤통수 맞는 일이 벌어지고 내 의도와 상관없이 일이 벌어지고 나와 상관없는 일로 곤경에 처한다. 부모가 발달하면 자식이 정체되고 자식이 발달하면 부모가 쇠약해진다. 삶의 바탕(육친·가정·직업)이 불안정하다.

* 일-시 복음

자식과 유정하지만 자식이 나와 맞먹는 관계다. 내가 탐욕을 부리면 자식이 정체되고 자식의 성장정도에 따라 나의 작용력이 약화된다. 밖과 연결되니 외정이 있거나 밖으로 나돌게 된다. 겁재 작용이 가장 강한 구성으로 인기·사회성은 있고 성취가 있더라도 이중·복합성으로 불안하고 기운·물상이 상실되는 흐름이다. 수명(복록 포함)이 길지 않음이다.

자신만의 고집·아집이 강하고 식상을 발휘한다. 일을 추진하면서 계획하고 실행하는 타입이다. 모방을 잘하고 빨리 써먹는 장점은 있지만 위법·편법성이 있고 과장·허풍이 있다. 이성적·이기적 성향으로 남을 믿고 맡기지 못하기에 혼자 하는 일에 어울린다. 미래지향적이지만 모험·과단성이 부족하고, 힘들게 성취한 결실을 나눠야하니 상실감이 있고 손상·등락을 겪는다. 유업을 잇는 자식이 있거나 덕을 베풀면 안정된다.

◎ 양일간에 월·시에 음간(겁재)이 동주하면 빼앗기는 상이다.(氣→相)

양(기운)은 음(물상)으로 가치를 실현하는데 달리 말하면 양은 음에게 기운을 빼앗기고 음은 양을 끌어들여 물상을 완성한다.

일간이 양인데 월간 or 시간에 음·겁재가 동주하면 일간이 겁재(타인)에게 빼앗기는 흐름이다. 자신이 삶을 주도하기보다 자신을 낮추고 다른 사람을 통해 자신의 가치를 실현해야한다. 만약 본위를 고집하거나 탐욕을 부리면 상실감이 커지고 고충이 극심해진다. 木金이 水火보다 상실감이 더 크다.

▷ 양일간이 시간에 음·겁재를 만나면 빼앗기고 밖으로 나가버리는 꼴이다. 본기가 상실되니 재물이 빠져나가고 배우자 애정이 약화되고 인생복록을 빼앗기는 상인이다. 삶의 결실을 시간에 의탁하니 자식(타인)에게 의지한다는 의미도 있다. 타인을 통한 가치 실현이요, 자식을 통한 결실의 완성이다. 자식에게 사전 증여하거나 유업을 이어받는 자식이 있으면 인생 복록을 지킬

수 있다. 자식 애착이 강하고 자식에 의탁하니 자식을 많이 낳거나 자식이 일찍 분가하는 경우도 있다. 해외·도화·단명의 상이다.

辛庚○○　　癸壬○○　　乙甲○○　　己戊○○　　丁丙○○
○○○○　　○○○○　　○○○○　　○○○○　　○○○○

양일간이 시간에 음·겁재가 동주하면 본기가 상실되고 밖으로 빠져나간다. 본기가 형성되자마자 본질에게 빼앗기니 항상 빼앗긴다고 여기게 되고 실제로도 빼앗기는 경향이 있다. 일간이 형성한 결실을 타인에게 빼앗기고 외연 or 배우자를 겁재에게 빼앗기고 자식에게 줘도 고마운 줄 모른다. 남에게 빼앗기는 것보다 자식과 동업하거나 유업을 전하는 게 좋다. 배우자 인연은 같은 직종·직능에 있는 직업적 동반자가 좋고, 자기 능력을 과시하는 일보다 타인을 통해 성취를 이루거나 내 것을 내어줌으로써 얻는 인성·임대 형태의 직업성이 좋다.

▷ 양일간이 월간에 음·겁재를 만나면 부모에게 빼앗기는 상으로 되돌아오게 되어 있다. 내가 부모에게 효도하면 부모는 곱으로 돌려주는 것과 같다. 부모는 받았던 걸 되돌려 내 바탕을 견고하게 해주니 되로 주고 말로 받는 격이다. 부모의 유업을 이어받거나 부모를 모시는 입장에 있는 경우가 많다.

○甲乙○　　○丙丁○　　○戊己○　　○庚辛○　　○壬癸○
○○○○　　○○○○　　○○○○　　○○○○　　○○○○

양일간이 월간에 음·겁재가 동주하면 본기를 통해 본질로 가치를 실현하여 바탕을 이루니 겁재라 할 수 없다. 비록 음·겁재에게 빼앗기지만 결국은 일간에게 되돌아 올 수밖에 없으니 기운을 소비하여 물상을 형성하고 그 가치를 누리는 격이다. 부모 음덕을 기대하는데 부모와 함께 하면 안정된다. 자칫 부모에게 얽매여서 자신의 능력을 펼치지 못하는 경우도 있다.

◎ **음일간에 월·시에 양간(겁재)이 동주하면 빼앗는 상이다.**(相←氣)

일간이 음인데 월간·시간에 양·겁재가 동주하면 일간이 겁재(타인)의 것을 빼앗아오는 관계다. 본질이 본기를 얻어 활동성이 강화되니 능력 발현이 빠르고 수월하게 성취한다. 내가 타인의 겁재가 되기에 겁재가 동주함에도 도리어 이득을 얻는 셈이다. 타인의 것을 자기 것으로(모방→창조) 만드는 재주가 있고 타인을 이용하여 성취를 얻는 직업성에서 발달한다.

○癸壬○　　○己戊○　　○乙甲○　　○辛庚○　　○丁丙○
○○○○　　○○○○　　○○○○　　○○○○　　○○○○

월에 양·겁재가 동주하면 누워서 떡 먹는 격이다. 부모 음덕이 있고 타인(겁재)의 도움이 있고 행운이 따른다. 인성(머리·정신·자격)을 사용하는 경향이 있고 게으른 편이다.

甲乙○○　　丙丁○○　　戊己○○　　庚辛○○　　壬癸○○
○○○○　　○○○○　　○○○○　　○○○○　　○○○○

시에 양·겁재가 동주하면 자식을 얻고 발복한다. 타인(겁재)의 도움이 있고 행운이 따르지만. 탐욕을 부리면 자식이 정체되거나 자식의 고충·애환이 현실화되는 구조다. 자식과 함께 하면 자식의 인생 바탕을 만들어줄 수 있다. 식상(몸·손발·기술)을 이용하고 타인을 활용하는 직업성에서 발달한다.

◎ **일간-월간이 복음이면 비견을 이용한 인성격이다.**

복음은 비견격으로 타인을 이용하고 나눠야하는 상이니 성실한 노력파로 모방을 통해 재창조하는 능력이 뛰어난다. 일간과 월간이 복음이면 부모와 유기하고 나누는 상이니 일간 입장에서 나쁘지 않다. 인성을 발휘하는 구조로 부모의 역량에 따라 일간의 가치가 결정되는 제약이 있다.

○壬壬○　　○甲甲○　　○癸癸○　　○戊戊○　　○辛辛○
○○○○　　○○○○　　○○○○　　○○○○　　○○○○

부모와 유기하고 부모의 인생에 영향을 받고 인성을 삶의 수단으로 삼는다. 부모의 유업·가업을 이어받으면 안정된다. 부모가 친구 같이 편안한 존재로 여겨지고 부모에게 효도한다. 양일간이면 더욱 그러하다.

◎ 일간-시간이 복음이면 비견을 이용한 식상격이다.

일간과 시간이 복음이면 자식과 유기하고 나누는 상으로 월간보다 힘겹고 **빼앗기는** 경향성이다. 식상을 발휘하는 구조로 일간의 역량에 따라 자식의 가치가 결정되니 탐욕을 부리면 자식의 일이 풀리지 않는다.

음간은 양간에 비해 만족도가 있고, 木金이 水火에 비해 성취도가 있다.

壬壬○○　　乙乙○○　　庚庚○○　　己己○○　　丁丁○○
○○○○　　○○○○　　○○○○　　○○○○　　○○○○

일간이 완성한 자리에서 비견을 만난 격이다. 식상을 삶의 수단으로 삼으면 불안정 속에서도 발달하거나 만족도가 있지만, 인성을 위주로 하면 정체되거나 만족도가 떨어진다.

자식에게 사전증여하거나 가업을 이어받는 자식이 있으면 안정된다. 탐욕을 버리면 친구 같은 자식이나 효도하는 자식이 있다. 시간·겁재는 외연으로 나가버린다면, 시간·비견은 두 집 살림이라 할 수 있다. 음일간이면 경향성이 높다.

◎ 일간을 제외한 년·월·시 3궁위의 복음은 외톨이 상이다.

년간·월간·시간이 복음이면 일간이 무리 속에 외톨이가 된 꼴이다. 공부는 잘하는데 시험만 보면 떨어지고 일은 잘하는데 인정받지 못하는 모양새다. 제 잘 난 맛에 살아가니 현실 감각이 떨어지고 다른 사람과 차별화되니 독특함은 있지만 능력발휘가 잘 안 된다. 자수성가형이고 정상적·일반적인 직능에서 발달하기 어렵다. 배우자·가정이 불안정한 요인이 된다.

　　　壬甲壬壬　　辛丁辛辛　　庚乙庚庚　　丁乙丁丁
　　　〇〇〇〇　　〇〇〇〇　　〇〇〇〇　　〇〇〇〇

총알(재능)은 많은데 상대에게 눌리는 꼴이고 어느 것을 취해야할 지 헷갈린다. 일간이 년·월·시간의 방향성에 부합하면 성취가 있지만 그렇지 않으면 능력발휘가 안되고 제 모습을 갖추기 어렵다. 독특하고 차별화된 직업·직능으로 승부를 걸어야한다.

◎ 일간을 포함한 3궁위의 복음은 동지를 얻은 격이다.

일간이 비견으로 뭉쳐진 구성이다. 어떤 일을 하든 경쟁구도에서 성취하는 관계이다. 일을 행함에 수월하게 시작하고 힘들 때 도움을 얻지만 인생 복록을 나눠야하니 덕행이 숙명이고 베푸는 직업성이 좋다.

배우자가 일간과 겁재를 구별하지 못하니 배우자를 빼앗기거나 남의 배우자를 내 배우자인양 한다. 같은 직업·직능에 있는 친구(동료) 같은 배우자가 좋고 서로 상대의 영역을 침범하지 않으면 안정된다.

일간이 왕하다고 보면 안 된다. 다만 사주 방향성이 일관되면 일간과 뜻을 같이 하는 동지를 얻은 격이고 3궁위를 일간이 거머쥐기에 성취도가 크다. 결과적으로 성취를 나눠야하니 덕행이 복록을 지키는 방법이 된다.

　　　辛辛辛丁　　庚庚乙庚　　乙丁丁丁
　　　〇〇〇〇　　〇〇〇〇　　〇〇〇〇

년간만 다르면 조상·국가, 월간만 다르면 부모·직업, 시간만 다르면 자식·노년의 인생복록과 육친인연이 약화·불안하다는 의미가 있다. 다만 해당 궁위·인자가 방향성에 부합하면 삶의 수단이 되고 부합하지 않더라도 집착하게 된다. 즉 년간이 다르면 조상·종교에 의탁하고 학문·자격을 사용하지 않는데도 집착하게 된다.

2) 干支복음(간여지동)

干支복음(간여지동)은 천간-지지의 의도가 상응한 모습이다. 甲寅·乙卯·庚申·辛酉·戊戌·戊辰·己未·己丑, 壬子·癸亥·丙午·丁巳 등이고, 戊午·己巳와 庚戌·辛丑·甲辰·乙未·壬辰·丙戌·癸丑·丁未 등도 유사한 관계다.

간여지동은 간지가 상응하는 관계지만 지지가 천간과 맞먹으려는 의도다. 순발력이 있고 어떤 일이든 잘 해내지만, 잘 난체 하고 혼자 해결하려는 고지식한 면이 있다. 외골수 기질의 소극성에 과단·극단성으로 손해를 보거나 발달을 저해한다. 해당 궁위의 발달(도움·혜택)을 의미하는데 현실적으로는 복음의 이중성 등으로 불안(등락·고충) 속에 성장하는 경우가 많고 밖에서 찾으려는 외연의 개연성이 있다. 선천을 얻은 격이니 순수한 면은 있지만, 하늘(神·종교·철학)에 의지하고 게으른 면도 있다. 사주환경에 따라 이롭게 작용하거나 복음의 해로움이 부각된다.

* 水·火 간여지동은 능동·적극성이고, 木·金 간여지동은 수동·소극성이다.
* 남명 간여지동은 능동·적극성이고, 여명 간여지동은 수동·소극성이다.
* 사주간지가 수·화 or 목·금으로 구성되면 간여지동 속성이다.

▶ 일주 간지복음(간여지동)

일주가 완강하니 자신을 내세우는 기질이 있고 자기 발현욕구가 강하니 도화·인기성이 있다. 자신(생식기) or 배우자의 발현으로 배우자의 발달·도움이 있거나 부부 애정이 왜곡된다. 일주 간여지동의 가정(부부) 불안은 남명이 여명보다 심하고, 氣→相으로 기운을 빼앗기는 壬子·丙午일주는 氣→相을 얻는 癸亥·丁巳일주에 비해 불안정성이 두드러진다.

壬子·丙午일주 남명은 이혼·사별하는 경우가 많고, 여명은 가장 노릇하는 경향이 있다. 癸亥·丁巳일주 남명은 처의 도움이 있고, 여명은 내조하는 타입이고 공주성향도 보인다. 같은 간여지동이라도 氣相의 흐름과 음양(남녀)의 이치에 따라 분별해야 함이다.

일간이 이상-현실을 동주하니 성취욕구가 강하지만, 이상-현실을 구분하지 못하고 이상 추구로 현실에 적응하지 못하는 경우도 있다. 삶의 목적이 무엇인지 존재의미가 무엇인지를 고민하고 끊임없이 정체성을 찾으려한다. 종교·철학적 성향을 띄게 되는데, 육친·가정·직업의 안정성을 저해하는 요인이 된다. 일간의 이중성을 직업적으로 승화시키거나 취미를 갖는 게 좋다.

▶ 월주 간지복음(간여지동)

자수성가의 상으로 능력이 있고 직업적 성취가 있는데, 직업(직장)을 자주 바꾸는 등 삶의 바탕에 불안정성이 있고 가정·부부 인연에도 영향을 미친다. 여명은 가장노릇의 상이니 사회생활을 통해 안정을 도모함이 좋다. 폼생폼사로 왕자병·공부병 기질이 있고, 부지런하지만 힘들게 일하려하지 않는다.

부모의 음덕이 있거나, 부모에게 행운이 따르거나, 부모의 이별·외정이 있다. 부모 인연이 약하지만 부모를 벗어나지 못한다.

▶ 시주 간지복음(간여지동)

시주는 하고 싶은 일, 절실하게 원하는 일, 자식의 일, 외부(밖)와 관련이 있다. 자신만의 완벽한 결과물을 내려는 개인적 성향이 강하고 과장·허풍·도화성이 있다. 말년의 건강과 왕성한 활동력을 의미하고, 자식의 발달 or 자식의 도움·혜택을 의미한다. 자신 or 자식의 외연이 있다. 현실보다 미래지향적인데 내세(윤회성)으로 발현되기도 한다. 현실 삶의 완성과 윤회 사이에서 괴리감을 갖게 되고, 성취욕구가 강해지거나 현실욕구가 없어진다.

▶ 년주 간지복음(간여지동)

조상·유업을 부양·승계해야 한다는 숙명감이 있고 종교·철학적 사유가 있다. 터전을 벗어나지 못하는 번거로움이 있고 자수성가하더라도 국가·단체·종교에 얽매이거나 조상·부모를 섬기는 위치에 있게 된다. 보이지 않는 조상의 음덕(행운)이 있고, 국가·조상과 관련된 일이나 가상·허상의 직업성에서 발달한다. 월·일에 부합하지 않으면 현실 성취가 약하다.

간지 복음 운에는 해당 궁위의 활로가 막히니 경거망동하면 안 된다.

* 년주복음 운에는 근원적으로 문제를 해결해야한다.
* 월주복음 운에는 직업적 변동·변화를 통해 발전을 모색하는 게 좋다.
* 일주복음 운에는 이사 등 변동·변화로 안정을 도모하는 게 좋다.
* 시주복음 운에는 능동적으로 임해야 엉뚱한 짓을 하지 않는다.

사주간지가 타인과 상호복음이면 인연의 연결고리다.

자신의 년주·월주·일주·시주 간지와 동일한 간지를 가지고 있는 사람과는 전생-현생-내생으로 연결되는 인연 고리가 있다. 이런 사람을 만나면 왠지 가깝게 느껴지고 감정교류가 빠르고 인연을 길게 이어간다.

복음간지의 인연 관계는 근-묘-화-실 관계성에 부합해야 오래 지속되고, 인연 관계성이 맞지 않으면 불만·이질감을 느끼게 되니 지속력이 떨어진다.

예를 들어,

스승과 제자의 사주간지에 甲子라는 동일한 간지를 가지고 있으면 인연이 깊고 학문·기술을 승계하는 관계이다. 그런데 스승은 甲子일주이고 제자는 甲子년주이면 제자가 스승 위에 존재하는 형국이니 인연을 오래 지속하지 못하고 심하면 분쟁을 초래한다. 인연의 연결고리가 있으니 인연을 맺게 되지만 관계성이 맞지 않으니 불만을 갖고 지속력이 떨어지는 것이다.

다시 예를 들면,

부부관계에서, 남편은 癸亥년주이고 부인은 癸亥일주이면 남편이 가장(家長) 격이고 부인이 내조하는 격으로 순리에 따른다. 반대로 남편이 癸亥일주이고 부인이 癸亥년주이면 인연의 연결고리는 좋지만, 부인이 남편을 능멸하는 형국이니 부부애정이 순탄하지 않다. 이는 일반적 가정형태를 예로 든 것일 뿐 실제로 부인이 가정경제를 책임진다면 부부인연을 안정되게 이어갈 수 있다.

己癸戊己　坤　乙甲癸壬辛庚己9
未丑辰酉　　　亥戌酉申未午巳

辰월에 필요한 수기를 癸일간이 담당해야하고 戊辰월주이니 자수성가의 상이다. 여명이 자수성가로 삶을 개척해야하니 좋을 게 없다. 癸일간이 戊바탕을 얻고 辰월에 앉았지만 가공할 木은 없고 월일이 戊癸-丑辰으로 형·합(천)하니 삶의 바탕이 불안정하다. 다만 가공할 인자는 酉뿐인데 辰월에서 酉를 끌어들이니 직업성취 or 부모·형제의 도움이 있고, 조상·선천(酉)을 통한 성취다.

酉는 인생 포인트인데 土구성이니 불미하다. 癸는 酉辰으로 甲발현을 원하는데 丑이 酉를 끌어당기니 甲이 발현되지 못한다. 그렇지 않으면 酉를 완성해야하는데 酉丑辰으로 酉가 묶이고 未가 丑을 동요하니 酉丑辰이 강화되어 酉를 묶어버린다. 결혼 후에 삶의 수단이 상실되고 남편으로 인한 고충이지만, 丑이 癸의 목적인 酉를 담으니 남편의 도움도 있다. 丑未는 酉丑辰을 강화하지만 酉를 풀어주기도 하니 자식이 성장하면서 酉를 통해 해묘미에 대한 기대감을 갖게 된다. 다만 급하게 목을 내려하면 酉만 손상될 뿐이니 己酉를 수단으로 삼되 근본을 지켜야한다.

사주구성에서 기운·바탕(土)이 충족된 상태에서 丑辰未로 목을 발현시키려는 목적성이 있으니 적극·활동적이고, 癸丑일주가 戊를 만나 분산작용을 강화하니 오지랖을 부리고 천방지축 모습이 되는데, 戊己가 조절·통제를 적절히 하고 己酉·己未 구성으로 己가 주도하니 이중·복합성이 안정된다.

丑 중 己가 己酉·己未로 발현되고 할 일은 酉밖에 없으니 己酉 즉 국가·자격·인허가·인성 or 조상·종교 등과 관련된 일에서 삶을 도모해야한다. 다만 여명이 년·월을 사용하면 남편의 발달을 저해하거나 무능하게 만들 수 있다. 남편이 己酉를 사용하고 본인은 己未를 사용하는 것이 좋겠지만, 만약 본인이 己未를 사용하면

乙을 완성하는데 집중하기에 직업 성취(戊辰)는 있을지라도 酉근원을 손상시키니 결국 남편을 손상시키는 꼴이 된다.
己未를 쓰자니 부부인연이 왜곡되고, 己酉를 쓰자니 酉가 묶이니 답답해진다. 癸일간이 월지를 얻었지만 주도하지 못하고 土복음으로 갈피를 잡지 못하는 상이다. 삶에 변동·변화가 많을 수밖에 없는데 그래도 酉에 의지할 수밖에 없다. 戊辰월에 주재할 인자는 癸일간이고, 癸는 辰 중 乙을 얻는데 있으니 己未에 집착하면 丑辰未로 분산·손실이 있을지라도 자기 몫은 챙기겠지만 없는 木에 집착하면 엉뚱한 짓에 인생을 허비할 수 있다. 己酉(국가·자격·인성·조상)를 열심히 다듬다보면 자연히 酉辰에서 甲이 나올 것이고 그러면 癸의 성취가 된다. 이럴 경우에는 주말 부부형태로 살거나 남편과 함께 하는 일하면 좋다. 그렇지 않으면 남편의 작용력이 상실되기에 자신이 가장역할을 해야 한다.
壬申·癸酉 대운에 수기를 충족하고 申·酉를 동반하니 己酉를 통한 성취는 이롭다. 다만 癸일간이 酉에서→甲을 내려하면 酉丑辰이 강화되기에 안정되지 못한다. 癸酉대운에 학업을 이어가고 사주 공부에 매진함은 己酉를 얻기 위함이니 개운(開運) 흐름이다.
甲戌대운에 癸가 원하는 甲이 투출되니 원하는 바를 얻을 수 있다. 甲戌에 甲이 약화되고 己에 양합하니 처음에는 혼란스럽고 갑갑하겠지만, 未戌丑辰으로 통관되어 답답했던 상황이 서서히 풀어지고 甲은 戌에서 乙모습으로 가치를 얻게 된다. 년주에서 己酉-甲戌로 동(천)하니 기존의 틀에서 벗어나 삶의 근원을 해결하는 사고 전환이 필요하다. 또 시주에서 己未-甲戌로 형·합하니 뜻하는 바에 변화를 주지 않으면 묶이게 된다. 년·시에서 甲이 동요하니 두 마리 토끼를 잡으려다 未戌·酉戌로 모두 놓칠 수 있다. 학문 or 국가·조상을 바탕으로 삼고 직업성취(戊辰)에 관점을 둬야 가치가 실현되고 두 마리 토끼를 잡을 수 있다.

辛乙乙壬 乾　壬辛庚己戊丁丙3
巳丑巳寅　　子亥戌酉申未午

위 여명(己酉생)의 남편이다.

乙일간이 巳월에 앉아 壬寅년주에서 壬을 취하여 壬甲으로 乙을 형성하여 巳가 乙을 키우니 乙성취가 순조롭다. 연월 환경이 조성되니 행운이 따르고 삶의 바탕이 견고한 격이다. 辛은 甲의 씨앗이고 丑 중 辛에서 투출되었으니 처자식을 얻고 성취를 견고히 한다. 그런데 막상 처자식을 얻고 나니 丑은 辛을 끌어들여 巳酉丑으로 辛을 완성하니 도리어 乙이 할 일을 잃고 작용력을 상실한다. 또 水火가 충족된 상태에서 寅巳와 乙辛은 좋을 게 없다.

乙을 가공하는 巳는 辛巳·乙巳로 복음이다. 乙丑에서 乙이 촉발(丑卯)되고 巳가 乙을 키우면 완벽한데, 巳丑이 辛을 끌어들이면 乙이 가치를 상실한다. 寅巳형을 가동하면 壬乙로 급조하면 辛이 급격하게 손상되고 위법·편법성으로 불안해진다. 丑卯와 寅巳로 발달을 도모하면 丑(辛)이 손상되니 가정(처자식)을 깨뜨리기 쉽고, 辛부인을 이용하면 사유축으로 자신의 역량이 상실되는 것이다. 인생사와 사주팔자가 모두 이러하니 인생은 총량제다.

辛-壬-甲-乙로 순행하기 위해서는 壬寅을 취해야한다. 辛·丑을 발판으로 삼되 사업적 성취(辛巳)에 욕심을 내지 말고 자식(辛)에 집착하지 말고 처(丑)가 활동력을 발휘해야 함이다. 壬寅을 삶의 수단으로 사용함에 있어서도 대박을 노리거나 탐욕을 부리면 壬乙로 뻥튀기 상이 되어 辛(가정)을 깨뜨리게 되고 壬寅을 잘 사용하지 못한다는 의미도 된다. 기술(몸)로 무장하여 壬寅 직업성에 의탁하면 늦을지라도 성취와 안정을 도모할 수 있다. 즉 丑寅巳로 발현하느냐 巳酉丑으로 완성하느냐에 달려 있으니, 丑일지의 향배에 따라 가정의 안정과 성취에 영향을 미치게 된다.

丑 중 辛이 시에 투출되니 처가 辛巳모습이면 부부애정이 안정되

고, 처는 己酉를 취하는 구성이다. 처(癸일간)가 己酉를 통해 甲을 내야함은 가장역할이라는 뜻이고, 남편은 丑이 壬-甲-乙의 발현처이니 丑부인에 의지하는 상이다. 처가 己酉를 통해 丑-壬寅을 형성하길 원하는 것이다. 비유컨대 미용실 원장을 부인으로 두고 셔터맨으로 살아가길 원하는 사주구성이라 할 수 있다.

시주-일지에서 辛巳-丑은 사주 방향성에 불문하고 처자식에 애착을 갖게 되고 처자식 성취 or 처자식을 통한 복록 or 윤회의 숙명을 완성한다는 의미가 있다. 한편 乙일간은 해묘미에서 완성되길 원하니 사유축이 달갑지는 않지만, 사유축을 완성되면 결국에는 丑寅으로 발현되어 壬寅으로 乙을 얻고 더불어 乙丑일주에서 乙이 촉발되기에, 丑 중 辛(부인·자식)이 성취를 이루면 결과적으로 乙이 차지할 수 있다는 계산이 나온다.

부부 모두 일지가 천간에 드러나니 부부애정이 불미한 구성이지만, 사주구성에서 해야 할 일 or 목적성이 같으니 큰 문제가 없다. 부인은 丑 중 己가 투출되어 己酉를 취할 수밖에 없는 구성이고, 남편은 丑 중 辛이 투출되어 巳酉丑을 형성하는 구성으로, 모두 辛을 기반으로 하고 목을 얻는 환경이다. 부부의 사주구성이 같고 7살 나이 차이로 해소하니 천생 인연인 셈이다.

무릇 범인(凡人)은 재물 성취에 일희일비하지만, 귀인(貴人)은 평생-윤회(부모-배우자-자식)의 안정을 중히 여긴다. 이 남명은 재관성취의 관점에서 좋은 사주팔자를 타고 났지만, 재관 성취로 인해 가정(처자식)을 깨뜨릴 수 있다. 뜻을 이루고 가정을 깨뜨리는 게 좋은지, 성취가 약해도 가정이 화목한 게 좋은지, 손자代를 지나야 알 수 있으니 인생은 새옹지마塞翁之馬라.

이 남명은 더디고 희망이 없어 보일지라도 丑寅-壬寅으로 근원을 중시하면 최종복록이 완성될 것이다. 본인 or 처가 국가·조상과 관련된 일이요, 처(辛)에 의지하거나 처와 함께 하는 일이다.

庚甲壬庚　乾　己戊丁丙乙甲癸1
午子午辰　　　丑子亥戌酉申未

천간은 양간으로 구성되어 子午에 앉았고 庚辰으로 구성되니 사주간지 자체가 불안정한 구조다. 甲일간이 午월에서 작용력을 상실하는데 子午로 午를 부추기니 성격이 온순하고 착하지만 역동성이 부족하고 삶에 대한 의지가 약하다. 지지에 水火가 충분한데 甲庚이 동주하는 것은 이로울 게 없고, 甲庚-子午는 방향성을 찾지 못하는 경향이 있다. 甲庚-子午가 일시에 임하니 중년 이후에 역동성이 발동하여 엉뚱한 짓을 하게 된다. 午子午로 충이 거듭되니 도리어 응집력으로 변하고, 午辰은 庚을 추구하는데 庚辰으로 변색되기에 추구하는 이상(꿈)이 꺾이는 꼴이다.

午월에 壬이 동주하고 庚壬甲으로 甲을 내는 조건으로 대운이 도우니 庚辰을 이용하여 성취를 이루는 구조다. 庚이 투출되니 庚성취를 꿈꾸는데, 庚을 얻으면 庚辰에서 庚이 손상·변색되기에 크게 사용하지 못한다는 제약이 있다. 庚을 성취하면 등락을 겪는 것이 두려워서 아예 庚을 취하지 않으려하기도 한다. 더구나 庚辰·庚午로 복음이니 방향성을 잡지 못하고 한 번에 이루지 못하는 딜레마가 있다. 庚을 믿지 못하니 현실감이 떨어지고 불안함에 옹색해지고, 자신감이 상실되고 목표성이 확고하지 않다.

子 중 壬이 투출하여 壬午로 간지암합하고 辰년지에 癸가 임하고 壬이 申子辰으로 끌려들어가니 부부애정이 왜곡될 소지가 있다. 신자진으로 연월에서 壬이 완성한다는 의미도 있고, 壬은 甲을 내는 것이 목적이고, 子午로 甲이 촉발되는 환경이다. 壬午월주는 자신의 직업성이기에 직업성이 확고하지 않거나 직업 성취가 미비하면 부부인연이 어긋날 수 있다. 壬午월주가 庚에서→甲을 내기에 庚을 삶의 수단으로 삼을 수밖에 없다. 午辰으로 취한 庚이 庚辰으로 손상되지만 壬이 가공하여 완성하는 구성이니 성취정도

가 낮더라도 국가·단체에 가담해야 안정을 얻는다.

庚午에 유혹되지 말고 庚辰에 초점을 맞춰야 함인데 庚辰년주이고 허상·가상의 상이다. 庚午를 넘보면 헛된 꿈을 쫓는 몽상가가 되기 쉽지만, 庚辰에 임하면 성취가 크지 않더라도 안정된다. 乙酉대운은 甲이 乙에게 의탁하고 庚辰년주가 동하니 庚辰을 통한 인생 돌파구를 찾으려한다. 스님이 되면 어떨까, 생각해봤다고 하니 삶의 바탕이 庚辰에 있음을 짐작하고 있음이다. 현대사회에서 어린 나이에 선뜻 종교인의 삶을 선택하기란 쉽지 않다. 乙酉대운 己亥년 丑월에 입대했다. 군대에 간 김에 직업군인으로 자리매김하는 것도 고려해볼만하다.

庚午·庚辰 복음은 시주(자식·노년)가 윤회하여 년주(다음 생)로 연결되는 흐름이고, 년주(전생)의 기운을 시주까지(평생) 연결되는 모양새다. 전생의 업을 자식(덕행)으로 갚거나, 이승에서 못한 일(인연)을 다음 생에서 완성하려는 의도이다. 선천복록을 얻은 격이니 노년 성취가 좋고, 조상(년주)의 굴레에서 벗어나지 못한다. 국가·조상을 섬겨야하는 숙명과 자식으로 인한 고충이 동반되는데, 상대적으로 국가·조상 or 자식의 도움·혜택은 크지 않다. 중년 이후에 종교·철학 등 비현실성에 빠져드는 경향이 있다.

甲壬辛癸　坤　戊丁丙乙甲癸壬8
辰子酉丑　　　辰卯寅丑子亥戌
위 남명(庚辰생)의 엄마다.36)

이 사주의 목적은 甲에 있고 辰은 천살이다. 천살에 임한 甲辰이니 甲의 현실적 성취가 크지 않고, 하늘(조상·신)과 관련된 일에서 가치를 얻고 종교·철학적 사유가 있다. 육친으로는 내가 마음대로 할 수 없는 하늘같은 자식 즉 조상·윤회의 업으로 맺어진 자식이

---

36) 저자의 『합충형파해 강론』 「간지의 기상운행」 "癸丑"편에 소개된 사주다.

있거나 甲辰을 삶의 목적으로 삼는 자식이 있다는 의미도 있다. 辰 중 癸가 癸丑으로 발현되니 국가·조상의 상이다. 본인은 종교성이 두드러지고 타로·사주를 직업성으로 삼고 있다.

母子 모두 금을 가공하여 甲을 낸다는 점에서 같다. 엄마는 직업적 성취(辛酉)를 통해 壬子로 甲辰에서 甲을 발현시키고, 아들은 庚辰년주를 통해 壬午의 직업성(부모 자리)으로 甲을 얻는다. 엄마의 甲辰 모습에 따라 아들의 甲성취에 영향을 미친다는 것이 기상명리에서 말하는 인생총량제다. 즉 엄마가 癸丑(단체·자격)에 집착하면 甲을 낼 수 없으니 자식이 발달하지 않는다. 癸丑을 기반으로 辛酉를 가공해야 하지만 거기에 얽매이면 母子의 인생 총량 개념에서 이로울 게 없다는 말이다.

이 여명은 단체를 기반으로 삼아 자신의 것을 만들고, 조상의 기운을 근간으로 실력(재능)을 발휘하고, 인성보다 식상에 관점을 둬야한다. 그런데 丙寅대운 말미인 己亥년에 대학원 진학을 결심하고 庚子년 입학이 결정되었다. 丑寅으로 甲을 확실히 내려는 의도도 있을 것이고, 辰천살에 임한 甲이니 조상(국가·자격) 기운을 얻어야 한다고 생각할 수도 있다. 다만 조상(국가·자격)을 취하되 얽매이지 않아야 하니, 학위가 도리어 성장에 발목을 잡을 수 있고, 설령 성취를 얻더라도 자식 성장에 지장을 초래할 수 있다.

丙寅대운에 辛酉월주가 丙辛·酉寅으로 동하고 丙壬으로 壬일간이 甲을 내려는데 甲이 寅에 기반되고, 己亥년에 壬이 동하여 기반되니 엉뚱한 짓을 하는 운세다. 운세 영향이 아니라도 癸丑을 기반으로 甲을 내야하니 본인도 어쩔 수 없이 끌려가게 되는데 운이 부추겼다. 주위에서 만류해도 대학원 진학을 포기하지 않겠지만, 만약 강한 만류로 진학하지 못한다면 평생 아쉬움으로 남고 두고두고 자책·원망할 것이다. 알고도 어쩔 수 없이 끌려가는 게 일생길이고 사주팔자 모습대로 살아가는가보다.

위 여명(癸丑생)의 작은 아들을 보자.

庚辛乙癸　乾　戊己庚辛壬癸甲4
寅卯卯未　　　申酉戌亥子丑寅

寅卯辰으로 목을 완성하여 未申으로 庚이 발현되어 辛을 취하는 구성이다. 卯월에 癸未를 취하니 국가·자격 or 조상을 이용한다는 점에서 엄마의 사주 경향성과 유사하지만, 금을 가공하여 목을 내는 게 아니라 목을 가공하여 금을 얻는다는 점에서 방향성이 다르다. 여기서 庚은 辛일간이 취하는 흐름이니 겁재(타인)의 것을 빼앗아 자기 것으로 만드는 재주가 있고 타인의 도움으로 성취하는 상이다. 庚의 고충·애환이 현실화되는 건 아니다.

엄마의 甲辰을 취하는 구성은 아니지만, 목금으로 구성되니 엄마의 수기가 필요하고, 월주가 간여지동(辛酉-乙卯) 구성이고, 방국(亥子丑-寅卯辰)의 과단성(좋고-싫음)이 있다는 점에서 엄마와 성격이 닮았고 성향도 비슷하다.

자식 중에서 사주팔자가 부모-자식의 인연 고리(전생 인연)로 연결된 자식은 왠지 조심스럽고 신경이 쓰인다. 반면에 사주체계가 비슷한 자식에게는 함부로 말을 해도 아무렇지 않고 편하다. 흔히 편하고 친한 자식이 전생인연이 있는 것처럼 여길 수 있으나, 실상은 불편하고 눈치가 보이는 자식이 전생인연으로 연결된 경우가 많고 그 자식은 자신의 모양새에 따라 영향을 받는다.

위 여명을 예를 들면, 癸未생 아들은 사주체계가 비슷하니 만만하고 편한 자식이고, 庚辰생 아들은 조심스럽고 눈치를 보게 되는 천살 자식일 것이다. 엄마 삶의 모양새에 따라 영향을 받는 자식은 庚辰생 아들이라 할 수 있다.

3. 간지의 투출

사주팔자에서 지지가 천간으로 투간되면 천간기운을 얻은 격이요, 천간의 의도가 지지에 반영된 형상이다. 천간-지지가 상응한 모양새로 해당 궁위의 발현이 수월하고 가치를 높이고 돋보이게 한다.

지지의 투간은 동일한 간지를 원칙으로 하되 지장간 인자를 포괄한다.

▶ **년간이 지지에 임하면(복음) 선천기운이 부여된 모습이다.**

년간이 월지·일지·시지에 임하면 선천기운이 사주팔자에 임한 것이니 어떤 일을 하든지 국가·선천·조상을 벗어나지 못한다. 애국심·충성심이 있고, 神을 부정하지 않고, 조상·제사를 받들고, 인성(도덕심)이 있고, 종교·철학적 사유가 있다. 국가·단체 or 가상·허상의 직업성이고, 재관 활동과 상관없이 비현실적 성향을 보인다.

▶ **월간이 지지에 임하면(복음) 직업성이 부여된 모습이다.**

월간이 년지·일지·시지에 임하면 인생 바탕이 드러난 격이니 공개된 직업이 좋고 직업성취가 수월하다. 삶의 바탕을 완성해야하니 여명은 직업을 가지는 것이 좋다. 의외로 재관성취욕구(의지)와 부모인연이 약한 편이다.

▶ **일간이 지지에 임하면(복음) 직업성이 부여된 모습이다.**

일간이 년지·월지·시지에 임하면 자신이 삶을 주도하는 격이니 대장노릇을 하는 경향이 있다. 자수성가의 상으로 고집(자존·자만)이 강하고 이기적인 성향으로 부부인연을 저해한다. 드러난 상으로 구설시비가 따른다.

▶ **시간이 지지에 임하면(복음) 직업성이 부여된 모습이다.**

시간이 년지·월지·일지에 임하면 말년의 삶(직업)이 사주팔자에 미치니 한 가지 일을 오래하거나 말년에도 활동력을 과시한다. 식상을 위주로 하는 직업성에서 발달한다. 말년 or 자식의 모습이 드러난 모양새다.

1) 년지의 천간 투출

년지는 선천복록이 완성된 자리로 국가·자격·조상·유업·종교·인성과 관련이 있다. 년지가 천간으로 투출되면 국가보다 조상, 인성보다 종교성, 자격보다 철학적 사유에 가깝다. 국가·자격·인성을 삶의 수단으로 폼 나게 사용하지 못한다는 의미이다.

```
  ○○辛○        ○癸○○        甲○○○
  ○○○丑        ○○○子        ○○○卯
 (년지→월간)    (년지→일간)    (년지→시간)
```

① 년지가→월간으로 투출

직업적으로 국가·단체를 이용하고, 조상·유업에서 벗어나지 못하고, 머리(정신)보다 몸을 이용하는 경향이 있다. 부모가 조상유업을 이어 받으면 자신이 직업성으로 성취하기 수월하다. 가상·비현실적 직업성에서 발달하고, 월간이 월지와 음양본위가 부합하면 삶의 바탕을 견고하게 한다.

② 년지가→일간으로 투출

년지(선천)가 일간을 북돋고 일간이 근원을 주도하는 모습이다. 음덕·귀인의 도움으로 성취하고, 암암리에 크게 성취하려는 욕구가 있다. 어떤 형태의 삶을 살든 어떤 일을 하든지 조상을 모셔야한다는 의무감이 있고 종교·철학적 사유가 지배한다.

③ 년지가→시간으로 투출

년지가 제2의 직업성이고 전생에서 연결된 숙명이고 다음 생에서 해야 할 숙제이다. 초년에 꿈꿔왔던 일을 노년에 실행하고, 노년에 가상·비현실적 직업성에 가담하고, 선천기운을 말년까지 북돋으니 건강하게 장수한다. 평생토록 사유를 지배했지만 실행하지 못했던 일을 자식이 실현하면 노년 복록이 크고 안정된다. 중년이후에 종교·철학에 가담하는 경우가 많다.

2) 월지의 천간 투출

월지는 부모·형제의 자리이고, 직업궁으로 삶의 바탕이다. 월주는 직업궁으로 월지가 투출된 천간 인자(궁위)가 직업성이 된다. 특히 월지가 원하는 인자와 월지가 투간된 인자가 환경을 주도하면 해당 궁위인자가 삶의 바탕(직업성취)이 된다.

```
    ○○○壬           ○庚○○          乙○○○
    ○○亥○           ○○酉○          ○○未○
   (월지→년간)      (월지→일간)     (월지→시간)
```

① 월지가→년간으로 투출

직업적 근원이 년간에 있음이고, 삶의 바탕에 선천기운이 미치고 있음이다. 선천복록을 끌어당겨 삶의 바탕(직업)을 형성하니 행운이 따르고 직업 발현이 수월하다. 년간을 이용하니 조상보다 국가·단체, 종교성보다 인성, 철학적 사유보다 자격·인허가를 이용한 성취이다. 년간은 년지보다 외형적으로 폼 나게 사용하지만, 환경에 부합하지 않으면 재관 성취에 흥미를 잃고 정신을 추구하거나 종교·철학에 심취하는 경우도 있다.

전통적 직업으로 공직 계통이 아니면 선생이다. 현대에서는 가상·허상·비현실적 직업성을 갖는 경향이 있다. 인터넷, 유투브, 선물거래, 연애·연극, 예술·예능, 음악·미술, 소설·만화, 임대·창고업 등이다.

② 월지가→ 일간으로 투출

월지가 일간으로 투간되니 성취욕구가 강하다. 일간이 선천-후천을 돌려야하니 자수성가의 상이고, 부모궁에서 일간이 이어받으니 부모의 모습(성취)을 기반으로 삼는 흐름이다. 월주가 건실하면 부모의 도움(인성)으로 성취하고, 일간이 시주에서 형성되면 식상을 발휘하여 성취한다. 여명은 직업적으로 발현하지 않으면 가정·부부애정이 왜곡될 수 있다.

③ 월지가→ 시간으로 투출

　삶의 바탕이 자식에게 승계되는 흐름으로 직업적 성취가 곧 노년 복록이자 자식의 모양새다. 안정된 구조 같지만, 일간 입장에서 월주-일간-시주(선천-후천)을 돌려야하니 힘겹고 부모-나-자식을 연결하지 못하면 토사구팽 당한다. 즉 일간이 시간과 연계되지 않거나 직업성취가 불미하면 내 의도와 상관없이 삶이 어긋나고 뒤통수 맞는 일이 벌어진다. 단명 사주가 된다.
　월주-일간-시주 환경·흐름이 순탄하면 노년 복록이 좋고 자식이 성공하고 건강하게 장수한다. 몸(식상)을 활용하고 타인을 통한 성취다.

※ **월지·시지는 일지(배우자)의 경향성이자 삶(직업)의 경향성이 된다.**
　- 월지가 일간으로 투출되면 인성(단체·본점·자격·주류)을 이용하고 마땅히 해야 할 일에서 성취를 얻으려하고 직업(재관) 성취욕구가 강하다.
　- 시지가 일간으로 투출되면 식상(개인·지점·능력·비주류)을 이용하고 원하는 일에서 가치를 찾으려하고 자기가치 실현욕구가 강하다.

3) 시지의 천간 투출

　시지는 삶의 결실이자 자식궁이요, 노년의 삶이자 일생을 마감·정산하여 윤회로 돌이켜야하는 자리이다.

　　○○○甲　　　○○癸○　　　○丙○○
　　卯○○○　　　子○○○　　　午○○○
　　(시지→년간)　(시지→월간)　(시지→일간)

① 시지가→ 년간으로 투출
　시지(일생 마감지)에서 완성된 물상을 선천으로 되돌리는 윤회성이고, 선천기운이 시지까지 연결되니 말년(자식) 인생을 북돋는다. 일생 전반이 하늘 기운을 입으니 선천·조상의 영향을 받고, 전생의 업을 자식(덕행)으로 갚아야

하는 숙명이 있다. 조상·제사·종교·철학·가상·비현실적 일과 관련된 일로 갚아야한다. 자식의 고충·애환이니 선천·조상과 관련된 일에 종사하거나 조상 인연을 이어가는 자식이 있으면 안정된다.

윤회의 연결고리로 도화·음란성이 동반되기에 삶이 불안정하다. 현실적 욕구가 강한데 말년에 염세적(종교·철학성)으로 빠져드는 경향이 있다. 정신+육체(인성+식상)을 적절히 활용한다.

② 시지가→ 월간으로 투출

직업적 발현이 시지에서 완성되는 관계이니 직업적 성취(발현)가 늦다는 의미인데 나이가 들어서도 직업성취가 있다는 의미도 있다. 개인적 가치실현이 월간으로 투출된 모양새이니 하고 싶은 일을 직업으로 추구하게 된다. 가치실현욕구에 비해 재관성취욕구는 약하다. 제2의 직업에서 발달하고 노년에도 직업적 활동력(식상)을 과시하는 직업성을 갖는 게 좋다.

자식을 얻고 자신의 가치를 발견하고 실현하는 경향이 있고, 자식의 직업성이기도 하고 성공(효도)하는 자식이 있다. 자식이 성장한 후에 재관에 탐욕을 부리면 자식의 성공·발달이 저해된다.

③ 시지가→ 일간으로 투출

자기가치를 실현하려는 욕구가 강한 구조인데, 상대적으로 현실적 성취는 약한 편이다. 자식이 모습이 투영된 상이고 자신의 모습이 자식에게 전달되니 효도하는 자식이 있다. 자식을 얻고 발복하는데, 자식이 성장하면(손자를 얻으면) 기운이 상실된다. 식상(몸)을 활용하고 자신이 원하는 일을 고집하기에 부부 애정이 불미해진다.

밖에 완성지가 있으니 건강한 상이고 도화·역마성으로 발동하거나 종교·철학성으로 발현된다. 외연의 개연성이 있고, 자식 or 사위·며느리의 외연이 있을 수도 있다. 자식과 사위·며느리가 모두 전문직에 종사하거나 같은 직종·직능에 종사하면 흉이 감소되고, 자식 부부가 함께 일하거나 가업을 이어가면 안정된다.

○辛○○　○癸○○　○丁○○　○壬○○　○甲○○
申丑○○　子未○○　午未○○　亥辰○○　乙戌○○

시지가 일간으로 투출되면 말년에도 가치실현욕구가 강하고 활동력을 과시한다. 여기에 시지가 일간에 합(입묘)하면 일간이 겁재를 끌어들이는 형국이 된다. 다른 사람을 이용하여 성취를 이루는 상이지만 본인 or 배우자가 이성접촉이 많은 상이다.

4) 일지의 천간 투출

일지는 자신의 본질적 모습으로 자아실현(성욕·생식기)의 발현처이고, 배우자 자리(모습)이자 시주(실질적 물상완성)를 형성하는 전초기지다.

일지가 천간으로 투출되면 자존심 강하고 자기성취 욕구가 강하다. 본인 or 배우자의 발현(공개)을 의미하니 재관성취에 상관없이 삶(가정)에 변동·변화 등 불안정성을 안게 된다. 자기가치를 실현하기 위해 노력하고 열정이 있지만, 자신을 과장하고 이성인연이 개방적이다.

① 일지가 년간으로 투출

일지가 선천복록을 끌어당기고 선천기운(조상)이 일지에 미친다. 가만히 있어도 기본적 복록이 주어지니 게으른 편이고 편하게 성취하려는 경향이 있다. 일지에서 년간을 끌어들여 삼합을 이루면 경향성이 두드러진다.

일지가 공개된 모습이니 도화·음란성이 발동하고, 만약 배우자의 재관성취가 불미하면 배우자에 대한 불만이 가중되고 애정이 불안해진다. 덕을 쌓지 않으면 선천기운(근원·행운)이 상실되니 재관·건강·육친 등 인생복록을 쉽게 잃고, 조상기운을 찾게 되니 염세적(종교·철학)으로 빠지게 된다.

남명은 국가·조상·인성과 관련된 직업성에서 발달하고, 여명은 년주의 모양새가 남편의 직업성이면 부부 인연이 원만하다. 그렇지 않으면 여명은 자신이 가정을 책임지는 위치에 있어야 안정되고, 남명은 국가·조상·인성 직업성에 종사하는 처에 의지하면 안정된다.

② 일지가 월간으로 투출

부모음덕(행운)을 얻기도 하지만, 자신(배우자)이 선천을 돌려 후천을 다스려야하니 힘들게 성취하는 경우도 있다. 자신과 배우자의 모습이 만방에 드러나고 인생복록이 공개된 꼴이니 치부(시비구설)가 드러나고 재관·건강·육친 등을 지키는데 취약하다. 특히 자신 or 배우자의 외연으로 인해 부부애정을 깨뜨리기 쉽고, 남명(남편)의 직업성취가 불리하면 경향성이 높다.

③ 일지가 시간으로 투출

내가 완성한 인생복록을 자식에게 승계하고, 자식이 부모(나)의 모습을 삶의 기반으로 삼는다. 내 모습에 따라 자식의 발달이 순조롭거나 자수성가의 상이 된다. 식상을 위주로 삼고 노년에 왕성함을 과시하기에 이중·복합성이 있고 중년 이후에 외연 등으로 부부애정을 깨뜨릴 여지가 있다.

남명은 처가 시주의 직업성에 가담하면 흉이 감소되고, 여명은 사회활동을 통해 식상을 발휘하면 발달한다. 여명은 자신이 가정경제를 책임지고 남명은 부인에게 의탁하면 부부인연이 안정된다.

日支의 투간은 도화·음란(열정·성욕)의 발동이자 종교·철학성 발현이다.

자신(배우자)이 공개된 상황이기에 인기·사회성은 원만하지만, 이성 문제로 인해 부부애정이 깨뜨려지고 겁재로 인해 재관을 탈취 당한다. 도화·역마성은 가정적·사회적·경제적 안정을 방해하는 요인이 되고, 그러한 상실감은 종교·철학성으로 발현되기도 한다.

* 일지가 천간으로 투출되고, 일지 or 일간의 비겁이 년주에 동주
* 일지 인자가 간지에서 혼재, 합다
→ 투간된 일지가 간지에서 다시 합하거나 자화간합하면 경향성이 높다.
→ 일지가 대운·세운의 천간으로 투출되면 자기가치 실현욕구가 발동하고 성욕(열정)이 동반된다.

日支가 투간된 궁위·인자를 이용한 직업성이거나 배우자의 모양새가 그러하면 열정(성욕)을 직업적으로 승화시킨 것이니 안정된다.

여명에서 일지가 년간 or 월간에 투출되면 남편의 직업성(성향)으로, 시간에 투출되면 자신의 직업성(성향)으로 사용하면 좋다.

남명에서 일지가 년간 or 월간에 투출되면 자신의 직업성(성향)으로, 시간에 투간되면 처의 직업성(성향)으로 사용하면 좋다.

○庚○癸　　○乙○辛　　○壬○丙
○子○巳　　○丑○卯　　○午○子

庚子일주의 경우, 子일지가 癸년간으로 투간되고 巳 중에 庚이 동주하니 부부애정이 왜곡될 가능성이 높다. 다만 본인 or 배우자가 癸巳모습이면 부부인연이 크게 왜곡되지 않는다. 국가·단체·조직과 관련된 일, 조상·덕성과 관련된 일, 의료·의약·교육 등 생명(木)을 살리거나 타인을 통해 가치를 실현하는 직업성이다.

○癸丁○　　○己甲○　　○甲戊○
○未亥○　　○卯申○　　○戌子○

癸未일주의 경우, 未 중 丁이 월간으로 투출되어 丁亥가 간지합(丁壬)하니 배우자가 투간되어 타인과 암암리에 합하는 꼴이다. 도화·음란성이 발동하고 직업성취가 불미해진다.

庚庚○○　　庚乙○○　　甲○庚○
辰申○○　　辰酉○○　　○丑申○

일지가 투간되어 합·충·복음 등으로 구성되고 그 투간된 일지인자가 지지에서 합(입묘·입고)이 되면 해당 궁위 즉 자신 or 배우자의 변색·손상을 초래하기에 부부인연을 오래 유지하지 못하는 요인이 된다.

※ 결혼 택일

결혼은 이성인연과 성적욕구가 맞물려 성립된다. 일지가 운에서 천간으로 투출되면 자기가치 실현욕구가 발동한다. 열정이 솟아나고 정력이 왕성해지니 대인관계(이성인연)이 활발해지고 성적욕구도 동반된다.

동물적 관점에서 성적욕구는 출산을 의미하고, 성적욕구를 달성하고 가치를 실현하기 위해서는 경쟁(겁재)에서 이겨야한다. 일지가 천간으로 투출될 때 결혼·출산의 시기로 적합하고, 일간이 겁재를 만나는 운에 결혼을 성사된다면 경재에서 이긴 격이니 결혼 운기로 적절하다. 또 결혼은 자신의 고집·자만을 낮추고 상대와 화합해야하니 일간이 합하는 운이 좋고, 일지는 동해야 배우자(생식기)가 움직이니 충·형·파·천 등을 만날 때가 응기이다.

즉 적절한 결혼 운기에 있어서, 천간(일간)은 동하니 合으로 묶어야 자리매김을 하고, 지지(일지)는 정하니 동기부여가 있어야 실현된다.

- ▶ 일지가 운에서 천간으로 투출될 때
- ▶ 일지가 충·형·파·천 or 복음·합(입묘) 운을 만날 때[37]
- ▶ 일간이 合하거나 비겁 운을 만날 때
- → 남명은 년간의 합·비겁 운, 여명은 시간의 합·비겁 운을 준용한다.

결혼일이 위 운기와 신랑·신부의 사주팔자가 들어맞으면 좋겠지만, 그렇지 않으면 신부의 사주팔자를 중심으로 결혼 일정을 맞추는 것이 좋다. 만약 결혼 택일에서 년(年)이 맞지 않으면 월-일-시간을 위 운기와 부합하게 일정을 맞추면 된다.

한편 결혼은 결혼식(일)보다 혼인신고일이 중요하다. 위 운기에 맞는 날짜에 혼인신고를 하는 게 좋다. 사업자등록일도 통용된다.

---

[37] ·형·파·천 등을 만나면 동하여 움직이는 운세라면, 복음·합(입묘) 등을 만나면 변화·변동으로 번거로움을 해소하고 발전을 도모하기 위한 움직임이라 할 수 있다.

4. 복음 운세

 운에서 복음이 되는 간지·궁위는 동하는데 활동력이 강화되지 않으니 묶이는 현상이 되고, 쟁취하고 나눠야하니 고충·번뇌가 동반된다. 해결해야 할 일들이 많아지고 복음 간지·궁위의 번거로움·답답함이 발생한다.
 사주 환경에 따라 복음인 간지·궁위의 작용력이 기반·상실되거나 돌파구를 찾아 나선다. 어떤 경우든 변화·변동을 통해 흉을 해소하거나 발전을 도모해야한다. 사회적 활동은 식상(재관)보다 인성(공부)이 이롭다.
 천간 복음 운에는 마음·이상이 동한다면, 지지 복음 운에는 실질·현실적 욕구가 동한다.

① 간지 복음 운은 현실가치는 크지 않고, 충·형·파·천 운에 현실화 된다.

 간지 복음 운에는 해당 궁위가 동하지만 현실적 활로가 막히니 일이 뜻대로 풀리지 않는다. 변화·변동으로 활로를 모색하면 향후에 가치를 얻겠지만, 경거망동하면 당장 이익을 얻더라도 그만큼 대가를 지불해야한다. 해당 궁위를 삶의 목적으로 삼는 사주는 경향성이 높다.
 복음 운에 한 행위는 沖·刑·破·穿 운에 길흉으로 나타나는 경향이 있다. 대체로 복음 운에 좋았다면 충·형·파·천 운에 나빠지고, 복음 운에 좋았다면 충·형·파·천 운에 나빠지는 경우가 많다.

 * 년주 복음 운은 인생 전반을 평가·정산하는 시기로 삶의 근원을 통찰할 기회가 주어진다. 어떤 상황에서든 근원적 관점에서 문제를 해결해야한다.
 본인이 주도하는 일이나 크게 취하려하면 뻔히 보이는 길이 막히고 잘 나가다가 제동이 걸리고 뒤통수를 맞는 일이 벌어진다. 순리에 따르는 운세로 자신을 낮추고 타인의 의견에 동조하면 손해를 보는 듯해도 이익이 될 것이다. 자기 몫을 챙기고 재관 활동에서 성취를 꿈꾸는 것보다 타인을 배려하고 자기계발(공부)에 힘을 쏟는 게 좋다.

* 월주 복음 운은 직업·직장에 대한 불안감이 있고 사업이 정체되고 직업 적성을 성찰하게 된다. 심사숙고하고 직업적 변화·변동을 통해 발전을 모색해야 하지만 경거망동하면 실패하기 쉽다. 새로운 사업을 시작하거나 크게 투자하는 것은 불리하지만, 사무실을 이전하거나 간판·명의·상호 등을 바꾸는 행위는 이롭게 작용한다. 직업과 관련된 공부에 투자하는 시기다.
부모·형제의 변동·변화이기도 하다.

* 일주 복음 운은 본위가 동하면서 묶이는 현상이 일어나니 인생이 무엇인지, 존재 의미가 무엇인지 자신의 정체성을 고민하게 되고, 삶의 목적이 무엇인지, 무엇을 해야 할 것인지, 인생 방향성을 찾게 된다. 자칫 배우자·가정에 염증을 느낄 수 있으니 취미 생활을 통해 자아를 찾는 것이 좋다.
일주 복음은 가정·부부의 문제에서 해결할 일이 많고 번거로움·답답함이 발생하기에 가정사의 변동·변화로 안정을 도모하는 게 좋다. 이사하는 운으로 적합하고, 이사를 하지 않는다면 내부 인테리어, 가구 재배치 등으로 기운(분위기)을 돌리는 것이 좋다.
일신상의 문제는 직업성과 관련이 있기에, 직업 자체가 아닌 직장·직능의 이동·변동이 주어지기도 하고, 배우자의 변동·변화이기도 하다.

* 시주 복음 운은 직업적 성취와 별도로 자신의 미래가치를 꿈꾸고 외형을 갖추려는 경향이 있다. 밖에서 구하려는 속성(도화·역마성)이 동하고 과장·허풍이 있다. 평소에 하고 싶은 것을 실현하려하고 제2의 직업성을 고민하게 된다. 새로운 일을 위해 공부하고 기술을 터득하거나 취미를 갖는 일에 능동적으로 임해야 엉뚱한 짓을 하지 않는다.
일(직업)의 관점에서 보면 내부보다 외부의 문제이거나 변동·변화이고, 직업적 문제보다 가정적 문제 or 변동·변화이고, 가정 내에서의 문제·변동·변화보다 가정 외에서의 문제·변동·변화이다.
자식의 변동·변화이기도 하다.

② 사주원국의 지지(지장간)가 운에서 천간으로 투출되면 발현이다.

사주팔자의 지지(지장간)가 천간으로 투출되면 해당 궁위·육친의 발현(공개)이다. 모습이 알려지고 공개된다는 것은 발달을 의미하지만 구설시비에 휘말려 명예·재물이 손상되기 쉽다. 길흉이 동반되는데, 길함의 정도만 보고 흉함의 모양새는 보지 않을 따름이다. 특히 지지가 천간으로 투출되어 다시 지지로 내려올 경우에는 흉함이 더 크다.

* 寅巳申亥는 중기보다 본기(甲丙庚壬)를 위주로 본다.
* 子卯午酉는 여기(壬甲丙庚)보다 본기(癸乙丁辛)가 경향성이 높다.
* 辰未戌丑은 목금(乙辛)보다 수화(癸丁)가 경향성이 높다.

▶ 사주 년지가→ 운에서 천간으로 투출되면 이상(명예)의 발현이다.

국가·조상 자리의 발현이다. 국가시험, 자격증, 인허가 등과 관련된 일에서 성취가 있고, 이상을 실현되고 명예가 높아진다. 과거에 있었던 케케묵었던 일이 들춰지고 그로 인해 구설시비를 겪기도 한다.

인생 방향이 크게 뒤바뀌는 계기도 되는데 인간(자신)의 본질을 찾으려하고 공부(인성)에 매달리거나 종교·철학에 심취하기도 한다. 어떤 일이든 임시방편이 아니라 근본적으로 문제를 해결해야한다.

조부모의 명예를 드높이거나 사망을 의미하기도 한다.

▶ 사주 월지가→ 운에서 천간으로 투출되면 직업적 성취이다.

삶의 바탕(직업)과 부모의 발현이다. 역량이 발휘되고 직업성이 발달하는 만큼 삶의 바탕이 공개되기 마련이다. 발달정도에 따라 타인이 시기·질투가 있고 번거로움을 감내해야한다. 내 가치(발달)가 지나치게 커지면 부모 운세가 약화되고, 반대로 부모가 발달하면 내 역량이 약화된다.

부모의 명성이 높아지거나 사망을 의미하기도 한다.

▶ 사주 일지가→ 운에서 천간으로 투출되면 본성(가치)의 실현이다.

자신(배우자)의 본성(본질)이 드러나고 가치를 실현하려한다. 지금까지와 다른 이미지를 표출하고 행동반경이 넓어진다. 자기어필, 과시, 열정·정열, 성적욕구 등 도화·음란성이 발동하고 인기·사회성이 원만하다.

식상(능력·기술·육체)이 발현되기에 자기가치 실현에는 유리하지만, 자신 or 배우자의 성취·외도 등으로 부부 애정은 불리해질 수 있다. 외도하는 경향이 있고 이혼·사별하는 경우도 있다. 비밀스러운 일이 드러나기도 한다.

▶ 사주 시지가→ 운에서 천간으로 투출되면 미래가치를 실현코자한다.

최종목표점을 실현하려는 욕구가 발동하는데 현실적 성취보다 미래가치(종교·철학)에 관점을 둔다. 제2의 직업, 새로운 직업, 하고 싶었던 일, 투자, 취미 등 노년 인생의 돌파구를 찾으려한다.

식상(기술·노하우)을 이용하고 도화·역마성으로 멀리서(밖에서) 구하려한다. 결과물이 드러나니 다른 이성을 끌어들이거나 겁재 작용이 있다. 식상(자신)을 가공하니 마음이 조급해지고 붕 뜨고 과장·허풍이 있다. 엉뚱한 데 관심을 두고 엉뚱한 짓을 하기도 한다. 寅巳申亥이면 경향성 높다.

자식(며느리·사위)의 발달 or 이별인 경우도 있다. 여명은 경향성이 높다.

○○○○
亥卯午辰
壬운은 亥시지가 동하고, 乙은 卯일지가 동하고, 丁운은 午월지가 동하고, 癸·乙운은 辰년지가 동한다. 乙운은 卯일지·辰년지가 함께 동하고 子卯-卯辰형·천하니 복잡·다단해진다.

초년에 壬대운이면 애 늙은이 상으로 부모 인연이 약하고, 말년에 壬대운이면 탐욕으로 자식인연을 깨뜨리거나 종교·철학에 빠져들 수 있다. 초년에 乙대운이면 이성 문제를 야기하거나 결혼이 빠르고, 말년에 乙대운이면 주색잡기로 패가망신할 수도 있다.

③ 사주원국의 천간이 운에서 지지에 임하면 상실·변색이다.

천간(기운)은 지지(물상)의 운행을 주관하지만, 천간이 직접 지지에서 작용력을 발휘하지 못한다. 가령 사주에 甲이 있는데 寅운이 오면 甲이 동하여 寅모습으로 작용하려고 하지만 기운 상실로 뜻대로 되지 않으니 답답함이 있다. 특히 양간(甲·丙·庚·壬)은 상실·변색으로 인한 고충이 더 크다.

새로운 사업에 투자하거나 주택을 마련하거나 이전·이동을 하거나 기부하는 등 돈을 들이는 일은 나쁘지 않다. 대가·보상을 바라거나 투자이익을 목적으로 하면 왜곡될 수 있으니 마음을 비우고 기대치를 낮춰야한다. 진인사대천명盡人事待天命의 마음가짐으로 최선을 다하면 후일에 보상받게 되지만 경거망동하면 실패를 전화위복으로 돌이킬 수 없다.

다만 천간이 지지에 임하여 삼합 or 충·형·파·천이 되면 기반·변색이 심하지 않고 천간 방향성에 부합하면 천간의 도움·계기로 전화위복이 된다.

▶ 사주 년간이→ 운에서 지지에 임하면 국가·자격을 얻는데 불리하다.
국가·자격·인허가·시험·학문적 성과를 구하는 일에서 불리하고 특히 년간에 삶의 목적이 있으면 성취하기 어렵다. 해외와 관련된 일에 성과를 얻을 수 있고, 조상·종교·제사와 관련된 직업성에서는 성과가 있다.

근본 문제를 해결해야하고, 대박을 노리면 불법·위법 등 음성적 행위에 가담하여 곤욕을 치르게 된다. 탐욕을 버리고 자신을 낮추고 근원적 대응·해결에 임하면 큰 일이 성사되거나 성공의 발판·계기가 된다.

▶ 사주 월간이→ 운에서 지지에 임하면 삶(직업)의 환경이 답답해진다.
부모 운세가 꺾이거나 직업·사업 상황이 불리해진다. 재관(직업)의 성취는 약하지만, 공부(인성)에 성취감은 있다. 직업적 변동·변화로 삶의 바탕(직업)을 견고히 하는 계기로 삼는 것은 좋은데, 직업적 성취를 노리거나 식상(기술·노하우)을 발휘하여 가치를 높이려하면 화무십일홍이 되기 쉽다.

▶ 사주 일간이→ 운에서 지지에 임하면 뜻하는 바에 제동이 걸린다.

자신이 생각하는 바를 실현하려한다. 목표(결실)가 눈앞에 보이고 당장 거머쥘 것 같지만 본위가 상실되기에 성사 가능성이 낮다. 근거 없는 자신감이 발동하고 조급해지니 제 발등 제가 찧는 꼴이 되기 쉽다.

일간이 동요하니 움직임을 통해 기운을 돌리는 것이 좋다. 기존의 틀을 벗어나 하던 일을 재정비하고 이사·이전 등으로 분위기를 쇄신하는 행위는 당장 결실이 없을지라도 훗날 성과를 얻게 된다. 내일을 위해 공부하고 내실을 강화하는 것이 좋고 무엇보다 경거망동을 삼가야한다.

▶ 사주 시간이→ 운에서 지지에 임하면 새로운 일에 정체가 있다.

새롭게 선택하고 추진하는 일, 야심차게 실행한 일, 멀리서 구하는 일들이 제대로 풀리지 않고 투자한 것이 묶이고 도화·역마성으로 인한 문제가 발생한다. 미래가치에 투자하거나 하고 싶은 일에 몰두하거나 종교·철학에 가담하거나 내면의 가치를 높이는 행위에서 만족·행복감을 얻는다.

癸癸庚甲
○○○○

寅운은 甲년간이 상실되고, 申운은 庚월간이 상실되고, 子운은 癸일간·시간이 상실된다. 처음에 좋았다가 나중에 나빠지거나, 처음에 묶이고 답답하다가 서서히 풀리기도 한다. 만약 해당 궁위·간지가 삶의 수단인 사주는 기반·상실로 인한 고충이 더 심하다. 다만 천간인자가 운에서 지지에 임하더라도 '動'하면 기반·상실되지는 않는다. 가령 寅운에 寅申충으로 신자진이 발동하면 甲이 발현되니 처음에 정체되더라도 성과를 얻는다. 국가·자격·인허가 or 조상·종교와 관련된 일에서 성취가 있거나 원인이 되고, 문제를 근원적으로 해결하고 순리에 따르면 발전지상이 되고 申년에 결과치를 얻는다.

※ 사주 천간이 운에서 지지에 임하면 상실·변색되지 않는 경우

천간이 운에서 지지에 임하면 상실(기반)되지만, 달리 말하면 천간이 지지에서 가치를 실현하려는 의도이다. 현실적 재관성취는 약하지만, 공부·인성·덕성·자기성찰의 성취는 있다.

사주 천간이 지지에 임하여도 삼합 or 충·형·파·천 등으로 동하여 사주 방향성을 주도하면 천간의 도움·계기로 발달하거나 전화위복이 된다.

예컨대,

- 천간에 甲이 있는데 운에서 寅이 올 경우에, 신자진에서 甲을 얻는 환경이면 甲의 도움·계기로 발달하고, 인오술 환경이면 甲이 상실(변색)되기에 불리한데 乙이 주도하면 乙성취로 가치를 얻는다.

- 천간에 甲丁이 있는데 寅운에 戌과 더불어 인오술 간지삼합으로 구성되면 비록 寅은 상실되지만 寅도움·계기로 성과를 얻는다.

만약 乙이 卯운에 해묘미 간지삼합으로 구성되면 甲보다 실현·완성도가 크다. 〈"간지삼합구성"편 참조〉

- 甲이 寅운에 지지에 임하여 寅申, 亥寅, 寅巳, 寅未, 丑寅 등으로 동하면 상실되지 않고, 甲·乙을 가공·완성하는 환경이면 가치를 얻는다. 처음에 동하였다가 기운 상실로 정체되다가 서서히 안정을 찾게 된다. 다만 충·형·파·천 등은 '시작(動)-결과(化)'의 관계성이니 寅운에 행한 일은 申, 亥, 巳, 未, 丑운에 분쟁으로 나타나거나 현실적 가치를 얻는다.

○癸○○　　戊
○卯○○　　子년

癸일간이 戊子년에 새롭게 펼치려는 기운(의지)이 동하고, 가정·애정의 일이지만 직업성으로 발현되기도 한다. 일이 잘 풀리지 않거나 정체되는데, 癸가 子에 임하여 子卯형을 가동하니 戊子년에 행한 일은 辛卯년에 고충·번거로움으로 나타나고 실질적 성과로 나타난다. 성취·번거로움이 동반되는 경향이 있다.

○○辛○
巳○丑○

酉운에 辛월간이 기반되니 직업적 환경에 제동이 걸리는데, 巳酉 丑이 가동되어 묶였던 상황이 풀어지면서 辛성취가 있다. 정체·번거로움 속에서 발달하는데, 酉년의 행위는 巳년이 원인이 될 수 있고, 丑년에 정산해야 할 일이 생기고 현실적 결실을 얻는다.

④ 대운지지→세운천간은 발현이고, 대운천간→세운지지는 기반이다.

대운은 사주팔자를 완성하는 오궁십수(五宮十數)의 개념이다. 사주팔자의 운행을 간섭하는 기운은 대운이고, 대운의 기운 흐름을 간섭하는 기운은 세운이다. 사주팔자의 흐름을 관장하는 운세가 대운이라면, 대운의 흐름을 관장하는 운세는 세운이다. 세운이 직접 사주팔자의 운세를 주관하지 못한다는 말이고, 대운은 세운의 영향을 받는다는 말이다.

▶ 사주간지의 관계성에 불문하고, 대운·세운 간지가 합·충(천) 관계일 때 행하는 변동·변화는 발전지상이 된다.

▶ 대운 지지가→ 세운 천간으로 투출되면 월지·일지의 투출에 비유된다. 자신(배우자)의 본성(본질)이 만방에 드러내고 미래가치를 실현하려한다. 자기어필, 과시, 열정·정열, 성적욕구, 가장·허풍, 식상(기술·노하우·육체) 기질이 발동한다. 제2의 직업, 새로운 직업, 하고 싶었던 일, 투자, 취미 등 인생의 돌파구를 찾으려하고 종교·철학에도 관심을 갖게 된다.

자신 or 배우자의 발현·성취·외도의 상으로 부부 애정이 불안해진다. 예기치 않은 불로소득이 있거나 암암리에 성취하고 비밀스럽게 행하는 경향이 있고 감췄던 일이 드러나기도 한다. 이 시기에 사무실 이전, 주거지 이동·이사 등 행위는 발전을 도모하고 자기가치를 높이려는 의도이다.

▶ 대운 천간이→ 세운 지지로 임하면 월지·일지의 상실에 비유된다.

자신이 생각하는 바를 실현하고 싶은 마음은 동하지만 추진하지 못하거나, 이상은 높은데 현실은 따라주지 않는 운세다. 변동·변화로 기운을 돌려 훗날을 기약하는 인고의 시기이다. 이 시기에 사무실 이전, 주거지 이동·이사 등은 이득을 얻기 위한 행위가 아니라 내일을 위해 정비하고 내실을 강화하는 계기로 삼아야한다.

○甲○○　庚　　　甲
○申○○　寅대운　申년

寅이 甲으로 투출되니 자기가치를 실현하려하고 도화·역마성이 발현된다. 감춰졌던 일이 드러나서 번거로움을 겪기도 한다. 庚이 申으로 임하니 뜻하는 바가 성사되지 않거나 제동이 걸린다. 뻔히 눈앞에 보이는데 잡지 못하니 원망·한탄하는 일이 일어난다. 다만 寅申충을 하니 부푼 꿈을 안고 뛰어 들었다가 뒷덜미를 잡혀 묶이다가 서서히 좋아지는 경향성이다.

○丁○○　丁　　　甲
○午○○　丑대운　午년

丁亥대운에 午일지가 발현되어 명성을 얻는데, 甲午년에 丁이 기반되니 일간의 작용력이 묶인다. 여기에 午亥가 암합하니 정체가 심하고 엉뚱한 짓을 하게 된다. 처음에 좋았다가 나중에 나빠진다.

○甲○○　乙　　　庚
○○○○　亥대운　寅년

甲일간이 亥에 기반되고 亥寅으로 작용력이 묶임에도 불구하고, 대운·세운에서 乙庚·亥寅으로 파하니 庚寅년의 변동·변화는 발전지상이 된다.

乙癸癸丙 乾　庚己戊丁丙乙甲7
卯未巳申　　子亥戌酉申未午
『합충형파해 강론』에 소개된 사주다.38)
癸일간이 巳월 환경을 얻어 조후를 담당하고, 癸가 癸丙으로 乙卯에 목적성이 있으니 이중·복합성을 띤다. 피부과·성형외과를 겸하는 개업 의사이고, 종교·철학·사주에 관심이 많다. 사주팔자가 해묘미를 완성하는 구성인데 巳월에 癸가 투출하고 巳 中 丙이 투간되니 癸丙이 丙申년주에서 庚(인오술)을 추구하게 된다. 지지에서도 卯巳未→申으로 배열되니 띄니 크게 성취하는 흐름이지만 申의 왜곡·등락이 동반되고 庚완성이 불미한 구조다.

癸未일주가 未일지에서 해묘미를 완성하니 배우자 자리를 지켜야 안정될 수 있고, 丙申을 이용하되 탐하지 않으면 未일지가→申으로 발현되니 癸丙이 원하는 바를 취할 수 있다. 만약 자신이 직접 丙申에 탐욕을 부리면 未일지를 지키지 못하고 취했던 재관도 온전하지 못한다. 巳 中 庚이 巳申으로 동주하고 未申으로 연결되니 庚을 취하려는 욕구가 강한데, 癸未일주에서 癸가 庚을 직접 취하는 것보다 乙卯(식상·이중성)에 치중하여 乙을 未에 완성하면 未(처)→申으로 庚은 내 것이 된다.

庚戊丙丁 乾　甲癸壬辛庚己戊丁7
申午午酉　　寅丑子亥戌酉申未
위 남명(丙申생)의 부인이다.
격국·조후론으로 보면 여명이 戊午일주 양인격으로 성격이 난폭하고 수기가 전혀 없으니 부부인연이 박복하고 빌어먹을 팔자다. 기상명리 관점에서 午월에 丙丁 화가 투출·과다하니 불리하지만 금이 왕하니 화생금으로 庚을 완성하는 환경이 일관된다.

---
38)　합충형파해 강론』,「간지의 기상운행」, "乙卯"편, 360쪽.

戊午일주는 양인격이 아니라 펼치고 거두는 작용력으로 辰未戌丑 土가 없는 상황에서 창고 역할을 한다. 午일지가 丁년간으로 투간되어 丙丁·丙午로 겁재가 동주하니 부부인연이 왜곡될 여지가 있는데, 여명이니 남편의 모양새가 丁酉·丙丁의 모습이면 남편의 발달이자 자신의 성취가 된다. 丁남편이 의사로 국가자격을 이용한 수술·가공의 丁酉모습이고 丙丁·丙午로 이중·복합성이니 남편의 모양새에 부합한다. 이렇듯 일지 투간에 인한 부부인연은 배우자의 현실적(직업) 모습에 따라 길흉이 달라진다. 또 사주구성이 丙丁으로 庚辛을 완성하는 길 밖에 없으니 다른데 눈을 돌리지 않으니 부부인연이 안정된다.

午午복음은 부부 or 부모(시댁)와의 불미함을 의미하고 벗어나려는 욕구와 벗어나지 못하는 번거로움이 있는데 한편으론 튀어나가려는 午의 질주본능이 약화되니 번뇌·욕구가 약화되고 도리어 午의 응집력이 두드러진다. 남편이 피부과·성형외과를 겸하고 사주공부에 열의를 갖는 등 이중·복합성을 띠고 꼼꼼한 성격으로 이성적 사유가 있으니 午午복음의 모습에 부합하는 남편의 상이다. 남편은 未 중 乙을 乙卯복음 직업성으로 사용하니 이 여명이 자신에 맞는 남편을 찍어서 맺어진 인연이라 할 수 있다.

午월에 水가 없으니 火를 대용하고, 금이 왕하니 목적이 확실하고 木보다 유리하다. 만약 水가 없으니 水를 용신으로 삼아 水대운이라 좋다고 한다면 맞추기 위한 논리일 뿐이다. 많은 화에 수기가 없으니 오로지 금을 가공할 수밖에 없기에 丁酉남편을 확실하게 잡고, 庚申시주에 목적성이 있으니 남편(乙卯시주)과 같이 자식을 얻고 발복하는 흐름으로 내조격이 되었다고 봐야한다.

화를 대용해야하니 직접 재관을 성취하려면 힘들게 성취할 것이요, 타인에 의탁하면 상대적으로 수월하게 성취할 것이다. 또 많은 화에 많은 금을 만났으니 역동성으로 성취가 클지라도 등락을 겪을 것이요, 타인을 이용(조절력)하면 성취가 안정될 것이다. 대체로 남명은 대박-쪽박이 되기 쉽고, 여명은 내조로 복록을 얻으면 무난하다. 이 여명이 내조의 삶이라면 공주과에 해당할 것이요, 자신이 직접 성취를 추구했다면 무수리가 될 것이다.

남편은 乙卯시주에서 丙申년주로 발현되고, 부인은 庚申시주에서 丁酉년주로 향한다. 삶의 목적은 시주에 있지만 지향하는 바는 년주에 있으니 국가·인성을 바탕으로 삼고 이성적 판단력과 종교·철학적 사유가 삶을 안정되게 한다. 년주는 불로소득이니 덕을 베풀어야 확실하게 취한다. 남명은 巳월지가 丙년간으로 투간되고, 여명은 午월지가 丁년간으로 투간되니 더욱 그러하다.

남편은 癸未일주가 아니었다면 癸일간이 경거망동하여 丙申을 크게 취하려는 욕구로 부부인연을 깨뜨릴 수 있고, 부인은 水가 투출되었다면 丁酉에 기대지 않고 戌·丑이 있었다면 戊午에 기댈 필요가 없었을 것이다. 인생사에서 부모·자식의 인연보다 배우자 인연이 인생 향방에 결정적으로 영향을 미친다. 배우자의 사주팔자(모습·능력)가 좋고 나쁨은 중요치 않고, 내 사주팔자에 맞는 배우자를 만나는 것이 사주 흐름을 안정되게 한다.

辛丁甲丁 坤　庚己戊丁丙乙3
丑未辰卯　　戌酉申未午巳

丁일간이 辰월에 작용력을 발휘하지 못하고, 辰월에 수기가 없으니 목을 키우기 어렵다. 수가 없으니 화로 목을 키울 수밖에 없고, 연월 구성이 불미하니 삶이 불안정하고 어긋나기 쉽다. 여기에 천간은 丁辛으로 辛丑을 완성하는 의도인데, 지지는 丑未로 해묘미 흐름이니 丁일간이 방향성을 잡기 어렵다. 辰월은 卯를 키우려 하고 丁은 辛을 취하는 것이다.

卯 중 甲이 월간으로 투출되고 辰未에 乙이 동하니 辰자체 수기로 甲丁에서 乙을 얻길 원하고, 丁일간이 甲을 키우기 어렵지만 甲辰에서 乙을 내기는 상대적으로 수월하다. 丁이 복음으로 丁未가 丁卯로 乙을 키우려하니 가치가 크지 않고, 甲을 未에 담으니 직업적 성취는 좋은 구성인데 甲辰·甲丁·甲未 등으로 甲이 상실되니 삶의 바탕, 배우자의 근원, 부모인연, 직업 성취가 불안한 구성이다. 불안정·등락 속 발달이다.

未 중 丁이 연·일로 투출되고 丁卯로 동주하고, 甲겁재가 투출되어 未일지로 끌어들이고 연월에서 乙이 안정되지 못하니 결혼이 불미하다. 丁일간은 수시로 辛丑시주를 탐하니 밖에서 구하려는 의도이고 사유축은 도리어 丙겁재를 끌어들이게 되니 스스로 불안을 조장하는 꼴이 된다. 丁일간이 丑에 입묘하고 丑 중 辛·癸를 원하니 자식을 열망(도움·혜택)하는데 辛은 丑辰未로 상실된다. 자식이 인생 바탕이 될진대 취하면 손상을 보게 된다. 이럴 경우에는 남의 자식을 키우면 辛을 辰에 담아 甲의 근원이 되고 丑辰으로 乙을 키워 未에 완성할 수 있다. 직업이 학교 영양사로 丁卯모습이지만 甲辰에 수기가 없고 화를 대용하여 乙을 키우니 약간 낮은 수준의 선생님이고 선생님 모습을 가장한 영양사다.

丙午대운은 화로 목을 키워야하는 환경인데, 丙辛으로 辛이 묶이니 방향성을 잡을 수 있고 丁일간이 동하여 기반되어 丑에 입묘되니 목을 키울 수 있다. 화가 중중하여 흉하다고만 볼 것이 아니라 기운을 얻었다고 볼 필요도 있다. 丁일간이 丙으로부터 기운을 취하니 행운이 따르고, 이 때 丁복음은 나쁘지 않고 午에 丁이 기반되면서 丑에 입묘되니 丑이 화를 조절하고 수기를 보충하는 작용을 한다. 乙발현은 크지 않을지라도 경거망동하지 않고 자신을 낮춘다면 나쁘지 않은 운세다.

丁未대운은 일주복음으로 신음·반복지상이다. 丁未대운에 결혼하여 자식 없이 이혼하였고 己亥년에 미혼남과 재혼을 기대하였으나 남자친구 부모의 반대로 무산되었다. 己亥년은 丁未대운 마지막 년이고 甲辰월주가 파하니 삶의 바탕을 바꿀 기회이다. 己亥년에 교사임용고시에 합격하여 직업적 바탕을 바꾸었지만 결혼으로 가정을 꾸리지는 못했다. 하나를 얻으면 하나를 잃는 것이 파작용이고, 두 마리 토끼를 잡으려고 하면 다 놓칠 수 있다. 이혼했기에 임용시험에 합격했다고 볼 수도 있다.

여명이 丁卯년주를 직업성으로 사용하니 불미한 배우자 인연을 더욱 부추긴다. 丁이 卯에 앉았으니 어린애 같은 남편 인연이고 丁이 丑에 입묘하니 연하남 인연으로 남편을 돌봐야 할 팔자고 남편은 未申으로 밖으로 나가는 꼴이다. 丁卯는 자신이 사용하고 辛丑은 취할 대상이 아니니 자식 딸린 이혼남이 좋고 자신의 뿌리가 되어줄 남편이 좋다. 戊申대운은 申辰이 신자진으로 子를 끌어들여 未일지에 수기를 채워주고 壬寅년에 丁壬-寅未로 일주가 파하고 甲겁재를 끌어들이니 결혼 운기로 적절하다.

辛辛乙戊　乾　辛庚己戊丁丙6
卯酉卯辰　　　酉申未午巳辰

위 여명(丁卯생)이 己亥년에 재혼 상대로 삼았던 미혼남이다. 이 남명 역시 卯월에 수가 없고 辛酉일주에 辛卯시주이니 결혼이 불미한 구조이다. 酉일지도 수가 요구되는데 수기가 없으니 결혼·가정이 불미하고 화도 없으니 인생 복록이 불안하다. 卯월에 辰 중 癸를 취하여 乙을 키우니 학교 선생님이다. 월·일·시 간지에서 卯酉로 동하니 신자진으로 乙을 완성할지, 인오술로 辛을 완성할지 헷갈린다. 辛일간은 卯를 가공하여 辛을 성취하려고, 卯辰에서는 辛을 가공하여 乙을 완성하려한다. 卯월에 辰 중 癸을 취하고 수기는 辰밖에 없으니 선생을 택했음이다.

위 여명과 결혼을 약속했지만 부모의 반대에 맞설 용기가 없다고 한다. 水火가 없으니 정신이 충족되지 않음이고, 木金만 가득하니 소극적·수구적이고 주체성이 떨어진다. 辛일간이 수화가 없는 상태에서 복음이고, 酉일지가 辛일간을 넘보고, 월주가 간여지동으로 부모가 완강하니 제 목소리를 내지 못했다. 戊午대운 32세 己亥년은 戊辰년주가 동하여 결혼 운기는 되지만, 일지가 동하지 않았고 아직 乙卯(부모)의 기운이 미치는 시기이니 부모 의견에 맞서지 못한 것이다. 庚子년이었다면 庚겁재가 동하고 酉子로 일주가 동하니 의지를 피력했을 것이다.

戊乙辛乙　坤　戊丁丙乙甲癸壬9
寅卯巳卯　　　子亥戌酉申未午

巳월에 수기가 전혀 없고 목이 극왕하다. 巳가 홀로 乙을 키워야하는 상황이고, 辛巳월주에 의탁할 수밖에 없다. 辛은 목의 씨앗이고, 巳가 乙을 키우는 환경이다. 乙일간이 巳월에 임하고 乙辛으로 일·월이 천간기운을 돌리니 자수성가의 상이다.

乙卯일주에 乙卯년주이고 寅시지가 동반되니 부부 애정이 왜곡될 여지가 다분하다. 직업이 병원 간호사이고 남편은 의료기기 납품 영업직이다. 부부의 직업성이 부합하고 주말부부 형태로 살고 있으니 부부인연을 유지하고 있다. 이렇게 일지가 과다하게 혼잡할 경우에도 부부가 각자 사회생활을 왕성하게 하고 자연스레 각방·주말부부 형태로 부부인연을 지키는 경우를 많이 보았다.

목은 태왕하고 辛이 태약한데 수기가 없고 화가 부족하니 혈액·골수 계통분야에서 주사를 위주로 하는 간호사다. 주사를 다루는 건 약한 辛을 유지하는 방법이 되고, 생명을 다루는 일이니 乙卯의 직업성이다. 평소에 과격한 운동·등산·여행 등으로 몸을 힘들게 하는 것은 많은 乙卯를 다스리는 의도이다. 乙이 수기 없이 약한 화에 성장하니 몸에 탄력이 없고 기미·주근깨가 많다.

乙卯가 巳를 만났으니 자기 잘 난 맛에 살고 물상을 완성하려는 욕구가 강한데, 수화가 태부족하니 방어적이고 살아남기 위한 삶의 의지와 자기주장·소유욕이 강하다. 卯巳가 격각으로 폭발성·극단성이 있고, 乙卯일주가 년주 복음으로 선천기운을 득했으니 자만에 빠질 수 있다. 년주-일주 복음은 부모·배우자 인연을 약하게 만들고, 국가·조상과 관련된 일에 가담하더라도 성취가 크지 않은데 水火가 불미하니 가치가 떨어진다.

巳가 홀로 많은 목을 부담하니 巳(직업)에 대한 집착이 강하고 수화 부족에 따른 방어적 성향은 도리어 공격성을 보이게 된다. 자기 생각과 결정으로 상황을 판단하고 논리를 정립하는 타입이다. 타인과 몇 마디 대화로 다 파악했다고 자부하고 자기 판단이 틀림없다고 자만한다. 매일 운동을 거르지 않고 게으름을 피우지 않는 등 자기관리에도 철저하다. 자식의 장래 희망(직업)도 자신이 정해놓고 자식에게 정립하려한다. 본인은 자식의 의사를 존중한다고 말하지만 실상은 본인의 생각을 자식에게 주입하는 꼴이고, 자식을 잘 안다고 자부하지만 정작 자식이 무엇을 원하는지 모르는 엄마인 셈이다. 火가 부족하니 寅 중 丙에 집착하고 내 것으로 만들어야하니 더욱 그러하다.

부족한 火를 寅에서 충족하고 卯는 寅에서 기운을 얻으니 딸 둘에 이란성 쌍둥이를 얻어 자식이 넷이다. 寅자식을 통해 乙卯를 완성하고 불안한 卯일지를 견고히 하려는 의도이다. 이 사주는 辛巳가 삶의 포인트이니 직업성취를 갈구하고, 삶의 결실인 乙卯를 완성하기 위해서는 寅자식의 기운이 필요하니 자식에 집착함이다. 12신살로 보면 卯장성살을 본위로 하고, 寅망신살이 삶의 무기이자 행운요소가 되고, 巳역마살이 역동성을 발휘한다.

사주구성상 음란성으로 변질되기 쉬운데 辛·寅의 절제·균형과 辛巳의 직업성, 과격한 운동, 다산(多産), 주말부부 등으로 복록과 부부인연을 안정되게 하고 있다. 또 卯가 寅으로부터 본기를 취하고 년주·일주의 복음·간여지동이 자존감을 흐트러지지 않게 자신을 바로 잡아가는데 기여하고, 방어적 속성에 공격적 성향은 도화성을 약화시키는 요인이 된다.

壬戊丙甲 乾 癸壬辛庚己戊丁6
子子寅寅   酉申未午巳辰卯
위 여명(乙卯생)의 남편이다.

寅월에 子가 필요하고 子일지는 壬으로 투간된 상태에서 子子로 복음을 이룬다. 부인은 卯일지가 년주로 투간되어 乙卯복음 간지로 형성되고, 남편은 子일지가 시주로 투간되어 壬子복음 간지로 형성된다. 乙卯와 壬子 모두 이중·복합성이고 자기 잘 난 맛에 사는 타입이다. 10천간 중에서 乙과 壬은 도화성의 대표인자이고 한 곳에 안주하지 못하는 방황·떠돌이 상이다.

사주 흐름은 수생목으로 甲乙을 얻는 환경인데 연월 환경이 미비하니 의료기기 납품영업을 직업으로 삼고 주말부부로 생활하고 있다. 寅월에 壬子시주에서 기운을 얻는 구조로 부인과 같으니 다산(多産)할 수 있었다. 戊일간이 寅월에 子일지에 의지할 수밖에 없으니 가정의 결정권을 부인에게 위임하고, 부인은 辛巳로 乙卯년주를 사용하니 실질적으로 가장역할을 하고 있다.

이 부부는 각자의 사주만으로 보면 이별할 수 있는 사주구성인데, 자신의 사주팔자에 걸 맞는 배우자를 만나 배우자가 원하는 모습을 갖추고 있으니 주말부부로 지내면서 부부인연을 유지하고 있는 것이다. 년주에서 木을 얻는 구조, 시주에서 기운을 취하는 구성, 간여지동, 일지 격각(卯巳·子寅) 등이다.

5. 궁위·간지의 고충

◎ 辰·未·戌·丑과 우합의 발현(寅巳申亥)

辰·未·戌·丑은 삼합을 완성하고 계절을 마감하여 다음 단계의 氣·相을 내는 자리이다. 辰·未·戌·丑에서 오행 본기(壬·甲·丙·庚)를 마무리해야 다음 단계의 본기가 발현될 수 있다. 辰·未·戌·丑 일지이면 가정에 충실하다.

辰·未·戌·丑이 만삭이라면, 巳·申·亥·寅은 출산이다. 辰·未·戌·丑 궁위는 만삭의 고충·애환을 안고 있고, 辰·未·戌·丑의 아픔·고통으로 발현된 생명(丙·庚·壬·甲)입장에서는 도움·계기가 된다. 辰·未·戌·丑 지장간에 子·卯·午·酉을 품고 있으니 본질을 조절·통제→완성·마무리→전환-변환을 수행해야 하니 고충·번뇌도 동반된다.

辰을 예로 들면, 壬·辛이 입묘로 인한 상실감(손상·변색)이 있고, 癸를 조절하여 甲-乙을 전환-생장시켜야하는 고충이 있고, 乙을 키우기 위해 丙을 내야하는 아픔·고통이 있다. 辰은 자체로 고충·애환을 감내해야하고 壬·辛의 아픔·상실감이 동반되지만, 辰의 도움·계기로 丙이 환희·발현하고 乙·庚이 성취·실현되는데, 정작 丙·乙·庚은 辰의 노고를 몰라준다.

辰·未·戌·丑의 고충·애환은 巳·申·亥·寅가 돌파구가 되고, 巳·申·亥·寅은 辰·未·戌·丑이 발현처가 된다. 辰·未·戌·丑은 아픔·고통으로 巳·申·亥·寅을 얻으니 巳·申·亥·寅에 애착이 있는데, 巳·申·亥·寅은 辰·未·戌·丑에서 나오니 辰·未·戌·丑에 뿌리를 두지만 집착하지는 않는다.

우합은 타인을 통한 자기발현이거나, 겁재(모방)을 통한 성취이다. 辰未戌丑 입장에서는 내 것을 빌려주고 대가를 받거나 타인을 통해 가치를 실현하는 관계이고, 巳申亥寅 입장에서는 겁재(모방·자격)을 이용하거나 타인의 공로를 내 것으로 만드는 관계이다. 결국 우합의 관계는 어느 하나가 탐욕을 부리면 묶이고 발현될 수 없으니 천라·지망이라 하는 것이다.

辰未戌丑 궁위는 해당 육친인자를 벗어나지 못하는 고충·애환이 있고, 寅巳申亥 궁위는 辰未戌丑 궁위의 도움계기로 발전한다. 우합 구조는 덕행을 무시하면 해당 궁위·육친의 왜곡을 겪는다.

○○○○　　○○○○　　○○○○　　○○○○
寅丑○○　　巳辰○○　　申未○○　　亥戌○○

일지에서 시지로 발현되니 밖에서 돌파구를 찾는 모습이다. 도화·역마성이니 성취여부와 상관없이 본인 or 배우자가 밖으로 나돌거나 다른 이성을 찾는 경향이 있다. 외부·해외·출장 등으로 수시로 집을 비우는 직업성으로 승화시키지 않으면 이성문제로 부부인연을 깨뜨릴 수 있다. 남명은 부인이 밖으로 나가니 여명보다 불리하고, 여명은 사회생활을 하는 것이 좋다.

한편 자식을 얻고 발달하는 흐름이고, 자식은 자신(부모)에게 의지하는 경향이 있다. 배우자·자식에게 집착·충실한 편인데 그 공로를 인정받지 못한다. 식상기질에 가치실현욕구가 강하다.

○○○○　　○○○○　　○○○○　　○○○○
○未○申　　○戌亥○　　○丑寅○　　○未○申

일지에서 년지 or 월지로 발현에서, 삶의 목적이 년 or 월에 있으면 배우자를 얻고 가치가 실현된다. 만약 삶의 목적이 일·시에 있다면 우합 성취로 실패·횡액을 겪거나 부부애정을 깨뜨린다. 직업적 발현·성취가 불미하면 도화·음란성으로 변질되거나 종교·철학성으로 전환되기도 한다.

한편 우합은 만물이 생성하는 단계에서의 고충을 표현한 것으로 본위 방향성 즉 생성에 충실하고 성장을 추구하지 않는다. 예컨대 엄마가 출산하는 단계에서 자식이 건강하게 태어나길 바라는 것이지 그 자식이 성장하여 출세하고 결혼하여 손자를 안겨줄 것을 생각하지 않는 것과 같다.

* 壬甲-丑寅, 癸乙-辰巳, 丙庚-未申, 丁辛-戌亥 구성은 천간-지지의 방향성이 부합한다. 이런 경우에는 우합으로 寅·巳·申·亥가 발현된 궁위에서 복록을 완성되고 그 가치는 궁위의 의미로 살핀다. 즉,
- 년지에 있으면 국가·조상(선천복록)의 상이고 성취가 크다.
- 월지에 있으면 부모(시댁·처가) 음덕이 있고 직업적 성취가 있다.
- 일지에 있으면 배우자의 도움·혜택이 있고 알차게 성취한다.
- 시지에 있으면 자식의 혜택, 노년의 성취, 길게 누린다.

* 壬甲-辰巳, 癸乙-未申, 丙庚-戌亥, 丁辛-丑寅 구성은 지지가 선행하는 방향성이다. 물상의 발현과정으로 보면 빠르고 크게 성취하는 흐름이지만 급조로 인한 실패·횡액을 초래한다. 탐욕을 부리면 대박을 치더라도 천라·지망에 걸리는 것이다.

○丙癸○　　○乙庚○　　○壬丁○　　○辛甲○
丑寅○○　　辰巳○○　　未申○○　　戌亥○○

시지에서 일지로 들어오니 배우자·자식을 얻고 발달한다. 여명은 현모양처, 남명은 공처가·애처가 타입이다. 남명은 처에게 의지하거나 주부로 살아가기도 한다.
선행하는 구조이기에 다른 이성을 끌어들이고, 寅巳申亥 궁위에 집착·탐욕으로 인해 왜곡·등락을 겪는다.

◎ 子·卯·午·酉은 본질을 고수하는 탓에 손해를 본다.

子·卯·午·酉는 오행의 왕지로 본질을 고수하려는 속성이 있다. 다른 모습으로 변환되거나 변색되는 것을 꺼리고 싫어하니 스스로 해당 궁위의 고충·애환을 초래하고 손해를 본다. 子·卯·午·酉는 辰·未·戌·丑에서 조절·통제되기에 辰·未·戌·丑를 만나면 현실적 변동·변화를 겪는다. 子·卯·午·酉 입장에서는 손상·변질이 되고 그 중에서 酉손상이 두드러진다.

子·卯·午·酉가 辰·未·戌·丑을 만나면 형·파·천 관계가 성립되고 그 상호관계성은 '시작(動)-과정(變)-결과(化)'의 단계로 현실화된다. 시작 단계에서 조절·통제(변동·변화)되는 것은 기존의 작용력이 묶이고 상실되니 뛰는 놈 발목 잡히는 형국이 되고 가장 번거로움, 불안번뇌가 많다.

* 子는 丑(시작)-辰(과정)-未(결과) 흐름으로 전개된다.
  子의 현실적 고충은 丑 〉辰 〉未 순이지만, 실질적 손상은 子辰未이다.
* 卯행위는 辰(시작)-未(과정)-戌(결과) 흐름으로 전개된다.
  卯의 현실적 고충도 辰 〉未 〉戌 순이지만, 실질적 손상은 卯未戌이다.
* 午행위는 未(시작)-戌(과정)-丑(결과) 흐름으로 전개된다.
  午의 현실적 고충도 未 〉戌 〉丑 순이지만, 실질적 손상은 午戌丑이다.
* 酉행위는 戌(시작)-丑(과정)-辰(결과) 흐름으로 전개된다.
  酉의 현실적 고충도 戌 〉丑 〉辰 순이지만, 실질적 손상은 酉丑辰이다.

◎ 子·戌·午·辰(일양·일양)의 이중성과 양간의 본기상실

子는 오음일양, 戌은 일양오음으로 진양(眞陽)이고, 午는 오양일음, 辰은 일음오양으로 진음(眞陰)이다. 子·戌은 진양이고 午·辰은 진음이다. 子·戌은 음 속성인데 양 행세를 하고, 午·辰은 양 속성인데 음 행세를 한다.
子·戌·午·辰은 본위와 속성이 다르기에 이중성을 갖고 불안정성이 있다.[39] 子戌, 午辰은 격각 구성이기도 하니 해당 궁위(육친)의 고충·애환이 동반되고 비현실적 성향을 보인다.

* 연월에 있으면 인성을 추구하고, 직업·부모의 불안정성이 있다.
* 일시에 있으면 식상을 추구하고, 가정·자식의 불안정성이 있다.

---

39) 巳와 亥도 음체인데 양으로 사용한다는 점에서 子·午와 유사하지만, 巳·亥는 육양·육음이라는 점에서 子·午와 다르고 생지이기에 음양 속성에 따른 고충은 약하고 도리어 도화·음란성이 발동한다.

양간이 子·午·辰·戌을 만나면 본기상실이 현실화되고 종교·철학적 성향을 보인다. 甲·丙·戊·庚·壬 양간(본기)은 乙·丁·己·辛·癸 음간(본질)을 만나면 겁재에게 빼앗기는 상으로 빼앗기기 전에 먼저 내주는 것이 현명한 삶의 지혜다. 본의를 고집(탐욕)하지 말고 타인(겁재)을 통해 가치를 실현해야한다. 교육·봉사, 해외·도화, 비현실·비정상, 가상·허상, 임대·대행·창고 등 입묘간지와 유사한 직업성에서 안정적으로 발달한다.

甲·丙·戊·庚·壬 양간이 子·午·辰·戌 등을 만나도 본질(겁재)을 만나는 것과 유사하고, 甲·庚이 丙·戊·壬보다 경향성이 뚜렷하다. 특히 甲·庚은 乙·辛을 만나 본기를 빼앗기는 것보다 子·午·辰·戌을 만나는 구성에서 상실감이 더 크다.40)

* 甲戌·甲午은 인오술에 편승되니 甲도움·희생으로 乙·庚에서 가치를 얻는다. 다만 火가 없고 水가 왕하면 신자진에서 甲을 얻는다.

* 庚辰·庚子은 신자진에 편승되니 庚도움·희생으로 辛·甲에서 가치를 얻는다. 다만 水가 없고 火가 왕하면 인오술에서 庚을 완성한다.

* 甲辰에서 甲은 寅卯辰의 본기로 木본위에 임하지만 乙겁재를 동반하기에 甲의 상실감이 있는데 辰의 이중성에 상실감이 더해진다.

* 庚戌에서 庚은 申酉戌의 본기로 金본위에 임하지만 辛겁재를 동반하기에 庚의 상실감이 있는데 戌의 이중성에 상실감이 더해진다.

---

40) 庚辰, 壬辰, 庚戌, 壬戌, 戊戌 등이 있다. 괴강은 辰·戌의 뛰쳐나가려는 속성과 고충·애환을 잠재하고 양간의 상실감이 있다. 辰·戌은 乙·癸, 辛·丁 조절로 인한 불편함이 있고, 癸·乙·丁·辛 본질의 폭발력(대박-쪽박)을 갖게 된다.
甲子·甲午·甲辰·甲戌, 庚子·庚午·庚辰·庚戌 등은 癸·乙·丁·辛에 의해 甲·庚본기의 손상이 가동되는 관계이다. 특히 庚子·庚辰은 신자진에, 甲午·甲戌은 인오술에 편승될 수밖에 없으니 인생왜곡을 겪기 쉽다. 상대적으로 甲寅·甲申-庚寅·庚申은 인오술 or 신자진에서 현실적 왜곡이 크지 않다. 庚午·庚戌이 인오술, 甲子·甲辰이 신자진에 부합하면 왜곡이 있더라도 성취가 있다.

○庚○○　　○○甲○　　甲○○○　　○○○庚
　　　○辰○○　　○○午○　　辰○○○　　○○○戌

庚辰일주는 배우자 인연이 불미하고, 甲午월주는 가상·허상의 직업성에서 안정되고, 甲辰시주는 자식·노년복록에 집착하니 욕심이 많고, 庚戌년주는 종교·철학성이 있다. 모두 현실적 성취는 크지 않고 성취정도에 따라 구설시비·등락을 겪는다.

丙戌·壬辰은 丁·癸로 가치 얻고, 壬戌·丙辰은 본위 고집으로 고충 겪는다.

* 壬辰은 壬이 辰에 입묘하지만 辰이 원하는 水를 채워주고 있다. 辰은 壬을 놓지 못하고 壬은 辰에게 수기를 제공할 숙명·번뇌가 있다.

　壬辰은 水를 마감하니 자연히 辛이 완성되고 甲乙이 발현된다. 辰에서 壬을 채우니 水(정신-저장)를 추구하고 水기운·복록이 많다는 의미도 있다.

* 丙戌은 丙이 戌에 입묘하지만 戌이 원하는 火를 채워주고 있다. 戌은 丙을 놓지 못하고 丙은 戌에게 화기를 제공할 숙명·번뇌가 있다.

　丙戌은 火를 마감하니 자연히 乙이 완성되고 庚辛이 발현된다. 戌에서 丙을 채우니 火(이상-확산)를 추구하고 火기운·복록이 많다는 의미도 있다.

　　　○壬○○　　壬○○○　　○○丙○　　○○○丙
　　　○辰○○　　辰○○○　　○○戌○　　○○○戌

壬辰·丙戌 일주는 배우자를 쥐락펴락하고 배우자의 도움·혜택도 입는다. 월주이면 직업 성취와 부모 음덕이 있고, 년주이면 선천복록이 있고 종교·철학적 사유가 있다. 시주이면 노년 복록이 좋고 제 할 짓 다하면서 복록을 누리거나 그런 자식이 있다.

壬辰·丙戌 궁위·간지에 삶의 목적·수단이 있으면 고생한 대가·보람이 있고, 년주의 직업성이나 가상·허상의 직업성을 갖는 경향이 있다.

＊ 壬戌은 壬이 戌에서 발현되니 戌을 벗어나지 못하고, 戌은 火를 원하니 壬이 번거롭고 벗어나려한다. 壬은 이러지도 저러지도 못하는 꼴이다.

＊ 丙辰은 丙이 辰에서 발현되니 辰을 벗어나지 못하고 辰은 水를 원하니 丙이 번거롭고 벗어나려한다. 丙은 이러지도 저러지도 못하는 꼴이다.

| ○壬○○ | 壬○○○ | ○○丙○ | ○○○丙 |
| ○戌○○ | 戌○○○ | ○○辰○ | ○○○辰 |

壬戌·丙辰 일주는 배우자가 흠결이 있어도 벗어나지 못한다. 시주이면 자식이 고충·애환을 겪을 수 있고, 월주는 직업성취가 불미하고, 년주는 국가·조상에 얽매인다.

壬戌·丙辰 궁위·간지에 삶의 목적이 있으면 고충·애환이 극심하고 희생을 강요당하는 경향이 있다. 년주 or 가상허상의 직업성을 추구하지만 성취가 약하다.

水火입묘(丙戌·壬辰)는 마감이라면, 木金입고(乙未·辛丑)는 완성이다.

＊ 乙未는 乙의 왕지(반안살)에 임하여 완성되니, 마땅히 庚을 내야하는 번뇌·상실감이 크다. 목이 많다는 의미가 있으니 대인 관계가 원만(분산)하고 식상 기질(분산-가공)이 뚜렷하다. 인기·사회성이 있지만 육친인연이 약한데 지키려는 의지가 강하고 고집이 있다.

＊ 辛丑은 辛이 왕지(반안살)에 임하여 완성되니, 마땅히 甲을 내야하는 번뇌·상실감이 크다. 금이 많다는 의미가 있으니 대인 관계가 적절(응집)하고 인성 기질(응집-수렴)이 뚜렷하다. 乙未에 비해 인기·사회성은 약한 편이지만 지키고 채우려는 의지는 더 강하다.[41]

---

41) "   "편, 193쪽 참조.

```
○乙○○    乙○○○    ○○○辛    ○○辛○
○未○○    未○○○    ○○○丑    ○○丑○
```

일주는 배우자 인연이 불미하고, 월주는 가상·허상의 직업성에서 안정되고, 시주는 자식·노년복록에게 집착하고, 년주는 종교·철학성이 있다. 완성지에서 발현해야하니 공허·상실감이 있다.

◎ 양은 입묘지를 만나면 본질로 전환되고 음은 본질 자체가 변환된다.

본기(甲·丙·庚·壬)는 입묘지(未·戌·丑·辰)를 만나면 본질(乙·丁·辛·癸)의 모습으로 실현·완성하지만, 본질(乙·丁·辛·癸)이 입묘지(未·戌·丑·辰)를 만나면 반대편(沖관계) 영역에서 실현·완성하게 된다. 즉 양(陽)은 입묘지를 만나면 본기가 본질로 전환되고, 음(陰)은 입묘지에서 본질 자체가 변환되는 것이다.

양은 자신을 희생하여 음 모습으로 가치를 실현하고, 음은 반대(충) 성향으로 변환되지만 자신이 목적을 완성한다는 의미도 있다. 그래서 음 입묘는 辰·未·戌·丑을 쉽게 벗어나지 못한다.

양간의 입묘 간지는 甲-未, 庚-丑, 丙戌, 壬辰 등이고, 음간의 입묘 간지는 乙-戌, 辛-辰, 丁丑, 癸未 등이다. 지지로는 寅未, 申丑, 巳戌, 亥辰, 卯戌, 酉辰, 午丑, 子未 등이다.

* 丁丑은 丁이 丑에 입묘하기에 癸성향으로 바뀌고 丑 중 辛을 풀어 甲을 내려한다. 한편 丁은 丑에서 辛을 완성하고 목적을 달성하니 丑궁위에 의탁하거나 벗어나지 못하는 경향이 있다.

* 癸未는 癸가 未에 입묘하기에 丁성향으로 바뀌고 未 중 乙을 가공하여 庚을 내려한다. 한편 癸는 未에서 乙을 완성하고 목적을 달성하니 未궁위에 의탁하거나 벗어나지 못하는 경향이 있다.[42]

---

42) "   "편, 190쪽 참조.

○丁○○　　○癸○○　　○癸○○　　○壬○○
○丑○○　　○未○○　　○卯○戌　　酉辰○○

丁丑은 응집기운이 강한 구성인데 도리어 丁이 활동력을 강화하고 오지랖이 발동하고, 癸未는 분산기운이 강한 구성인데 도리어 癸는 역동성이 떨어지고 혼자 하는 일을 선호하게 된다. 모두 배우자에게 집착성심을 다하지만 대가·보상을 받지 못하고 배우자를 벗어나 자유롭고 싶은데 실행에 옮기지 못한다. 삶의 목적을 丑·未에서 완성하면 배우자의 도움으로 성취가 크고, 우합으로 발현되면 엉뚱한 짓으로 손해를 보기도 한다.

지지 입묘도 마찬가지다. 卯는 戌년주를 벗어나지 못하고, 酉의 창고는 辰일지이니 배우자를 벗어나지 못한다.

◎ 삼합 운동성에 벗어난 궁위·간지는 사용이 불미하다.

천간-지지의 방향성에 불구하고, 지지의 삼합 운동성에서 벗어나는 궁위는 고충·애환이 동반된다. 해당 궁위(간지)의 개념·특성·작용관계에 따라 사용제약·불미함 등 고충·애환의 정도가 달라진다.

○甲辛○
亥午酉辰

辛甲-申子辰 환경으로 발달이 빠르고 성취가 클지라도 申子辰 운동성에 午가 포함되지 않으니 배우자 인연이 좋지 않다. 돈 벌고 명예 얻고 이별·사별하는 경우에 비유된다. 특히 신자진의 子본질이 午를 충극하니 경향성이 뚜렷하다. 癸·子가 응기이다.

만약 午년지이면 국가·자격을 통한 성취가 불미하고, 午월지이면 삶의 바탕(부모·직업)이 불안하니 힘들게 성취하고, 午시지이면 성취 완성도(결실)가 크지 않고 자식인연이 약하다.

丁己戊庚　乾　丙乙甲癸壬辛庚己2
卯卯寅戌　　　戌酉申未午巳辰卯

己일간이 寅월에 임하여 본위를 갖추었지만 수기가 전혀 없고 양본위 대운으로 흐르니 관(官) 위주의 삶에서 안정된다. 丁시간에 기댈 수밖에 없고, 寅卯卯로 목이 왕하고 庚이 홀로 있으니 목에서 금을 완성하는 게 이롭고, 년주에서 庚戌이 乙을 마감하고 庚을 성취하는 흐름이다. 연월에서 丁을 끌어들여 寅午戌로 庚戌년주에서 庚을 완성하는 것이다.

寅월에 화를 대용하니 발현이 더디고 크게 사용하지 못하고 엉뚱한 짓을 할 수 있다. 설령 庚戌을 크게 사용하더라도 庚은 자체로 고충·애환이 동반되고 성취가 불안하거나 등락을 겪으니 탐욕을 부리면 상실감이 더 커진다. 庚戌에 목이 많고 화가 약한 불리한 구성임에도 인오술을 구축하고 庚이 辛으로 전환되더라도 己일간이 취할 수 있고, 戊己구성으로 己일간이 차지하는 구성이니 크게 발달하지 못할지라도 행운이 따르고 선천복록을 누릴 수 있다. 공무와 관련된 직업으로 庚戌을 사용하지만 가치가 크지 않은 직능이니 사주팔자에 부합하는 형태이다. 庚戌만 잡고 살면 기본적 복록은 성취할 수 있으니 좋은 팔자인 셈이다.

화를 대용하니 빌려 쓰는 상이고 丁이 시간에 있으니 밖에서 구하려는 속성(도화·역마성)이 있다. 己일간은 卯일지가 뚫고 나오려 하니 부담스럽고, 卯卯 복음에 寅겁재가 동반되고, 卯戌이 양합하니 처에게 안주하지 못한다. 밖(시간)에 卯일지와 같은 卯가 있고 본인이 원하는 丁과 동주하니 丁卯를 정처(正妻)로 삼는다. 결혼하고 얼마 지나지 않아서 외도하여 십 수년 동안 두 여인을 거느리고 있다. 도화·역마성이 음란성으로 발현된 셈이다.

卯일지는 戌에 입묘되니 남편의 직업성에 얽매인 꼴이고, 卯卯 복음으로 밖에 있는 卯시지와 같은 처지이니 숙명으로 받아들이고 卯시지 또한 같은 마음일 것이다. 卯卯 모두 丁에 의탁하는 상황에서 戌이 丁을 끌어들여 庚戌년주에서 완성하는 환경에서 이 남명이 庚戌을 직업성으로 삼고 있으니 이 남명이 庚戌을 잡고 있는 한, 卯卯 두 여인은 스스로 이 남명을 벗어나지는 못한다. 만약 두 여인이 卯(생명)을 가공하고 완성하는 사주팔자(직업성)라면 더욱 벗어나기 어렵고, 이 남명이 정리하지 않는 한 삼각관계가 청산되지 않을성싶다. 庚戌의 끈이 떨어지면(퇴직) 卯卯는 庚戌에서 벗어날 수 있다.

壬午·癸未 대운은 丁壬-丁癸로 수화를 조절하면서 인오술로 庚-辛을 완성하기 적절하다. 수가 투출되어 庚이 변색되기에 현실적 상실감이 있을지라도 수기를 채우니 庚모습이 갖춰지고 庚이 辛으로 완성되면 己일간은 가치를 얻는다. 庚을 크게 성취하려고 탐욕을 부리지 않으면 나름대로 성과를 얻는 운세다. 특히 壬午·癸未대운은 庚을 형성하기보다 卯午-卯未로 乙을 가공하여 戌에 완성하는 환경이다. 卯가 완성되고 덩달아 庚을 얻으니 卯여인들의 성취이기도 하고 庚戌에 대한 기대·환상이 있다.

甲申대운은 甲己로 묶이지만 엄밀히 말하면 甲이 기반되고 寅申으로 寅卯(乙)가 동하니 직업적 발현이자 卯卯 일·시의 발현이다. 庚이 동하여 申에 작용력이 기반되지만 甲己에 寅申으로 庚이 발동하니 인오술로 庚을 얻는다. 寅卯卯(월일시)가 모두 동하니 卯卯들이 제 목소리를 내게 되고 己일간은 水火가 부족한 상태에서 甲申까지 더해지니 힘겨워진다. 많은 목을 키우려니 힘에 부치고 庚을 완성하기 버겁고 庚이 지지에 임하니 근원적으로 문제를 해결하려는 의도가 동하니 卯하나를 정리하고 싶을 것이다. 그래도 결국 乙庚을 완성하는 방향성이니 쉽게 정리하지 못할 것이고, 만약 卯가 동하여 다른 庚을 찾아 가더라도 또 다른 卯이성을 취할 수 있다.

癸壬壬辛　坤　己戊丁丙乙甲癸 10
卯戌辰亥　　　亥戌酉申未午巳

辰월에 壬辰으로 수기를 채우고 辰에서 辛·壬·亥를 담고 癸를 조절하고 卯를 가공한다. 辰월이 사주팔자를 다스리는 바탕이 되니 직업성이 부각된 구성이지만 중년의 여명에게는 그다지 이롭지 않다. 辰월은 목을 완성하는 환경인데, 천간이 辛壬 구성이고 연월에서도 壬辛亥로 辛을 가공하니 辰은 辛의 창고가 된다.

辛·卯가 투출되고 水가 과다하니 辛을 가공하여 卯를 얻는 것이 순리이지만 水과다로 辛이 손상되고 甲이 나오기 어려운 한계가 있다. 직업으로 辛이 손상되고 卯가 발현되는 모양새, 수술·가공, 辰의 이중·복합의 직업성이 어울리고, 亥년지가 壬으로 투출하고 辛년간이 辰월지에 입묘하니 국가·조상의 상이다. 국가와 비견되는 단체에서 일하지만 辛·甲이 불미하니 모양새가 좋지 않고, 亥년지가 투출되어 종교·철학에 관심이 많다. 국가·단체·자격에 기대는 것보다 조상·종교·철학과 관련된 일에서 성취가 있다.

戌 중 辛이 두출되고 辰戌로 동하여 戌亥로 년주에서 발현되어 辛亥로 동주한다. 辛남편이 밖으로 나가 년에서 亥비견과 함께하는 모습이다. 여기에 일·시가 壬癸 구성으로 빼앗기는 상이고, 壬戌일주에서 壬일간은 戌일지에 얽매이는 관계이고, 卯戌-辰戌로 합·충(천)이 발동하고, 壬癸의 최종 목적은 卯인데 卯戌로 일지에서 입묘(합)되니 남편을 벗어나지 못하는 형국이다. 더불어 辛(남편)은 亥辰-壬辰으로 辰에 완성되길 원하는데 壬·癸에서 甲乙을 내려하니 辛은 일·시에게 손상되는 꼴이니 처자식이 부담스러우니 벗어나려하고, 壬일간은 辛을 가공하여 亥 중 甲을 내야하고 내주기를 기대하니 辛(남편)의 손상·과실이 있더라도 남편을 놓칠 수 없고 붙들리게 된다. 12신살로 戌일지는 천살 남편이니 더욱 그러하다.

기상명리에서 말하는 '부부인연의 왜곡성'을 총망라한 사주팔자인데, 남편이 辛亥모습의 직업성이기에 인연을 깨뜨리지 않고 있다. 이처럼 사주 간지·궁위의 구성·배열만으로도 삶의 흐름을 알 수 있고, 사주팔자의 경향성을 직업성으로 승화하는 게 삶의 형태와 인연론에 얼마나 크게 작용하는지 일깨워주는 사주다.

辛·卯가 년·시에서 홀로 투출되니 壬일간이 辛→卯를 내는 환경인데 水가 왕하니 辛손상이 가중되고, 설령 辛(남편·국가)에 의탁하여 亥 중 甲을 내더라도 癸에게 빼앗기니 죽 써서 개주는 꼴이다. 어쨌든 辛亥에 삶의 수단이 있고, 辛亥는 남편의 모습이기도 하지만 본인이 직업성(년주)으로 삼으니 여명에게는 불리하다.

만약 이 사주가 남명이라면 戌일지 중 辛이 직접 辛亥년주를 직업성으로 삼으면 자신의 모양새이니 亥 중 甲을 내어 卯를 얻을 수 있다. 壬일간이 癸에게 빼앗긴다는 점에서 같지만, 남명은 자식의 기운으로 성취한다는 의미가 있다. 여명도 자식을 얻고 발달하지만 중년 여성의 시대적 상황을 감안하면 직업적 발달을 주도하기에 한계가 있다. 같은 사주라도 성별, 나이, 시대적 상황 등을 고려하여 살피는 것 또한 기상명리의 묘미이다.

辛에 매달리면 남편은 좋더라도 고충을 겪을 수밖에 없고, 亥에 의탁하면 비겁으로 인한 고충을 있을지라도 甲성취를 얻게 된다. 남편·국가보다 종교·조상의 직업성이 유리한 이유이다. 그렇지 않으면 癸卯에서 삶의 목적을 달성해야한다. 癸卯는 식상을 발휘하고 辛손상을 가중시키니 부부인연을 해친다. 辛남편에게 붙들린 사주환경이니 癸卯를 쓰지 못하면서도 자식 셋을 둔 걸 보면 癸卯가 결실임은 알고 있음이고, 한편으로 卯를 戌에 담으면 戌일지가 卯를 품느라 밖으로 나가지 않고 자식을 통해 부부인연을 견고히 하려는 의도도 있을 것이다. 그 卯가 癸겁재의 卯임을 알지 못함이고, 卯戌합(입묘)은 壬자신의 근원이 되지 못함을 알지 못함이다.

癸壬丙戊　坤　己庚辛壬癸甲乙2
卯寅辰午　　　酉戌亥子丑寅卯

연월에서 辰월이 요구하는 수기를 채우지 못하고 도리어 화가 중중하니 육친·직업 등 삶의 바탕이 불안한 형국이다. 壬일간이 辰월에 필요한 수기를 담당해야하니 자신이 삶의 수단을 마련해야 하고, 丙辰월주이니 부모(직업)에게서 벗어나지 못하는 모습이다. 직업을 가져야함이니 여명은 고달픈 삶이 될 수 있고, 여명이 부모에게 얽매인다는 것은 남편에게 얽매인다는 의미도 있다. 壬일간이 월-시에서 癸丙-寅卯辰으로 연합하는 환경에 둘러싸여 있으니 힘겹게 삶을 이끌어가거나 자신의 의도와 상관없이 왜곡을 겪거나 뒤통수 맞는 일이 일어난다. 戊癸가 연·월에서 합하니 윤회의 상으로 정신세계가 독특하고 생각이 없거나 엉뚱함이 있다. 미혼으로 유부남과 사귀고 있다.

寅 중 丙이 월간에 투출되고 년지에 午가 동주하고 寅卯辰으로 겁재와 연합하니 직업·재관 성취에 불문하고 육친 특히 부부인연이 왜곡될 여지가 많다. 寅 중 丙이 투출한 丙월간이 남편의 상이 되는데, 寅 중 丙은 辰에서 벗어나지 못하니 丙남편이 辰 중 乙겁재에게 매달려 있는 모습이고 壬일간이 辰 중 癸겁재에게 丙남편을 빼앗긴 꼴이니 丙은 내 남편이 아니다. 부모궁으로 보면 아버지가 엄마에게 매달려 있는 관계로 부모의 고충이거나 부모인연이 불미하고, 시댁의 상으로 보면 癸·乙겁재를 품고 모습이니 壬일간이 그 속에 들어가기 용이하지 않다. 여기에 일주-시주가 壬-癸, 寅-卯로 구성되니 결혼을 하더라도 남편이 나가는 상이다. 가상·허상의 남편 인연이다.

壬寅-癸卯는 겁재에게 빼앗기는 흐름이지만, 水火가 구비되고 寅卯辰이 완성된 구조로 木을 완성하는 의도는 확실하다. 여기에 寅卯辰으로 구성되니 빼앗기더라도 癸卯를 취할 수밖에 없다. 癸

卯를 직업성으로 사용하니 자신의 역량을 밖으로 표출하는 격이고, 寅卯辰으로 남편의 외도를 용납하지 않으니 결혼을 하지 않고 남의 남자를 부부 인연으로 삼고 있음이다.

寅卯辰에 辰午 구성에서 庚이 투출되지 않으니 허망함이 있지만 목을 키워야하는 목적성은 뚜렷해지고 인생 등락·왜곡은 줄어든다. 壬일간이 癸시간에게 의탁·탈취당하는 관계이고, 壬寅에서 甲이 발현되면 癸卯에서 辰 中 乙이 제 모습을 갖추니 卯겁재를 통해 가치를 실현하는 구성이다. 대표적인 직업성으로 선생·상담·보험·의료·요리·건축 등이고, 잘하고 재미있게 오래하는 직업성이거나 식상(몸)을 이용한 직업성이다.

년·시에서 戊癸합하는 구조에 午 中 丙이 월간으로 투출되고 삶의 결실인 乙을 완성하는 것이 丙이고 丙辰월주이니 종교·철학성이 강한 사주팔자. 종교·철학성이 도화·음란성으로 발현된 케이스라 할 수 있는데, 40대 중반 이후에 갑자기 종교·철학성으로 빠져들 여지가 있다.

※ 참고)「滴天髓」「天干論」

甲木參天, 脫胎要火, 春不容金, 秋不容土, 火熾乘龍, 水宕騎虎, 地潤天和,
갑목삼천, 탈태요화, 춘불용금, 추불용토, 화치승룡, 수탕기호, 지윤천화,
植立千古
식립천고

甲木은 하늘을 보려하니 본토에서 벗어나려면 화가 필요하다. 봄(인묘진)에는 金(결실)을 용납하지 않고 가을(신유술)에는 土(조절)를 용납하지 않는다. 火가 치열하면 辰(龍)이 있어야하고, 水가 많으면 寅(虎)이 있어야한다. 천지에서 화합하고 윤택하면(壬甲-申子辰 등) 천년의 근간을 세운다.

乙木雖柔, 刲羊解牛, 懷丁抱丙, 跨鳳乘猴, 虛濕之地, 騎馬亦優, 藤蘿繫甲,
을목수유, 규양해우, 회정포병, 과봉승후, 허습지지, 기마역우, 등라계갑,
可春可秋
가춘가추

乙木은 유약해도 丑·未(牛·羊)을 다스리고, 丙·丁이 있으면 申·酉(鳳·猴)를 얻어야 하고, 지지가 허습해도(亥子) 午가 있으면 넉넉하며, 甲(寅)을 만나면 봄·가을(辰·戌)도 괜찮다.

丙火猛烈, 欺霜侮雪, 能煅庚金, 逢辛反怯, 土衆成慈, 水猖顯節. 虎馬犬鄉,
병화맹렬, 기상모설, 능단경금, 봉신반겁, 토중성자, 수창현절. 호마견향,
甲木若來, 必當焚滅
갑목약래, 필당분멸

丙화는 맹렬하여(확산) 눈·서리를 업신여기고 능히 庚금을 제련하지만, 辛금을 만나는 것을 두려워하고, 土가 무리 지으면(戊) 자애로움이 생기고, 水가 날뛰면(癸) 절도가 갖춘다. 인오술이 갖추어졌는데 갑목이 오면 반드시 태워 없애버린다.

丁火柔中, 內性昭融, 抱乙而孝, 合壬而忠, 旺而不烈, 衰而不窮, 如有嫡母,
정화유중, 내성소융, 포을이효, 합임이충, 왕이불열, 쇠이불궁, 여유적모,
可秋可冬
가추가동
丁화는 부드러우면서 내면의 속성이 환하게 화하니 乙을 품으면 자애롭고,
壬을 합하면 진실되니 왕성해도 조열하지 않고 쇠약해도 다함이 없기에,
친모(甲)가 있으면 가을·겨울(신유술·해자축)이 좋다.

戊土固重, 旣中且正, 靜翕動闢, 萬物司命, 水潤物生, 火燥物病, 若在艮坤,
무토고중, 기중차정, 정흡동벽, 만물사명, 수윤물생, 화조물병, 약재간곤,
怕沖宜靜
파충의정
戊토는 견고하고 후중하며 중앙에 바르게 자리하여 고요하면 화합하고 동하면 열어서 만물을 다스린다. 수가 윤택하면 만물을 살리고, 화가 조열하면 만물이 병든다. 만약 간·곤(丑寅·未申)이 있어 충하는 것을 기피하니 고요함이 마땅하다.

己土卑濕, 中正蓄藏, 不愁木盛, 不畏水狂, 火少火晦, 金多金光, 若要物旺,
기토비습, 중정축장, 불수목성, 불외수광, 화소화회, 금다금광, 약요물왕,
宜助宜幇
의조의방
己토는 비습하고 중앙에서 치우치지 않고 갈무리하여 거두어들이니 목이 왕성해도 근심하지 않고, 수가 넘쳐도 두렵지 않으며, 화가 적으면 화를 감추어 품고, 금이 많으면 금을 빛낸다. 만물이 왕성하길 원한다면 마땅히 돕고 동조한다.

庚金帶煞, 剛健爲最, 得水而淸, 得火而銳, 土潤則生, 土乾則脆, 能嬴甲兄,
경금대살, 강건위최, 득수이청, 득화이예, 토윤즉생, 토건즉취, 능영갑형,
輸于乙妹
수우을매

庚금은 살기를 대동하고 가장 강건하다. 水를 얻으면 맑고, 火를 얻으면 예리하고, 토가 윤택하면(戊) 살아나고, 토가 건조하면(己) 물러진다. 능히 甲비견은 들뜨게 하고, 乙겁재는 싣고 나른다.

辛金軟弱, 溫潤而淸, 畏土之疊, 樂水之盈, 能扶社稷, 能救生靈, 熱則喜母,
신금연약, 온윤이청, 외토지첩, 낙수지영, 능부사직, 능구생령, 열즉희모,
寒則喜丁
한칙희정

辛금은 연약하니 따뜻하고(丁) 윤택하면(壬) 맑아진다. 토가 중첩되는 것을 두려워하고, 水가 많은 것을 좋아한다. 능히 사직(토지·오곡神-己)을 붙들어 생령(甲)을 구원하니 더우면 壬이 좋고 추우면 丁이 좋다.

壬水潤河, 能洩金氣, 剛中之德, 周流不滯, 通根透癸, 沖天奔地, 化則有情,
임수윤하, 능설금기, 강중지덕, 주유불체, 통근투계, 충천분지, 화즉유정,
從則相濟
종즉상제

壬수는 황하와 같이 윤택하여 능히 금기(살기)를 설기할 수 있고, 강하면서도 어질어서 두루 흘러 정체하지 않고, 통근하여(甲이 있고) 癸가 투출하면 천지가 분주하게 움직이니 化하면(丁壬합→甲) 유정하고 순리에 따르면 상생하여(壬-甲) 구한다.

癸水至弱, 達于天津, 得龍而運, 功化斯神, 不愁火土, 不論庚辛, 合戊見火, 계수지약, 달우천진, 득용이운, 공화사신, 불수화토, 불론경신, 합무견화, 化象斯眞

화상사진

癸수는 가벼워서(분산작용) 하늘 끝에 도달할 수 있고, 용(辰=乙癸戊)을 얻어 운행하면 神의 공력을 얻으니 火·土가 있어도 걱정이 없고 庚·辛의 도움(生)을 논하지 않는다. 戊와 합하여 火를 보면 (乙을 키우는) 진실한 모습이 된다.

부록

天符經

천부경 해석

천부경과 가림토문자

천부경과 수승화강

천부경 수련

天符經

천부경은 '하늘이 부신符信한 경전'이라는 의미이다. 하늘이 주재자로서 증험하고 하늘의 뜻에 부합한 상서로운 경전이라는 뜻으로 해석된다.

『동국통감』에 따르면 환웅시대는 BC.3898년을 거슬러 올라가고, 단군조선의 건국연대는 BC.2333년 戊辰년으로 1500년 동안 다스려졌다. 천부경은 환웅이 신지에게 지시하여 신지녹도전문(神誌鹿圖篆文)[43]으로 비석에 새겼

---

43) 환웅의 신하 신지에 의해 16자로 만들어진 인류 최초의 문자이다. 구전되어 오던 천부경을 신지녹도전자로 바위에 새겼다. 신지녹도전자는 제천의식에 사용하던 특수문자로 일반 글자가 아니었는데, 3세 단군의 신하인 삼낭을 보록에 의해 원시 한글인 가림토(加臨土)가 되었다. 가림토는 일본으로 건너가 신대문자가 되었고, 중동의 수메르의 쐐기문자의 모태가 되었으며, 인도 구자라트지압의 부라미 문자가 되었다. 가림토가 발전하여 원시 한자인 금문(金文)이 만들어지고 은허갑골문으로 발달했다가 진시황때 소전대전(小篆大篆)이 되어 현재의 한

고, 단군시대에 한민족을 결속시키는 사상으로 삼았다고 전해지고 있으니 천부경은 6000여년전부터 전해진 우리민족의 고유사상이다.

단군조선의 멸망과 함께 잊어졌던 천부사상은 4,000여년 뒤인 통일신라시대에 고운孤雲 최치원(857~?)이 단군시대의 비석에 새겨진 천부경을 발견하였다. 최치원은 가림토의 천부경을 우리 글자로 표현할 수 없기에 한자로 번역하여 묘향산 석벽에 남기고 81자의 시첩을 만들었다.

그 후에 계연수가 『환단고기桓檀古記』를 편찬하면서 천부경을 실었고 1916년에 묘향산 석벽에 새겨진 천부경을 탁본하여 1917년에 단군교당에 보내면서 다시 세상에 알려졌다. 이후 일제 강점기에 천부경에 대한 주해들이 나오고 활발한 연구가 이어졌는데, 이는 천부경을 민족정신의 원형으로 삼아 독립정신을 고취하려는 의도로 보인다.

〈農隱의 유집에서 발견된 천부경문〉44) 〈天符經 원문〉

되었다. 우리가 중국의 지배권에 놓이면서 한자에 밀려 사라졌던 가림토가 세종에 의해 복원된 것이 한글이다.
44) 고려시대 충신인 목은 이색, 포은 정몽주, 도은 이숭인, 야은 길제, 농은 조원길 등을 五隱이라 한다.

〈천부경 해석〉

천부경에 대한 해석은 특정 종교·단체 및 개인들이 자기주장에 대한 합리성으로 이용하는 등 자의적 해석이 많은 편인데, 1980년대 이후에 논리적 타당성에 근거한 천부경에 대한 연구논문이 나오면서 학술적 가치를 인정받고 있다. 현재는 『주역』의 하도·낙서를 중심으로 한 상수역학, 음양오행론, 『도덕경』에 바탕을 둔 본체론과 우주생성론, 한의학, 현대의 물리·수학 등의 논리로 다양한 해석들이 나오고 있다.

천부경은 우리민족의 선도경전으로 불리고 있지만, 그 출처와 내용의 진위를 부정하는 경향도 있다. 일부에서 천부경이 한자로 기록되어 있다는 이류로 중국사상으로 보거나 한낱 특정한 종교경전으로 인식하고 무시하는 것은 중국에 대한 사대주의사상과 일제의 우리민족 말살정책과 무관하지 않을 것이다.

천부경에는 동양의 삼교(유·불·선) 사상이 담겨 있다. 천부경의 탄생이 동양 삼교에 앞선다는 의견도 있고 동양 삼교에 의해 가공되어 만들어졌다는 의견도 있지만 우리민족의 사상적 바탕임은 부인할 수 없다.

우리나라가 중국과 왕래하고 중국 문화를 받아들이기 시작한 것은 삼국시대에 이르러서다. 달리 말하면 삼국시대 이후에 儒·佛·仙이 중국문화의 사상으로 유입되면서 우리의 고유사상이 없어지기 시작했다고 볼 수 있다.

儒·佛·仙의 사상은 학문적 입장에서 學, 수련적 입장에서 道, 종교적 입장에서 敎로 표현한다. 우리의 정치적·사상적 입장에서 '유학' '불교' '선도'라는 개념으로 자리 잡고 있다.

신채호는 우리 고유의 사상적 원류는 仙人이라고 하였고,[45] 대부분의 학

---

45) "   별명은 국선國仙 또는 선랑仙郞이고, 고구려 조의 衣의 별명은 仙人이라 하여, 『삼국유사』의 화랑을 神仙之事라 하였던 바, 신라의 화랑은 곧 고구려의 조의에서 나온 것이요, 고구려사(『삼국사기』 「고구려본기」 동천왕21년)의

자들은 고조선의 종교를 신교神敎, 신선교神仙敎, 산신교山神敎, 선교仙敎 등으로 불리어왔고 대체로 仙을 추구하였다.

우리나라에 儒·佛·仙이 정착하기 이전인 삼국시대 이전까지 우리민족의 고유한 사상은 풍류風流이고,46) 풍류는 仙(神)으로 표현하였다. 그런데 중국 사상이 유입되면서 중국의 仙과 혼용·희석되어 우리의 고유사상을 잃어버리지 않았나싶다. 마땅히 우리민족의 사상적 원류는 仙道이고, 천지인을 바탕에 두고 있다.47)

천부경에 대한 오류·부정적 시각에 불구하고 천부경 81자의 짧은 문장에서 천지만물의 생성-변화 과정과 인생사의 철학적 사유가 담겨 있기에 삶의 지혜로 삼을만하다. 현존하는 가장 오래된 천부경 주석으로 전병훈의 「천부경 주해」가 있다.48) 전병훈의 『정신철학통편』에 실린 「천부경 주해」의 내용은 크게 4단락으로 구성되어 있다.

平壤者仙人王儉之宅은 곧 先史의 본문이니 단군이 곧 仙人의 시조라, 선인은 곧 우리의 國敎이며 우리의 武士道이며 우리민족의 넋이며 우리 구사의 꽃이거늘...", 신채호 저, 『저선상고문화사』 2장(신채오기념사업회편, 『丹齋申采浩全集』 상, 1987, 372쪽)
46) "國有玄妙之道 曰風流 說敎之源 備祥仙史 實乃包含三敎", 『三國史記』 권4, 「新羅本紀」 眞興王37년. "우리나라에는 현묘한 도가 있으니 이를 풍류라 하고 가르침의 근원은 삼교와 더불어 선사에 상세하게 기록되어 있다."
47) 유동식은 천지인의 조화에 의한 건국신화를 말하고 있다. 단군·고주몽·박혁거세 등 탄생신화들에는 공통된 구조가 있으니, "첫째는 하느님의 아들이 산이나 숲 속에 강림한다는 것이요, 둘째는 땅의 女神이 자기부정 또는 죽음을 매개로 재생함으로써 聖化된다는 것이요, 셋째는 감림한 天神과 聖化된 地神과의 결합에서 생명이 탄생하고 문화가 창조된다는 것이다", 柳東植, 『한국무교의 역사와 구조』, 연세대학교출판부, 1997, 45쪽.
48) 全秉薰은 철종9년(1857년)에 평안북도 강동군에서 태어났다. 을사조약을 반대하고 독립을 상소하여 좌천되어 상해로 망명하여 『주역참동계』에 심취하였다. 도를 체득하여 유교·불교·도교·서양철학 사상을 융합한 『精神哲學通編』, 『道眞粹言』 등을 편찬하였다. 전병훈은 천부경을 한국 고유의 사상이라고 강조하고 1920년에 『精神哲學通編』에 「天符經 註解」를 실었다. 천부경 주해는 중국 도교의 내단사상이 내포되어 있다.

(一終無終一)一始無始
시작도 끝도 없는 우주의 근본원리로써의 '一'에 대하여 '시초개벽의 이치'를 제시한다.
一析三極無盡本天一一地一二人一三一積十鉅無匱化三天二三地二三人二三大三合六生七八九運
'一'을 근본으로 한 삼재가 다양한 우주만물을 생성-변화에 대하여 '삼재가 생성되는 원리'를 제시한다.
三四成環五七一妙衍萬往萬來用變不動本
우주 또는 인체 기운의 순환원리에 대하여 '진인을 이루고 성인의 경지를 證得하는 법'을 제시한다.
本心本太陽昂明人中天地一一終無終一(一始無始)
인간 수양의 완성에 대하여 '兼聖의 이념으로 세상을 구제하는 법'으로 제시하고 있다.

전병훈은 천부경을 도교내단수련법과 수승화강 원리로 설명하면서 성인의 경지에 이르는 天人合一은 선천의 정신을 회복하여 우주의 정신과 합일해야 진정한 자기완성을 이룬다고 강조하였다. 『정신철학통편』에서 "一은 無始에서 시작되고 태극의 一이니 원신이 움직일 수 있는 능력이 바로 그것(一)이다"[49]고 하여 '一=無=無始=無極=太極=元神'의 개념으로 보았다. 이는 「태극도설」의 내용과 일치한다. 元神은 도교에서 말하는 삼보三寶인 精·氣·神을 말하고 원정元精·원기元氣·원신元神이라 한다.

고대의 사상적 배경은 선도수련과 맥을 같이 하고 있다. 전병훈의 「천부경 주해」는 천부경을 도교수련적 관점에서 주해하였다. 천부경 내용에서 만물의 순환이치를 파악할 수 있고, 우주만물의 이치는 氣 순환에 있으니 전병훈의 견해를 참고할만하다.

---

[49] " 一者太極之一 元神動能力 是也", 『精神哲學通編』, 32쪽.

※ 여기서, '一'의 의미를 알아보자.

우리민족사상은 '一'을 '한'으로 표현한다. '한'은 만물의 근본으로 '하늘'을 상징하고, 하늘은 천지만물이 생성-변화시키는 대자연의 신비로움 존재로 보았다. '한'은 으뜸, 우두머리, 크다, 높다, 밝다(희다白, 해=태양, 神), 하나, 오래(久), 유일 등의 뜻을 가지고, '간' '칸' '찬' 등과 관련된 말이다.

'한'을 수리적으로 서수序數, 전수全數, 무한수無限數 등 3가지로 분별하니,50) 서수는 차례를 가리키는 단위의 하나이고, 전수는 모든 수의 포괄적인 수로서의 하나이며, 무한수는 시속을 초월한 영원에서의 하나다.

'한'을 공간적 개념으로 보면 '넓다' '가운데'라는 의미가 있다. 넓다는 의미는 밖으로 퍼져나가는 개념이라면, 가운데는 안으로 모여드는 중심점의 개념이다. 시간적 개념으로는 시간 전체(한낮-낮 시간)를 뜻하기도 하고 시간의 어느 중심점(한낮-낮의 한가운데)을 뜻하기도 한다. 양적 개념으로 보면 하나 (一)또는 많음(多)을 뜻하고, 질적 개념으로 보면 한갓(최소) 또는 한껏(최대)의 뜻을 가진다.

이처럼 '한'은 특정할 수 없는 전체이면서 어느 하나의 특정이기도 하다. 우리의 한사상은 유일하고 근원적인 개념으로 하늘과 같이 神的인 존재로 인식하였다.51)

천부경에서 '一'은 시작도 끝도 없는 천지우주의 근본원리이고, 만물의 생성-변화하는 존재적 근원이다. '一'은 우주만물의 궁극적인 것으로 우주의 근본원리에 대한 개념이다. '一'의 개념은 고대 중국에서 '天'으로 표현하고,

---

50) 한사상의 이론과 실제』, 이을호, 지식산업사, 1990, 21쪽.
51) 1885년 최초의 장로교 선교사로 한국에 온 언더우드(L.D. Underwood)의 부인이 쓴 『Underwood of Korea』에서 '한국인은 원래 하나님(한, 하늘)을 숭배하기에, 한국인들에게 하나님이 오직 유일한 한 분임을 가르치고 여호와가 한국인들이 생각하는 하나님이라 말해주면 포교활동이 아주 쉬울 것이다'고 전했다. 한국인은 하늘에 대한 무한한 상징성을 갖고 있었음을 단적으로 보여주는 대목이다.

노자·장자 등은 '도道' '무無' '허虛' 등으로 표현하였다. 그 외에도 태극太極, 무극無極, 리理, 선仙, 기氣, 선神, 극極, 광명光明 등으로 사용된다. 한국선도사상의 '한', 도가의 '道'(仙), 불가의 '空'(虛), 유가의 '理'(仁)에 해당하고, 서양에서 말하는 신神'과 같은 개념이다.52)

천부경은 一로 시작하여 一로 끝나고 81자 중 11자가 一이다. 만물의 근원을 一로 보았음이고, '一'이 無에서 나오든 無始에서 나오든 '一'을 하나의 궁극적 一氣로 보았다. 한사상의 '한(一)'은 궁극적 존재인데, 천부경에서는 '一'보다 더 궁극적인 요소가 있음을 암시하고 있다.

一始無始 일시무시

첫째, '一의 시작은 無에서 시작한다'

'천하만물은 유에서 나오고 유는 무에서 나온다'53)는 도가의 사상적 견해와 유사하다. 一을 有로 보고 천지만물은 一에서 나오고 一은 무에서 나온다는 해석이다. 無는 有의 반대개념이 아니라 시간과 공간을 초월한 인간이 인식할 수도 표현할 수도 없는 무형이지만 실재의 無다. 절대적 개념의 무도 상대적 개념의 무도 아니다. 유를 포함한 무라 할 수 있다.

도가에서 무는 도의 개념이고, 도는 一에서 나온다고 하였다.54) 一은 道에서 나온 태화의 정기를 뜻하는 것으로 우주를 생성하는 근원적 원기로 풀이된다.55) 道→一→二→三→萬物이 생성되니 道는 천지만물의 원초적 기운이기에 一은 無에서 시작하는 것이다.

---

52) 천일본심의 천부사상, 중국은 도리를 중시하는 유교사상, 인도는 法(마땅히 지켜야 할 행위)과 業(행위에 대한 결과)의 불교사상, 사랑·믿음·평·화구원을 통한 자기성찰인 서양의 기독교사상 등 종교적 성향은 다르지만 인간의 본성을 찾고자 하는 방향성은 같다.
53) "天下萬物生於有 有生於戊", 『道德經』 40장.
54) "道生一 一生二 二生三 三生萬物 萬物負陰以抱陽 冲氣以爲化", 『道德經』 42장.
55) "言人能 抱一使不離於身 則長存 一者道始所生太和之精氣也", 『道德經』 10장.

둘째, '一'은 無始에서 시작한다.

無始는 무극·태극의 개념으로 주돈이의 『태극도설』의 견해와 유사하다. 태극도설은 크게 무극이태극-음정양동-오행-건곤남녀-만물화생 등으로 전개하여 우주의 생성변화와 인륜을 유기적으로 설명하고 있다. 오행은 하나의 음양이고, 음양은 하나의 태극이며 태극은 본래 무극이라 하였다.56) 무극無極→태극太極→음양陰陽→오행五行이 생겨나면서 사시四時가 형성된다. 무극의 원기에서 오행의 본성이 발현되고, 음양오행의 결합으로 건곤남녀가 감응하여 천지만물이 생성-변화하는 것이다.

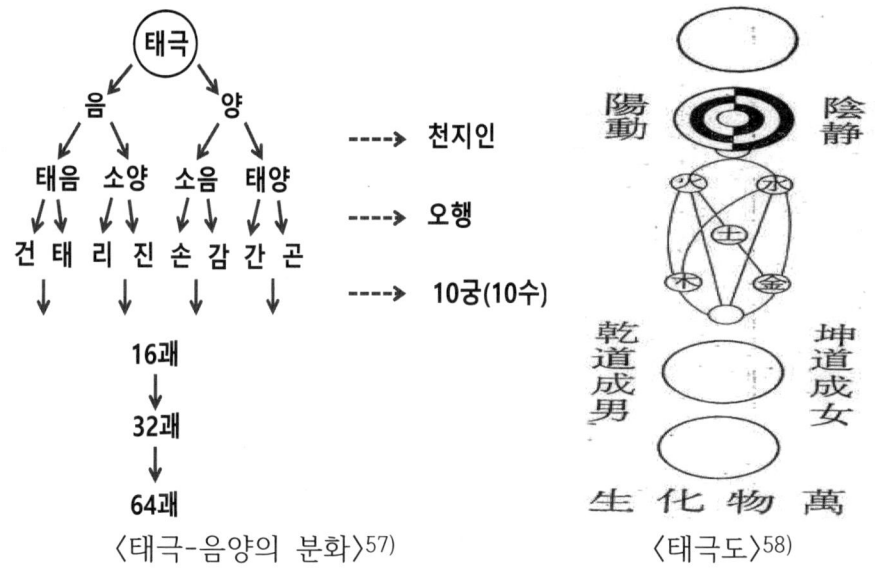

〈태극-음양의 분화〉57)　　〈태극도〉58)

---

56) "　　　　陰陽一太極也 太極本無極也", 『太極圖說』.
57) "易有太極 始生兩儀 兩儀生四象 四象生八卦…", 『周易』 「繫辭傳」 上 10장.
58) 周敦, 『太極圖說』, 주돈이(1017~1073)는 北宋시대 성리학의 鼻祖로 周濂溪라고도 한다. 태극도설은 우주만물의 생성과정을 太極-陰陽-五行-萬物化生으로 표현하였다. 태극의 動靜에 의해 음양이 생겨나고, 음양에도 태극이 존재하니 음양 二氣에 의해 水火-土-木金 오행이 생성되고 음양오행에 의해 만물이 생겨난다. 朱子는 태극을 理라 하고 理는 道라 하였다. 태극은 본래 無極이고, 무극의 眞과 음양오행의 精이 妙合으로 하늘의 도(乾道)는 陽(남자)을 이루고 땅의 도(坤道)는 陰(여자)을 이루어 만물이 化生하는데, 만물은 하나의 음양으로, 음양은 하나의 태극으로 돌아간다고 하였다.

무극은 궁극의 경지이고, 태극은 무극이면서 움직임과 고요함이다. 태극太極에 동정動靜의 理(氣)가 내포되어 있기에 음양이 나올 수 있다. 태극에서의 動은 밖에서의 움직임이 아니라 본체가 없는 내재적 움직임이다. 태극의 움직임은 양이 분화하여 나오고, 양이 최고조에 달하면 고요해지고 양이 고요하면 음이 나오게 된다.59)

'一'이 無始 즉 태극에서 시작한다면, 一終無終에서 一은 無終에서 마치니 無終 즉 太極에서 마친다는 뜻이다. 만물은 음양오행에 의해 化生하는데, 만물은 다시 하나의 음양으로, 음양은 하나의 태극으로 돌아간다는 이치와 같다.

셋째, '一은 시작도 없이 시작한다.'

一은 無에서도 無始에서도 나온 게 아니라 '一' 자체를 근원적 존재로 본 견해이다.60) 一이 곧 道이고 太極이자 원기이다. 우주만물의 근원으로서의 一에는 이미 무 또는 무시가 내포되어 있고, 본래 만물의 시작이란 건 없다는 자연성(스스로 존재)을 말하고 있다. 一終無終一과 연결하면 시작도 끝도 없는 영원성(恒久性)의 법칙인 것이다.

장자는 '시작'에 대하여, "시작이 있으면 그 앞에 아직 시작되지 않은 때가 있고, 또 그 앞에 시작되지 않은 때의 앞인 때가 있어야 하니 시작의 관념은 타당하지 않다"61)고 하였고, 그러하니 우주의 시작과 끝은 그 실제를 알 수 없고 논할 수도 없다고 하였다.62)

---

59) "　　　　動極而靜 靜而生陰", 『太極圖說』.
　　한편 육구연은 주돈이의 『通書』에는 태극 앞에 무극이란 말이 한 군데도 없다는 점을 들어 『太極圖說』이 주돈이의 저작이라는데 의심을 품고 있다.
60) 중국 도교경전인 『太平經』에서 "일은 도의 뿌리이고 기의 처음이며 명이 매어 속하는 바이고 모든 마음의 주인이다. 그 실질을 알려고 해야 하고 가운데 있어서 뿌리가 되니 명의 곳집이다"라고 하였다. "夫一者 乃道之根也 氣之始也 命之所繫 屬 衆心之主也 當欲知其實 在中央爲根 命之府也", 『太平經』. 乙部, 卷18-34.
61) "有始也者 有未始有始也者 有未始有夫未始有始也者", 『莊子』 「齊物論」.
62) "有實而无乎處者宇也, 有長而无本剽者宙也", 『莊子』 「齊物論」. 즉 실재하고 있으면서 그 처함이 없는 것을 宇라 하고, 성장하고 있으면서 그 시작과 끝이 없

넷째, 一始無始一을 연결하여 만물은 '一에서 시작되지만 일의 시작은 없다'고 해석하기도 한다. 一終無終一과 같은 구성과 해석의 견해이다. 우주만물은 시작과 끝을 규정할 수 없고 영원성을 이어갈 뿐이다.

『삼일신고』63)에서도 우주만물의 근원은 시작이나 끝이 없다고 하였다.

어떤 해석이든 시작의 근원은 신비롭고 명확하지 않음을 말하고 있다. 一始無始에서 一은 우주만물의 시작이라는 것은 본래 없고 스스로 존재하는 자연성을 가지는 근원적 존재원리로 보는 것이 타당하다. 우주만물의 궁극적 존재인 一은 무에서 시작한다거나 유에서 시작한다고 단정할 수 없다. 一은 무엇에 의해 시작하거나 어떤 것에서 끝나는 게 아니라 당연히 존재하는 근원적 존재원리인 것이다.

인간, 지구, 우주가 형성되기 이전에 완전한 존재는 없었을 것이라는 추정은 가능하다. 흔히 생명체라고는 찾아볼 수 없는 메마른 웅덩이에 비가 내려 웅덩이에 물이 채워지니 생물이 자라나고 물고기가 살아 움직이는 현상을 볼 수 있다. 수학적·과학적 논리로 설명할 수 없는 것이 태초의 시작이고 신비로움이다.

존재 이전의 無의 세계를 단정할 수 없는 것은 완전한 無의 세계가 있을 수 없기 때문이다. 유가의 理, 불가의 空, 도가의 道는 모두 無와 관련이 있고, 완전할 수 없는 無를 찾아 완전해지고자 하는 인간의 본성에서 종교가 탄생되지 않았나싶다. 반면에 영원할 수 없는 無를 찾는 인간의 욕구는 물질에 대한 탐욕으로 변질되고, 탐욕은 뭔가를 취하고 지켜야 하는 속박·고통에서 벗어나지 못하게 만든다.

것을 宙라 한다고 하였다.
63) 『三一神誥』는 『天符經』과 더불어 우나나라 대표적인 선도경전으로 『천부경』을 설명하는 부속 경전이라 할 수 있다. 『천부경』과 『삼일신고』는 『환단고기桓檀古記』의 「태백일사太白逸史」에 실려 있다.

현대사회에서 종교가 종교 본래의 본성을 망각하고 종교답지 못한 종교로 행사하는 것 또한 인간의 탐욕이 종교라는 이름으로 포장되기 때문이다. 재관(재물·벼슬)의 성취는 자신의 의지에서 비롯되는데, 의지는 억지로 취하는 것이 아니다. 자기 자리에서 본성을 바로 세우고 뜻을 굳건히 하면 자연히 따라 오는 것이 재관이다.

一析三極無盡本일석삼극무진본

천부경에서 三은 8번 나오는데 一과 三을 합하면 19자다. 一·三 두 글자가 천부경 81자에서 1/4을 차지한다. 숫자 중에서 一은 원수이니 변하지 않고, 二는 둘로 갈라져 다해버리고, 三은 무궁한 변화를 가져온다고 하였다.[64] 『환단고기』에서 "三一은 체이고 一三은 용이다"[65]고 하였다. 셋을 하나로 통일함은 본체이고, 하나가 셋으로 나누는 것은 작용이다. '執一舍三. 會三歸一'이라 하여 본체와 쓰임의 불가분 관계로 설명하고 있다. 一이라는 본체가 三으로 나뉘는 것은 無에서 음양이 분화되고, 음양은 다시 사시로 분화되는 등 계속적으로 변화하는 주된 요소이다. 음양의 분화로 만물이 생성·변화하게 되는데, 만물의 생성·변화를 돕는 쓰임이 三이다. 三은 무궁한 변화의 개념이라 할 수 있다.

천부경에서 一이 體라면 三은 用이고, 用은 천지인에 비유된다. 一을 면밀히 들여다보면 3개의 성분요소가 들어 있는데, 천지인 3요소는 一과 분리해서 말할 수 없다. 천·지·인은 一에 분화된 一이기에 一과 다른 존재가 아니다. 오행으로 一은 水이고 三은 木이다. 一體에서 三用이 나온다는 논리는 오행의 상생논리로 수(一)에서 목(三)이라는 새 생명이 탄생하는 시초의 개념과 유사하다.

---

64) 『譯解神理大全』
65) "三一其體 一三其用", 『桓檀古記』.

우주만물의 근원인 一이 하나의 氣로 발현되면 만물이 생성-변화하게 되는데 그 시초가 삼극三極이다. 極은 지극하다, 다하다, 이르다, 한계에 다다르다, 용마루, 일의 결과 등을 뜻하고 '근본'이라는 의미로도 상용된다. 삼극은 우주만물의 근원적 존재 원리 또는 구성 원리로 삼재三才 또는 삼원三元의 개념으로 天地人을 의미한다. 뒷문장과 연결해보더라도 삼극은 천·지·인 임을 알 수 있다.

一析三極無盡本은 一(하나)을 셋으로 나눠도 근본은 없어지지 않는다는 의미이다. 본체가 변하여 쓰임이 달라질지라도 그 본질은 변하지 않는다는 것이다. 즉 一이라는 본체가 天·地·人으로 나누어져 각자의 쓰임과 작용력을 갖더라도 그 본체는 一이라는 말이다.

一析三極은 一 속에 三이 내포되고, 三 속에 一이 있음이다. 一은 三으로 화하고 三은 一로 회귀한다. 이것이 三一一體 또는 一三一體의 논리이고, '삼신일체三神一體' 사상이다.66) 『천부경』은 一三을 근본개념으로 삼으니 『삼일신고』와 함께 우리의 선도사상을 이끌고 있다.67)

『삼일신고』에서는 삼극을 三神으로 표현하고, 삼신을 대덕大德·대혜大慧·대력大力으로 분별한다. 德은 天一一이 되고, 慧68)는 地一二이 되고, 力은 人一三이 된다. 대력은 대덕과 대혜의 用(쓰임)으로 덕·혜를 사용하는 능력이다.

---

66) " ", 『桓檀古記』 「太白逸史」 「三神五帝本紀」. "하늘에는 삼신이 있는 즉 하나의 상제가 되는데 하나의 신이 각각 있는 게 아니라 3신이 작용하는 것이다".
67) 『三一神誥』는 『천부경』을 설명하는 부속 경전이라 할 수 있다.
68) 大慧는 大智慧의 줄임말이다. 智는 어리석은 마음을 일으키지 않는 것이고, 慧는 그 방편에 있음을 말한다. 혜가 체이고 지가 용이다. 慧가 있으면 智를 어리석게 쓰지 않고, 慧가 없으면 智를 어리석게 사용하여 智가 없어지니 無明(우치愚癡)하게 된다.

※ 여기서, 天·地·人의 개념을 정리해보자.

　天·地·人은 현상계에서 작용(쓰임)하는 만물의 기본 구성요소의 개념이다. 天·地·人은 하늘·땅·인간을 특징하는 게 아니라 상징화한 것으로 삼재 사상과 관련이 있다. 천부경에서 天·地·人은 삼극으로 표현하고, 一·二·三 순차는 노자가 만물의 생성으로 표현하고 있다.
　天·地·人을 시간적 개념으로 과거-현재-미래에 해당하고, 공간적 개념으로 보면 주체를 중심으로 상-중심-하, 좌-중심-우, 앞-중심-뒤 관계에 있다. 상하·좌우·앞뒤의 개념을 인간관계 또는 현상으로 보면 나를 중심으로 상하, 좌우, 앞뒤의 관계로 天·地·人 개념이다.

　天·地·人을 도가적 관점에서 보면 정精·기氣·신神이고, 불가에서는 법신法身·보신報身·화산化身69)에 해당하고, 동학에서는 내유신령·외유기화·각지불이 등으로 나타내고, 기독교에서 성부·성자·성신의 개념이다. 덕德·혜慧·력力 三神, 령靈·지智·의意 三識, 영靈·각覺·생生 三魂, 성性·명命·정精 三關, 심心·기氣·신神 三房, 감感·식息·촉觸 三門, 체體·상相·용用70) 등으로 활용된다.
　天·地·人은 동양철학 전반의 기본원리이다. 관상으로 보면 삼정三停이고, 사주에서 三合이며, 점성에서 인간이 하늘에 묻고 점괘로 답하는 원리와 같다. 풍수로 보면 명당을 중심으로 좌청룡·우백호, 안산·배산의 개념이 천지인이다.

---

69)　　　　설법을 기록한 법신·보신·화신 삼신불이 자기 본성 속에 있다고 하였다. "三身佛在自性中", 『六祖壇經』 卷上, Ⅵ說. 법신이 체라면 화신은 용이다. 법신은 초논리, 초이성, 직관의 영역인 眞諦라면, 화산은 감각적, 지각적, 경험적 영역인 俗諦이다. 법신과 화신을 연결하는 보신은 자성의 자각적 주체로 구체적 현실상태이다.
70) 불교의 『대승기신론』에서 大乘(眞如)의 義를 3가지로 나누었는데, 첫째가 體이고, 둘째가 相大이고, 셋째가 用이다.

天一一地一二人一三一積十鉅無匱化三
천일일 지일이 인일삼 일적십거무궤화삼

一始無始一析三極에서 一은 우주만물의 근원이라면, 天一一地一二人一三에서 一은 삼극에서 분화되는 만물의 시작 기운이라 할 수 있다.[71]

天·地·人은 구체적이고 물리적인 것이 아니라, 추상적이고 형이상학적인 개념이다. 天一은 天이라는 상징적 요소의 근원이고, 地一은 地라는 상징적 요소의 근원이며, 人一은 人이라는 상징적 요소의 근원(본체)이다. 人一을 太一[72]이라고도 한다.

우주만물의 원기는 어슴푸레하게 자연적으로 서로 엉기어 '하나'가 되니 天이라 하고, 나누어 음이 생겨나 地를 이루니 '둘'이라 한다. 이에 위는 天이고 아래는 地가 되어 음양이 화합하여 새 생명이 탄생하니 人을 '셋'이라 한다.[73] 즉 天의 근원요소는 一이고, 地의 근원요소는 二이고, 人의 근원요소는 三이 된다.

一이 析三極으로 나뉘짐에 있어서, 하늘(天一)이 먼저 열리고 다음으로 땅(地一)이 열리니 사람(人一)이 나온다. 이 天·地·人은 우주만물의 근원(十鉅, 완전한 상태)[74]인 一이기에 다시 天·地·人으로 분화되어도 변하지 않는다. 無匱는 완전하다는 뜻으로 一이라는 우주만물의 근원이 분화되어 완전한 형태로 태어난다는 의미도 된다. 만물 하나하나가 생성-변화되고 조화로움을 갖는 과정을 설명한 것이라 할 수 있다.

---

71) 과 氣에 대한 동양철학적 관념은 2가지이다. 첫째로 一과 氣를 동일한 개념으로 보는 "氣一元論"이 있고, 둘째로 一은 우주만물의 근원이고 氣는 천지만물의 시작기운으로 보는 "理氣二元論"이 있다.

72) 太一은 사람의 神을 뜻한다. 太는 설문에 의하면 '大字象人形'으로 사람이 팔다리를 펼친 大자에 생식기를 표시한 상형글자이다.

73) "元氣怳惚自然 共凝成一 名爲天也 分而生陰而成地 名爲二也 因爲上天下地 陰陽相合施生人 名爲三也", 『太平經鈔』 戊部.

74) 十은 '열다(開)'라는 의미가 있으니, 열려 있는 무한한 우주공간을 의미하고 만물을 연다는 의미도 있다. 鉅는 크고 높은 존귀하다는 뜻이니, 천지만물의 생명력을 의미한다.

天一一地一二人一三 앞 문장인 一析三極無盡本과 天二三地二三人二三 앞 문장인 一積十鉅無匱化三는 유사한 의미를 지닌다. 析은 '나누다' 積은 '모으다'라는 뜻으로 一을 나눠도 or 모아도 본질은 변하지 않음을 말하고 있다. 또 삼극三極과 십거十鉅는 우주만물의 완전한 구성요소를 의미하고, 진盡과 궤匱는 '다하다' '없어지다'는 뜻으로 본질과 우주만물의 근본요소는 변하지 않는다는 의미에서 같다.

天一一地一二人一三一積十鉅無匱化三의 의미는 天·地·人이 순차하여 발생하고 다시 하나로 모아 완성된 만물의 구성체는 다시 한정(테두리)되지 않고 다함이 없는 삼극으로 분화되는 것이다. 결국 천부경은 天·地·人(삼극)을 통해 우주만물이 조화를 이루면서 생성·변화한다는 것을 말하고 있음이다. 십거十鉅는 팔괘八卦가 분화되기 위한 음양의 기적 요소를 포함한 완성된 우주만물 또는 하나의 구성체라 할 수 있다.

※ 여기서, 천부경의 숫자 10과 9의 의미를 알아보자.

一積十鉅에서 十은 숫자 10을 뜻하는 게 아니라 선천수의 마지막으로 셀 수 없는 무한대의 개념으로 10궁 또는 10수와 같은 의미다.[75] 10은 무한한 세계, 넓고 광활한 세상, 헤아릴 수 없는 천지만물 등으로 해석된다. 나를 중심으로 사방팔방을 모두 갖춘 일체가 10이고, 인간세상에서 나를 중심으로 확정된 육친 뿐 아니라 불특정 대인관계까지 포함하는 의미이다.

그런데 실제로는 중앙·팔방은 9방이니 1이 모자라는 불완전한 상태다. 10(0)은 취할 수 없는 수數이기에 9에서 미완성으로 마칠 수밖에 없는 것이 인간의 삶이자 한계이다. 1~10까지 숫자를 인식하고 탄생~소멸을 헤아릴 줄 아는 한계성을 알기 때문에 인간은 그 한계성을 극복하기 위해 노력하고

---

75) 10 다 갖추었음을 말한다. 가로(一)는 동서이고 세로(丨)는 남북이니 十은 사방중앙을 다 갖추었다. "十數之具也 一爲東西 丨爲南北 則四方中央備矣", 光明스님, 『天符經』. 즉 十鉅는 동서남북 사방과 중앙을 모두 갖춘 전부 또는 일체를 의미한다고 하였다.

그 노력은 집착과 탐욕으로 변질되기도 한다. 인간이 만물을 지배할 수 있는 이유로 손가락 10개를 들곤 하는데 이 또한 인간의 탐욕을 말함이다.

一始無始一과 一終無終一은 윤회의 개념이고, 숫자로는 0 또는 10으로 표현된다. 0은 더하거나 빼거나 나누거나 곱할 수 없는 변하지 않는 수數로써 無로 돌아가야 얻을 수 있는 수이다. 복잡하고 무한한 정보를 담고 있는 컴퓨터의 원리도 0과 1이고, 주역 등 점술의 논리도 0과 1 즉 음양의 이치에 있고 그 활용은 三(천지인)이다. 用으로써 三은 삼위일체의 개념이고, 현실에서 가위·바위·보, 성부·성자·성령, 금·은·동 등 민족·종교를 불문하고 三의 성찰은 어디에서나 찾아볼 수 있다.

천부경에서 숫자는 31字이고 그 숫자를 모두 합하면 99이다. 천·지·인이 다시 삼극으로 분화되면 9가 되고, 천부경 81자는 9×9(가로×세로)로 구성된다. 인간이 가질 수 있는 최대의 숫자는 9이고, 9에 이르면 10(0)이라는 無로 돌아가야 한다. 9까지가 인간의 한계이고 9에 이르면 내놓아야 하는데 탐욕을 부리면 모든 것을 잃게 된다. 육친 또는 재물을 잃는 고통으로부터 자유롭기 위해서는 탐욕을 버려야 한다.

아무리 뛰어난 인간이라도 10의 완벽에 도달할 수 없다. 9는 미완성이니 9.9999…를 향해 나아가기에 영원성을 이어가는 단초가 된다. 9의 미완성은 인간으로 하여금 완전함을 추구하게 하고, 한계를 극복하고자 하는 인간의 의지가 삶을 풍요롭게 만들어간다. 다만 완전해지려는 욕구는 끝없는 탐욕으로 변질되고 그로 인해 지구상에서 인간의 생존기한을 앞당기는 결과를 초래할 수 있다.

9를 거듭한 99는 인간세상에서 얻는 최고의 숫자로 상징된다. 천부경이 81자로 구성된 이유이다. 고대로부터 9와 관련된 숫자들은 구궁, 홍범구주, 구중궁궐, 99문, 99계단, 81자, 33天사상, 33인, 제야除夜의 타종打鐘(33번) 등 천지인(3)과 관련이 있고, 미완성에서 완성을 보고자 하는 인간의 의지가 담겨져 있다.

*구궁九宮은 팔방과 중앙을 합한 9개 궁위이다. 북극성을 중심으로 하늘을 9구역으로 분할하여 태일太一, 천일天一, 천부天符, 태음太陰, 함지咸池, 청용靑龍, 제강攝提, 헌월軒轅, 초요招搖 등 9神이 居하는 자리이다.

*구규九竅는 사람 몸에 있는 9개의 구멍 즉 눈, 콧구멍, 입, 귓구멍, 요도, 항문을 말한다.

*홍범구주76)는 天時, 地理, 人事의 조응관계를 기초로 天理에 순응하는 정치 大法을 五行. 五事. 八政. 五紀. 皇極. 三德. 稽疑. 庶徵. 五福 등 9개 조항으로 집대성하였다. 제1주 오행은 水. 火. 木. 金. 土이고, 제2주 오사는 용모(貌), 언행(言), 시각(視), 청각(聽), 생각(思)을 일상생활에서 바르게 행하는 법도이고, 제3주 팔정은 食(식량), 貨(재화), 祀(제사), 司空(내무), 司徒(교육), 司寇(치안), 賓(외무), 師(군사) 등 8가지 통치행위와 관련되고, 제4주 오기는 歲, 日, 月, 星辰, 曆數 등 천지운행의 법도이다. 제5주 建用황극은 군왕이 어느 편에 치우침이 없는 大公至正의 왕도를 세워 백성들에게 펼치는 방법론으로 홍범 9개 조항의 중앙에 두어 왕도는 곧 中正의 道임을 표명하였다. 제6주 삼덕은 군왕이 지켜야 할 天·地·人의 덕목 즉 正直, 剛克(강함을 다스림), 柔克(부드러움으로 다스림)을 말하고, 제7주 明用계의는 국가의 주요 정책을 집행함에 의심되는 일은 사람이 할 바를 다한 후 하늘의 뜻에 따라 결정하는 卜筮방법을 말하고, 제8주 서징은 하늘이 사람에게 보여주는 여러 징후들을 잘 파악하여 충분히 대비해야 함을 말하고, 제9주 오복(壽. 富. 康寧. 德. 考終命)과 六極(凶短折, 疾, 憂, 貧, 惡, 弱)은 인생목표를 올바르게 하고 경계로 삼기 위함이다.

---

76) 는 太皥伏羲氏가 黃河 龍馬의 등에서 얻은 그림에서 八卦를 만들었고, 洛書는 夏禹가 洛水 거북의 등에서 얻은 글에서 천하를 다스리는 大法으로 洪範九疇를 만들었다. 홍범구주는 『書經』에 기록되어 있다.

*백두산의 白은 百(100)에서 一을 빼면 99가 되고, 백두산의 크고 작은 봉우리를 합하면 99개라고 한다. 또 백두산 천지의 북쪽에 선교仙敎의 사당으로 알려진 팔괘묘八卦廟(터만 남아 있음)의 문이 99개였다고 한다.

*지장왕보살(신라왕자 김교각)77)이 안치된 중국 구화산 육신보전 肉身寶殿의 북문 계단이 99개이고, 남문 계단이 81개이며, 九華山 봉우리가 99개다. 김교각이 열반에 드신 때가 99세다.

天二三地二三人二三大三合六生七八九
천이삼 지이삼 인이삼 대삼합육생칠팔구

天一一地一二人一三과 天二三地二三人二三의 관계를 체·용으로 살피면, 天一·地一·人一이 體라면, 天二·地二·人二은 用이다.

二는 음양을 의미한다. "만물은 음을 지고 양을 품는다"78)고 하였으니 하나의 천지만물에는 음양이 들어 있다. 해와 달이 순차하는 것은 양 중에 음이 있고 음 중에 양이 있기 때문이다. 남자는 양이고 여자는 음이지만, 남녀에 각기 음양이 내포되기에 남녀가 화합하여 새 생명을 낼 수 있다. 우주만물의 근원인 一에 의해 天·地·人이 天一·地一·人一로 구성요소로

---

77) (金喬覺, 696~794)은 석지장(釋地藏) 혹은 김지장(金地藏)으로 불리고 속명은 중경(重慶)이다. 신라 왕자 출신으로 24세에 출가하여 당나라로 유학하였고, 그의 詩가 《全唐詩》에 실릴 정도로 漢學에 대한 수양이 깊었다. 각지를 돌며 구도생활을 하다가 揚子江 남쪽 九華山에 들어가 化城寺를 지어 불법을 설교하였다. 794년 99세의 나이로 제자들을 모아놓고 마지막 설법을 행한 뒤 참선 중 입적하였다. 3년이 지나도록 시신이 썩지 않아 등신불이 되었는데, 아직도 구화산 지장보전(地藏寶殿)에 그의 등신불이 봉안되어 있다. 그는 지장보살의 化身으로 받들어지고 九華山은 地藏菩薩 성지가 되었다. 보현보살(普賢菩薩)의 성지인 아미산(峨眉山), 문수보살(文殊菩薩)의 성지인 오대산(五台山), 관세음보살(觀世音菩薩)의 성지인 보타산(普陀山)과 더불어 중국 4대 보살성지 중 하나이다.
78) "萬物負陰以抱陽 沖氣以爲和", 老子, 『道德經』 42장.

삼아 각각 一·二·三으로 이름하고, 天一·地一·人一은 다시 天二·地二·人二 즉 음양으로 나뉘어서 또 다시 三으로 분화된다. 이것이 대삼합(삼극, 天·地·人)이니 대삼합에서 六이 나오고 七八九 즉 천지인으로 다시 나눠지는 것이다. 인간사로 보면 나(人)를 둘러싼 주위 사람(天地)들과 화합을 해야 하는 도리이다. 앞만 보고 달리지 말고 뒤도 돌아볼 줄 알아야 하고, 왼쪽만 보지 말고 오른쪽도 살펴야 하며, 앞뒤·좌우만 챙기지 말고 상하도 살펴가며 살아가야 함이다.

一이 無에서 나와 天·地·人이라는 상징적 근원요소로 천지만물이 생성되는데, 천지운행의 상호작용은 음양에서 비롯되고 천지만물에 음양이 내포되기에 가능하다. 양(남자)은 태어남을 관장하고 음(여자)은 양육을 맡는다.79) 만물이 생성-변화하기 위해서는 음양이 필요하고, 음양이 분화되어 새로움이 창조되기 위해서는 기적 요소가 필요하다. 그 기적氣的 요소가 三이고 만물의 생성-변화과정 또한 三이다.80)

天二三地二三人二三에서 6이 먼저 나오고 789가 나오는 것은 천·지·인의 음양 분화(6)와 천·지·인에서 분화된 또 다른 삼극의 분화(7·8·9)를 말함이다. 6에서 다시 천·지·인 즉 一·二·三을 더하면 7·8·9가 되니, 음(6)에서 양(7·8·9)이 태어나는 것과 같다. 7·8·9를 각각 6+1(天二三), 6+2(地二三), 6+3(人二三)으로 보는 이유이다.

천부경 9×9 구성판에서 가운데 있는 글자가 六이다. 1~10 선천수를 생수·성수 개념으로 보면 1~5까지는 생수生數이고 6~10까지는 성수成數이다. 6은 만물을 형성하는 시작점이고, 중앙에서 만물의 생성-변화를 관장하는 위치에 있다. 음수(성수의 시작)로써 만물의 생성-변화에서 균형과 조화를 관장하는 것이 6이고, 6은 오행으로 水(癸)다.

---

79) "　　　　　地陰主養也", 『太平經鈔』 丁部.
80) 『三一神誥』 「人物」편에서 사람과 우주만물이 품부 받은 '一'의 眞性을 셋으로 나누어 性·命·精이라 하고, 다시 心·氣·身과 感·息·觸 순으로 설명하고 있다.

주역에서 "천도天道는 음양陰陽이고, 지도地道는 강유剛柔이고, 인도人道는 인의仁義다"[81]라 하였다. 六은 天·地·人의 음양·강유·인의를 의미하는 바, 천·지·인이 각각 분화되는 과정을 음양·강유·인의 등 6가지로 설명하였다. 천·지·인 분화의 시초점이 6인 것이다.

또한 주역에서 천·지·인 삼재가 2번하여 6개의 괘를 이룬다고 하였다. 二와 三을 爻의 개수로 보면, 음양이 분화되어 발생한 四象은 '2'개의 효로 구성되고, 사상이 분화되어 발생한 팔괘는 '3'개의 효로 구성된다. 육효는 팔괘를 기본 괘상으로 하니 팔괘의 3개효가 삼극에 해당한다.

팔괘의 3효(삼합)가 2번 뭉치니 大三合으로 '6'개의 육효가 되고, 6이 生하여 七-八-九가 된다고 하는 것은 16-32-64괘로 형성되는 과정으로 볼 수도 있다. 즉 大三合六生七八九는 삼극(천지인)에 의해 천지만물이 생성-변화하는 과정을 표현한 것이고, 천지만물이 생장쇠멸을 통해 영원성을 갖는 것을 말함이다.

※ 여기서, '大三合六'을 氣·相**명리적 관점에서 살펴보자.**

大三合六을 명리적 관점에서 보면, 만물의 운행은 삼합(大三)이 주관하고, 삼합의 운행과정에서 육합(合六)이 생성-변화를 거듭하게 된다.

육합을 목금 물상의 발현과정으로 보면,

子丑은 辛→甲의 전환점이고, 亥寅은 壬→甲의 발현이고, 酉辰은 辛·壬의 입묘로→甲의 완성이다. 자축-해인-유진은 금→목을 형성하는 관계로 신자진 과정이고 해묘미(乙)를 추구하게 된다.

午未는 乙→庚의 전환점이고, 巳申은 丙→庚의 형성이고, 卯戌은 乙·丙의 입묘로→庚의 완성이다. 오미-사신-묘술은 목→금을 형성하는 관계로 인오술 과정이고 사유축(辛)을 추구하게 된다.

---

81) " 立地之道曰柔與剛 立人之道曰仁與義 兼三才而兩之 故易 六劃而成卦",『周易』·「說卦傳」 2장.

- 이를 다시, 육합 관계에서 만물의 흐름을 전개해보자.

* 亥寅은 申酉戌亥子丑寅卯辰 흐름에서 수가 금을 풀어 목을 내는 과정에 있고, 亥子丑寅卯辰巳午未에서 水·火가 목을 완성하고자 한다. 亥寅은 신자진 과정에서 水기운으로 木물상을 형성하는데, 木을 완성하기 위해서는 화가 필요하니 해묘미 과정을 거치게 된다. 亥寅은 천간에서 壬→甲의 방향성이고, 지지에서 신자진-해묘미 흐름에 있다.

* 巳申은 寅卯辰巳午未申酉戌 흐름에서 화가 목을 키워 금을 형성하는 과정에 있고, 巳午未申酉戌亥子丑으로 화가 금을 완성하고자 한다. 巳申은 인오술 과정에서 火기운으로 金물상을 형성하는데, 金을 완성하기 위해서는 水가 필요하니 사유축 과정을 거치게 된다. 巳申은 천간에서 丙→庚의 방향성이고, 지지에서 寅午戌-巳酉丑 흐름에 있다.

* 子丑은 연합하여 癸가 丑 중 辛을 풀어내는 단계이다. 申酉戌亥子丑寅卯辰 흐름에서 금을 목으로 전환하는 辛→甲의 전환점이다. 신자진 과정은 금→목으로 변환되는 과정이고, 子丑에서 조절되지 않으면 금→목이 변환될 수 없다. 子丑의 본질은 사유축에 있지만, 丑에서 풀어진 辛은 寅으로 발현돼야 하니 子丑의 본의는 신자진(辛→甲)에 있다.

* 午未는 연합하여 丁이 未 중 乙을 가공하는 단계이다. 인묘진사오미신유술 과정에서 목을 금으로 변환되는 乙→庚의 전환점이다. 인오술 과정은 목→금으로 변환되는 과정이고, 午未에서 조절되지 않으면 목→금이 변환될 수 없다. 午未의 본질은 해묘미에 있지만, 未에서 가공된 乙은 申으로 발현돼야 하니 오미의 본의는 인오술(乙→庚)에 있다.

* 酉辰은 辛·壬이 입묘되고 甲乙이 형성되는 완성지이다. (申)酉戌亥子丑寅卯辰 흐름으로 금은 완전하게 마감되고 목이 완전하게 모습을 드러내는 신자진 환경이다.

* 卯戌은 乙·丙이 입묘되고 庚의 형성되는 완성지이다. (寅)卯辰巳午未申酉戌 흐름으로 木은 완전하게 마감되고 금이 완전하게 완성되는 인오술 환경이다.

運三四成環五七一妙衍萬往萬來用變不動本
운삼사성환오칠 일묘연만왕만래 용변부동본

음양(2)이 사상(4)으로 분화될 수 있는 것은 천지인(3)이 운행되기에 가능하고, 다시 사상(4)이 팔괘(8)로 분화되기 위해서는 오행(5)이 필요하다.

運三四成環五七은 천지인(3)이 운용되어야 사상(4)이 생성되는데 이는 오행(5)이 운용되었기에 가능하고 오행(5)의 운용에서 다시 음양(2)으로 분화를 시도하니 七이 되고, 여기서 천지인(3)이 운행되니 팔괘가 된다.

(천지인이 계속적으로 분화되어 만물이 영원성을 갖는 것은) 3·4를 운용하여(運三四) 즉 삼극의 운용에 의해 사상으로 분화되고, 다시 오행에 의해 음양이 분화되어 생명이 순환·완성되니(成環五七), 一이 현묘함을 얻어 널리 퍼져나가(一妙衍) 만물이 생성-변화를 반복·거듭하여 쓰임이 변하더라도 근본은 변하지 않는다(萬往萬來用變不動本)는 의미이다.

여기서 萬往萬來은 만물의 전화·변환(생장쇠멸) 과정을 말하고, 用變은 생장쇠멸 과정에서의 쓰임을 말한다. 마치 바위가 자갈이 되고 부서져 모래가 되고 흙이 되더라도 돌(흙)이라는 근원은 변하지 않으니 뭉치면 바위 모양으로 보이고 부서지면 흙 모양으로 보일 될 뿐이다. 물의 속성으로 보더라도 물은 변치 않으니 계곡물이 되었다 호수가 되었다 바닷물이 되었다 시냇물이 되었다 우물물이 되었다 뭉쳤다 흩어졌다 할 뿐이다.

運三四成環五七一妙衍萬往萬來用變不動本을 인체 기운의 흐름 즉 도교 수련 측면에서 보면 기운을 펼치고 모으는 연신환허(煉神還虛) 단계라 할 수 있다. 상-중-하단전 삼극의 운행으로 사방팔방 몸 전체의 기운을 돌리게 된다. 선인에 이르기 위한 소주천(연정화기)에서 대주천(연기화신) 단계로 들어가기 위한 전초단계다. 상·하·좌·우·중앙(五)과 앞·뒤(七)를 돌려서(環) 심신(一)을 현묘하게 하니, 오르내리고 왔다 갔다 하면서(五七) 쓰임을 다르게 함으로써 완전함을 얻게 되는 것이다.

五七一에서 五는 土의 생수이고, 七은 火의 성수이고, 一은 水의 생수이다. 생수·성수의 개념을 떠나 土가 水·火의 기운을 조절한다는 의미로 살필 수 있다. 一에서 천·지·인이 나오고 천·지·인에서 다시 천·지·인으로 계속 분화되는 것은 水火(천지)의 작용을 土가 조절하기에 가능하다.

水·火의 승강을 土가 주재하여 만물의 생성·변화하게 하고 木·金이 쓰임을 얻게 된다. 土는 비장에 해당하기에, 내단 수련에서 효율성을 증대하기 위해서는 비장이 왕성해야한다.

혹자는 三四成環五七에서 三四는 3개월씩 4계절의 시간·공간의 개념으로 보고, 五는 오행으로, 七은 칠일(시간)의 운행 또는 북두칠성이라는 상징성·형상성으로 보기도 한다.[82]

한편 水·火와 木·金을 인간사로 보면 水·火는 삶에 대한 의지·노력이라면, 木·金은 물질(재관)이다. 수승화강은 木·金을 취하고자함이 아니라 水·火의 운용에 있다. 재물에 탐욕을 부리면 水·火가 무너지니 수련이 증진되지 않고 장생하지 못한다. 이에 내단 수련의 최종목적은 덕행에 있다.

---

[82] "媧者 鍊土造 象而注之魂 七日成焉", 『桓檀古記』. "여왜(여신)는 흙으로 형상을 만들고 혼을 주입하여 7일만에 완성하였다" 7은 만물의 형상이 형성되는 기간이고, 생명을 다루는 숫자의 의미가 있다. 5는 만물의 기본요소이기에, 五와 七은 생명 순환의 연결고리로 보기도 한다. 비록 하나의 생명이 죽더라도 우주만물의 입장에서 보면 생명은 죽어 없어지는 게 아니라 변화할 뿐이다.
7은 생명의 일정한 주기와 현상을 지배하는 숫자로 알려져 있다. 칠월칠석, 칠성각 등은 북두칠성 신앙과 관련이 있다. 우리의 생명이 북두칠성에서 와서 그곳으로 되돌아간다고 믿었기에 장수. 자손 번창, 액운을 막는 치성을 북두칠성께 올리는 칠성기도가 행해졌고, 사람이 죽으면 시신을 '칠성판七星板'에 놓았다. 하늘을 숭배하는 '桓雄 천손족天孫族'과 원주민 '곰 토템족'이 서로 융합하여 삼칠일(21일)만에 곰이 사람으로 환생하였다. '三七일'의 3은 우주만물의 근본요소이고 7은 생명을 다루는 數로 보았음이다. 『황제내경』에서 인간 생명은 여성에서 나오니 여성의 신체주기를 7년으로 설하였다. 14세에 월경月經이 시작되어 임신능력이 생기고, 49세에 월경이 끝나니 임신능력이 없어지는 것이다. 또 인간의 욕구를 오욕五慾(식食, 물物, 수면睡眠, 명예名譽, 색色)으로 표현하고, 인간의 감정은 七情으로 분별하였다. 七情은 일반적으로 희喜. 노怒. 애哀. 락樂. 애愛. 오惡. 욕慾을 말하고, 한의학에서는 희喜. 노怒. 우憂. 사思. 비悲. 경驚. 공恐으로, 불교에서는 희喜. 노怒. 우憂. 구懼. 애愛. 증憎. 욕欲으로 표현한다.

本心本太陽昂明人中天地一 본심본태양앙명인중천지일

人中天地一은 '사람 안에 천지가 함께 하다' '사람이 천지와 하나가 되다' '사람이 천지와 함께 삼위일체가 되다' 등 해석으로 인간존재의 실현의지를 엿볼 수 있다. 본심本心은 본성·자성(근원)은 본디 태양과 같이 높고 밝으니 (本太陽昂明) 사람은 천지와 더불어 근원(하나)이 된다.(人中天地一) 그래서 一은 끝남이 없이 끝나고 一이 되는 것이다.

태양과 같은(本太陽) 본성(本心)을 바르고 밝게 하면 人 중에 天地의 근원을 얻으니(人中天地一), 끝남이 끝이 아니라 완성 또는 완전해진다는 의미로 이해할 수 있다. '一卽三 三卽一'의 원리가 人中天地一로 실현되고 인간 존재의 가치 속에 구현되는 것이다. 그런 의미에서 천부경의 핵심은 人中天地一에 있고, 인간가치의 실현과 진정한 결실의 완성은 참다운(本太陽) 마음(本心)에 달려 있음이다.[83]

본성을 환하게 밝히는 것을 내단수련의 측면에서 보면 본래의 自性(本性)을 회복하는 것이고, 人中天地一로 득도하여 無로 즉 근원으로 돌아가는 것이다. 관상으로 보면 인중人中은 51세로 말년 인생의 시작점이고, 인생 가치를 실현하는 마지막 기회를 하늘이 부여한 시점이다.

---

[83] " 心滅則種種法滅", 『大乘起信論疏』, 427쪽. 원효대사가 의상대사와 함께 당나라로 가는 길에 움막에 들어 자다가 목이 말라 사발 같은데 고인 물을 마시고 해갈하여 편히 쉬었는데, 이튿날 살펴보니 그 움막은 고총古塚의 감실龕室이요 물그릇은 해골박이었다. 이를 본 원효는 갑자기 구토를 일으키다가 홀연 삼계유심三界唯心의 이치를 대오大悟하여 "마음이 일어나면 갖가지 법이 일어나고, 마음이 사라지면 갖가지 법이 사라진다"고 하였다. 三界는 오직 마음뿐이요(三界唯心) 萬法은 오직 식식뿐이라(萬法唯識) 마음 밖에 法이 없거늘(心外無法) 따로 구할 것이 없다 하여 義湘과 헤어져 환국했다고 전한다.

一終無終一 일종무종일

  인간 가치의 실현·완성은 곧 無로 돌아가는 것인데, 만물의 근원(一)은 끝남은 끝남이 아니니 一이 된다. 一終의 一이 개체라면, 終一의 一은 전체다. 끝나되 끝난 게 아니기에 마지막의 一은 영원성을 의미한다. 一이 끝나 영원성으로 이어가니 대자연의 순환이자 조화다.

  一始無始一과 一終無終一에서 無는 불교의 空사상, 노자의 허무사상과 같고, 一終無終一에서 다시 一始無始一로 연결되는 것은 윤회輪過 사상과 같다. 一終無終一一始無始一에서 終과 始 사이에 一一이 연결되니 끝남이 끝난 게 아니고 시작은 보이지 않는 無에서 시작되는 것이다.

  一終無終一이 0이라면, 一始無始一은 1이다. 윤회의 고리에는 0과 1이 있고, 완전히 비워야(0) 1을 얻을 수 있다. 인생에서 성취한 모든 부귀영화는 결국 허무가 되고 無로 돌아가야 다시 태어날 수 있다. 일생에서 끝나는 게 아니니 삶에서 채운 것을 모두 비워야 환생할 수 있는 것이다.

  사주팔자에서 윤회의 개념은 연월일시로 전개되어 다시 시주와 년주를 연결하는 보이지 않는 제5궁위가 윤회궁이 되고, 관상에서 유년(나이)으로 보면 얼굴에 부여되지 않은 76세~100세까지 얼굴 가장자리를 돌아 회귀하는 논리가 윤회의 개념이다.

  불교에서 생명체를 태생胎生, 난생卵生, 습생濕生, 화생化生 등 4가지로 분류한다.[84] 사생의 중생은 삼계육도三界六道의 업에 따라 태어나 끊임없이 윤회한다는 것이 불교의 윤회론이다. 불교에서는 우주를 三千大天世界라 한다. 이 삼천대천세계는 성成·주住·괴壞·공空의 네 단계를 거쳐 생멸하고,

---

84)   모태로부터 태어나는 인간을 비롯한 포유류를 말하고, 난생은 알에서 태어나는 조류와 파충류 등을 말하며, 습생은 습기 속에서 태어나는 일체 곤충을 말하고, 화생은 태·알·습 등에 의지하지 않고 홀연히 태어나는 것을 말하는데 天上과 지옥중생은 다른 것에 의탁하지 않고 홀연히 태어난다고 하였다.

생멸은 끝없이 반복하고, 이렇게 공겁空劫이 지나면 다시 우주가 생성되어 成·住·壞·空의 과정을 거치게 된다고 하였다.85)

우주만물은 無에서 시작하여 無로 끝나니 無에서 생명력을 얻은 지구도 언젠가는 無로 돌아갈 것이다. 염세주의자들이 말하는 지구멸망은 황당한 얘깃거리만은 아닐 것이다. 지구의 변천과정을 보더라도 공룡이 사라지고 새로운 종이 탄생하는 등 지구의 생명체가 변이를 거듭하고 있다.

우주만물은 창조·조화·질서에 의해 생-장-쇠-멸… 과정을 거듭하여 영속성을 이어간다. 우주만물의 입장에서 보면 지구의 멸망은 인간이 사라지는 게 아니라 현재의 종이 사라지고 또 다른 종이 생명력을 이어받아 영원성을 이어갈 뿐이다. 인간의 입장에서 無의 세계가 있지만 우주의 입장에서는 완전한 無의 세계는 없는 것이다.

인간은 지금의 현상세계에서 만물을 지배하고 있을 뿐이다. 지구가 멸망의 기로에서 마지막으로 남는 존재가 개든 벌이든 이끼든 그것이 다음 세대를 이끌어가는 원초적 생명력이 될 것이다. 지구가 생명력을 이어간다는 본질은 변함이 없기 때문이다.

---

85) ' '은 우주가 생성됨을 말하고 20小劫이라는 시간이 걸린다. '住'는 생성된 우주가 머무는 단계로 20소겁 동안 머물고, '壞'는 우주가 멸하는 단계로 20소겁이 걸린다. '空'은 우주가 완전히 없어진 상태로 20소겁이 소요된다. 20소겁은 1중겁이고, 4중겁은 1대겁이다. 우주의 成·住·壞·空은 1대겁의 시간이 걸리게 된다. 劫은 천지가 개벽하여 다음 개벽할 때까지의 동안이라는 뜻으로 헤아릴 수 없는 무한히 긴 시간을 말한다. 천상의 선녀가 100년마다 내려와 둘레가 40리가 되는 돌산을 부드러운 옷자락으로 스쳐 닿아 없어지는 시간이 1겁이라 한다.

〈천부경과 가림토 문자〉

단군조선시대의 가림토 문자는 천(·) 지(一) 인(ㅣ)의 원리이다. 천지인 사상은 훈민정음의 모태로 제자制字 원리에도 담겨 있으니, 삼재가 만물보다 먼저이니 하늘도 삼재의 시작이 된다고 하였다.86)

초성은 발동의 뜻이 있으니 하늘의 일이고, 종성은 그치고 머무르는 뜻이 있으니 땅의 일이고, 중성은 초성이 생겨남에 따라 종성의 이름을 이어주니 사람의 일이다. 글자 제작의 중심이 중성에 있고, 초성과 합하여 음이 생겨난다고 하였다.

〈가림토 문자 38자〉87)

천지인 사상은 천부경의 골자이고, 천부사상은 가림토 문자와 연결되어 한글로 이어졌다. 휴대전화의 문자 입력방식에도 천지인의 원리가 적용되었다고 하니, 현대에서도 여전히 우리민족의 사상적·문화적 삶의 뿌리는 천지인 삼재사상에 두고 있다.

천부경이 최초로 기록된 문자가 갑골문자(甲骨文字)이고, 가림토 문자의 구성체계가 일본, 인도, 스리랑카, 볼리비아 등에 흔적이 있다는 일부 학자들의 주장을 보더라도 천부경은 우리민족 고유의 전통사상이다.

---

86) " 　　　　　而天又爲三才之始", 『訓民正音』 「制字解」.
87) 출처 : 계간 한배달, 연구집

가림토 문자의 의미로 천부경의 뜻을 살펴보자.

하나, 하늘인 정신 '한'이
둘, 땅인 물질에 두루 미치고(周)
셋, 사내를 만들고
넷, 계집(너, 女子)을 만들어
다섯, 땅(다) 위에 세웠으니
여섯, 번성(어슷, 母)하여라
일곱, 사내는 가정을 일구고(일곱)
여덟, 그 열매(겨집=처, 자식)가 되어
아홉, 씨족의 울타리(압, 거鉅)가 완성되면
열, 열고(十) 나가라[88]

一始無始一 析三極無盡本
'한'(한민족)은 시작이 없는데서 시작되었지만, 분석해보면 '한'속에 천지인 삼극이 들어 있으니 '한'의 실체가 없어지는 것이 아니다.

天一一 地一二 人一三
하늘의 첫째(핵심, 天神)는 '한'이고, 땅의 첫째(핵심, 地神)는 '둘'(두름, 周)이고, 사람의 첫째(핵심, 人神)는 '셋'(사내)이다.

一積十鉅 無匱化三
'한'을 쌓고 울타리(압, 거鉅)을 열면, 궤짝(울타리)이 없는 사람으로 승화되는 즉 자연인(자유인)이 된다는 의미로 홍익인간과 연관된다. 자기 씨족의 울타리를 열고 다른 씨족과의 동화이고, 자신의 정신(하늘)이 물질(몸, 재물·권력)에 둘러싸이니 거기서 벗어나야 진정한 자연인이 된다는 의미이다.

---

88)　: '봉황' 블로그에 나오는 글에서 참조하였다.

天二三 地二三 人二三

하늘이 둘로 세워지고, 땅도 둘로 세워지고, 사람도 둘로 세워지나니 하늘 속에 땅과 사람이 있고, 땅 속에 하늘과 사람이 있으며, 사람 속에 천지가 들어 있다.

大三合 六生七八九 運三四性環五七

큰 셋(천지인)이 합하여 사내와 처자식과 씨족을 번성하게(母)하니 사내와 처를 운용하여 땅을 일굴 사내를 낳아 고리를 완성한다.

셋-넷-닷-여섯-일곱-여덟-아홉, 여섯(母)는 천지인의 진로에서 중앙에 위치한다. 여섯을 중심으로 앞은 'ㅅ'이 3개, 뒤는 'ㅂ'이 3개이다. 'ㅇ'은 하늘의 천부인이고, 'ㅅ'은 사람의 천부인이고, 'ㅂ'은 땅의 천부인이다.[89] 그래서 여섯에서 'ㅇ'은 하늘의 천부인과 연결되고, 'ㅅ'은 사람의 천부인과 연결된다.

一妙衍 萬往萬來用變不動本

'한'은 현묘하게 펼쳐나가 만 번을 왕래하여 쓰임이 변할지라도 근본은 변하지 않는다.

本心本太陽昻明 人中天地一 一終無終一

본심은 태양을 근본으로 밝게 우러르고 사람 가운데 천지의 '한'이 있으니 '한'은 마침이 없는데서 마친다.

---

89) (환숫)이 곰족과 호족이 사는 고조선 유적지를 발견하고 새 나라를 세우려고 환한님(환한-환나-하나-하늘-한울-하느님)께 청하자, 환한님이 청동 원방각(圓方角-ㅇㅁ△)으로 만든 보물 3개를 내리시면서 승낙한 것이 천부인(天符印)이다.
"圓者一也無極 方者二也反極 角者三也太極", 『桓檀古記』에서 원방각에 대해, 圓은 一이 되어 무극無極이고, 方은 二가 되어 반극反極이고, 角은 三이 되어 태극太極이라고 하였다.

《천부경과 水升火降》

오행으로 一은 水이고, 二는 火이고, 三은 木이다. 괘상으로 一은 감괘坎卦(☵)로 진화眞火이고, 二는 리괘離卦(☲)로 진수眞水이다. 노자에 의하면 만물은 一→二→三 순으로 발생하니 수화의 상호작용으로 목이 탄생한다. '一은 三을 낳고 三은 一로 귀결되니, 수가 목을 낳고 수에서 나온 목이 성장할 수 있는 것은 감坎(一)에 진화眞火가 있기 때문이다. 즉 목은 수생목으로 나오고 화생목으로 성장하고, 같은 원리로 金도 火에 의해 키워지고 水에 의해 다스려진다. 한편 三은 木이고, 木의 三이 다시 삼극으로 변화하면 九가 되니 금이다. 원초의 기운(수화)에 의해 탄생한 물상(木)이 다시 분화되어 형성된 물상(금)이 수화에 의해 완성되니 그 근본은 같다.

이러한 오행의 운행은 「태극도」의 '만물생성' 과정으로 증험하였고, 내단 수련의 오행전도술五行顚倒術에서도 밝히고 수승화강의 공법원리로 전개되었다. 리離(☲)에서 양 중 진수眞水를 얻고 감坎(☵)에서 음 중 진화眞火를 얻으니 이를 감리전도坎離顚倒 또는 취감전리取坎顚離라 한다.

음 본위(靜, 지표면 아래)		음	양	양 본위(動, 지표면 위)	
陰의 장기		중앙		陽의 장기	
太陰	小陽	陰	陽	太陽	小陰
水	木	土		火	金
신장	간	비장	위장	심장	폐
精	血	味		神	氣

〈五臟의 陰陽세분〉

오장육부를 음양오행으로 분별하면 오장은 음이고, 육부는 양이다. 오장을 음양오행으로 세분하면 음의 장기는 신장(수)과 간(목), 양의 장기는 심장(화)

과 폐(금)로 분류한다. 수목은 음의 영역에서 활동하여 발현되고, 화금은 양의 영역에서 발현되는 것이다. 여기서 土의 비장은 심장·간 즉 수·목(음 본위)을 관장하고, 위장은 심장·폐 즉 화·금(양 본위)을 관장하게 된다.

천지인은 음양의 요소이고 오행의 바탕이다. 음양이 보이지 않는 기운에 의해 유기하고 오행은 끊임없이 순환한다. 오행의 운행을 인체의 氣 순환으로 보더라도 오장육부의 기능은 어느 한 부위에서 시작하고 끝나는 게 아니라 유기적으로 흐르고 반복된다.

전병훈은 〈소문素門〉의 말을 빌어서 오행이 운행하여 하늘의 조화와 하나로 되는 것을 천부라 칭하였다.90) 사람이 겸성兼聖하기 위해 天道와 합하려는 의지가 내단수련이고, 오행이 운행하여 조화를 이루고자 하는 내단공법이 수승화강水升火降이다.

내단은 외단공법에서 비롯되었다. 외단은 단약을 복용함으로써 장생을 얻고자 하는 방법론이다. 외단 단약의 주재료는 수은(汞)과 납(鉛)이고, 이는 내단에서 龍과 虎에 비유된다.

  목 = 수은(汞), 내단에서 청용(龍)에 해당한다.
  금 = 납(鉛), 내단에서 백호(虎)에 해당한다.

내단수련은 오행의 변화를 파악하고 운용하는데 있다. 이를 장백단은 오행전도술이라 하였고, 이것이 內丹逆丹修練이다.91) 오행전도에 의해 수은(목)은 주사(화)에 의해 나오니 목은 화생목으로 진수(리☲)에서 나오고, 납(금)은 흑연(수)에 의해 나오니 금은 수생금으로 진화(감☵)에서 나온다. 내단에서

---

90) "　　　見於黃帝素門 蓋五運行同天化者 曰天符", 전병훈, 『精神哲學通編』, 32쪽.
91) 내단수련은 근원으로 돌아가 명을 회복한다는 歸根復命의 內丹逆修이다. 근원으로 돌아감(歸根)은 고요함이며, 생명의 근원을 회복함(復命)은 도리이고 도리를 아는 것은 밝음이다. 『道德經』 16장.

용은 진수(리☲)에, 호는 진화(감☵)에 비유된다.

　천지인을 『태평경』에서는 精·氣·神의 道로 정립하였는데, 정·기·신은 오행으로 수승화강의 원리이다.92) 내단에서 天·地·人은 상단전·중단전·하단전의 개념이다. 전병훈은 『정신철학통편』에서 "天一은 水를 낳는 까닭에 天一一이라 하고,… 地二는 火를 낳은 까닭에 地一二라 하고,… 天一과 地二의 水火가 이미 생한 즉 해와 달이 운행하고 감리坎離가 일어나 기화하여 생하니 사람이 제 모습을 갖추어 삼재가 되니 人一三이라 말한다"93)고 하여 수승화강으로 설명하였다.

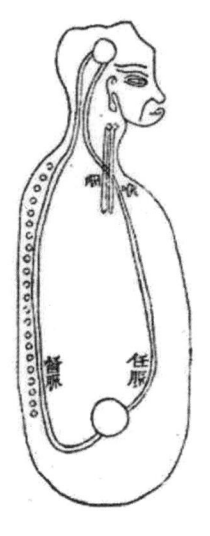

〈任.督二脈圖〉94)

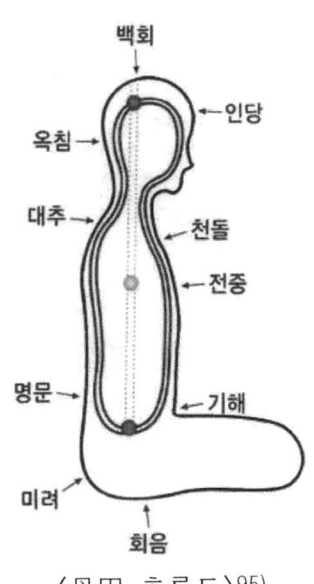

〈丹田 흐름도〉95)

---

92) " 　　　　　乃能相生 人氣亦輪身上下 神精乘之出入", 『太平經』. 즉 음기와 양기는 서로 마찰하면서 상생하고, 사람의 氣도 인체 상하로 운행하여 神과 精을 타고 출입한다고 하였다. 精氣神은 인체의 생명활동을 총칭하고, 천지인과 마찬가지로 명확하게 구분할 수 없다. 정기신도 음양의 논리이니 精·神 이분법으로 활용되기도 한다. 대체로 精은 기초이고, 氣는 활동능력이며, 神은 의식의 주재자로 정신작용을 의미한다. 精氣는 命에 배속하고 神은 性에 배속하여 性命雙修를 완성하는 구성요소가 된다.

93) "天一二生水故曰天一一也… 地二生火故曰地二也… 天一地二水火旣生 則日月行坎離立 氣化以生 人蔘爲三才故曰人一三也", 全秉薰, 『精神哲學通編』.

수승화강水升火降은 음승양강陰升陽降의 개념이다. 陰(水)은 본래 하강하려는 속성이 있고, 陽(火)은 본래 상승하려는 속성이 있다. 하강하려는 水를 상승케 하고, 상승하려는 火를 하강케 함으로써 인체의 氣를 순환시키고 오장육부의 기운을 원활하게 하는 도교수련공법이 수승화강이다.

음·양은 水·火, 子·午, 신장腎·심장心, 독맥督脈·임맥任脈, 용龍·호虎, 홍汞·연鉛 등으로 사용된다. 인체 오장육부에서 腎·心의 운행에 기인하고, 임맥·독맥에 대하여『황제내경』에서 '독맥은 하극에서 시작하여 척추 내부를 따라 위로 올라 뇌로 들어가고, 임맥은 中極 아래에서 일어나 모제毛際에 이르는데 관원으로 올라가 인후에 이르러 눈으로 들어간다'[96]고 하였다. 즉 의가에서 독맥·임맥의 경로는 모두 아래에서 위로 흐른다고 하였다.

반면에 내단에서는 수련에서 채취한 氣가 임맥을 통해 위에서 아래로 흐르게 한다. 내단수련을 통해 단전을 봉주封周하면 임맥을 타고 시원한 기운이 내려오게 된다. 마치 원을 그리듯 뒤에서 상승하고 앞에서 하강하면서 상-중-하단전을 회귀하여 끊임없이 연결되는 것이 수승화강이고 소주천 공법이다. 소주천小周天(연정화기煉精化氣)은 하단전을 강화하여 水를 상승시켜 수화 교류를 원활하게 하는 것이 포인트다.[97]

독맥을 타고 올라가는 水 중 火가 진화眞火고, 임맥을 타고 내려오는 화 중 수가 진수眞水다, 이를 장백단은『오진편』에서 괘상으로 설명하였다. 감

---

94)   출처 : 柳華陽 箸, 柳正植 譯,『金仙證論』, 334쪽.
95) 그림 출처 : 허천우 著,『금단의 길』, 서울:여강출판사, 2004, 230쪽.
96) "督脉者, 起于少腹以下骨中央, 女子入系廷孔, 其初, 溺孔之端也, 其 循陰器合篡間, 繞篡後, 別绪臀, 至少陰与巨陽中絡者合, 少陰上股內后廉, 貫脊屬腎; 与太陽起于目内眦, 上額交巓, 上人絡腦, 還出別下項, 循肩髆, 內陕脊抵腰中, 入循普絡腎; 其男子循茎下至篡, 与女子等; 其少腹直上者, 貫臍中央, 上貫心人喉, 上頤環唇, 上系兩目之下中央", 王氷,『黃帝內經 素問』「骨空論」.
97) 소주천은 연정화기 단계로 하단전을 강화하는 것이 목적이라면, 대주천은 煉氣化神 단계로 중단전의 氣를 단련하여 神으로 화하는 즉 神과 氣를 결합시켜 대단을 이루는 것이다. 이원국 저, 김낙필 외 역,『內丹』, 668쪽. 도교수련에서 內丹수련의 과정은 통상 筑基煉己-煉精化氣-煉氣化神-煉神還虛-煉虛合道 등 5단계로 나눈다. 윤훈근,「相學의 도교수련적 접근」, 원광대학교 대학권, 박사학위논문, 2016, 28쪽.

괘坎卦(☵)는 이음일양으로 음에 속하지만 음 중 일양(진양)을 취하여 리괘(☲)의 중효에 채우면 선천의 건괘乾卦(☰)가 되고, 리괘離卦(☲)는 이양일음으로 양에 속하지만 양 중 일음(진음)을 취하여 감괘(☵)의 중효에 채우면 선천의 곤괘坤卦(☷)가 되니, 이렇게 되면 坎에서 나온 진양眞陽(순양)이 상승하여 본래의 자리인 리괘離卦로 돌아가고, 리에서 나온 진음眞陰(순음)이 하강하여 본래의 자리인 감괘坎卦로 돌아감으로써 후천에서 선천을 회복하는 것을 '취감전리取坎塡離' 또는 '감리전도坎離顚倒'라고 하였다.98)

내단수련은 오행전도와 수승화강이 주요이론이고, 상중하 단전수련을 중심으로 호흡 수련에 기인하고 정좌靜坐수련이라고도 한다. 전병훈은 고공섬古空蟾 선생의 말을 빌어서 타좌법打座法을 소개했는데 이는 곧 단전수련방법론이다.99)

단전수련을 위한 실천방안으로는 三調가 있다.

첫째는 몸을 다스리는 조신調身, 둘째는 호흡을 다스리는 조식調息, 셋째는 마음을 다스리는 조심調心이 있다. 調身은 몸이 비뚤어지지 않게 올바른 자세를 취함으로써 氣血이 원활하게 소통되도록 하여 건강을 증진시키는 調息과 調心을 효과적으로 이루기 위한 기초단계이다.

내단(단전)수련은 호흡법(아나빠나사띠anapanassati)100)을 통하여 기운

---

98) "   , 腎官也. 離者, 心田也.....坎 屬水, 乃☵也. 動屬火, 乃—也. 離動爲火, 乃☲也. 静屬水, 乃--也.....交會之際, 心田静而腎府動, 得非眞陽在下而眞陰在上乎, 況意生乎心, 而直下腎府乎, 陰生于腎, 而直升于黃庭乎, 故曰, 坎離顚倒", 張伯端 撰, 앞의 『青華秘文』「坎離說」, 495쪽.
99) 매일 장생법을 활용하니 입을 다물고 단정하게 앉아 하나의 생각도 하지 않고 모든 염려를 잊은 상태에서 정신과 뜻을 안정되게 하여 눈으로 사물을 보지 않고 귀로 소리를 듣지 않고 한 마음으로 안을 지키니, 숨 조절을 계속하면서 점차 호흡을 내쉬고 중간에 끊어지지 않게 하여 있는 듯 없는 듯 자연히 수화가 승강하여 영기와 진기가 일체가 되면 장생을 얻는데 어렵지 않다. 전병훈, 『精神哲學通編』, 67쪽.
100) 내단수련에서 호흡을 火候(불과 부채질)라 한다. 불을 피우기 위해서는 적절한 바람이 필요한 것과 같다. 호흡수련은 복식호흡을 단전호흡으로 전환하고 나아가 태식으로 생명본원을 역행(역수)하는 것이다. 태식은 태아가 모태에서 호흡하는 것

을 축적하면 하단전(신장)에서 따뜻한 양기가 발생하고, 양기에 의해 水기운이 독맥을 타고 올라가 중단전(가슴)을 거쳐 상단전(머리)을 식히고, 水기운의 상승으로 인해 심장의 火기운은 임맥을 타고 내려와 하단전(배·신장)을 따뜻하게 한다.

이와 같이 임·독맥의 자연적 흐름경로를 수련을 통해 조절하고 그로 인한 인체변화를 통해 장생을 얻고자 하는 것이 내단수련이고 내단역수이다. 내단역수는 우주의 순행원리를 거스르는 게 아니라 우주만물이 순행하는 과정에서 생극작용이 일어나면서 혼재하는 과정이기에 인체 흐름으로 설명된다.[101] 결국 내단역수는 만물의 순환작용에 순응하는 이치라 할 수 있다.

수승화강(음승양강)을 수족手足으로 보면 손은 양으로 天과 통하고 발은 음으로 地와 통한다. 발을 땅에 붙이고 양손은 활짝 펴서 손끝이 하늘로 향하게 하는 자세를 취하면 전신경락의 흐름이 원활해진다.

수·족의 각 삼음경(태음·소음·궐음) 6개 경맥은 음승(수승)하는 경맥으로 발끝에서 손끝으로 음기가 상승하고, 수·족의 각 삼양경(태양·소양·양명) 6개 경맥은 양강(화강)하는 경맥으로 손끝에서 발끝으로 양기가 하강한다. 수·족의 12경맥이 음승양하(수승화강)함으로써 인체 기운이 원활해지고 기경팔맥의 유통이 이루어지게 된다.[102]

같이 숨을 쉴 때 고요하고 깊게 들이마시고 잠시 호흡을 멈추었다가 천천히 조용히 내쉬는 것으로 호흡하고 있다는 의식마저도 없는 상태를 말한다.

101) "督脈在背, 總制諸陽, 謂之曰督. 任脈在腹, 總統諸陰, 謂之曰任. 陰陽相貫. 故任與督兩脈必相交, 下則交於前後陰之間, 上則交於唇之上下也". 葉霖 著, 吳考槃 點校, 『難經正義』, 北京:人民衛生出版社, 1990, 53쪽. "독맥은 등에 있어 모든 양을 총괄하여 督이라 하고, 임맥은 배에 있어 모든 음을 통솔하여 任이라 한다. 음양은 서로 연결되어 있으므로 임맥과 독맥은 서로 교차한다. 아래에서는 전음前陰과 후음後陰 사이에서 만나고, 위에서는 입술의 상하에서 교차한다."

102) 이를 12경맥이라 하고, 12경맥을 보완해주는 8개의 경맥이 있으니 이를 奇經八脈(帶脈, 督脈, 任脈, 衝脈, 陽維脈, 陰維脈, 陽蹻脈, 陰蹻脈)이라 한다. 氣는 평상시에 12경맥으로 운행되는데, 수련을 통하여 氣가 충만해지면 흘러넘쳐남으로써 기경팔맥으로 유통된다.

◎ 인체의 수승화강을 얼굴에서의 氣 흐름으로 살펴보자.

인체의 氣 흐름은 얼굴에서 발현되어 드러나니 얼굴의 방위도에서 수화승강에 의한 목금의 생성·융합을 찾아볼 수 있다.

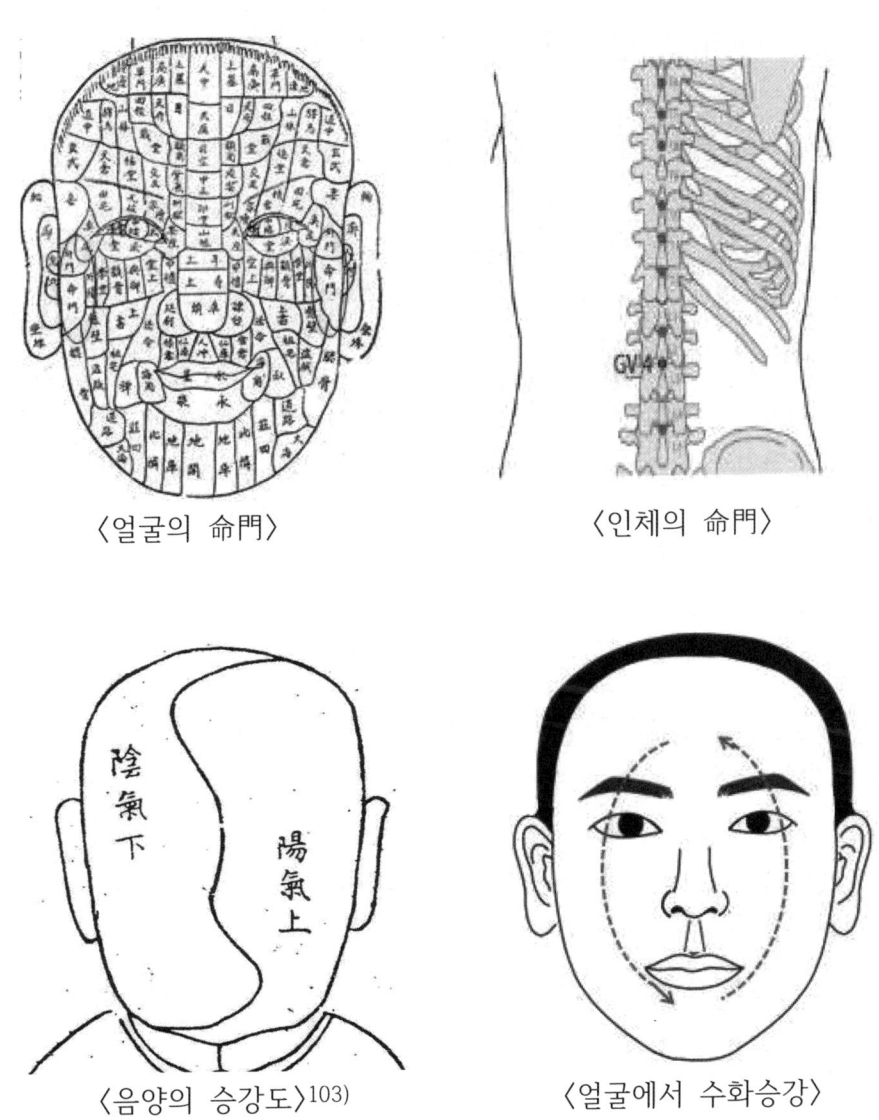

〈얼굴의 命門〉　　　　　〈인체의 命門〉

〈음양의 승강도〉103)　　〈얼굴에서 수화승강〉

---

103)　　출처 : 『面相秘笈』.

인체에서 등뼈 아래쪽이 命門이고, 얼굴에서 명문은 귀 앞부분이다.

얼굴에서 양기는 왼쪽으로 상승하고 음기는 오른쪽으로 하강한다. 음(수) 중 양은 癸이니 癸가 水 상승을 주도하고, 양(화) 중 음은 丁이니 丁이 火 하강을 주도한다. 인체에서 수승화강의 흐름을 얼굴의 기 흐름으로 보면 이마-코-입이 주관하고, 인당-산근·콧등-인중이 수화승강의 통로가 되며, 천창-명문-지고가 맥(脈)이 된다. 이마-입 즉 水-火의 중앙통로는 코(土)고 좌우에서는 명문이다.

숨을 들이쉴 때는 코(土)를 통해 단전(水)으로부터 명문을 타고 기운을 천천히 끌어올리니 입(水)에서 코(土)-명문을 통해 水기운이 올라와 이마(火)에 멈추게 한다. 숨을 내쉴 때는 상승한 기운을 다시 단전(水)으로 내려 보내니 상승하여 이마(화)에 머문 기운이 흩어지지 않게 모아 명문을 타고 입(水)으로 내려 보낸다.

얼굴에서 水가 상승하는 경로를 보면 입(水)→코(土)→눈(木)→이마(火)로 이어지고→인당(金)에서 머물고, 火가 하강하는 경로를 보면 이마(火)→인당(金)을 거쳐→입(水)에 도달한다. 이는 『황제내경』에서 냉기의 흐름은 신장(水)→비장(土)→간(木)→심장(火)→폐(金)→신장(水)…으로 옮겨간다고 한 흐름방향과 일치한다.

천부경을 도교수련적 관점에서 보면 득도하여 선인에 이르는 길이다. 천부경 81자의 기운과 순행을 인체 기운의 흐름과 연계되고, 수승화강에 의한 인체 기 흐름은 얼굴에 드러나기 마련이다.

인체의 氣 순환은 얼굴에 그대로 반영되기에, 얼굴 상하좌우에서 기운을 돌리는 의념수련을 통해서 인체 氣 순환을 원활하게 할 수도 있다. 얼굴 표정을 바르게 하고 몸가짐을 곧게 하는 것으로도 내단수련의 효과를 얻을 수 있는 것이다.

도교수련의 지향점은 마음수련의 완성에 있고, 관상의 지향점은 그 마음의 상태를 보고자 함이다. 얼굴의 형모形貌는 마음에 달려 있고, 수련의 정도와 오장육부의 원활성은 얼굴에 그대로 반영된다. 성명쌍수性命雙修를 추구하는 도교수련은 心相을 바르게 하는 것에서부터 시작되는데, 형모를 바르게 하는 것은 곧 도교수련의 한 방법이 된다.

얼굴을 밝게 하고 몸가짐을 바르게 하는 것만으로도 도교수련의 궁극적 목표를 달성하는 수단이 될 수 있다. 水升火降의 기 흐름을 얼굴을 통해 살피는 심신일체心身一體를 도모하는 방법들을 간략해보면 다음과 같다.

▷ 생각은 깊고 넓게 하되 잔머리를 굴리거나 잡생각을 멀리 하여야 이마의 火기운이 분산되지 않고 하강을 도모할 수 있다.

▷ 13부위는 수승화강의 중심통로이다. 특히 인당-산근-인중-승장 등은 水火기운을 조절하여 승강을 돕는 부위이다. 마음이 조급하거나 짜증이 나면 인상(인당·산근)을 찌푸리게 되고 입(인중·승장)을 삐쭉거리게 된다. 자연이 인당·산근·인중·승장에 주름이 생기고 水火 승강을 가로 막는다.

▷ 코는 얼굴의 주인공으로 수화의 승강을 주도하는 중심부위이다. 호흡을 직접 주관하기에 호흡을 조급하게 하거나 코를 찡그리거나 벌렁거리면 水火-木金을 조절하지 못한다.

▷ 눈은 음양을 대표하는 부위이고, 수승화강 수련의 결실은 눈에서 정·기·신으로 발현된다. 눈을 흘기거나, 치켜뜨거나, 내리깔거나, 눈동자를 이리저리 굴리는 등 상대방과 눈을 마주하지 않으면 음양이 상합하지 못하니 精·氣·神이 발현되지 않는다.

▷ 입(말)이 안정되어야 코에서 호흡을 순탄하게 유지할 수 있고, 수화를 조절할 수 있다. 음식은 천천히 섭취하고, 쓸데없는 말은 삼가고, 말을 조급하지 않게 하고, 음성은 부드러우면서 또렷해야 한다. 입을 삐쭉거리거나,

양쪽 입 꼬리를 처지게 하여 뒤집어진 배 모양을 만들거나, 항상 입을 벌리고 있으면 입의 水기운이 상승하지 못한다. 입 꼬리는 올려 웃으면 입 꼬리 끝이 맺히고 천창에 기운이 모아지고 명문命門이 확장되는 것을 느낄 수 있다. 항상 웃는 표정을 짓는 것만으로도 水기운이 상승하고 火기운을 담을 수 있는 것이다.

▷ 턱은 水기운을 담는 곳으로 턱이 갈라지거나 지고地庫가 함몰되면 水의 상승을 저해한다. 평상시에 습관적으로 턱을 괴거나 다리를 꼬거나 삐딱하게 앉으면 수화의 흐름을 방해한다.

▷ 마음의 불안·근심·걱정은 얼굴에 흉터·흠집·기미·주근깨·점·여드름 등으로 나타나고 기색이 어두워진다. 마음을 안정시키고 탐욕을 없애고 사랑하는 마음과 덕을 베푸는 심성을 가지는 것이 필요하다.

▶ 내단 수련의 목표는 장생長生에 있고 선인仙人에 이르고자 함이고 그 최종 가치는 덕행을 실현하는데 있다.

인간사에서 木·金은 인간이 추구하는 물질(재관)이고 水·火는 木·金(재관)을 형성하는 행위이다. 內丹수련에서 수승화강은 木·金을 운용하는 게 아니라 水·火의 운용에 있으니, 재물(木·金)에 탐욕을 부리는 사람은 수화승강이 되지 않기에 수련에 관심이 없고 덕을 베풀 줄 모르고 마땅히 장생(영원성=윤회)하지 못한다.

◎ 수승화강의 원리를 氣相명리적 관점으로 살펴보자.

얼굴에서 수승화강의 흐름은 水·火에 의해 木·金이 형성되는 관계이고, 구체화하면 水가→木을 내고 火가→金을 형성하는 관계이다. 만물의 생장을 돕는 기운은 水·火이고 水·火의 본의는 木·金을 형성하는데 있다. 水·火에서→木·金 즉 만물이 화생하는 원리는「태극도」에서 밝히고 있고, 이를 사주천간으로 보면 癸丙-乙庚, 丁壬-辛甲 구성으로 기상명리에서 천간합 방향성 즉 氣-相 원리로 전개한 논리이다.

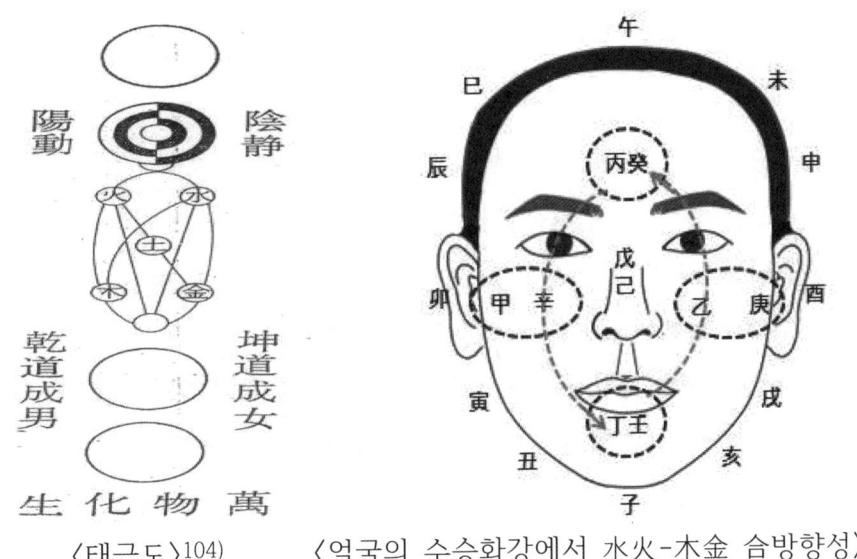

〈태극도〉104)　　〈얼굴의 수승화강에서 水火-木金 합방향성〉

수승화강의 원리로 보면 상승하는 수(癸)의 본질은 목(乙)을 키우는데 있고, 하강하는 화(丁)의 본질은 금(辛)을 완성하는데 있다. 만물의 운행은 수화의 오르내림으로 목금이 융합되니 수화의 교합에 의해 목금의 회합이 나타난다. 水火·(氣)의 움직임에 의해 木·金(相)이 생-장-쇠-멸하는 것이다.

---

104)　　출처 : 周敦, 『太極圖說』.

〈천부경 수련〉

(一終無終一)一始無始一
無(연허합도煉虛合道)를 되돌려 시작도 끝도 없는 '一'이 태동하는 단계로 인체 기운이 태동하는 시초의 단계다.
* **숨을 들이켜 우주의 기운을 끌어들이고 들이킨 숨을 머금은 듯 조절한다.**
〈인체수련〉 정수리에 우주의 기운을 모인다.
〈면상수련〉 정수리(이마)에 기운을 모인다.
〈正念수련〉 이 단계에서 들이킨 숨을 머금는다.

析三極無盡本天一一地一二人一三
음양이 나누어지고 삼재(천지인)로 분화되어 인체 기운이 변화하기 시작하는 1단계로 축기연기筑基煉己 단계다.
* **마음을 안정시키고 기운을 모으면서 서서히 숨을 내쉬기(呼) 시작한다.**
〈인체수련〉 목뼈를 통해 어깨에 기운이 흐르고 모여든다.
〈면상수련〉 이마 가장자리를 통해 관자놀이에 기운이 흐르고 모여든다.
〈正念수련〉 이 단계에서 서서히 숨을 내쉬기 시작한다.

一積十鉅無匱化三天二三地二三人二三
천지인이 분화를 거듭하여 인체 기운을 모으고 흩어지고 다시 모으고 변화하는 축기연기(筑基煉己)의 진행단계다.
* **숨을 내쉬는 것조차 알지 못하게 내쉬어진다.**
〈인체수련〉 기운이 등뼈(독맥·명문)를 타고 흘러 꼬리뼈에서 모여든다.
〈면상수련〉 오른쪽 명문에서 천창-명문-지고에 기운이 흘러 모여든다.
〈正念수련〉 이 단계에서 서서히 숨을 내쉬어간다.

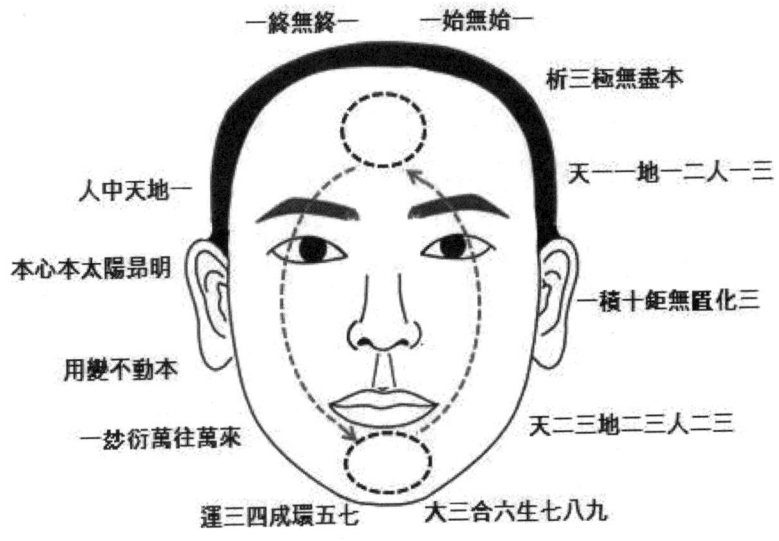

〈천부경 수련- 얼굴에서 氣 흐름도〉

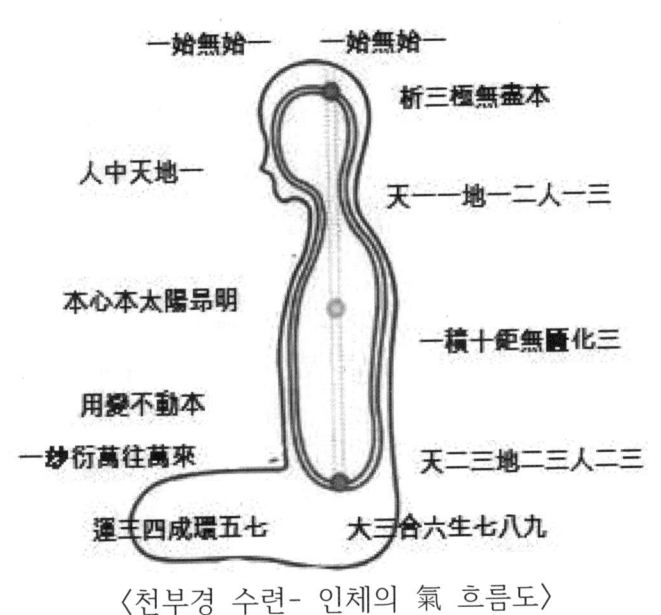

〈천부경 수련- 인체의 氣 흐름도〉

大三合六生七八九運三四成環五七

인체 기운이 하강함으로써 순환되어 활성화되고 진인眞人을 이루게 하는 2단계로 연정화기煉精化氣 단계다.

* 내쉬는 숨이 멈추지 않은 듯 멈추고 멈춘 듯 멈추지 않은 듯하다.
〈인체수련〉 꼬리뼈를 타고 회음부에 기운이 모여든다
〈면상수련〉 시골(지고)을 타고 턱(입, 목구멍 안쪽)에 기운이 모여든다.
〈正念수련〉 이 단계에서 마지막 남은 숨을 내쉬고 돌려 뭉친다.

一妙衍萬往萬來用變不動本

하단전에서 '一' 근원 기운이 뭉치고 음 중 양기가 생성되고 상승하기 시작하는 3단계로 연신환허煉神還虛 단계다.

* 내쉬는 숨이 멈춰진 상태로 숨이 공허하고 단전에 모아 조절한다.
〈인체수련〉 회음부에서 촉발하여 하단전에 기운을 뭉친다.
〈면상수련〉 턱(입)에서 기운을 모아(上下입술-合) 인중에서 뭉친다.
〈正念수련〉 이 단계에서 숨을 머금어 단전에 모으고 吸전환 준비한다.

本心本太陽昂明人中天地一

음 중 양이 상승하여 양 중 음이 하강을 촉발되는 단계로 머리를 식히고 空 단계에 이르는 4단계로 연기화신煉氣化神 단계다.

* 내쉰 숨을 단전 깊숙이 뭉쳐지게 하고 반대급부로 기운이 상승하게 된다.
〈인체수련〉 하단전에서 촉발하여 가슴(임맥)을 통해 인중으로 상승한다.
〈면상수련〉 인중에서 촉발하여 왼쪽 명문에서 조절- 인당으로 상승한다.
〈正念수련〉 이 단계에서 숨을 천천히 들이키기 시작한다.
→ 수승화강 수련의 정점으로,
인체 기운이 하단전 깊숙한 곳으로부터 촉발하고 앞뒤(등·배)로 모여들고, 얼굴에서 목구멍 너머 가슴 깊숙한 곳으로부터 기운이 촉발하여 상하 입술이 합하여 모여든다.

一終無終一(一始無始)

상승한 기운을 조절하고 무극에서 다시 새로운 기운·물상(一)이 생성되는 근원이 되는 마지막이자 새로운 시작이다. 無의 상태로 되돌리는 마지막 5단계로 연허합도煉虛合道 단계다.

* **내쉰 숨에서 상승한 기운을 조절하고 呼를 마무리하고 吸을 준비한다.**
〈인체수련〉 가슴-인중으로 상승한 氣가 뇌 깊숙한 곳에서 조절된다.
〈면상수련〉 인당으로 상승한 기운이 정수리에서 조절된다.
〈正念수련〉 이 단계에서 호흡을 거두고 머금어 공허하게 조절한다.

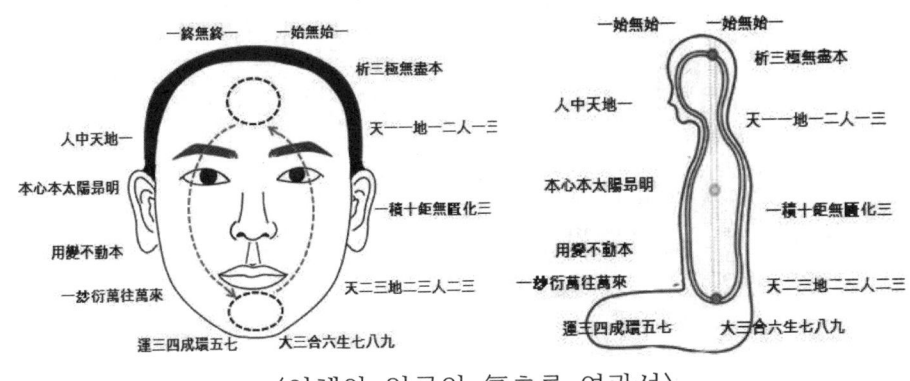

〈인체와 얼굴의 氣흐름 연관성〉

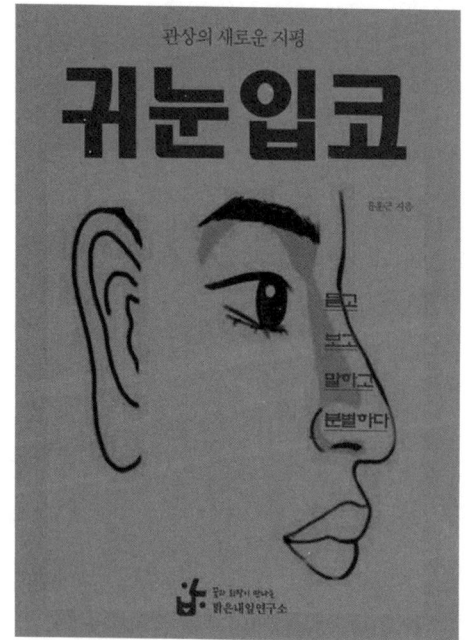

인생 총량

관상은

心相이다

인생 총량

사주는

氣相이다